Der heilende Buddha

Raoul Birnbaum

Der heilende Buddha

Heilung und Selbstheilung im Buddhismus –
Meditationen, Rituale, Basistexte

Mit einem Vorwort von
John Blofeld

Gondrom

Sonderausgabe für Gondrom Verlag GmbH & Co. KG,
Bindlach 1990
Lizenzausgabe mit Genehmigung des Scherz Verlages, Bern und München.
Einzig berechtigte Übersetzung aus dem Amerikanischen von Rosemarie Fuchs.

Titel des Originals »The Healing Buddha«.

Druck: Bercker Graphischer Betrieb GmbH, Kevelaer.
ISBN 3-8112-0686-9

Inhaltsverzeichnis

Vorwort (von John Blofeld) 7

Einführung 11

Erster Teil: Der göttliche Heiler im Buddhismus – Die Lehre vom Buddha im Lapislazuli-Glanz, dem Meister des Heilens

1. Vorstellungen vom Heilen im frühen Buddhismus 19

Heilen und Lebenserhaltung im frühen Buddhismus 20

Geistige Ursachen und Heilung von Krankheiten 28

Der Heilungsprozeß als geistiges Wachstum 37

2. Die heilenden Bodhisattvas 44

Das *Lotus-Sūtra:* Der Lehrer als Heiler 47

Das *Śūraṃgama-Sūtra:* Die heilenden Bodhisattvas und die Vollendung des Geschmackssinnes 59

Das *Sūtra über die Betrachtung der beiden Bodhisattvas »Der König des Heilens« und »Der Höchste Heiler«* 60

3. Der Buddha im Lapislazuli-Glanz, der Meister des Heilens, und seine Buddha-Brüder 79

Der Bhaiṣajya-guru und das *Bhaiṣajya-guru-Sūtra* 79

Die sieben Buddhas, die Meister des Heilens 105

4. Bildnisse, Meditationen und rituelle Verehrung 117

Die Bedeutung von Bildnissen im Rahmen der Verehrung des Bhaiṣajya-guru 117
Die Symbolik des himmlischen Gefolges des Heilenden Buddha 121
Rituelle Verehrung: Das *Bhaiṣajya-guru-Sūtra* und ihm verwandte Texte 127
Der Heilende Buddha in Kunst und Ritual des chinesischen Buddhismus 137
Rituelle Verehrung und Bildnisse der sieben Buddha-Brüder: Das *Sūtra über die sieben heilenden Buddhas* und ihm verwandte Texte . . 139
Das Maṇḍala des Bhaiṣajya-guru: Die Bildnisse und Rituale von Yung-ho-Kung 143
Schlußbemerkung 160

Zweiter Teil: Übersetzungen aus dem chinesischen buddhistischen Kanon

Übersetzung I: *Das vom Buddha verkündete Sūtra über die Betrachtung der beiden Bodhisattvas »Der König des Heilens« und »Der Höchste Heiler«* 163

Übersetzung II: Vorwort des *Sūtra über die Früchte der grundlegenden Gelübde des Tathāgata »Der Meister des Heilens«* 202

Übersetzung III: *Das Sūtra über die Früchte der grundlegenden Gelübde des Meisters des Heilens, des Tathāgata im Lapislazuli-Glanz* 205

Übersetzung IV: *Das Sūtra über die Früchte der grundlegenden Gelübde der sieben Meister des Heilens, der Buddhas im Lapislazuli-Glanz*. 231

Anhang:
Anmerkungen 287
Literaturverzeichnis 312
Register 315

Vorwort

Dieses Werk stellt einen wertvollen Beitrag zum Verständnis eines im Westen bisher nur wenig bekannten Aspektes des Buddhismus dar. Der Erste Teil gibt mit Hilfe von palinesischen und sanskritischen sowie chinesischen und tibetischen Quellen einen gut belegten Überblick über die traditionellen buddhistischen Heilmittel gegen körperliche und, was noch wichtiger ist, geistige Krankheiten. Auch wenn wissenschaftliche Maßstäbe beibehalten wurden, liegt der Darstellung des Stoffes doch die Absicht zugrunde, die praktizierenden Mahāyāna-Buddhisten nicht weniger zufriedenzustellen als die Akademiker. Die Darstellung der von den Chinesen und Tibetern vollzogenen Heilrituale – zu diesen gehören u. a. Mantras, Bittgebete, Visualisationen und der Gebrauch besonderer Maṇḍalas – wird den Ansprüchen beider Lesergruppen durchaus genügen. Besondere Beachtung wird in diesem Buch der Rolle der Kunst und des ästhetischen Erlebens in der Praxis des geistigen Heilens gewidmet. Das Prinzip, das der Autor mit folgenden Worten formuliert, hat jedoch noch größere Bedeutung: »Es wird deutlich, daß der Buddha des Heilens sich besonders darum bemüht, den Wesen zu helfen, sich ihrer vergangenen Taten bewußt zu werden und danach zu streben, ihre negativen Verhaltensstrukturen zu ändern. Dies bedeutet, daß er vor allem bestrebt ist, die Wesen zu einem großen Erwachen zu inspirieren; es ist dies eine das Leben verwandelnde Wende, in der ein zielloser Lebenswandel zugunsten einer spirituell ausgerichteten Lebensführung aufgegeben wird.«

Das ist in wenigen Worten die Botschaft dieses Buches. Jene Heilmethoden, die zu ritualistisch scheinen mögen, als daß sie bei modernen westlichen Menschen Anklang finden könnten, werden durch folgende Erläuterung verständlicher: »Was von Natur aus unsichtbar und unvorstellbar ist, wird (durch diese Rituale) in eine Form verdichtet und so dem menschlichen Geist begreifbar gemacht.«

Der Zweite Teil des Buches enthält, in vollständiger Übersetzung aus dem Chinesischen, mehrere bisher in keiner westlichen Sprache vorliegende Sūtras, die von den Heilenden Tathāgatas (Buddhas) handeln. Abgesehen davon, daß diese sorgfältigen Übersetzungen für Anhänger des Buddhismus und Studenten der Heilkunst und der Psychologie sowie der chinesischen und tibetischen Kunst von großem Interesse sein werden, wird man diese Sūtras zweifellos auch als Erweiterung jener Sammlungen heiliger Schriften willkommen heißen, die von den in den letzten Jahren im Westen gegründeten Mahāyāna-buddhistischen Gemeinschaften angelegt worden sind. Zur Zeit sind im Westen nur winzige Bruchteile der chinesischen und tibetischen Versionen des *Tripiṭaka* in Übersetzung erhältlich; eine jede derartige Erweiterung wird deshalb in den buddhistischen Kreisen der westlichen Welt sicherlich sehr begrüßt.

Aus diesem Buch wird hervorgehen, daß die buddhistische Vorstellung vom Heilen die im Westen sich ausbreitende Einsicht vorwegnimmt, daß die meisten Krankheiten, so sehr sich ihre Symptome auch physisch darstellen mögen, in Wirklichkeit psychosomatische Störungen sind oder infolge dieser entstehen. Für den Buddhisten besteht die Hauptkrankheit in dem Nichtwissen um eine vernünftige Lebensführung in dieser Welt und um einen Weg, unser Bewußtsein mit den Gegebenheiten der eigenen Existenz in Einklang zu bringen. Intuitive Weisheit ist das Hauptmittel gegen diese Unwissenheit; sie entsteht, wenn man Verblendung und die daraus folgende Negativität überwindet. Während der Geist sich der Erleuchtung nähert, werden Karma-bildende Neigungen abgebaut, und der schädliche Einfluß sowohl körperlicher als auch geistiger Krankheiten läßt nach. Währenddessen führen die Visualisierung der Heilenden Tathāgatas und die Rezitation ihres Mantras (wenn diese richtig verstanden und angewandt werden) zur Heilung spezifischer Krankheiten und bewirken, daß intuitive Weisheit sich erhebt, die in Erleuchtung und Befreiung gipfelt.

Vertreter der tibetischen tantrischen Praxis und der chinesisch-japanischen Varianten der Schulrichtung des Reinen Landes werden eine enge Verwandtschaft des von ihnen selbst praktizierten Buddhismus mit denjenigen Inhalten erkennen, die in diesen Sūtras der heilenden Buddhas dargestellt werden. Diejenigen, die mit Werken über Kuan Yin (Avalokiteśvara, Chenrezig) vertraut sind, werden feststellen, daß die den heilenden Buddhas zugeschriebenen Kräfte und deren Ursachen ihrem Wesen nach denjenigen Kräften sehr ähnlich sind, die diesen Bodhisattvas zugeschrieben werden. Diejenigen, die zu Unrecht annehmen, der Buddhismus des Reinen Landes stelle eine Abkehr von den Methoden und Werten dar, die bei anderen Schulen wie der des Zen *(Chan)* in hohem Ansehen stehen, werden ihre Ansicht in keiner Weise bestätigt finden; man kann vielmehr behaupten, daß ähnliche Methoden und Werte wie die mit den heilenden Buddhas verbundenen von der großen Mehrheit der Mahāyāna-Buddhisten anerkannt werden, unabhängig davon, welcher Schule sie angehören.

Westlichen Menschen, denen es vor allem darum geht, im Gegensatz zur medizinischen, wirksame Methoden zur geistigen Behandlung von Krankheiten zu finden, mögen die in diesem Buch bis in alle Einzelheiten ausführlich beschriebenen Rituale zu kompliziert und einer modernen Umwelt unangemessen erscheinen; das diesen Ritualen zugrundeliegende Prinzip jedoch sollte im Westen viele Fürsprecher finden, sobald es richtig verstanden ist. Die aus diesem Prinzip hervorgehende grundlegende Übung besteht darin, daß man eine strahlende Verkörperung der im Geist latent vorhandenen Weisheits-Mitleids-Energie visualisiert und die von ihr ausgehenden Strahlen in den eigenen Körper oder in den eines Patienten einfließen läßt. Richtig und regelmäßig durchgeführt ist diese Art der Meditation ein sicheres Mittel zur Reinigung des Geistes und ebenso des Körpers; sie bewirkt den Abbau von Schranken, die dem Einfließen intuitiver Weisheit entgegenstehen, und kann in bestimmten Fällen aufsehenerregende Heilerfolge bei Krankheiten erzielen, die scheinbar physischer Natur sind. Mir ist bekannt, daß diese Meditation mit außerordentlichem Ergebnis angewandt worden ist.

Begrüßenswert ist dieses Buch auch als ein weiteres Beispiel für die Tendenz westlicher Gelehrter auf dem Gebiet der chinesischen und tibetischen Studien, die hochmütige Einstellung vieler ihrer Vorgänger aufzugeben. Frühere Generationen von Gelehrten verbargen im Übermaß ihrer Überzeugung von der Überlegenheit der westlichen Zivilisation gegenüber jeder anderen, sei es der Vergangenheit oder der Gegenwart, nicht immer ihren geringschätzigen Skeptizismus hinsichtlich eines fortdauernden Wertes des *Inhalts* der alten Werke, an denen sie so fleißig arbeiteten. Bekannte man sich zur *Annahme* der Lehren der chinesischen oder tibetischen Weisen, zog man sich den Spott dieser Gelehrten zu und erweckte wahrscheinlich sogar Zweifel an der eigenen Zurechnungsfähigkeit. Nun, da der westliche Mensch nicht länger von seiner angeborenen Überlegenheit gegenüber dem Rest der menschlichen Rasse überzeugt ist und deshalb eine größere Bereitschaft zeigt, Vorzüge auch in anderen Lebensformen zu erblicken, nehmen Sinologen wie Dr. Birnbaum gegenüber den alten Werken, die sie übersetzen, eine Haltung des Respekts und des spirituellen Verständnisses ein. Bei solchen Gelehrten ist nun die Bereitschaft zu dem Eingeständnis vorhanden, daß jene Werke über ihren Beitrag zur Vermehrung unserer wissenschaftlichen Erkenntnisse über die Vergangenheit hinaus viel zur Gesamtsumme menschlicher Weisheit beisteuern können. Diese neue Haltung wird in Dr. Birnbaums hervorragendem Buch überall deutlich.

John Blofeld
Bangkok, Thailand

Einführung

Der Buddhismus ist eine Lebensform, die die Entwicklung geistiger Fähigkeiten betont. Der Geist wird in Analyse und Unterscheidung geübt, mit dem Ziel, heilsame Tendenzen aufzubauen und Schleier von Negativität und Unwissenheit zu entfernen. In den Mahāyāna-Traditionen wird insbesondere die Rolle hervorgehoben, die göttlichen Wesen, den Buddhas und Bodhisattvas, bei der Bewältigung dieser Aufgabe zukommt. Nach spiritueller Erkenntnis Strebende werden zunächst darin unterwiesen, bei den göttlichen Kräften Hilfe, Inspiration und Schutz zu suchen. Auf diese Weise kann sich ihre geistige Entwicklung unermeßlich beschleunigen.

Die Anhänger der lebendigen Traditionen des Mahāyāna-Buddhismus erfahren diese göttlichen Wesen als mächtige Kräfte, die zutiefst bewußt und stets ansprechbar sind. Welche grundlegende Bedeutung die Buddhas und Bodhisattvas für die tägliche Praxis innerhalb der Mahāyāna-buddhistischen Lebensform besitzen, ist wohlbekannt: Überall im Fernen Osten findet man große und kleine Tempel, in denen die Gläubigen sich vor deren Bildnissen verbeugen und Gebete sprechen, und in den Wohnungen praktizierender Anhänger des Buddhismus befinden sich unweigerlich Altäre für die tägliche Meditation und Verehrung.

Ich habe mit diesem Buch den Versuch unternommen, einige der Traditionen darzustellen, in deren Mittelpunkt eine der bedeutendsten Gottheiten des buddhistischen Pantheons steht, nämlich der himmlische Buddha, der als »Meister des Heilens«, als »Buddha im Lapislazuli-Glanz« bekannt ist (auf Sanskrit: *Bhaiṣajya-guru-vaiḍūrya-prabha tathāgata*). Dabei liegt der Schwerpunkt meiner Untersuchung auf den buddhistischen Wurzeln und der buddhistischen Ausprägung dieser Traditionen. Aus diesem Grunde bin ich im ersten Kapitel auf die frühbuddhistischen Vorstellungen vom Heilen (vom Heilen sowohl in körperlicher als auch in geistiger Hinsicht) eingegangen und habe sodann versucht, diese Vorstellungen zu denjenigen Prinzipien in Beziehung zu setzen, die in den Texten und Bildnissen zum Ausdruck kommen, welche den Mittelpunkt für die Verehrung des heilenden Buddha bilden.

Der traditionellen Lebensgeschichte des historischen Buddha Śākyamuni (lebte im 6. Jahrhundert vor Christi Geburt) nach war es der Anblick eines kranken Menschen, der eines jener auslösenden Ereignisse darstellte, welche dem jungen Prinzen das Problem menschlichen Leidens bewußt machten und ihn zur Aufnahme seiner geistigen Suche bewegten. Śākyamunis »Vier Edle Wahrheiten« liefern einen Schlüssel zum Verständnis der grundlegenden Bedeutung des Heilens im Buddhismus, denn sie lassen erkennen, daß jeder Nichterleuchtete seiner Definition nach »krank« ist.

Die Umwandlung von Leid in den Wunsch, Erleuchtung zu erlangen, ist im frühen Buddhismus des Pāli-Kanons wie auch später in den Mahāyāna-Lehren einer der wesentlichen Aspekte des Heilungsprozesses. Immer wieder liest man von Fällen, in denen ein neues spirituelles Bewußtsein das Erlebnis von Krankheit und Unglück in ein grundlegendes Ereignis umwandelt, das Hingabe erweckt und verstärkt, alle Energie in die aufrichtige Bitte um Hilfe lenkt und den Lauf des Lebens von Grund auf ändert. Dieses besondere Charakteristikum zeichnet die von Buddha Śākyamuni durchgeführte Behandlung kranker Mönche, wie sie der Pāli-Kanon überliefert, ebenso aus wie den Weisen Rat Vimalakīrtis im *Vimalakīrti-nirdeśa-Sūtra* und die Schriften über die heilenden Buddhas und Bodhisattvas. Im *Lotus-Sūtra* wird der Heiler mit dem Lehrer des Gesetzes *(dharma)* gleichgesetzt. Dementsprechend wird auch in den besonderen Schriften über die heilenden Buddhas und Bodhisattvas die Ansicht vertreten, der tiefgreifendste Heilungsprozeß sei die auf innerer Ebene ablaufende geistige Heilung. Diese Heilung besteht in der allmählichen Umwandlung der drei inneren »Gifte« (Begierde, Haß und Verblendung) sowie in der Beseitigung karmischer Schleier oder Hindernisse, die Gedanken, Worte und Taten während vieler Leben aufgebaut haben. So verstandene Heilung führt letztendlich zur unmittelbaren Erkenntnis der Wirklichkeit, zum erwachten Sein: der Erleuchtung.

Eine große Hilfe für diesen Heilungsprozeß ist die von den Buddhas und Bodhisattvas des Heilens gewährte unsichtbare Unterstützung. Wie in den Texten häufig beschrieben, erwächst diese Unterstützung aus der Kraft ihrer grundlegenden Gelübde, welche sie ablegten, als sie ihr Leben der spirituellen Arbeit weihten. Diese Versprechen, alle Wesen zu heilen und ihre vielfältigen Leiden zu lindern, waren die besonderen motivierenden Faktoren der geistigen Entwicklung der Buddhas und Bodhisattvas des Heilens. Wenn ihre spirituelle Arbeit Frucht trägt, in dem Augenblick also, in dem sie den hohen Entwicklungsstand eines Buddha oder Bodhisattva erreicht haben, erlangen sie wirklich die Fähigkeit, diese Gelübde zu erfüllen.

Wenn diese Wesen anderen helfen können, wie kann man dann ihre Hilfe suchen und empfangen? In den Schriften werden mehrere Methoden erläutert, von denen die grundlegende im Anrufen ihrer spirituellen Kraft durch die Rezitation ihrer Namen besteht. Besondere Methoden beinhalten zum größten Teil die Verwendung von Bildnissen für die Anrufung und Verehrung dieser Gottheiten. Auf diese Weise sind Künstler einbezogen, und obwohl auch das bescheidenste Bild dem tiefen Zweck der Anrufung einer Gottheit genügen kann, sind einige der größten Werke der buddhistischen Kunst und Architektur der Darstellung der Buddhas des Heilens gewidmet. Ihre Symbolik kann man als die Essenz der in den Schriften überlieferten Lehren bezeichnen. Ihr liegt die Absicht zugrunde, den Geist durch spirituelles Erleben den tieferen Schichten des buddhistischen Heilungsprozesses und letztendlich der Erleuchtung zu öffnen.

Drei Hauptwerke über die heilenden Buddhas und Bodhisattvas, Schriften, welche beinahe zwei Jahrtausende lang unter den asiatischen Buddhisten weitverbreitet und einflußreich waren, habe ich hier in vollständiger Übersetzung wiedergegeben. Ihre Titel lauten: Das *Sūtra über die Betrachtung der beiden Bodhisattvas »Der König des Heilens« und »Der Höchste Heiler«* (aus dem Chinesischen), das *Sūtra über die Früchte der grundlegenden Gelübde des Meisters des Heilens, des Tathāgata im Lapislazuli-Glanz* (aus dem Chinesischen unter Bezugnahme auf die Sanskrit-Version) und das *Sūtra über die Früchte der grundlegenden Gelübde der Sieben Meister des Heilens, der Buddhas im Lapislazuli-Glanz* (aus dem Chinesischen). Des weiteren habe ich eine Reihe ergänzender chinesisch-buddhistischer Texte in Auszügen übersetzt und diese eingefügt, soweit sie für diese Untersuchung relevant waren. Auf der Grundlage der mir zur Verfügung stehenden Materialien läßt sich sagen, daß keines dieser Hauptwerke bisher in vollständiger Übersetzung in einer westlichen Sprache erschienen ist. Das *Sūtra über die Früchte der grundlegenden Gelübde des Meisters des Heilens, des Tathāgata im Lapislazuli-Glanz* (das *Bhaiṣajya-guru-Sūtra*), das Walter Liebenthal von einem nur geringfügig abweichenden Text ebenfalls aus dem Chinesischen übersetzt hat, stellt die einzige Ausnahme dar. (Diese englische Version wurde 1936 in einer begrenzten Auflage in Peking gedruckt und ist erst kürzlich von der Hong Kong Book Distribution Press for The Buddhist Union, Singapore, neu herausgegeben worden.)

Ein wichtiger Gesichtspunkt konnte in diesem Buch nur gestreift werden, nämlich die Rolle des heilenden Buddha in der Geschichte der japanischen Religionen. Diesen Aspekt möchte ich den Spezialisten auf diesem Gebiet überlassen, denen es möglich ist, diejenigen Faktoren genauer darzustellen, welche der fortdauernden Popularität des heilenden Buddha in der religiösen Praxis in Japan zugrundeliegen.

Ich hoffe, daß dieser und andere Aspekte in der Zukunft von weiteren Gelehrten zur Abrundung unseres Wissens untersucht werden. Mein Bemühen in diesem Buch gilt einer Einführung in die Vorstellung vom Buddha des Heilens und von den Gottheiten seines Gefolges, wobei das Schwergewicht auf den Prinzipien liegt, die sie verkörpern. Es ist mein tiefer Wunsch, daß diese Untersuchung all jenen eine besondere Hilfe sein möge, die sich für die Prinzipien östlicher Religionen interessieren.

Raoul Oyang Birnbaum

Erster Teil

Der göttliche Heiler im Buddhismus – Die Lehre vom Buddha im Lapislazuli-Glanz, dem Meister des Heilens

1. Vorstellungen vom Heilen im frühen Buddhismus

Wie aus den alten Texten des Pāli-Kanons hervorgeht, waren Vorstellungen vom Heilen von tiefgreifender Bedeutung im täglichen Leben und in der geistigen Arbeit der frühen buddhistischen Mönche. Diese Vorstellungen finden sich in weiterentwickelter Form in den späteren Pāli-Texten und in historischen Dokumenten wieder, ein Hinweis auf die zunehmende Bedeutung des Heilens innerhalb der buddhistischen Gemeinde. Auch in Mahāyāna-Texten, die weithin verbreitet waren, wird das Heilen ausführlich erörtert.

Diese buddhistischen Texte befassen sich mit dem Heilen unter drei Gesichtspunkten: 1. Die Heilung von Krankheit durch Heilmittel (Kräuter, Nahrung), Chirurgie und andere physische Hilfsmittel; 2. die geistigen Ursachen von Krankheiten und ihre Heilung auf geistigem Wege; 3. der Heilungsprozeß als Metapher geistigen Wachstums, wobei der Buddha als der Höchste Arzt und der Dharma, die buddhistische Lehre, als der König unter den Arzneien bezeichnet wird.

Dabei sind die symbolischen und spirituellen Aspekte des Heilens von besonderem Interesse im Hinblick auf die zu späterer Zeit stattfindende Verehrung eines Buddha des Heilens, jedoch kommt auch dem körperlichen Heilen eine grundlegende Bedeutung zu. Dieses erste Kapitel zeigt die frühbuddhistischen Versuche, sich mit diesem ernsten und manchmal dramatischen Aspekt des menschlichen Lebens auseinanderzusetzen.

Heilen und Lebenserhaltung im frühen Buddhismus

1. Pāli-Kanon

Die vier Lebensbedingungen, wie sie die verschiedenen Texte des Pāli-Kanons wiederholt aufzeigen, sind Kleidung, Nahrung, Unterkunft und Medizin. Daß der Medizin eine so große Bedeutung beigemessen wird, kann angesichts der Tatsache nicht überraschen, daß das körperliche Wohlbefinden der Mönche durch ihre spartanische Lebensweise und ihre anstrengenden meditativen Übungen zweifellos großen Belastungen ausgesetzt war. Da Krankheit und Unwohlsein im allgemeinen zu einer Schwächung des Geistes führen, so daß seine Ausrichtung auf seine Funktion als befreiende Kraft verlorengehen kann, besaßen (und besitzen noch heute) die Verhütung und die angemessene Behandlung von Krankheiten für den buddhistischen Mönch eine große Bedeutung. Für diejenigen, deren ganzes Streben darauf gerichtet war, Erleuchtung zu erlangen, waren Kenntnisse über Vorbeugung oder Heilung bei ernsthaften Krankheiten lebenswichtig. In dieser Weise gewappnet, sah sich ein Mönch in der Lage, sich in einem gewissen Ausmaß vor lebensgefährlichen Krankheiten zu bewahren, die seine menschliche Daseinsform zu vernichten drohten, bevor er sein spirituelles Ziel erreichte.

Nach Śākyamuni ist die Erhaltung des Lebens in erster Linie abhängig von angemessener Ernährung. Einigen Nahrungsmitteln bestätigte der Buddha einen ungewöhnlich hohen medizinischen Wert, wobei das hervorragendste ein Milchreis war, der mit Honigstücken vermischt gegessen wurde. Der Genuß dieser Speise gewährt viele gesundheitliche Vorzüge:

> Zehn Dinge verleiht sie ihm:
> Leben und Schönheit, Ausgeglichenheit und Kraft.
> Sie vertreibt Hunger, Durst und die Winde,
> Sie reinigt die Blase und fördert die Verdauung.
> Diese Medizin wird vom Wohltäter gepriesen.[1]

Der Buddha riet ab von Völlerei. So gab er dem König von Sāvatthī zu bedenken, daß Mäßigung in der Nahrungsaufnahme ihm dazu verhelfen werde, ein langes Leben in Gesundheit zu verbringen.[2] Auch das Verbot abendlicher Mahlzeiten, ein wohlbekanntes Merkmal des klösterlichen Lebens im Buddhismus, wurde von Śākyamuni als eine Maßnahme vorbeugender Gesundheitspflege eingeführt:

> Ich, ihr Mönche, nehme am Abend keine Nahrung zu mir. Ich nehme am Abend keine Nahrung zu mir, da ich, ihr Mönche, bedacht bin auf gute Gesundheit, Freisein von Krankheit, Spannkraft, Stärke und ein Leben in innerer Muße. Folgt mir daher, ihr Mönche, und nehmt auch ihr am Abend keine Nahrung zu euch![3]

Er gestattete den Mönchen die Verwendung von fünf Grund-Heilmitteln. Sie alle waren Bestandteile der gewöhnlichen Nahrung, nämlich *Ghee* (geklärte Butter), frische Butter, Öl, Honig und Sirup. Die genaue Beschaffenheit dieser fünf Arzneien erläutert der Kommentar im *Suttavibhaṅga*-Abschnitt des *Vinaya*:

> *Unter jenen Arzneien, die von kranken Mönchen eingenommen werden,* versteht man folgendes: *Ghee* ist Ghee von Kühen, Ghee von Ziegen oder Ghee von Büffelkühen; Ghee von solchen (Tieren), deren Fleisch geeignet ist. *Frische Butter* ist frische Butter von ebendiesen (Tieren). *Öl* ist Sesamöl, Senfsamenöl, Öl enthaltender Honig, das Öl der Rizinusölpflanze und Talgöl. *Honig* ist Bienenhonig. *Sirup* ist das Produkt aus Zuckerrohr.[4]

Die Verwendung von Substanzen wie Honig, Öl und Butter als Mittel zu Heilzwecken mag milde gesagt primitiv erscheinen; jedoch bestätigen jüngste Untersuchungen des Pathologen und Arztes Guido Majno, daß Weisheit der Verordnung dieser Substanzen zugrundeliegt.[5]

Zusätzlich zu diesen fünf Standard-Heilmitteln gestattete der Buddha die Anwendung einer Fülle von Substanzen zu besonderen medizinischen Zwecken. Eine Aufzählung, die praktisch eine vollständige *materia medica* ergibt, findet sich im *Vinaya: Mahāvagga*, Abschnitt VI. Ich habe eine Zusammenfassung dieses Abschnittes am Ende dieses Buches als Anhang I, »Heilmittel im Pāli-Kanon« gegeben.

In Ergänzung zur Heilbehandlung mit Hilfe von medizinischen Wirkstoffen werden auch verschiedene andere Methoden kurz erwähnt. Chirurgische Praktiken sind allem Anschein nach erlaubt, denn sie finden nur im Rahmen des Verbots Erwähnung, den Körper »im Bereich bis zu zwei Fingerbreiten von den Geschlechtsteilen« zu öffnen.[6] Ebenfalls angewandt wurden bestimmte Arten der Wärmebehandlung.[7]

Eine wichtige Passage des *Dīgha-Nikāya* nennt eine große Anzahl verschiedener Tätigkeiten, die Buddha Śākyamuni als ungeeignete Mittel zum Lebensunterhalt unter Verbot gestellt hat. Unter diesen befinden sich nicht wenige mit Bezug zum Heilen:

11–14. Das Verabreichen von Brechreiz erregenden Mitteln und Abführmitteln

15. Die Reinigung von Menschen zur Erleichterung des Kopfes (d. h. das Verabreichen von Arzneien, um jemanden zum Niesen zu veranlassen)

16. Die Ohren anderer mit Öl beträufeln (sei es, um sie zum Wachstum anzuregen oder zum Zwecke der Wundheilung)

17. Den Augen anderer wohl tun (zur Reizlinderung medizinische Öle in die Augen träufeln)

18. Das Verabreichen von Arzneimitteln durch die Nase

19. Die Anwendung von Collyrium auf die Augen

20. Das Praktizieren als Augenarzt

21. Das Praktizieren als Chirurg

22. Das Praktizieren als Kinderarzt

23. Das Verabreichen von Wurzeln und Drogen

24. Das Verabreichen verschiedener Medikamente in wiederkehrender Reihenfolge[8]

Da zahlreiche Passagen im *Saṃyutta-Nikāya* und im *Majjhima-Nikāya* des *Sutta*-Abschnitts wie auch verschiedene Bücher des *Vinaya*-Abschnitts ausschließlich die Verwendung und Pflege von Arzneimitteln behandeln sowie die Handhabung medizinischer Techniken, erscheint die Annahme sinnvoll, daß es sich hier nicht um ein Verbot der Medizin *per se* handelt. Vielmehr handelt es sich um die an Laien gerichtete Warnung, nicht gewohnheitsgemäß Heilbehandlungen durchzuführen (insbesondere nicht zur Erlangung von Almosen), auch um die Warnung, Arzt zu werden, anstatt seine Zeit den spirituellen Übungen der frühbuddhistischen Praxis zu widmen.

2. Nicht-kanonische Pāli-Texte, historische Dokumente und Edikte

Die medizinische Heilbehandlung behielt ihre Bedeutung auch in der Spätphase des frühen Buddhismus bei und wurde zu einem höchst bedeutsamen Aspekt im Leben nicht weniger Mönche. Für einige lieferte sie den Hauptberührungspunkt mit Menschen außerhalb des Ordens. Pārapariyā, ein Mönch, der zu den Schülern Śākyamunis gehört hatte, beklagt in seinen Schriften, daß sich die Mönche in den Jahren nach dem Tode des Buddha zunehmend der Heiltätigkeit zuwandten:

> Ein Gedanke kam dem Asketen, als er zur Zeit der Blüte in der Abgeschiedenheit des großen Waldes saß, in aufmerksamer Meditation: »Das Verhalten der Mönche, so scheint mir, ist heute anders als zu der Zeit, da der Beschützer der Welt, der Beste der Menschen, noch lebte.
> (Sie besaßen) einen Schutz vor dem Wind und ein Lendentuch zur Bedeckung ihrer Scham; sie aßen mäßig und waren mit allem, was sie erhielten, zufrieden . . .
> Sie trugen nach Dingen, deren man zum Leben bedarf, nach

Arznei und Gebrauchsgegenständen nicht Verlangen wie nach der Vernichtung der *Asavas* (der Verderbtheiten).
Sie lebten in den Wäldern zu Füßen eines Baumes, in Höhlen und Grotten, und sie gaben sich der Einsamkeit hin als ihrem Ziel.
Sie widmeten sich bescheidenen Dingen, waren genügsam, sanftmütig, nicht starrsinnigen Geistes, frei von Verderbtheit, nicht schwatzhaft, und sie richteten ihr Denken allein auf ihr Ziel.
Daher waren ihre Haltung, ihre Eßgewohnheiten und ihre Übungen religiös. Ihr Verhalten glich in seiner Ruhe einem Ölstrom.
Nun sind diese Vorfahren, die alle Asavas vollständig beseitigten, die großen Meister der Meditation und Wohltäter dahin.
Heute gibt es nur wenige solcher Menschen . . .
(Die gegenwärtigen Mitglieder des Ordens) . . . bieten den Haushältern Ton an, Öl und Puder, Wasser, Unterkunft und Verpflegung im Verlangen nach reichhaltigerer (Erwiderung).
(Sie geben) Zahnreiniger, Kapittha-Früchte, Blumen und Essen, schmackhafte Almosen, Mangos und Myrobalanen. Im Umgang mit Heilmitteln gleichen sie Ärzten . . .
Immer bereit zu Ausflüchten, Vereinbarungen und Kunstgriffen, sammeln sie im Gedanken an ihren Lebensunterhalt mit Geschick großen Reichtum an.[9]

Das strikte Verbot des Buddha an die Mönche, die medizinische Heiltätigkeit als Mittel zum Lebensunterhalt auszuüben, wurde demnach offensichtlich schon wenige Jahrzehnte nach seinem Parinirvāṇa, seinem Verlassen der Welt, mißachtet. Der Historiker A. L. Basham schreibt:

Zwar sind uns aus dem dazwischenliegenden Zeitabschnitt der Periode zwischen den Veden und den Texten des Caraka (1.–2. Jahrhundert christlicher Zeitrechnung) und Suśruta (4. Jahrhundert christlicher Zeitrechnung) keine medizinischen Texte überliefert, es besteht jedoch kaum ein Zweifel, daß es in erster Linie zwei Faktoren waren, die zur Vermehrung des medizinischen Wissens beitrugen: zum einen ein wachsendes Interesse an der Physiologie, ausgelöst durch die Phänomene des Yoga und der mystischen Erfahrung, zum anderen der Buddhismus. Wie in späterer Zeit die christlichen Missionare, so stellten sich auch die buddhistischen Mönche häufig als Ärzte in den Dienst der Laien, von denen sie ihre Nahrung erbettelten . . .[10]

Wie aus zahlreichen Passagen des *Vinaya* hervorgeht, wurde von den Mönchen erwartet, daß sie für die Kranken unter ihnen sorgten. Auf diese Weise erwarben sie Geschick in der Anwendung der Grundkenntnisse medizinischer Heiltätigkeit. Wie schon erwähnt wurde, ist die im *Mahāvagga*-Abschnitt des *Vinaya* enthaltene umfangreiche *materia medica* ein Anzeichen dafür, welches ernsthafte Interesse den verschiedenen Heilmitteln und Behandlungsmethoden für die allgemein verbreiteten schwächenden Leiden entgegengebracht wurde. Da sie ihre Mitmenschen krank sahen und gleichzeitig über die Kenntnisse und Mittel verfügten, um diese Krankheiten zu heilen, machten es sich mitleidige Mönche zu eigen, den Laien zu helfen, insbesondere, wenn sie sich in Gegenden aufhielten, die weit entfernt von den Zentren medizinischer Heiltätigkeit lagen.

Manche dieser Mönchs-Ärzte bedienten sich ihrer Heilfähigkeiten auch als eines Mittels zur Verbreitung des Dharma und der Bekehrung Nicht-Gläubiger. So verdankten einige Mönche aus Indien und Zentralasien, die im zweiten bis vierten Jahrhundert n. Chr. China bereisten, ihren Erfolg im Verbreiten des Dharma, insbesondere in aristokratischen Kreisen, nicht zuletzt ihren Gaben auf dem Gebiet der Heilkunde.[11]

Ein Mönch mochte also aus verschiedenen Gründen Methoden des Heilens erlernen, sei es, um seinen Mitmönchen zu helfen, sei es, um aus Mitleid den Laien zu Diensten zu sein oder auch, um als Unterstützung bei der Verbreitung der buddhistischen

Lehren ein vorteilhaftes Mittel zum Erwerb von Vertrauen an die Hand zu bekommen.

Ebenso wie die Mönchs-Ärzte erkannten auch fromme buddhistische Herrscher die Bedeutung mitfühlender Heiltätigkeit und widmeten sich deshalb – als einem Aspekt ihrer buddhistischen Praxis – der Unterstützung des Baus von Krankenhäusern und der Herstellung und Verteilung von Arzneien. Der große buddhistische König Aśoka, der im dritten Jahrhundert v. Chr. einen großen Teil Indiens beherrschte, ließ folgendes Edikt in Fels einmeißeln (Rock Edict = Felsenedikt II, Girnar-Text):

> Überall im Herrschaftsbereich des Königs Priyadarśi (Aśoka), des Lieblings der Götter, ebenso in den benachbarten Gebieten der Cholas und Pandyas, des Satiyaputra und Keralaputra, im Gebiet südlich davon bis hin nach Tamraparni und in den Ländereien des Königs der Yavanas, Antiyoka, wie auch im Gebiet jener Könige, die des Antiyoka Nachbarn sind – überall dort hat König Priyadarśi, der Liebling der Götter, für zwei Arten medizinischer Behandlung gesorgt, nämlich für die medizinische Behandlung von Menschen und für die medizinische Behandlung von Tieren. Auch wurden überall da, wo es keine den Menschen und Tieren nutzbringende Heilkräuter gab, diese eingeführt und gepflanzt. Entlang der Straßen wurden zum Nutzen von Menschen und Tieren Brunnen gegraben und Bäume angepflanzt.[12]

Viele andere buddhistische Herrscher setzten diese Aktivitäten fort. So gab zum Beispiel der fromme buddhistische König von Ceylon, Duṭṭhagāmaṇi, auf dem Totenbett eine Erklärung ab (177 n. Chr.), in der er die Errungenschaften seiner Herrschaft aufzählte. Unter vielen Akten der Hingabe an den Buddha und die Lehre nannte der König auch den folgenden:

> Ständig habe ich an achtzehn Orten den Kranken Nahrung und Heilmittel zur Verfügung gestellt, wie sie die Ärzte verordnet hatten.[13]

Diese Aktivitäten wurden häufig als Beweis für den guten Einfluß herangezogen, den die buddhistischen Lehren im Sinne der Förderung von Mitgefühl und Wohltätigkeit auf Herrscher ausübten, die ihre ergebenen Anhänger waren. In der Unterstützung der Heiltätigkeit seitens der Herrscher und in der eigentlichen Ausübung des Heilberufes durch Mönche konnte das Mitgefühl, das durch die aufrichtige Praxis der buddhistischen Lehren entsteht, seinen Ausdruck finden.

3. Die Heilkunde in frühen Mahāyāna-Werken

In einer großen Anzahl früher Mahāyāna-Texte findet die Anwendung verschiedener Arzneimittel kurz Erwähnung. Die umfangreichen Indices zur *Taishō-Shinshū-Daizōkyō*-Ausgabe des chinesisch-buddhistischen Kanons lassen erkennen, daß Begriffe für »Medizin« und verschiedenste medizinische Gegenstände in einer beträchtlichen Anzahl von Schriften häufig genannt sind. Als Beispiel sei hier ein Werk des frühen Mahāyāna zitiert, welches in Zentral- und Ostasien, den Zentren der späteren Verehrung des Buddha des Heilens, überaus verbreitet war. Dieses Werk, das *Suvarṇaprabhāsa-Sūtra (Goldglanz-Sūtra)* enthält zwei Kapitel über Heilkunst und über Arzneimittel. Es wird dort beschrieben, wie Buddha Śākyamuni in einem vergangenen Leben alle Grundlehren der Medizin studierte, um seinen Zeitgenossen zu helfen.[14]

Im Verlauf dieser Darstellung eines bedeutenden vergangenen Lebens des Buddha gibt das Sūtra einen Überblick über die allgemeinen Prinzipien der indischen Medizin und trägt auf diese Weise dazu bei, daß sich die Heilkunde als ein für Buddhisten geeignetes Studienfach durchsetzen kann. In Zentral- und Ostasien genoß dieses Werk große Verehrung und stärkte so die Rolle der dort ansässigen Mönchs-Ärzte; weiter trug es dazu bei, daß die Grundgedanken der indischen Medizin ihrem wesentlichen Inhalt nach in jenen Gegenden bekannt wurden.

Geistige Ursachen und Heilung von Krankheiten

1. Pāli-Kanon

Neben Krankheiten infolge einer altersbedingten Schwächung des Körpers oder infolge der physischen Belastungen, die das anstrengende Leben der Mitglieder des frühen Sangha mit sich brachte, werden auch solche Krankheiten beschrieben, die unmittelbar dem Karma aus vergangenen oder dem gegenwärtigen Leben entstammen. Geschildert wird ein dramatischer Fall, in dem ein Mönch zu wiederholten Malen zwei seiner Ordensältesten verleumdete. Die Heftigkeit seiner zersetzenden und falschen Anschuldigungen und die Intensität der zahlreichen negativen Gedanken, die ihn zu seinen Behauptungen bewogen, hatten zur Folge, daß sich – als karmische Auswirkung – sein Körper mit Geschwüren bedeckte, die eitrig aufplatzten und so seinen Tod verursachten. Der Buddha erklärte dieses karmische Prinzip:

> Fürwahr, einem jeden Menschen, der geboren wird,
> Wächst ein Beil in seinem Munde.
> Und jedesmal, wenn der Narr Übles spricht,
> Schneidet er sich selbst mit diesem . . .[15]

Es führt jedoch nicht jede Krankheit, die infolge von Karma ausgebrochen ist, ins Verderben. Manchmal ist sie Tilgung der Schuld aus vergangenen Leben, und manchmal auch ist Krankheit der katalysierende Faktor, der den auf der spirituellen Suche Befindlichen anspornt auf dem Weg zur Befreiung.

Der Mönch Samitigutta, der wegen seiner unheilbaren Leprakrankheit an ein Klosterkrankenhaus gefesselt war, erhielt die meditative Übung, seine Gefühle zu betrachten. Er unterzog sich dieser Übung mit großer Anstrengung und erlangte Befreiung. Im Verlauf seiner Übung gewann er Kenntnis all seiner negativen Handlungen in vergangenen Leben, die die Ursache seiner gegenwärtigen Erkrankung waren. Nachdem er durch Einsicht Befreiung erlangt hatte (obwohl er noch immer von seiner tödlichen Krankheit befallen war), sagte er:

Was ich an Bösem getan habe in vergangenen Tagen,
In früheren Leben und in diesem hier,
Ist die Ursache meines jetzigen Leidens.
Doch ist ein anderer Grund
für Krankheit nicht mehr vorhanden.[16]

Buddha Śākyamuni wird im Pāli-Kanon als der große Heiler dargestellt. Er bediente sich zweier Methoden: der Heilung durch Lehre und der Geistheilung oder »übernatürlichen« Heilung. Der Buddha unterwies seine Patienten entsprechend der Schwere ihrer Krankheit. Patienten, die an einer tödlichen Krankheit litten, erhielten Belehrungen über Vergänglichkeit, während diejenigen, die geheilt werden konnten, in der Meditation über die »sieben Erleuchtungsglieder« unterwiesen wurden.

Der Buddha gab einer Reihe von Patienten Belehrungen über Vergänglichkeit. So suchte er z. B. einmal einen kranken Novizen auf, dessen Name nicht überliefert ist. Als der Buddha feststellte, daß dessen Schmerz und Verzweiflung zunahmen, stellte er ihm fortlaufend Fragen über Vergänglichkeit. Auf diese Weise von Einsicht zu Einsicht geführt,

> . . . entstand in diesem Bruder schließlich das reine, makellose Auge der Erkenntnis des Gesetzes, (und er sah): »Was auch immer so beschaffen ist, daß es entsteht, ist seiner Natur nach vergänglich.«[17]

In ähnlicher Weise half der Buddha auch dem Mönch Assaji. Schwer krank teilte ihm Assaji mit, er könne wegen Schwierigkeiten beim Atmen *Jhāna* (meditative Versenkung) nicht erreichen und sei deshalb unfähig, einen ausgeglichenen Geisteszustand zu bewahren. Mit ermutigenden Worten wies ihn der Buddha daraufhin an, seinen Geist auf Gedanken über Vergänglichkeit und Ichlosigkeit zu richten.[18] Nun waren diese Lehren dem ehrwürdigen Mönch keineswegs neu, denn er war es, der lange Zeit vorher die Lehren des Buddha über Vergänglichkeit prägnant zusammengefaßt und so Sāriputta bekehrt hatte. Die Tatsache, daß es gerade diese Lehren waren, die der Buddha zu meditieren empfahl, wenn sich die menschliche Existenz ihrem Ende nähert, macht deren grundlegende Bedeutung als Tore zur Befreiung deutlich.

Bestand für einen Patienten Aussicht auf Heilung, so ermunterte ihn der Buddha, über die sieben Erleuchtungsglieder (*bojjhaṅgas;* Sanskrit: *bodhyaṅgas*) zu meditieren. Diese sind:

1. Achtsamkeit
2. Untersuchung der Dinge *(dharmas)*
3. Streben
4. Freude
5. Ruhe
6. Meditative Versenkung *(samādhi)*
7. Gleichmut[19]

So suchte der Buddha zum Beispiel zu einer Zeit, als dieser krank war und seine Schmerzen sich steigerten, Kassāpa den Älteren auf und sagte zu ihm:

> Kassāpa, diese sieben Erleuchtungsglieder, die ich vollständig dargelegt habe, führen, wenn man sie pflegt und nutzt, zum vollen Verständnis, zur Weisheit, ins *Nibbāna (Nirvāṇa).*[20]

Nachdem Kassāpa die Lehre über die sieben Glieder vollständig empfangen und sie angenommen hatte, ». . . war er von dieser Krankheit genesen. In eben diesem Moment hatte der ehrwürdige Kassāpa der Große seine Krankheit überwunden«.[21] Durch eine ähnliche Unterweisung wurde auch Mogallāna vom Buddha geheilt.[22]

Die große Heilkraft dieser grundlegenden Meditationsübung wird auch durch die folgende Episode verdeutlicht: Als der Buddha einmal krank darniederlag, besuchte ihn Cunda (der jüngere Bruder des Sāriputta). Der Buddha bat ihn, die sieben Erleuchtungsglieder für ihn zu rezitieren. Nachdem er zugehört und sowohl Cundas Rezitation als auch die Lehre selbst gutgeheißen hatte, ». . . war der Erhabene von dieser Krankheit genesen. In diesem Moment hatte der Erhabene seine Krankheit überwunden«.[23]

Diese sieben Glieder finden gelegentlich als Mātṛka, als eine Methode der Zusammenfassung der buddhistischen Lehre, Verwendung. Im Zusammenhang mit dem Heilen jedoch werden sie offensichtlich als aufeinanderfolgende Stufen der Meditation angewandt. Die Tatsache, daß meditative Übungen zur Heilung von Krankheiten angeraten wurden, macht deutlich, daß Krankheiten aus buddhistischer Sicht in engem Zusammenhang mit gestörten Geisteszuständen stehen. Gelingt es, die Geistesregungen des Patienten zu reinigen und in die richtigen Bahnen zu lenken, so ist die Ursache der Krankheit beseitigt und der Patient geheilt. Dies ist der weitverbreiteten modernen Ansicht nicht unähnlich, daß die meisten Krankheiten psychischen Ursprungs sind, wie »physisch« sich ihre Symptome auch manifestieren mögen.

Aus traditioneller buddhistischer Sicht ist die Meditation über die sieben Erleuchtungsglieder als eine Methode zu betrachten, die der Überwindung der inneren Gifte, Begierde, Haß und Verblendung, dient, wie sie in den Lehren häufig Erwähnung finden. Diese inneren Gifte stehen in Beziehung zu den drei physiologischen Giften, die, wenn ihr Gleichgewicht gestört ist, Krankheiten auslösen: Begierde erzeugt ein Übermaß von Wind, Haß erhöht die Absonderung von Galle, und Verblendung führt zu gesteigerter Schleimbildung.

Zwar heilte Buddha Śākyamuni vorwiegend durch seine Lehrtätigkeit, jedoch gab es auch Fälle dringender Not, in denen er seine spirituellen Fähigkeiten zur augenblicklichen Heilung schwer Erkrankter einsetzte. Diese »wunderbaren« Heilungen vollzogen sich zumeist an ergebenen Laienanhängern. So wurde z. B. die Laienanhängerin Suppiya, die sich heimlich ein Stück Fleisch aus ihrem Bein schnitt, um einem kranken Mönch daraus eine Fleischbrühe zu bereiten, augenblicklich vom Buddha geheilt (der daraufhin den Genuß von Menschenfleisch zu einer ernsthaften Verfehlung erklärte).[24]

Bedeutsam ist die Tatsache, daß bei den meisten Gelegenheiten, in denen der Buddha die Rolle des Heilers übernahm (sei es als Lehrer oder als wundertätiger Arzt), das Erlebnis von Krankheit oder Verletzung als ein auslösender Faktor wirkte, der zu einer neuen Einsicht und – in einigen Fällen – zur Befreiung führte. Hier wird deutlich, daß eine Krankheit oder Verletzung, mag sie auch als eine schwer zu ertragende Manifestation negativen Karmas erscheinen, ein positives, befreiendes Potential in sich tragen kann. Diese Möglichkeit kann fruchtbar werden, wenn der Patient sich mit all seiner Kraft der Anwendung der geeigneten Lehren zuwendet. In allen diesen Fällen galt die Behandlung eher dem Patienten als der Krankheit oder Verletzung selbst. Der Buddha nutzte die Gelegenheit, die vordringlichere Krankheit zu heilen, nämlich die von Unwissenheit und Begierde.

2. Nicht-kanonische Pāli-Texte

Obwohl im Pāli-Kanon nicht erwähnt, geht, wie Nāgasena im *Milindapañha*[25] ausführt, eine besondere Methode zur Heilung von Krankheiten ebenfalls auf Buddha Śākyamuni selbst zurück. Diese *Parittā* genannte Methode besteht in der Rezitation gewisser Worte und Texte, die die Krankheit auf wunderbare Weise beseitigen. *Parittā* bedeutet »Schutz«; die häufig verwendete singhalesische Entsprechung ist *Pirit*. Nāgasena zufolge besitzen diese Formeln der Anrufung eine wirkungsvolle schützende Kraft von unvorstellbarer Stärke:

> Wenn man, o König, die Stimmen derer hört, die die Parittā rezitieren, kann es geschehen, daß die Zunge austrocknet, das Herz nur mehr schwach schlägt und die Kehle heiser wird, aber diese Wiederholung besänftigt jede Krankheit, und alles Unglück weicht.[26]

Weiter sagt Nāgasena zur Fähigkeit der Parittā, Unglück abzuwenden:

> . . . Und wenn die Parittā über einen Menschen gesprochen wird, wird eine zum Biß aufgerichtete Schlange ihn nicht beißen, sondern ihre Kiefer schließen; der zum Schlag erhobene Stock von Räubern wird ihn nicht treffen, sondern sie werden den Stock fallenlassen und ihn freundlich behandeln; der auf ihn einstürmende wütende Elefant wird plötzlich innehalten; die auf ihn zukommende lodernde Feuersbrunst wird verlöschen; das gefährliche Gift, das er zu sich genommen hat, wird harmlos werden und sich in Nahrung verwandeln; Mörder, die gekommen sind, ihn zu erschlagen, werden zu seinen Dienern werden, die ihm aufwarten, und die Falle, in die er geraten ist, kann ihn nicht halten.[27]

In seiner Darstellung, wie die Parittā Krankheiten heilen kann, berührt Nāgasena ein wichtiges Prinzip der buddhistischen Medizin: Zwar können zahlreiche Mittel einen wesentlichen Beitrag zur Bekämpfung von Krankheiten leisten, ist das Leiden jedoch auf tief wurzelnde karmische Ursachen zurückzuführen, wird es den ihm vorbestimmten Tribut fordern:

> . . . Es gibt keine Zeremonie, kein künstliches Mittel, keine Arznei und keine Parittā, die das Leben eines Menschen verlängern könnten, wenn die ihm zugemessene Zeit abgelaufen ist. Alle Heilmittel der Welt, o König, sind für einen solchen Menschen vergeblich. Die Parittā bietet jedoch denen Schutz und Hilfe, deren Lebenszeit noch nicht verstrichen ist, die voller Leben sind und sich des karmischen Übels enthalten. Zu diesem Zweck hat der Erhabene die Parittā gegeben.[28]
>
> . . . Einige schützt die Parittā, andere aber schützt sie nicht. Für ihr Fehlschlagen gibt es Gründe – die karmischen Hindernisse . . .
>
> Diese Parittā, die den Wesen ein Schutz ist, verliert ihre beschützende Kraft durch die eigenen Taten dieser Wesen.[29]

Die Parittā wurde später zu einer der wichtigsten Heilzeremonien des ceylonesischen Buddhismus. Sie wurde vom Staat offiziell gefördert, nachdem ihre Wirksamkeit sich während der Regierungszeit Aggabodhis IV. (von 658–674 n. Chr.) erwiesen hatte.[30]

3. Geistige Ursachen und Heilung von Krankheiten in frühen Mahāyāna-Werken

Der Weise Vimalakīrti befaßte sich in großer Ausführlichkeit mit der Erfahrung von Krankheit. Seine faszinierenden Ausführungen finden sich im vierten Kapitel des *Vimalakīrti-nirdeśa-Sūtra (Das Sūtra, das Vimalakīrti verkündet hat).* Vor vielen Besuchern, die gekommen waren, um sich nach seiner Gesundheit zu erkundigen, ergriff der schon gebrechliche Weise die Gelegenheit zu einem Diskurs über den menschlichen Körper und seine Grenzen:

> O ihr Tugendhaften! Die Weisen verlassen sich nicht auf den Körper. Er gleicht einer Masse Schaum, die man nicht greifen kann, er gleicht einer Luftblase, die in einem Augenblick zerspringt. Der Körper gleicht einer Flamme, die aus Liebesdurst entsteht . . ., gleich einem Schatten erscheint er als die Folge von Karma. Er ist wie ein Echo abhängig von Ursachen und Bedingungen. Der Körper handelt nicht aus sich selbst heraus, sondern wird umhergetrieben von den mächtigen Winden (der Leidenschaft).[31]

Vimalakīrti, dessen eigenes Gesicht eingefallen war und von Krankheit gezeichnet, der so seinen Besuchern die vergängliche Natur der irdischen Existenz eindringlich vor Augen führte, ermunterte sie mit Nachdruck, nach der Erlangung des »Buddha-Körpers« zu streben:

> . . . Der Körper des Tathāgata entsteht aus unzähligen Arten von Reinheit. O ihr Tugendhaften, wenn ihr den Buddha-

Körper erlangen wollt und frei sein wollt von all den Krankheiten, die die Lebewesen bedrängen, dann solltet ihr danach streben, vollkommene Erleuchtung zu erlangen.[32]

Die weiteren kurzen bewegenden Äußerungen des Weisen lassen erkennen, daß seine eigene Krankheit der Last entsprang, die ein Bodhisattva auf sich nimmt, wenn er verspricht, alle Wesen zu retten:

> . . . Ich bin krank, weil alle Wesen krank sind. Wären die Krankheiten aller Wesen zu Ende, so wäre auch meine Krankheit beendet. Warum ist dies so? Weil ein Bodhisattva, der sich zum Wohl aller Wesen in den Bereich von Geburt und Tod begibt, fortan den Gesetzen dieses Bereiches unterworfen ist, und infolgedessen wird er krank. Würden alle Wesen von ihren Krankheiten geheilt, wäre auch ein Bodhisattva nie wieder krank. Dies gleicht dem reichen Mann, der nur einen einzigen Sohn hat. Wenn dieser Sohn krank wird, werden die Eltern ebenfalls krank. Wird der Sohn von seiner Krankheit geheilt, gesunden auch die Eltern. Ebenso der Bodhisattva: Er liebt alle Wesen, als wäre jedes von ihnen sein einziger Sohn. Haben alle Wesen Heilung gefunden, ist auch der Bodhisattva geheilt.[33]

Nach diesen Worten über jene Hervorragenden, über jene hochentwickelten Bodhisattvas, die in Reichweite des Nirvāṇa umkehren, um allen Lebewesen zu helfen, sprach Vimalakīrti auch von denjenigen, die sich in den Anfangsphasen des Bodhisattva-Weges befinden. Wird ein solcher Bodhisattva von einer Krankheit befallen als einem Widerhall von Karma, so sollte ihm ein Freund beistehen mit Worten

> . . . über die Vergänglichkeit des Körpers, nicht jedoch über die Ablehnung des Körpers. Er sollte ihm sagen, daß der Besitz eines Körpers Leiden mit sich bringt, er sollte jedoch nicht von

> den Freuden des Nirvāṇa sprechen. Er sollte über Ichlosigkeit und das gleichzeitige Verbleiben in einem Körper sprechen, darüber, wie man alle Wesen belehrt und leitet. Von der Leerheit des Körpers sollte er sprechen, nicht jedoch vom endgültigen Nirvāṇa. Er sollte von Reue über vergangene Fehler sprechen, aber er sollte auch davon abraten, zu tief über diesen zu brüten.[34]

In aller Deutlichkeit unterweist Vimalakīrti die Bodhisattvas, das Erlebnis von Krankheit in etwas Positives umzuwandeln, eine heilsame Kraft des Strebens aus dieser Erfahrung zu gewinnen:

> Aufgrund seiner eigenen Krankheit sollte er Mitleid mit allen anderen Kranken haben. Er sollte sich der Leiden während der unzähligen Äonen von vergangenen Leben bewußt sein und deshalb an den Nutzen aller Wesen denken. Er sollte auf eine reine Lebensführung achten. Trauer und Verdruß sollte er keinen Raum geben, sondern stattdessen fortwährend die Kraft des Strebens entwickeln. Er sollte zu einem König der Medizin werden und alle Krankheiten heilen.[35]

Für einen Bodhisattva, der den Rat Vimalakīrtis beherzigt, wird das Erlebnis von Krankheit kein hinderlicher, sondern eher ein beschleunigender Faktor sein, dessen letztendliche Funktion darin besteht, neuerliche und vermehrte Hingabe an die spirituelle Aufgabe hervorzurufen. Krankheit sollte den Bodhisattva nicht dazu veranlassen, in die Glückseligkeit des Nirvāṇa einzugehen, nur um Befreiung von seinen körperlichen Schmerzen zu finden; vielmehr sollte sie für ihn der große Gleichmacher sein, der ihn an die grundlegende brüderliche Verbundenheit aller Menschen erinnert, die dem allen gemeinsamen Leid der Krankheit innewohnt. Im Bewußtsein seiner Verbundenheit mit allen Wesen sollte er seinen Entschluß festigen, ihnen zu Hilfe zu kommen und zu ihrer aller Rettung beizutragen.

Der Heilungsprozeß als geistiges Wachstum

1. Pāli-Kanon

Häufig nahm der Buddha Krankheit und Heilung zum Vergleich, um verschiedene Aspekte seiner Lehre verständlich zu machen. Diesen Lehren zufolge ist jeder Mensch, der nicht Befreiung erlangt hat, der noch den Leiden unterworfen ist, die unstillbare Begierde nach sich zieht, als »krank« zu betrachten. Der Heilungsprozeß gleicht daher dem Prozeß, in dessen Verlauf man Erleuchtung erlangt.

Śākyamuni beschrieb einst einen Mönch, der Befreiung von seinen karmischen Hindernissen erlangt hatte, mit folgenden Worten:

> Es ist, o König, als wäre ein Mensch zunächst das Opfer einer Krankheit geworden, erlitte große Schmerzen und wäre schwer krank, könnte sein Essen nicht mehr verdauen und seine Kräfte verließen ihn, und dieser Mensch erholte sich von seiner Krankheit, könnte sein Essen wieder verdauen und seine Kräfte kehrten wieder; wäre er sich dann seines vorherigen und seines gegenwärtigen Zustandes bewußt, wäre er mit diesem vollauf zufrieden, er wäre von Herzen froh darüber.[36]

Um Heilung von einer ernsthaften Krankheit zu finden, bedarf man im allgemeinen zunächst eines Arztes, der die Krankheit diagnostiziert und eine Behandlung verordnet; man benötigt weiter die systematische Heilbehandlung selbst sowie Pfleger, die Hilfe leisten. Im Pāli-Kanon ist der Höchste Arzt der Buddha, die Heilbehandlung – Medizin und therapeutische Maßnahmen – ist der Dharma, und die Pfleger sind die Mitglieder der Gemeinschaft.[37]

Eine wichtige Passage im *Majjhima-Nikāya* enthält Hinweise auf die Behandlungsmethode, deren ein solcher Heiler sich bedient. In diesem Abschnitt betont der Buddha, daß schmerzhafte Aspekte mit der spirituellen Arbeit unvermeidlich verbunden sind:

. . . Es ist, als wäre ein Mensch von einem völlig in Gift getränkten Pfeil getroffen. Da er diesen Pfeil in sich spürte, könnte er ein Gefühl heftigen, schneidenden Schmerzes empfinden. Seine Freunde, Verwandten und Bekannten würden einen Arzt und Chirurgen zu Rate ziehen. Dieser Arzt und Chirurg würde möglicherweise um die Öffnung seiner Wunde mit einem Messer herumschneiden, wegen dieses Ausschneidens der Wunde jedoch könnte der Mann ebenfalls ein Gefühl heftigen, schneidenden Schmerzes empfinden. Dieser Arzt und Chirurg würde sodann seine Wunde auf die Pfeilspitze hin mit einer (medizinischen) Sonde untersuchen, wegen dieser Suche nach der Pfeilspitze mit Hilfe der medizinischen Sonde aber könnte er wiederum ein Gefühl heftigen, schneidenden Schmerzes empfinden. Dieser Arzt und Chirurg würde die Pfeilspitze aus seinem Körper entfernen, während jedoch die Pfeilspitze herausgezogen würde, könnte er nochmals ein Gefühl heftigen, schneidenden Schmerzes empfinden. Der Arzt und Chirurg würde sodann die Wundöffnung mit medizinischem Puder behandeln, aufgrund dieser Behandlung der Wunde mit medizinischem Puder jedoch könnte er wieder ein Gefühl heftigen, schneidenden Schmerzes empfinden. Nach einiger Zeit aber, wenn die Haut über der Wunde verheilt wäre, würde er sich wohl und behaglich fühlen, unabhängig, als sein eigener Herr, und er könnte gehen, wohin es ihm gefiele.[38]

In seinem Kommentar zu einer entsprechenden Textstelle erklärt der Buddha die hierin enthaltene Symbolik: Die Wunde verkörpert die sechs inneren Sinnesbereiche, das Gift Unwissenheit, der Pfeil ist Begierde, das Messer des Chirurgen symbolisiert reine Einsicht, die medizinische Sonde steht für Achtsamkeit, und der Arzt und Chirurg ist der Tathāgata selbst.[39]

Wieder und wieder ermahnt der Buddha seine Schüler zu erkennen, daß sie krank sind, daß sie mit allem Fleiß, der ihnen zu Gebote steht, Heilung suchen müssen und daß sie sich an den

König der Heilmittel (den Dharma) und an den Höchsten Arzt um Hilfe und Rettung wenden können:

> Außergewöhnlich und selten ist es,
> Die Erwachten zu sehen.
> Von jenen außergewöhnlichen Menschen,
> Die man selten in der Welt erblickt,
> Bin ich einer, ein Arzt ohnegleichen . . .[40]

2. Nicht-kanonische Pāli-Texte

Unter Mönchen, die seine direkten Schüler waren, war es üblich, von Śākyamuni als dem Höchsten Arzt zu sprechen. So sagte z. B. Adhimutta:

> Mein Lehrer ist der Eroberer, der Allwissende und Allsehende, der Meister, dessen Mitleid grenzenlos ist. Der ganzen Welt Arzt ist er.[41]

Telakam sprach von »dem Pfeil, der dem Selbst entspringt«, und fragte: Wer kann »dieses Geschoß, das mir im Herzen steckt, entfernen«? Und er gab sich selbst die Antwort:

> Er, der Meister des Dhamma, der Beste ist es,
> Der die vom Gift verursachte Fieberkrankheit vertreiben kann . . .[42]

Das Attribut Höchster Heiler und Arzt ist in vielen buddhistischen Texten gebräuchlich, unter anderem auch in den *Fragen des Königs Milinda*. Ebenfalls in diesem Text spricht Nāgasena vom »Arzneimittelmarkt des Gesegneten«, auf dem der Buddha Heilmittel anbietet, die Götter und Menschen die Gesundheit schenken. Es wird gezeigt, daß es sich bei diesen Heilmitteln um die siebenunddreißig Faktoren handelt, die zur Erleuchtung führen, die siebenunddreißig *bodhipakkhiya dhammas* (Sanskrit: *bodhipakṣya dharmas*). Mit Hilfe dieser Arzneien kann der

Buddha alles Negative reinigen, alles Übel entfernen.[43]

In Ergänzung seiner Darlegung der heilenden Qualitäten, die die Lehre besitzt, vergleicht Nāgasena des weiteren die Medizin mit einem hochentwickelten Zustand des Geistes:

> O König, ebenso wie ein Heilmittel nicht der Nährboden für Schädlinge ist, so sollten auch schädliche Neigungen nicht im Geist eines strebsamen Mönches entstehen dürfen, dessen Bemühen ernsthaft ist . . .
> Des weiteren, o König, ebenso wie Medizin das Gegenmittel ist gegen jedwedes Gift, das durch Bisse oder Berührung, durch Essen, Trinken oder auf sonstige Weise in den Körper gelangt ist, so sollte ein strebsamer Mönch, dessen Bemühen ernsthaft ist, in sich selbst den Giften der Begierde, der Bosheit, der Unwissenheit, des Stolzes und der falschen Ansichten entgegenwirken . . . Denn der Gesegnete, o König, der Gott der Götter, hat gesagt:
> Der strebsame Einsiedler, der sich danach sehnt, Einsicht zu gewinnen in die Natur und Bedeutung des Wahren, der Elemente, die die Dinge formen, muß zu einem Gegenmittel werden, das die Zerstörung aller negativen Gedanken bewirkt.[44]

Das immer wiederkehrende Hervorheben des Höchsten Arztes und seiner Medizin macht eine grundlegende Haltung im Buddhismus deutlich: leidenschaftsloses Mitgefühl. Der große Arzt, Inbegriff selbstlosen Mitgefühls, weiht sein Leben der Aufgabe, den Schmerz der anderen zu lindern. Dabei bewahrt er eine Haltung des Nicht-Haftens, er läßt seine Gefühle sich nicht mit seiner Arbeit verstricken und heilt seine Patienten auf wirkungsvolle Weise. Dementsprechend bewahrt auch der Buddhist eine Haltung des Nicht-Haftens und ist achtsam gegenüber seinen diversen Fehlern oder »Krankheiten«. Die Anwendung der vom Meister des Heilens verordneten Arznei, der vom Buddha überlieferten Lehren, macht es ihm möglich, Krankheiten auf eine leidenschaftslose Weise zu beseitigen, die Mitgefühl für den Patienten (ihn selbst) bewahrt, jedoch der Krankheit gegenüber kein Erbarmen zeigt.

3. Gleichnisse in frühen Mahāyāna-Texten: Das Lotus-Sūtra

Daß dem Buddha die Rolle eines Heilers zukommt, findet Bestätigung in dem häufig zitierten Gleichnis vom Arzt, wie es im *Saddharma-puṇḍarīka-Sūtra* enthalten ist. Während er dort den Bodhisattvas erklärt, warum es nur selten geschieht, daß ein Buddha in der Welt erscheint und aus welchem Grunde die Buddhas nicht auf Dauer in der Welt verbleiben, vergleicht sich Śākyamuni mit einem ausgezeichneten Arzt,

> . . . der weise und scharfsinnig, von hervorragender Begabung im Umgang mit Arzneien, fähig ist, alle Krankheiten zu heilen. Er hat viele Söhne, zehn, zwanzig, wenn nicht gar hundert oder mehr an der Zahl. Einer Verpflichtung wegen, der er nachkommen muß, reist er in ein fernes Land. Nach seiner Abreise nehmen seine Söhne giftige Arzneien zu sich, die geistige Stumpfheit, Verwirrung und Zusammenbruch hervorrufen.
>
> Zu diesem Zeitpunkt kehrt ihr Vater nach Hause zurück. Von seinen Söhnen, die alle das Gift gegessen haben, haben einige ihren Verstand verloren, während andere überglücklich sind, ihn wiederzusehen. Sie knien vor ihm nieder, erweisen ihm ihre Ehrerbietung und sagen: »Wie gut, daß du sicher zurückgekehrt bist! In unserer Torheit haben wir aus Versehen giftige Arzneimittel zu uns genommen. Wir bitten dich, rette und heile uns. Gib uns das Leben wieder!« Der Vater, der das Unglück seiner Söhne sieht, sucht auf der Grundlage der Standard-Rezepte nach ausgezeichneten Heilpflanzen, die vollkommen sind in Farbe, Geruch und Geschmack. Er zerstößt, pulverisiert und mischt sie und befiehlt seinen Söhnen, sodann ihre Dosis einzunehmen. Er sagt: »Dies ist eine hervorragende Arznei, vollkommen in Farbe, Geruch und Geschmack. Wenn ihr sie einnehmt, werdet ihr von eurem Kum-

mer schnell befreit sein, und eure Leiden werden nicht wiederkehren.«

Als die geistig Gesunden unter den Söhnen diese ausgezeichnete Arznei sehen, deren Farbe und Geruch gut sind, nehmen sie diese unverzüglich ein und werden von ihrer Krankheit völlig geheilt. Die anderen Söhne aber, die den Verstand verloren haben, freuen sich zwar, als sie ihren Vater herankommen sehen, begrüßen ihn und bitten ihn, ihre Krankheit zu heilen; sie wagen jedoch nicht, seine Medizin zu nehmen. Warum ist dies so? Da die giftigen Bestandteile tief in ihre Körper eingedrungen sind, ist ihnen der Verstand abhandengekommen, so daß der Anblick dieser Arznei mit ihrer schönen Farbe und ihrem ausgezeichneten Duft ihren Ekel hervorruft. Der Vater denkt: »Weh um diese Söhne, deren Geist durcheinandergeraten ist in den Fängen des Giftes: Obwohl sie froh sind, mich zu sehen, und mich anflehen, sie zu heilen, nehmen sie dennoch eine Arznei nicht ein, die so ausgezeichnet ist wie diese. Ich muß ein wirksames Mittel ersinnen, das sie veranlaßt, die Arznei einzunehmen.«

Darauf sagt er zu ihnen: »Ihr sollt wissen, daß ich nun alt bin und der Zeitpunkt meines Todes gekommen ist. Diese ausgezeichnete Medizin vermache ich euch. Nehmt sie ein und seid gewiß, daß ihr Heilung findet.« Nachdem er ihnen diese Anweisungen gegeben hat, macht er sich auf in ein anderes Land. Von dort schickt er einen Boten, damit dieser mit der Nachricht zu ihnen zurückkehre: »Euer Vater ist gestorben.«

Als die Söhne vom Tod ihres Vaters hören, wird ihr Geist aufs tiefste erschüttert. Sie denken: »Wäre unser Vater hier, so hätte er Mitleid und Erbarmen mit uns, und wir könnten Rettung und Schutz finden. Nun aber hat er uns verlassen, er ist gestorben in einem weit entfernten Land. Wir aber sind nichts als junge Waisen, die niemals wieder jemanden haben werden, der seine schützende Hand über sie hält.«

In der Versunkenheit in immerwährenden Schmerz und kummervolle Gefühle erwacht ihr Geist. Sie erkennen die Farbe, den Duft, die Schönheit und den Geschmack der Arznei. Da nehmen sie sie ein, und die vom Gift hervorgerufene Krankheit ist vollständig geheilt.

Als der Vater erfährt, daß seine Söhne sich alle erholt haben, sucht er eine Möglichkeit zur Rückkehr, damit sie ihn alle sehen können.[45]

In diesem Zusammenhang ist die Tatsache bedeutsam, daß die drei in diesem Kapitel erwähnten Mahāyāna-Texte – die die Heiltätigkeit und die Person des Heilers besonders hervorheben – in Zentral- und Ostasien unter Laien und Mönchen gleichermaßen recht verbreitet waren; denn die Verehrung durch buddhistische Laien war ein grundlegender Faktor für die sich ausbreitende Popularität des Heilenden Buddha. Während gewisse Themen nur diejenigen ansprechen, die Übung in Meditation und Philosophie besitzen, ist demgegenüber Krankheit eine Erfahrung, der alle Wesen in dieser Welt unterworfen sind, und das Thema »Heilen« schlägt eine universelle Saite an, hat für Laien und Mönche die gleiche Bedeutung.

Dieses einleitende Kapitel abschließend ist noch anzumerken, daß alle grundlegenden Aspekte des Heilens, wie sie in diesen frühen Texten dargelegt werden – physische Heilung körperlicher Leiden, geistige Heilung körperlicher Leiden und die Heilung innerer Leiden mit Hilfe spiritueller Arbeit und Einsicht –, ihren besonderen Ausdruck in den den heilenden Bodhisattvas und Buddhas zugehörigen Texten und Traditionen finden. Nachdem nachgewiesen wurde, daß diese Themen für die frühen buddhistischen Autoren von ungewöhnlichem Interesse waren, sind damit die buddhistischen Wurzeln der heilenden Gottheiten sichtbar geworden.

2. Die heilenden Bodhisattvas

Zwei heilende Bodhisattvas, die Brüder »Der König des Heilens« *(Bhaiṣajya-rāja)* und »Der Höchste Heiler« *(Bhaiṣajya-samudgata)*, sind es, die in buddhistischen Texten als die ersten bedeutenden Gottheiten erscheinen, deren wesentliche Eigenschaft in ihrer Fähigkeit zu heilen besteht. Sie finden in einer Reihe von Mahāyāna-Schriften Erwähnung, die ungefähr im Zeitraum des ersten vorchristlichen Jahrhunderts sowie des 1. Jahrhunderts nach Christi Geburt verfaßt wurden.

Die Tatsache, daß zahlreiche frühe Versionen von Namen für den Buddha des Heilens das Wort »König« *(rāja)* enthalten, läßt auf eine enge Beziehung zur früheren Verehrung des Bodhisattvas »Der König des Heilens« schließen. Diese Verbindung soll jedoch im dritten Kapitel näher untersucht werden. Im hier vorliegenden Kapitel geht es im wesentlichen darum, die bedeutenden unter den Schriften zu betrachten, die sich mit den Bodhisattvas des Heilens auseinandersetzen und verschiedene Aspekte dieser Auseinandersetzung zu analysieren mit dem Ziel, die Bedeutung des Heilens im Mahāyāna-Buddhismus zumindest in Teilbereichen sichtbar werden zu lassen.

Bevor man sich einige der vielfältigen Erscheinungsformen dieser Bodhisattvas zuwendet, wie sie in zahlreichen Texten beschrieben werden, erscheint es sinnvoll, den Gebrauch der Begriffe *Bhaiṣajya-rāja* und *Bhaiṣajya-samudgata* in früheren Mahāyāna-Werken zu untersuchen. Diese Begriffe wurden nämlich später die Namen, mit denen die beiden Bodhisattvas angerufen wurden. Da derartige Namen die grundlegenden Eigenschaften eines Wesens veranschaulichen, mag ihre Untersuchung dazu verhelfen, ein genaueres Bild von diesen Qualitäten zu gewinnen.

Der Begriff *Bhaiṣajya-rāja* findet sich in zahlreichen Sūtras als Bezeichnung für eine Substanz: die höchste Medizin. So beschreibt z. B. Ānanda in einem Sūtra, das relativ früh ins Chinesische übersetzt wurde, den Bodhisattva »Dessen Anblick heilt« als dem Berg Sumeru, dem »König der Arzneien« *(bhaiṣajya-rāja)* vergleichbar. Wer auch immer diese Arznei ansieht, ist von allen Krankheiten geheilt.[1] Des weiteren erwähnen die *Ratnakūṭa-Sūtras* eine Substanz, einen König der Arzneien, der der »Allsehende« (oder der »Von allen Gesehene«) genannt wird. Wenn ein Mensch, der reinen Geistes ist, eine Dosis dieser Arznei zu sich nimmt, ist er von all seinen Verunreinigungen befreit.[2]

Diese und andere Stellen wie auch der Gebrauch des Begriffes im Pāli-Kanon lassen klar erkennen, daß es sich bei diesem »König der Arzneien« um den Dharma handelt, die buddhistischen Lehren in ihrer grundlegenden und wesentlichen Form.

Eine ähnliche Stelle findet sich auch im Kapitel über *Vīrya* (Fleiß) im *Bodhisattva-piṭaka.* In diesem Text bezeichnet der Begriff *Bhaiṣajya-rāja* nicht mehr nur eine Substanz, sondern findet auch als Beiname Verwendung. Der Buddha erzählt hier Śāriputra die Geschichte eines Einsiedlers, der im Himalaja lebte und ein »großer König des Heilens« war.[3]

Im Gegensatz zum weit verbreiteten Gebrauch des Begriffes *Bhaiṣajya-rāja,* der in zahlreichen Zusammenhängen auftaucht, findet sich der Begriff *Bhaiṣajya-samudgata* einzig im chinesisch-buddhistischen Kanon als Name des Bodhisattva »Der Höchste Heiler«.[4]

Die Annahme liegt nahe, daß der Bhaiṣajya-rāja deswegen früher im Pantheon Aufnahme fand als der Bhaiṣajya-samudgata, weil er den einprägsameren Namen trägt, der in den frühbuddhistischen Traditionen einen Begriff von beträchtlicher Bedeutung darstellte. Dies erklärt einerseits die herausragende Rolle, die er allein, von seinem Bruder nicht begleitet, in den frühen Abschnitten des *Lotus-Sūtra* spielt, sowie andererseits auch sein Auftauchen ohne seinen Bruder in anderen Mahāyāna-Texten. Im Gegensatz dazu erscheint der Bhaiṣajya-samudgata kaum jemals in einer von seinem Bruder unabhängigen Rolle. Bezeichnenderweise wird der »König des Heilens« stets der ältere Bruder des »Höchsten Heilers« genannt, ebenfalls ein Hinweis auf einen Altersunterschied, der sowohl historisch als auch spirituell begründet sein mag.

Die beiden Bodhisattva-Brüder erscheinen in einer Reihe von weiteren Mahāyāna-Texten. Ihr Auftauchen ist jedoch häufiger in den »esoterischen« Texten des *Taishō Shinsuhū Daizōkyō* zu verzeichnen, der zu einem späteren Zeitpunkt verfaßt wurde als die meisten der nicht-esoterischen Mahāyāna-Sūtras.

Es gibt im wesentlichen drei Erscheinungsformen dieser beiden Bodhisattvas. Sie erscheinen:

1. als Zuhörer – wenn sie als Anwesende in einer Versammlung von Bodhisattvas genannt werden, die sich zusammengefunden hat, um eine Darlegung der Lehre zu hören. In dieser Rolle tauchen sie in einer Vielzahl von Mahāyāna-Texten auf.
2. als aktive Teilnehmer – wenn sie als Vertreter der Bodhisattva-Versammlung dem Buddha eine Vielzahl von Fragen vorlegen und als Antwort Belehrungen empfangen, die der ganzen Versammlung gelten. Diese Rolle kommt dem »König des Heilens« z. B. in den frühen Kapiteln des *Lotus-Sūtra* zu, von denen man gemeinhin annimmt, sie seien im ersten vorchristlichen Jahrhundert entstanden. 3. als Zentralgestalten, wenn sie entweder selbst eine Lehre vermitteln oder aber ihr bedeutendstes vergangenes Leben vom Buddha wiedergegeben wird. Textstellen dieser Art finden sich in den späteren Kapiteln des *Lotus-Sūtra,* die wahrscheinlich auf das erste und zweite Jahrhundert nach Christus zurückgehen.

Das Lotus-Sūtra: Der Lehrer als Heiler

Da der »König des Heilens« im *Lotus-Sūtra* eine herausragende Darstellung erfährt und in allen der oben erwähnten drei Erscheinungsformen auftaucht, mag deren Analyse dazu verhelfen, das Wesen dieses bedeutenden Bodhisattva und die tiefere Bedeutung des Heilens und des Heilers innerhalb des Mahāyāna-Systems zu erhellen. Für die Traditionen der buddhistischen heilenden Gottheiten ist das *Lotus-Sūtra* ein Schlüsseltext. Aufgrund seines hohen Bekanntheitsgrades in Indien und insbesondere in Zentral- und Ostasien verbreitete sich das Wissen um diese heilenden Gottheiten und trug auf diese Weise zur Vermehrung jener Vielzahl spiritueller Wesen bei, die nach dem Glauben der Anhänger der buddhistischen Lehre aus Mitgefühl danach streben, allen Wesen zu helfen.

Im Rahmen einer Analyse läßt sich der Inhalt des Textes auf drei Arten von Information hin untersuchen: 1. auf Fälle, in denen Buddha Śākyamuni den Bhaiṣajya-rāja (den »König des Heilens«) direkt anspricht (in dessen Rolle als Vertreter der Bodhisattva-Versammlung); 2. auf Fälle, in denen der Bhaiṣajya-rāja zu Śākyamuni spricht; 3. auf Fälle, in denen Śākyamuni von den vergangenen Leben des Bhaiṣajya-rāja erzählt.

Die Analyse der für jede dieser Kategorien zusammengestellten Zitate gründet sich auf die Annahme, daß die im *Lotus-Sūtra* enthaltene Symbolik eine präzise und beabsichtigte ist und daß demzufolge die Namen der Buddhas und Bodhisattvas eine hohe Bedeutung für die Lehren haben, die ihnen zuteil werden oder mit denen sie in Verbindung stehen. Dieser Überzeugung entsprechend nimmt man an, daß die Tatsache, daß Śākyamuni bestimmte Belehrungen an den Bhaiṣajya-rāja richtet, ihren Grund darin hat, daß ebendiese Lehren einen natürlichen Bezug zur Funktion des Heilens haben. In gleicher Weise betrachtet man dasjenige, was der Bhaiṣajya-rāja selbst (in seinen eigenen Worten) kundtut, als höchst bedeutsam für seine Funktion als Heiler. Da es eine außerordentliche Hingabe während vergangener Leben war, die den Bhaiṣajya-rāja seinen gegenwärtigen hochentwickelten Status eines Bodhisattva erreichen ließ, leistet die Geschichte von dreien seiner früheren Leben, die Śākyamuni wiedergibt, einen weiteren Beitrag zur Vertiefung des Verständnisses der Bedeutung des Heilens und des Heilers in den frühen Mahāyāna-Lehren. Obgleich man annimmt, daß die späteren Kapitel, die die vergangenen Leben des »Königs des Heilens« beschreiben, während des ersten und zweiten Jahrhunderts nach Christus entstanden sind, während die früheren Kapitel wahrscheinlich im ersten vorchristlichen Jahrhundert geschrieben wurden, stellen die in diesen späteren Kapiteln enthaltenen Angaben über den »König des Heilens« keine Veränderung der vorhandenen Konzeption, sondern eher deren Vertiefung dar.

1. Śākyamuni erteilt dem Bhaiṣajya-rāja Belehrungen

Der Bodhisattva »Der König des Heilens« wird im ersten Kapitel als eines der Häupter der großen Versammlung von Bodhisattvas vorgestellt, die sich – ein Vergleich mit einer Schar von Mönchen, Nonnen, Laienschülern sowie einer Vielzahl geistiger Wesen – auf dem Geierberg zusammengefunden hat, um Śākyamuni lehren zu hören. Auch so vertraute Mitglieder des späteren buddhistischen Pantheons wie Avlokiteśvara und Mañjuśri befinden sich unter den Bodhisattvas. Eine herausragende Stellung nimmt der »König des Heilens« im zehnten Kapitel, »Der Lehrer des Gesetzes«, ein, wo der Buddha während seiner Rede an die 80 000 Bodhisattvas ausführlich zu ihm spricht. Hier, wie auch schon in den vorangehenden Kapiteln, betont der Buddha die Bedeutung der im *Lotus-Sūtra* enthaltenen Lehren:

> Nun sage ich dir, König des Heilens:
> Angesichts aller Sūtras, die ich gelehrt habe,
> Ist unter diesen Sūtras
> das höchste die Blüte des Gesetzes.[5]

Während er diejenigen preist, die dieses Sūtra mit Wohlgefallen hören und ihm Ehre erweisen, erwähnt der Buddha insbesondere die Lehrer des Dharma. Diejenigen, die das *Lotus-Sūtra* darlegen, verdienen nach Śākyamuni ein Höchstmaß an Achtung, denn sie überliefern die höchsten Lehren der Buddhas. In ihrer Funktion als Repräsentanten dieser hohen Lehren und deren Quelle erfahren die Lehrer auf mystische Weise Unterstützung von den höchsten spirituellen Energien:

> Wisse, o König des Heilens, daß derjenige,
> Der das Sūtra von der Blüte des Gesetzes liest und rezitiert,
> Geziert ist mit dem ruhmreichen Schmuck des Buddha
> Und daß der Tathāgata ihn auf seiner Schulter trägt.[6]

Da das *Lotus-Sūtra* die »Schatzkammer des geheimen Wesens der Buddhas ist, . . . die die Buddhas hüten und beschützen«[7], werden diejenigen, die das Sūtra nach Śākyamunis Parinirvāṇa abschreiben, aufbewahren, lesen und rezitieren, ihm Verehrung erweisen und es auslegen,

> . . . vom Tathāgata in sein Gewand gekleidet werden, und die Buddhas, die sich gegenwärtig in anderen Regionen aufhalten, werden ihnen Schutz gewähren und an sie denken. Diese Menschen werden große Glaubenskraft besitzen, die Macht der Entschiedenheit und alle Fähigkeiten, die heilsamen Wurzeln entspringen. Wisse, daß diese Menschen beim Tathāgata weilen werden, und der Tathāgata wird mit seiner Hand ihren Scheitel berühren.[8]

So reagieren die höchsten Kräfte der unsichtbaren Bereiche auf den Lehrer des Gesetzes mit unermeßlichem Schutz, mit Stärkung und Trost, die sie ihm gewähren. Besondere Anteilnahme erfährt der Lehrer von diesen Kräften für die schwierige Aufgabe, die Lehren zu einer Zeit zu übermitteln, in der er die stützende Gegenwart eines inkarnierten Buddhas entbehren muß.

Der Lehrer sollte frei sein von Voreingenommenheit, wenn er seiner Zuhörerschaft die Lehre darlegt. In seinem Wunsch zu lehren sollte er sich die tiefen Qualitäten des Buddha zu eigen machen, sich der Schwingung des Buddha anheimgeben:

> Er sollte den Wohnsitz des Tathāgata betreten,
> Sich in die Gewänder des Tathāgata kleiden
> Und sich niederlassen auf dessen Thron . . .
> Er nehme sich Mitgefühl zum Wohnsitz,
> Freundlichkeit und Geduld zum Gewand,
> Und die Leerheit aller Dinge sei sein Thron.
> In diesen weilend verkünde er das Gesetz.[9]

Śākyamuni reagiert auf die Lehrtätigkeit eines anderen mit seinem Versprechen, dem Lehrer Geisteswesen zu senden, die ihn beschützen und ihm Wesen zuführen, die ihm zuhören, wenn er das Gesetz verkündet. Hält sich der Lehrer in der Einsamkeit auf, wird eine Vielzahl nichtmenschlicher Wesen wie *Yakṣas* (im Wald lebende, grausame Geister) und Könige der *Nāgas* (im Wasser lebende, schlangengleiche Geister) zu ihm entsandt, damit sie von seinen Belehrungen profitieren. Einem solchen Lehrer wird der Segen, den Tathāgata zu erblicken, beständig zuteil werden, der ihm Worte und Sätze eingibt, wenn das Gedächtnis des Lehrers versagt:

> Jener Mensch wird glücklich sein, das Gesetz zu lehren,
> Und er wird es ohne Hindernisse erklären.
> Da Buddhas ihn im Schutz ihrer Gedanken halten,
> Kann er in einer großen Schar von Wesen Freude erregen.[10]

Dieses wichtige aus Kumārajīvas chinesischer Version unter dem Titel »Der Lehrer des Gesetzes« bekannte Kapitel ist ausdrücklich an den Bodhisattva »Der König des Heilens« gerichtet, eine Tatsache, die den Schluß zuläßt, daß hier die Heiltätigkeit gleichgesetzt wird mit der Lehre göttlicher Prinzipien. Eine derartige

Assoziation hat ihre Wurzeln selbstverständlich in den buddhistischen Schriften des Pāli-Kanons. Dabei ist die Anmerkung wichtig, daß das Gesetz dasjenige ist, was heilt, während der Lehrer das Gefäß bleibt, welches das Gesetz an diejenigen vermittelt, die »krank« sind. Und da der Lehrer in Erfüllung seiner heilenden Sendung diese göttliche Arznei verabreicht, diese »Schatzkammer des geheimen Wesens der Buddhas«, erfährt er außergewöhnliche Liebe und besonderen Schutz.

2. Der Bhaiṣajya-rāja spricht zu Śākyamuni

Im weiteren Verlauf der Erzählung, im dreizehnten Kapitel, das den Titel »Tapferkeit« trägt, wird deutlich, daß der »König des Heilens« ebenso wie der Bodhisattva »Große Beredsamkeit« und ihr Gefolge von zwanzigtausend Bodhisattvas die Worte des Buddha wohl aufgenommen haben, denn sie geloben vor ihm das folgende:

> O Herr, wir bitten Dich aufrichtig, sei unbesorgt! Denn nach Deinem Parinirvāṇa werden wir uns dieser Schrift annehmen und sie bewahren; wir werden sie lesen, rezitieren und darlegen. In diesem kommenden verderbten Zeitalter werden sich die heilsamen Wurzeln in allen Wesen zunehmend verringern, und Schlechtigkeit wird zur Blüte gelangen. Die Wesen werden materielle Güter und den Profit anbeten, ihre negativen Wurzeln werden zunehmen, und sie werden von der Befreiung weit entfernt sein. Mag es auch schwer sein, sie zu unterweisen und zu bekehren, wir wollen in uns die Kraft großer Geduld und Ausdauer erwecken und dieses Sūtra lesen und rezitieren, wir wollen es bewahren, darlegen, abschreiben und ihm in jeder Hinsicht Ehre erweisen ohne Rücksicht auf unseren Körper und unser Leben.[11]

Auch im folgenden bekräftigt der Bhaiṣajya-rāja seine besondere Verbindung mit den Lehrern des Gesetzes, als er im sechsundzwanzigsten Kapitel mit dem Titel »Dhāraṇīs« vor dem Buddha das Gelübde ablegt, den Lehrern eine mystische Formel an die Hand zu geben, die sie schützt und bewahrt. Er sagt:

> O Herr, diese heilige Dhāraṇī haben Buddhas gesprochen, deren Zahl 620 Millionen mal größer ist als die Anzahl der Sandkörner im Strom des Ganges. Verletzt einer den Lehrer des Gesetzes, so hat er diesen Buddhas Gewalt zugefügt.[12]

Zusammenfassend läßt sich sagen, daß in den Fällen, in denen der Buddha an den Bhaiṣajya-rāja vor allen anderen unter den 79 999 anwesenden Bodhisattvas das Wort richtet, stets, wie die vorangehenden Zitate zeigen, die Thematik des Lehrers, der Lehre und die der Wahrung des Gesetzes angesprochen ist. Und wenn andererseits der Bhaiṣajya-rāja zum Buddha spricht, so beziehen sich seine Worte auf die Verbreitung und Bewahrung der göttlichen Prinzipien sowie auf den Schutz, der denjenigen zuteil werden soll, die sich in den Dienst dieser Aufgabe stellen. Es zeigt sich daher, daß im *Lotus-Sūtra* die Heiltätigkeit eng verknüpft ist mit der Lehre des Gesetzes.

3. Śākyamuni erzählt aus drei der vergangenen Leben des Bhaiṣajya-rāja

Eines der späteren Kapitel des *Lotus-Sūtra* (Kapitel 23) ist Śākyamunis Wiedergabe der wesentlichen Ereignisse in der spirituellen Entwicklung des »Königs des Heilens« gewidmet. Dieses Kapitel erörtert Schlüsselbegebenheiten, die sich während zweier zueinander in Bezug stehender vergangener Leben des Bodhisattvas zutrugen.

Im früheren der beiden Leben war er bekannt als »Er, dessen Anblick alle Wesen erfreut«[13], und er war ein Schüler des Buddha »Reiner Glanz der Tugend von Sonne und Mond«. Durch hingebungsvolle und nimmermüde Praxis erreichte der Bodhisattva einen Samādhi, bekannt als »Schau aller Form«.

Um dem Buddha und der Lotus-Lehre, die es ihm ermöglicht hatte, diesen Zustand zu erreichen, seine Verehrung zu erweisen, ließ der Bodhisattva mit Hilfe seiner übernatürlichen Kräfte himmlische Blumen und seltene Wohlgerüche herniederregnen. Solche Opfergaben schienen ihm jedoch nur äußerlich zu sein, und er beschloß, seinen eigenen Körper als Opfer darzubringen. 1200 Jahre lang nahm er verschiedene Arten von Wohlgerüchen zu sich und trank die ätherischen Öle von Blumen. Dann salbte er seinen Körper mit parfümierten Ingredienzien, kleidete sich in ein in parfümiertes Öl getauchtes Gewand und verbrannte seinen Körper vor dem Buddha.

Der Geschichte zufolge erhellte der Glanz seines lodernden Körpers Welten, deren Zahl 800 Millionen mal größer war als die Anzahl der Sandkörner im Ganges, und die Buddhas dieser Welten antworteten mit den Worten:

> Ausgezeichnet, ausgezeichnet, mein guter Sohn! Dies ist wahres Streben. Man nennt es die Opfergabe des wahren Gesetzes an die Tathāgatas. All die Opfer von Blumen, Wohlgerüchen und Halsbändern, verbranntem und pulverisiertem Räucherwerk, parfümierten Salben, von Bannern und Baldachinen aus himmlischer Seide, von Räucherwerk aus heimischem Sandelholz und dergleichen Dingen mehr kommt ihm nicht gleich, ja, nicht einmal die Gabe von Ländern, Städten, Ehefrauen oder Kindern. Mein guter Sohn, dies nennt man die höchste Gabe, die ehrenvollste und vollkommenste Gabe von allen, denn sie ist das Opfer des Gesetzes der Tathāgatas.[14]

Sein Körper wurde völlig vom Feuer verzehrt, das zwölfhundert Jahre lang brannte.

Der Bodhisattva wurde sodann wiedergeboren als Sohn des »Königs der Reinen Tugend«, wiederum im Bereich des Buddhas »Reiner Glanz der Tugend von Sonne und Mond«. Da er vollständiges Wissen um sein vorangehendes Opfer des Gesetzes und um die *Siddhis* (Errungenschaften) besaß, die dieses ermöglicht hatten, kehrte er unverzüglich zu dem Buddha zurück, um ihm zu dienen. Es war jedoch die Zeit für dessen Parinirvāṇa gekommen, und der Buddha befahl dem Bodhisattva, seinen, des Buddha, Platz als Oberhaupt der Schüler einzunehmen, das die Verantwortung trägt für das Gesetz des Buddha, dem das weite Buddha-Land anvertraut ist und die Verteilung der Buddha-Reliquien, die es enthält.

In Trauer um das Hinscheiden des Buddha erwies der Bodhisattva diesem seine Verehrung durch die Errichtung von vierundachtzigtausend *Stūpas* (Reliquienschreine), deren jeder eine kostbare Urne barg, welche Reliquien vom Körper des Tathāgatas enthielt. Um seiner Verehrung und Hingabe weiteren Ausdruck zu verleihen, verbrannte er seine Arme vor den vierundachtzigtausend Stūpas. 72 000 Jahre hindurch brannte dieses Feuer. Durch dieses Opfer seiner Verehrung

> . . . erweckte er im Geist von unübersehbaren Asaṃkayeyas von Menschen, in zahllosen Suchenden, die nach Śrāvakaschaft strebten, Hingabe an das Ziel, vollkommene und vollständige Erleuchtung zu erlangen, und er veranlaßte sie, im Samādhi der »Schau aller Form« zu verweilen.[15]

Aufgrund der Tugend und Weisheit, die der Bodhisattva besaß, wurden seine Arme spontan wiederhergestellt. So lautet das Ende der Erzählung.

Bekanntermaßen verbietet der Buddhismus schon immer den Selbstmord; die in diesem Kapitel des *Lotus-Sūtra* enthaltenen Lehren erscheinen daher recht überraschend. Dieses Element des Schocks wird noch verstärkt durch die Verbindung des »Königs des Heilens« mit der scheinbaren Selbstzerstörung. Betrachtet man jedoch diese Selbstverstümmelung unter dem Gesichtspunkt der in ihr enthaltenen Symbolik, so gewinnt das Kapitel eine Bedeutung, die mit der generellen Zielsetzung der in dem Sūtra enthaltenen Lehren übereinstimmt.

Dieses Verhalten kann man als die höchste Form der Praxis der *Dāna-Pāramitā*, der Vollendung des Gebens, betrachten, die als die erste der Vollendungen beschrieben wird, in denen ein Bodhisattva sich übt. Im vorangehenden Beispiel preisen Myriaden von Buddhas den Bhaiṣajya-rāja für seinen Akt der Verehrung, den sie als erhabener bezeichnen als jede andere Art von verehrungsvoller Gabe. »Die Opfergabe des wahren Gesetzes der Tathāgatas« ist das Opfer des Körpers, des physischen Gefährts, die Aufgabe des Ich zugunsten der Buddhas.

Dadurch, daß man sich von der duftenden Nahrung der subtilen Lehren ernährt – daß man 1200 Jahre lang Wohlgerüche und Blumenessenzen zu sich nimmt –, erfährt der Körper eine allmähliche Umwandlung, bis er schließlich einen äußerst leicht entzündlichen Zustand erreicht: Er ist von vollkommener Reinheit, und es bedarf nurmehr eines letzten Funkens, bevor er mit dem Göttlichen verschmilzt. Im Moment des Brennens, in dem Augenblick, in dem der Körper dem Buddha als ein Opfer dargebracht wird, erreicht das vibrierende Leuchten des Ereignisses einen solchen Glanz, daß unzählige Buddhas in ihren fernen Bereichen dessen ansichtig werden und in Lobpreis ausbrechen.

In diesem Zusammenhang ist die Tatsache von Bedeutung, daß sich einerseits der Name des Bodhisattva (»Er, dessen Anblick alle Wesen erfreut«) auf Form bezieht und andererseits auch der Samādhi, den er erreicht, eine sich vervollständigende bewußte Sicht der materiellen Welt zu sein scheint (der Samādhi der Schau aller Form). Im vollen Bewußtsein der Möglichkeiten, die die materielle Welt bietet, bringt der Bodhisattva den Buddhas die persönlichste und wertvollste aller Formen dar, seine eigene.

Eine ähnliche Geschichte im Rahmen des *Samādhi-rāja-Sūtra* (Kapitel 33) läßt die Bedeutung einer solchen Huldigung noch klarer hervortreten. Es wird dort erzählt, wie der Bodhisattva Kṣemadatta an einem Ort, an dem Millionen von Menschen Opferlampen aufgestellt hatten, um den Buddhas ihre Verehrung zu bezeugen, seine eigene Hand als ein Opfer verbrennt. Dem Text zufolge verblaßten neben dem strahlenden feurigen Glanz seines Opfers die Millionen von Lampen daneben.[16]

Zwar opferten die anderen aus aufrichtigem Herzen, brachten Objekte – Lampen – als Zeichen ihrer Hingabe dar, Kṣemadatta jedoch opferte aus aufrichtigem Herzen sich selbst: Er wurde buchstäblich zu einer lebenden Lampe, einer Fackel der Hingabe. Wie die Strahlen der Sonne, wenn sie erscheint, den Glanz der Sterne verdunkeln, so überstrahlt auch das höchste Opfer, das des eigenen Körpers, bei weitem die unzähligen Lampen. Auch hier beinhaltet die Episode einen Höhepunkt spiritueller Entwicklung: die Aufgabe des Ich im Gegensatz zu einer nur weltlichen, gefühlsbeladenen Selbstaufopferung. In diesem Zusammenhang verdient der Umstand Beachtung, daß die Geschichte von Kṣemadattas Opfer als die Wiedergabe eines wichtigen vergangenen Lebens des Buddha Śākyamuni, des Höchsten Arztes, angesehen wird: Dieses Ausliefern des Ich, die Vollendung von Dāna, wird in Verbindung gebracht mit dem selbstlosen Mitgefühl, das jeder große Arzt aufbringen muß.

Eine weitere buddhistische Erklärung für die symbolische Selbstverbrennung liefert der Hinweis, daß ein lodernder Körper das äußere Anzeichen dafür ist, daß man einen Zustand tiefer meditativer Versenkung erreicht hat. So schreibt z. B. Asaṅga im *Samahitabhūmi*, in seinem Kommentar zum zweiten Dhyāna: »Hier besitzt der Körper ein äußeres Licht, das einer Flamme gleicht.«[17] Wenn bedeutende Stufen der geistigen Entwicklung erreicht werden, kann es scheinen, daß der Körper in Flammen steht. So heißen nach dem *Daśabhūmika-Sūtra* die dritte und vierte der zehn Entwicklungsstufen, die ein Bodhisattva durchlaufen muß, »die Strahlende« und »die Lodernde«.[18]

Nach der Erklärung, die der weise Caudrakīrti zur dritten dieser Stufen gibt,

> . . . nennt man diese Ebene die Strahlende, da in diesem Augenblick das Licht des Feuers erscheint, das Licht des Wissens, das alles Brennmaterial dessen, was man »das Erkennbare« nennt, vollständig verzehrt.[19]

Auf dieser Stufe entwickelt der Bodhisattva insbesondere die Vollendung der Geduld und bemüht sich in außergewöhnlichem Maße, das Wohlergehen der anderen herbeizuführen.[20]

Candrakīrti beschreibt auch die vierte Stufe: Dann wird in dem Sohn des Sugata, da er alles für die vollkommene Erleuchtung Erforderliche aufs höchste entwickelt hat, ein Lichtblitz geboren, der den Glanz des Kupfers übertrifft . . . infolgedessen wird, da sie den Feuerstrahl des vollkommenen Wissens erzeugt, diese Ebene eines Bodhisattvas Arciṣmati genannt.[21]

Auf dieser Stufe entwickelt der Bodhisattva vor allem Fleiß, er erwirbt eine unerschöpfliche Energie und ein besonderes Durchhaltevermögen und unermüdliches Streben im Rahmen der Unterweisung und Unterstützung aller Wesen.[22] Mögen diese Stufen und meditativen Zustände auch nicht völlig mit den Taten Kṣemadattas und Sarvasattva-priyadarśanas übereinstimmen, so geben sie doch einen weiteren Hinweis darauf, daß der flammende Körper ein aussagekräftiges Symbol für eine hohe spirituelle Verwirklichung ist.

Trotz des offensichtlich symbolischen Charakters dieser Geschichten über Selbstverbrennung wurde der in ihnen geschilderte Akt von einigen ostasiatischen Buddhisten wörtlich genommen. Einigen von ihnen diente das Kapitel über den Bhaiṣajya-rāja als Rechtfertigung dafür, daß sie tatsächlich Selbstmord begingen oder dem Buddha ihre Finger als Opfer darbrachten.[23] Auch der Brauch, daß man bei chinesisch-buddhistischen Mönchen anläßlich ihrer Aufnahme in den Orden Räucherwerk auf der frisch geschorenen Kopfhaut verbrennt, geht wahrscheinlich auf Glaubensvorstellungen zurück, die diesem Kapitel entstammen.

Zusätzlich zu den beiden eng miteinander verknüpften vergangenen Leben des Bhaiṣajya-rāja, in denen Selbstverbrennung ein so zentrales Ereignis war, enthüllt der Buddha im siebenundzwanzigsten Kapitel des *Lotus-Sūtra* ein drittes der früheren Leben des Bodhisattva. In diesem Leben trug er den Namen Vimalagarbha. Er hatte einen Bruder (Bhaiṣajya-samudgata), der zu dieser Zeit »Reines Auge« hieß. Die Brüder bemühten sich mit großer Ausdauer darum, ihre Eltern (die Herrscher dieses Reiches) und die Mitglieder des Hofes dazu zu bewegen, Schüler ihres spirituellen Lehrers zu werden, der der Buddha des damaligen Zeitalters war. Es heißt von diesen beiden Brüdern:

> Der Bodhisattva Reines Auge hatte sich für lange Zeit gründlich in den Samādhi der Blüte des Gesetzes vertieft. Der Bodhisattva Vimalagarbha hatte sich während unzähliger Milliarden von Millionen Zeitaltern gründlich in den Samādhi der Freiheit von kummervollen Wegen vertieft und strebte aus diesem Grunde danach, alle Wesen zur Freiheit von ihren kummervollen Wegen zu führen.[24]

Nach vierundachtzigtausend Jahren spirituellen Bemühens erreichte der König (ihr Vater) den Samādhi des Schmucks aller Verdienste, und er erkannte:

> Diese Söhne sind meine guten Freunde, denn in dem Wunsch, mir Gutes zu tun und mir zu helfen, die heilsamen Wurzeln zu entwickeln, die ich in früheren Leben gepflanzt hatte, kamen sie und wurden in meinem Heim geboren.[25]

In ihrem weiteren Verlauf hebt die Erzählung weit in die Vergangenheit zurückgreifend die lange Geschichte der Hingabe und der guten Werke hervor, die die beiden Bodhisattva-Brüder vollbrachten. Sie macht deutlich, daß ihr gegenwärtiger Stand als große Heiler auf unablässigem Bemühen um die Entwicklung heilsamer Wurzeln beruht.

Wie im vorangehenden Abschnitt gezeigt wurde, liegt im *Lotus-Sūtra* der entscheidende Akzent darauf, daß der Lehrer des Gesetzes die Rolle eines spirituellen Arztes verkörpert, der durch Belehrung heilt. Er liefert weiter den Hinweis, daß die Aufgabe des Ich, die eine lodernde Flamme spirituellen Glanzes darstellt, welche zahllose Buddha-Bereiche erhellt, die Voraussetzung für den Erwerb solcher Heilfähigkeiten ist. Ferner macht er deutlich, welch langer Vorgeschichte fleißiger und hingebungsvoller spiritueller Arbeit es bedarf, um einen so herausragenden geistigen Entwicklungsstand zu erreichen.

Das Śūraṃgama-Sūtra: Die heilenden Bodhisattvas und die Vollendung des Geschmackssinnes

Im vierten Kapitel des *Śūraṃgama-Sūtra,* das den Titel »Selbst-Erleuchtung« trägt, legte Śākyamuni den versammelten Bodhisattvas und Arhats die folgenden Fragen vor:

> Als ihr anfingt, nach Erleuchtung zu streben und die achtzehn Sinnesbereiche erkanntet, welcher schien euch vollständig zu durchdringen? Auf welche Weise erreichtet ihr Samādhi?[26]

Nacheinander erhoben sich die zahlreichen Mitglieder der Versammlung und berichteten von ihren persönlichen Erfahrungen. Die beiden Bodhisattvas »Der König des Heilens« und »Der Höchste Heiler« gaben gemeinsam Antwort auf die Frage des Buddha:

> Seit anfangloser Zeit sind wir in der Welt als fähige Ärzte tätig und haben mit unserem eigenen Mund den Geschmack der Vielzahl von Pflanzen, Bäumen, Metallen und Steinen erfahren, die in dieser Welt zu finden sind. Die Zahl derer, die wir benennen können, beläuft sich auf insgesamt 108 000. Wir kennen daher ihre verschiedenartigen Geschmacksrichtungen, seien sie bitter oder sauer, salzig, fade, süß, scharf usw., ebenso wissen wir, wie deren Mischungen oder Abwandlungen schmecken. Bezüglich aller können wir unterscheiden, ob sie eine kühlende oder wärmende Wirkung haben, ob sie giftig oder ungiftig sind. Wir haben Unterweisungen vom Tathāgata empfangen und verstanden, daß der Geschmack seinem Wesen nach weder nicht-existent noch existent ist. Er ist weder Kör-

per-Geist, noch ist er etwas, das außerhalb von diesen existiert. Wir erreichten daher unser Erwachen durch Unterscheidung der Ursachen des Geschmacks. Uns beiden Brüdern wurde die Anerkennung unseres Erwachens durch den Buddha zuteil, der uns die beiden Bodhisattvas »Der König des Heilens« und »Der Höchste Heiler« nannte. Wir sind nun Fürsten des Dharma inmitten der Gemeinschaft. Unser Erwachen mit Hilfe des Geschmacks hat uns zur Stufe eines Bodhisattva geführt. Unsere Antwort auf die Frage des Buddha, welches das beste Mittel sei, um Vollkommenheit zu erlangen, lautet daher nach unserer Erfahrung: Das vorzüglichste Mittel für uns ist der Geschmack.[27]

Hier wird deutlich, daß nach den Überlieferungen dieses Sūtra die beiden Bodhisattvas nicht nur spirituelle Heiler, sondern ursprünglich vorzügliche Ärzte waren. Während einer langen Folge von Leben, die dem Studium und der Praxis gewidmet waren, gelangten sie zu subtiler Meisterschaft auf dem Gebiete der Heilkunst, mit deren Hilfe sie in die Tiefen der spirituellen Suche vordrangen und ein großes Erwachen erreichten. Dieses Erwachen wurde vom Buddha bestätigt, der ihnen Einweihungs-Namen gab, die ihren besonderen Heilfähigkeiten entsprachen.

Das Sūtra über die Betrachtung der beiden Bodhisattvas »Der König des Heilens« und »Der Höchste Heiler«

Kālayaśas, ein Mönch aus Zentralasien, begab sich im Jahre 424 christlicher Zeitrechnung nach Chien-k'ang (dem heutigen Nanking), der Hauptstadt des südlichen Liu-Sung-Staates. Auf Geheiß des Kaisers Wen nahm er seinen Wohnsitz im Tao-Lin-Kloster und blieb bis zum Jahre 442 in dieser Gegend.

Seine Biographie ist im *Kao-seng-chuan* (»Lebensgeschichten bedeutender Mönche«) enthalten. Sie berichtet, daß er nicht nur ein genaues Verständnis der Sūtra besaß, sondern auch wohlbewandert war im *Abhidharma* (Metaphysik-) und *Vinaya* (Moralvorschriften-)Abschnitt der Schriften. Jedoch galt sein besonderes Interesse dem Dhyāna, der Meditation. Seiner Biographie nach verweilte er bisweilen bis zu sieben Tage lang in innerer Betrachtung.

Seine Methoden der Meditation interessierten insbesondere eine Reihe von Mönchen. Seine Biographie nennt zwei Mönche, Pao-chih und Seng-han, deren Einfluß es zu verdanken ist, daß er zwei Sūtras über Meditation übersetzte, wobei Seng-han die Aufgabe zufiel, die Übersetzung nach dem Diktat von Kālayaśas niederzuschreiben.

Im Jahre 442 unternahm Kālayaśas eine Reise nach Szechuan, um dort seine Lehren über Meditation weiterzugeben. Im weiteren Verlauf seines Lebens kehrte er in das Gebiet von Chien-k'ang zurück, wo er im Alter von sechzig Jahren starb.[28]

Bei den beiden Sūtras, die er übersetzte, handelt es sich um *»Das Sūtra über die Betrachtung des Buddha Amitāyus«* (*Kuan Wu-liang-shou-fo-ching*, T. XII, 345) und um *»Das von Buddha verkündete Sūtra über die Betrachtung der beiden Bodhisattvas ›Der König des Heilens‹ (Bhaiṣajya-rāja) und ›Der Höchste Heiler‹ (Bhaiṣajya-samudgata)«* (*Fo-shuo-duan Yao-wang Yao-shang erh-p'u-sa ching*, T. XX, 1161). Obwohl recht unterschiedlich im Aufbau, liegt der Schwerpunkt beider Texte auf Methoden der Visualisierung oder Betrachtung der Gestalt eines göttlichen Wesens. Die erfolgreiche Übung dieser Meditationsmethoden wird, wie sie betonen, einen ungewöhnlichen spirituellen Nutzen hervorbringen.

Das Werk über die Betrachtung des Amitāyus, des Buddhas des Grenzenlosen Lebens, wurde im Lauf der Zeit zu einem der Grundlagentexte der Schule des Reinen Landes und erfreute sich daher in China, Korea und Japan besonderer Beliebtheit. Es gibt mehrere Übersetzungen ins Englische, unter ihnen Fassungen von J. Takakusu und Charles Luk. Obwohl es sich auch bei dem Sūtra über die beiden Bodhisattvas um ein bedeutendes Werk handelt, erreichte es innerhalb der buddhistischen Literatur keine ebenso herausragende Stellung. Meine in diesem Buch vorliegende Übersetzung dieses Textes ist die erste vollständige, die in einer westlichen Sprache erschienen ist. Es heißt, daß in China mehrere Übersetzungen des Werkes über Amitāyus sowie eine weitere über die Bodhisattvas des Heilens verfügbar waren, jedoch ist in beiden Fällen nur die von Kālayaśas erstellte Fassung erhalten geblieben.[29]

Obwohl nach der Überlieferung beide Texte ursprünglich aus dem Sanskrit übersetzt worden sind, wurden Sanskrit-Versionen bisher nicht aufgefunden. Aufgrund dessen und angesichts des ungewöhnlichen Inhalts dieser Schriften nehmen zahlreiche Gelehrte an, daß ihr Ursprung nicht in Indien liegt. Sie vermuten vielmehr, daß sie entweder in China verfaßt wurden oder zentralasiatischen Quellen entstammen.[30]

Diese Schriften stehen dennoch nicht isoliert. Nach Thema und Titel – Betrachtung oder Visualisierung strahlender Buddhas oder Bodhisattvas – ergibt sich vielmehr eine Verbindung zu einer Reihe von anderen Sūtras, die ebenfalls in der ersten Hälfte des fünften Jahrhunderts nach China gelangten. Die noch erhaltenen Sūtras dieser Gruppe umfassen (neben den beiden bereits genannten):

1. *Das Sūtra über die Betrachtung des Bodhisattva Ākāśagarbha* (*Kuan Hsü-k'ung-tsang p'u-sa ching*, T. XIII, 409). Es wurde von Dharmamitra, einem Zeitgenossen von Kālayaśas, im Staat Liu-Sung übersetzt.

2. *Das von Buddha verkündete Sūtra über die Methode zur Übung, der Betrachtung des Bodhisattva Samantabhadra* (*Foshuo kuan P'u-hsien p'u-sa hsing-fa ching*, T. IX, 277), ebenfalls übersetzt von Dharmamitra.

3. *Das von Buddha verkündete Sūtra über den Ozean von Samādhi, den die Betrachtung des Buddha hervorbringt* (*Foshuo kuan-fo san-mei-hai ching*, T. XV, 643), übersetzt von Buddhabhadra, der in den Jahren 398–421 im Staate der östlichen Chin tätig war.

4. *Das von Buddha verkündete Sūtra über die Betrachtung des Bodhisattva Maitreya und über die Wiedergeburt im Hohen Bereich, im Himmel von Tuṣita* (*Fo-shuo kuan Mi-lo p'u-sa shang-sheng Tu-shi-t'ien ching*, T. XIV, 452); übersetzt im Jahre 455 in Südchina von dem Fürsten von An-yang, der dort nach seiner Verbannung aus dem Staate der Nördlichen-Liang im Exil lebte. Dieser soll auch der Übersetzer des »*Sūtra über die Betrachtung des Avalokiteśvara*« (*Kuan-shih-yin kuan ching*) sein, das jedoch heute nicht mehr verfügbar ist.[31]

Betrachtet man diese sechs Sūtras im Zusammenhang, so erscheint die Annahme nicht abwegig, daß das sie verbindende Glied – die besondere Übung der Betrachtung (und damit Anrufung) einzelner Buddhas und Bodhisattvas – auf Lehren zurückgeht, die im dritten, vierten und fünften Jahrhundert in oder in der Nähe von Kaschmir besonders verbreitet waren und deshalb die Verfasser dieser Schriften zu ihrer Tätigkeit anregten. Nach den Forschungen von Julian F. Pas, der in Kaschmir ihren Ursprung vermutet,

> . . . scheint das Gebiet in und um Kaschmir die naheliegendste Annahme zu sein; es ist kein bloßer Zufall, daß zwischen fast *allen* Übersetzern der *Kuan-Sūtras* und Kaschmir eine Verbindung besteht.
> Buddhabhadra hat in Kaschmir studiert, Dharmamitra ist dort geboren. Der Fürst (oder Herzog) von An-yang erlernte, während er sich in Khotan aufhielt, die Praxis der Meditation unter dem Dhyāna-Meister Buddhasena, der ebenfalls aus Kaschmir kam und als einer der berühmtesten Lehrer des Dhyāna galt. Von Kālayaśas weiß man nur, daß er aus den westlichen Gegenden stammte; da jedoch die Meditation sein Spezialgebiet war, ist die Annahme nicht vermessen, daß auch er eine gewisse Verbindung zu Kaschmir besaß.[32]

Die Analyse des Inhalts der verschiedenen, zu dieser Gruppe zählenden Sūtras läßt auch die Vermutung anderer möglicher

Quellen zu, die jedoch Kaschmir geographisch recht nahegelegen sind. (So schreibt zum Beispiel Alexander Soper das *Fo-shuo kuan-fo san-mei-hai ching* dem südöstlichen Afghanistan zu und dort, wie er für möglich hält, dem in der Nähe des modernen Haḍḍa gelegenen alten Wallfahrtszentrum Nagarahāra.)[33] Angesichts des gegenwärtigen Forschungsstandes erscheint die Annahme gerechtfertigt, daß derartige Texte in den Grenzgebieten des äußersten Nordwestens von Indien oder aber in Zentralasien verfaßt wurden.

In seiner ausführlichen Analyse dieser Gruppe von Texten datiert Pas ihr Entstehen auf den Zeitraum zwischen den Jahren 300 und 400 nachchristlicher Zeitrechnung. Diese Zeitannahme erscheint vernünftig, soweit das Werk über die Bodhisattvas des Heilens betroffen ist, das in ausführlicherer Form einige der Traditionen dieser beiden Bodhisattva-Brüder weiterführt, wie sie sich in den späteren Kapiteln des *Lotus-Sūtra* finden (die gemeinhin spätestens auf das 2. nachchristliche Jahrhundert datiert werden). Weiterer Forschung mag es gelingen, diese Zeitangaben noch genauer zu bestimmen.

Struktur und Inhalt der Schrift über die Bodhisattvas des Heilens sind jedoch sicherlich von größerem Interesse als Vermutungen über ihren Ursprung. Das Sūtra enthält eine wohlausgewogene Mischung von erschreckenden, den Geist blendenden Visionen, Manifestationen und wunderbaren Ereignissen auf der einen Seite und von grundlegenden Mahāyāna-Lehren über den Bodhisattva-Weg auf der anderen. Das Hauptanliegen des Textes ist nicht philosophische Spekulation und Analyse; im Mittelpunkt steht vielmehr die Ausübung der grundlegenden Übungen des Geistes.

Im chinesisch-buddhistischen Kanon wird das Sūtra als »esoterisch« eingeordnet (es findet sich dort im Taishō-Kanon, Band XXI, 1161). Dieser sein esoterischer oder geheimer Charakter findet seinen besonderen Ausdruck in der Betonung, die auf den beiden mystischen Anrufungen durch die Bodhisattvas liegt. Da es sich bei der hier (als Übersetzung I) vorgestellten um die erste vollständige Übersetzung dieses Textes in eine westliche Sprache handelt, möchte ich im folgenden eine Zusammenfassung und Erörterung ihres Inhalts geben. Zum Zwecke der Erörterung habe ich diese Zusammenfassung in Abschnitte untergliedert, wenn auch die Schrift selbst keinerlei derartige Kapitel oder Unterteilungen aufweist.

1. Einleitung: Darstellung der beiden Bodhisattvas

Die in dieser Schrift enthaltenen Lehren wurden von Buddha Śākyamuni im Rahmen einer großen Versammlung gegeben, die sich am Teich des Blauen Lotus im Affenhain zu Vaiśālī zusammengefunden hatte. Wie in den Mahāyāna-Sūtras üblich, umfaßte diese Versammlung alle Arten von menschlichen und nichtmenschlichen Wesen. An Menschen waren Mönche, Nonnen sowie Laien männlichen und weiblichen Geschlechts vertreten; unter den nichtmenschlichen Wesen befanden sich *Devas* (Götter), *Nāgas* (im Wasser lebende schlangenähnliche Wesen), *Yakṣas* (ungezügelte, im Wald lebende Wesen), *Gandharvas* (geflügelte Wesen, die sich von Duftstoffen ernähren und himmlische Musik hervorbringen), *Asuras* (den Titanen vergleichbare Wesen, deren große Freude im Kampf besteht), *Garuḍas* (himmlische Vögel, deren Äußeres ein wenig dem Adler gleicht), *Kiṃnaras* (Bergwesen mit menschlichen Körpern und Pferdeköpfen) und schließlich *Mahoragas* (große schlangenähnliche Wesen). Als sich die Vielzahl der Teilnehmer versammelt und niedergelassen hatte, ging der Buddha in den Samādhi des allumfassenden Lichtes ein, und es fanden daraufhin zahlreiche ungewöhnliche, »wunderbare«, Begebenheiten statt.

Die Darstellung blendender visueller Eindrücke – wie sie in diesem Text häufig Verwendung findet – zu Beginn der Belehrung vermittelt einen lebendigen Eindruck dessen, daß sich göttliche Bereiche der irdischen Ebene zugesellen und mit dieser verschmelzen. Einiges vom Wesen dieses wichtigen Aspektes des Sūtra wird erhellt durch die folgende Textstelle:

Zu dieser Zeit ging der Herr in den Samādhi des allumfassenden Lichtes ein. Durch alle Poren seines Körpers sandte er vielfarbene Lichtstrahlen aus, die den Markaṭa-Hain in den Farben der sieben kostbaren Substanzen erstrahlen ließen. Das Licht verwandelte sich in einen juwelengeschmückten Baldachin, und eine Vielfalt von Objekten erschien in ihm, die selten sind in den Bereichen der zehn Richtungen . . .

. . . Licht strahlte aus von den Augen des Buddha und erhellte die Stirn der beiden Bodhisattvas »Der König des Heilens« und »Der Höchste Heiler«. Über ihrer Stirn manifestierten sich in blendendem Schein, einem diamantenen Berge gleich, all die zahllosen Buddhas der zehn Richtungen. Und alle diese Edlen ließen ebenfalls ihren Augen Licht entströmen, das weithin die Stirn aller Bodhisattvas (in der Versammlung) erhellte. Über der Stirn dieser Bodhisattvas erschien die strahlende Form aller in den Bereichen der Zehn Richtungen weilenden Bodhisattva-mahāsattvas, die den *Śūraṃgama-samādhi* erlangt hatten, und diese glichen einem Berg aus Lapislazuli.

Während sich diese Form manifestierte, erhob sich eine juwelengeschmückte Lotusblüte im Markaṭa-Teich. Sie hatte die Farbe eines weißen Edelsteins, doch war ihr Weiß von einer Art, daß nichts ihm verglichen werden kann.

Auf der Lotusblüte befanden sich zahlreiche Manifestationen von Buddhas, ihre Körper waren subtil und vollkommen. Auch sie gingen ein in Samādhi, und jeder von ihnen ließ seinen Augen Licht entströmen, das die Stirn der beiden Bodhisattvas »Der König des Heilens« und »Der Höchste Heiler« erhellte und darauf auch die Stirn aller anderen Bodhisattvas. Zu dieser Zeit verließ der Herr den Samādhi. Mit einem feinen Lächeln von strahlender Harmonie atmete der Buddha durch seinen Mund fünffarbige Lichtstrahlen aus, die sein dem Vollmond gleichendes Gesicht völlig erhellten. Es erschienen sodann von seinen Gesichtszügen her mannigfaltige wechselnde Manifestationen von Licht, die millionenmal herrlicher waren als seine gewöhnliche Erscheinung.[34]

Auf diese eindrucksvolle Weise werden die beiden Bodhisattvas des Heilens vorgestellt.

2. Die Namen der beiden Bodhisattvas und ihre heiligen Formeln

Auf diese mannigfaltige Erscheinung hin bat ein junger Laie, der Sohn einer reichen und einflußreichen Persönlichkeit in Vaiśālī, den Buddha inständig, seine Belehrung darüber zu offenbaren, wie man sich darauf vorbereiten sollte, die Namen der beiden Bodhisattvas zu empfangen, die im Mittelpunkt der vorangehenden wunderbaren Ereignisse standen. Daß Namen eine solche Bedeutung zugemessen wird, ist ein in den Mahāyāna-Lehren über Bodhisattvas und Buddhas häufig wiederkehrender Faktor, da in diesen Lehren die Namen großer Wesen für kostbar erachtet werden. Wenn man den Namen eines großen Wesens hört, kann man Zugang gewinnen zu dessen geistigem Schutz und Einfluß. So besteht nach diesen Texten eine besonders wichtige und weitverbreitete Methode der Anrufung eines großen Wesens darin, daß man es bei seinem Namen ruft oder sich in diesen vertieft.

In diesem Zusammenhang ist anzumerken, daß dieser junge Laie mit Namen Ratnakūṭa oder Ratnarāśi (Anhäufung von Edelsteinen) in zahlreichen Mahāyāna-Texten erscheint, so z. B. im *Saddharmapuṇḍarīka-Sūtra* und in anderen mehr. Er taucht in diesen Texten häufig unter einem geringfügig verschiedenen Namen auf (Ratnakāra, »Juwelenader«) und wird des öfteren als ein Laien-Bodhisattva dargestellt.[35]

In Antwort auf die Bitte Ratnakūṭas erklärte der Buddha, daß ein hingebungsvoller Schüler die Namen der beiden Bodhisattvas vernehmen kann, wenn er folgende fünf Voraussetzungen erfüllt:

1. Er sollte nichtendendes Mitgefühl besitzen und in seinem Wohlverhalten kompromißlos sein.

2. Er sollte von kindlicher Frömmigkeit sein und sich der Einhaltung der Zehn heilsamen Vorschriften befleißigen (d. h. sich

der folgenden abträglichen Verhaltensweisen von Körper, Rede und Geist enthalten: Mord, Diebstahl und sexuelles Mißverhalten; Lüge, Verleumdung, Gebrauch von groben, verletzenden Worten und eitles Geschwätz; Habgier, Mißgunst und falsche Ansichten).

3. Sein Körper und Geist sollten ruhig und friedlich sein, und in seinen Gedanken sollte er an dem festhalten, was frei ist von Unordnung.

4. Er sollte die Vaipulya-Sūtras (die erweiterten Lehren, den Mahāyāna) hören, ohne Zweifeln oder Vermutungen Raum zu geben, weder (in Emotionen) versinken noch (in seiner geistigen Entwicklung) zurückfallen.

5. Er sollte daran glauben, daß der Buddha ewig ist; unaufhörlich sollte sein Geist – wie der Lauf eines Stromes – der absoluten Wahrheit zufließen.

Diejenigen, in denen diese fünf Eigenschaften vollendet sind, werden die Namen der beiden Bodhisattvas »Der König des Heilens« und »Der Höchste Heiler« in jeder neuerlichen Inkarnation vernehmen. Die Ehrfurcht gebietende spirituelle Kraft, die die Bodhisattvas auf mystische Weise denjenigen vermitteln, die ihre Namen hören, beschützt diese Menschen davor, in die kummervollen Wege des Daseins als Tier, hungriger Geist oder Höllenwesen zu fallen. Diese Namen werden also als schützende Mantras behandelt, die nur denjenigen vermittelt werden, die vorbereitet sind, deren Geist genügend gereinigt ist, um sie zu empfangen.

An diesem Punkt in Śākyamunis Belehrung erhielten die beiden Bodhisattvas vom Buddha die mystische Eingebung, lange Dhāraṇīs zu verkünden, heilige Formeln, die von den Buddhas längst vergangener Zeitalter bewahrt und überliefert wurden. Die Dhāraṇī des Königs des Heilens reinigt insbesondere von karmischen Zwängen und Makeln und verhilft zu einem größeren Wachstum spiritueller Gaben. Auch verleiht sie Schutz vor zahlreichen negativen Einflüssen und führt zur Wiedergeburt in einem reinen Land Buddhas. Die Dhāraṇī des Höchsten Heilers bringt den Ozean des Leids zum Versiegen und gewährt zehn besondere Segnungen, darunter auch Heilung von Krankheit.

Die beiden Bodhisattvas erwiesen sodann dem Buddha ihre Verehrung und brachten ihm Halsketten aus kostbaren Steinen dar. Diese verwandelten sich auf übernatürliche Weise in Berge, auf denen Millionen von erhabenen Wesen weilten. In einem Palast befanden sich die Buddhas der Zehn Richtungen, die gemeinsam die beiden Bodhisattvas priesen und den hohen Wert der Dhāraṇīs sowie deren überkommene Überlieferung bestätigten.

3. Prophezeiung der zukünftigen Errungenschaften der beiden Bodhisattvas

Nachdem Śākyamuni Buddha die große Versammlung aufgefordert hatte, von der Hingabe der beiden Bodhisattvas Zeugnis abzulegen, gab er Maitreya eine Prophezeiung über ihre Zukunft. Im Lauf der Zeit, so erklärte er, werde der König des Heilens Buddhaschaft erreichen als der Buddha »Reines Auge«, und alle Bewohner seines Bereiches würden frei sein von Krankheit an Körper und Geist. Und der Höchste Heiler werde in der Nachfolge seines älteren Bruders ein Buddha mit Namen Vimalagarbha werden.

Diese Namen stehen in engem Zusammenhang mit den Lehren des *Lotus-Sūtra*, wo die beiden Bodhisattvas während eines bedeutenden vergangenen Lebens die Namen »Reines Auge« und »Vimalagarbha« trugen. Selbstverständlich jedoch besaßen sie zu jener Zeit diese Namen, ohne bereits den hochentwickelten Status eines Bodhisattva-mahāsattva oder gar den eines Buddha erreicht zu haben.

4. Die Betrachtung des Königs des Heilens

Wenn er die einführenden Übungen gemeistert hat, die ihn in den Stand versetzen, die Namen der beiden Bodhisattvas zu vernehmen, und so mit deren spirituellem Einfluß verbunden ist, kann der Schüler lernen, seine Gedanken einzig auf die Betrachtung (innere Schau) der beiden Bodhisattvas zu richten. Śākyamuni hat eine zweistufige Meditation über den König des Heilens gelehrt, während derer die Reinheit und geistige Verwirklichung des Schülers zunehmen und ihn für tiefere Offenbarungen aufnahmefähig machen.

Voraussetzung für die Praxis der »einführenden Betrachtung der verdienstvollen Form und Erscheinung des Bodhisattva ›Der König des Heilens‹« bildet die erfolgreiche Übung von fünf Arten der Meditation:

1. die Meditation der Stabilisierung von Gedanken mit Hilfe des Zählens der Atemzüge;
2. die Meditation, die den Geist besänftigt und zur Ruhe führt;
3. die Meditation des Nicht-Ausatmens;
4. die Meditation des Nachdenkens über die absolute Form;
5. die Meditation des glückseligen Verweilens in Samādhi.

Durch die Übung dieser Meditationen erlangt der Schüler eine strahlende Vision des Königs des Heilens, welche Heilung von den 404 Krankheiten schenkt, die den Körper bedrohen, und während derer er zahlreiche grundlegende Lehren empfängt.

Wie die folgende interessante Textstelle zeigt, ist die Art und Weise, wie der Bodhisattva wahrgenommen wird, von Individuum zu Individuum verschieden: »Dieser Bodhisattva ist zwölf Yojanas groß; jedoch kann er (der Wahrnehmung eines individuellen) Wesens entsprechend einhundertundachtzig oder auch acht Fuß groß erscheinen.«[36] Im Rahmen seiner Beschreibung der zweiten Meditation führt Śākyamuni diesen Vorgang näher aus, wenn er bemerkt, »daß es die bedingten Gedanken (der Wesen) sind, aufgrund deren der Bodhisattva sich glorreich schmückt«.[37] Wenn auch der Bodhisattva im geistigen Bereich eines Prinzips weilt und nicht im Bereich der Form, manifestiert er sich dennoch, dem bedingten Geist der Schüler entsprechend, in ihren Visionen auf eine Weise, die ihren Fähigkeiten, ihn zu verstehen, entspricht: in einer glorreichen menschlichen Gestalt.

Durch eine zweite vollständigere Vision des Königs des Heilens erlangt man besondere Formen des Reinwerdens. Die während der Vision gewonnene spirituelle Erfahrung befähigt den Schüler zu großen Fortschritten in seiner geistigen Entwicklung.

Zwar bildet der Bodhisattva »Der König des Heilens« den Mittelpunkt der Meditation, jedoch erscheinen dem Schüler auch andere hohe spirituelle Kräfte. So übermitteln z. B. die Buddhas und Bodhisattvas der Zehn Richtungen dem Schüler Unterweisungen während dieser Erfahrung, und ihr spiritueller Einfluß beschleunigt seine Entwicklung in hohem Maße.

Dies ist ein bedeutsamer Aspekt, der auf das Vorhandensein einer unsichtbaren geistigen Gemeinschaft hinweist. Widmet man sich der Betrachtung und Meditation eines einzelnen Mitglieds dieser Gemeinschaft, so offenbaren sich dadurch andere mächtige Energien und hohe spirituelle Kräfte. Es ist dies dem Vorgang vergleichbar, daß man sich auf das schäumende Wasser eines Flusses konzentriert und seinen ungebrochenen Lauf betrachtet, der zu mächtigen Strömen hinführt und endlich ins weite Meer. Ebenso offenbart die mit Hingabe durchgeführte Meditation über einen großen Bodhisattva die unermeßlichen geistigen Hierarchien, von denen er untrennbar ist.

5. Die Betrachtung des Höchsten Heilers

Nachdem er die zweistufige Meditation über den König des Heilens gegeben hatte, erklärte Śākyamuni, wie man über den Höchsten Heiler meditieren sollte. Sieben Voraussetzungen zählte er auf:

1. Beständige Freude an der Einhaltung der Vorschriften;
2. Übung der Methoden für das Leben in der Welt und für die Befreiung von der Welt;
3. Freisein von Hochmut und Stolz sowie Mitgefühl für alle Wesen;
4. Leidenschaftslosigkeit;
5. Verweilen in der unteilbaren Wahrheit;
6. Übung von Unterscheidungsfähigkeit und Ruhe des Geistes;

7. Freisein von Furcht und Erschrecken in dem Moment, in dem man die Vollendung der Einsicht erlangt.

Hat der Schüler auf diese Weise eine starke geistige Grundlage geschaffen, wird er eine Vision des Höchsten Heilers haben, dessen Glanz alle diejenigen einhüllen wird, die den Namen des Bodhisattva vernommen haben und über seine Gestalt meditieren. Um einem Schüler zu helfen, kann der Bodhisattva jedwede Gestalt annehmen, die dafür geeignet ist: Er kann als Deva, Gandharva, Kiṃnara oder als ein anderes nichtmenschliches Wesen, als König, großer Minister, Ordensältester, Mönch, Großmutter, Großvater, als fähiger Arzt oder als jedwedes andere menschliche Wesen erscheinen. Wenn der Bodhisattva die Gestalt einer Frau, eines Kindes oder eines Königs usw. annimmt, so kann man diesen Vorgang einerseits als eine in diese Wesen einfließende göttliche Inspiration deuten, welche sie veranlaßt, dem Schüler, wenn er dringend Hilfe braucht, besondere Unterstützung zuteil werden zu lassen. In einem wörtlicheren Sinn läßt sich dies jedoch auch als die wirkliche Manifestation des Bodhisattva in jedweder geeigneten Form verstehen. Diese besondere Hilfe wird aktiviert in den geistigen Bereichen der Traumzustände, denn in seinen Träumen begegnen dem Schüler die Manifestationen des Bodhisattva. Sie rezitieren für ihn die Dhāraṇīs, die der König des Heilens und der Höchste Heiler gegeben haben, und diese Rezitation wird für den Schüler zu einem Erlebnis, dessen er sich zu erinnern vermag, das er bis zum Ende seiner Tage nicht aus dem Gedächtnis verliert.

Während des Samādhi sieht er sodann die reine und vollkommene Gestalt des Höchsten Heilers, der ihm die Namen der dreiundfünfzig Buddhas der Vergangenheit offenbart. Zu diesem Zeitpunkt erscheinen die sieben Buddhas der (unmittelbaren) Vergangenheit und verkünden den Lobpreis der dreiundfünfzig Buddhas.

An diesem Punkt unterbrach Śākyamuni Buddha, der den Fortgang der Meditation erläuterte, seine Erklärung und ging auf die Rolle ein, die die dreiundfünfzig Buddhas in seiner eigenen spirituellen Entwicklung spielten. In einem längst vergangenen Zeitalter hatte er selbst, so berichtete er, die Namen dieser Buddhas vernommen und sie an dreitausend Menschen weitergegeben, die daraufhin den Buddhas ihre Achtung und Verehrung erwiesen. Aufgrund des mystischen Einflusses, den die Buddhas in Erwiderung dieser Hingabe aussandten, erzielten diese dreitausend Menschen einen außergewöhnlichen Fortschritt in ihrer geistigen Entwicklung. Nach Śākyamuni sind diese Wesen nun bekannt als die 1000 Buddhas des vergangenen Zeitalters (des Zeitalters des »Glorreichen Schmucks«), als die 1000 Buddhas des gegenwärtigen Zeitalters (»Glückverheißend«) und als die 1000 Buddhas des zukünftigen Zeitalters (»Sternförmig«).

Śākyamuni sagte weiter: »Alle Buddhas der Gegenwart, die in den Zehn Richtungen weilen, all diese Tathāgatas von ausgezeichneter Tugend haben Buddhaschaft erlangt . . ., da sie ebenfalls die Namen der dreiundfünfzig Buddhas vernommen haben.«[38]

Alexander Soper schrieb über die dreiundfünfzig Buddhas:

> Ihr Standort läßt sich nicht festlegen, weder auf Raum noch auf Zeit, ihre Bedeutung jedoch ist unverkennbar; sie bilden eine geheimnisvolle Quelle der höchsten Macht.[39]

Der grundlegende geistige Einfluß, den die dreiundfünfzig Buddhas auf die Entwicklung der 3000 Buddhas ausübten, macht deutlich, welche wichtige Funktion göttliche Geisteskräfte für diejenigen Wesen besitzen, die sich auf dem spirituellen Weg befinden. Die besondere Hilfe, die Wesen von fortgeschrittener geistiger Entwicklung dem Schüler zuteil werden lassen, läßt diesen voranschreiten auf seinem Weg zur Buddhaschaft. Die Einweihung in die Mysterien sowie das Erlernen der Buddha-Namen und damit zugleich der Methode, deren geistige Unterstützung anzurufen, stellen nach diesen Lehren Śākyamunis gemeinsam Stufen von tiefer Bedeutung dar, die den höchsten Graden der Verwirklichung auf dem spirituellen Wege dienen.

Die Zahl dreiundfünfzig taucht im *Gaṇḍa-vyūha* ebenfalls auf. Dort begibt sich der wissensdurstige Jüngling Sudhāna während einer Art von »Pilgerfahrt« auf die spirituelle Suche, in deren Verlauf er Unterweisungen von dreiundfünfzig Gurus empfängt. Zwar handelt es sich bei diesen Gurus nicht um Buddhas; doch auch hier sind es dreiundfünfzig Wesen, die initiatorisches Wissen vermitteln, das für den spirituellen Fortschritt wesentlich ist.[40]

Erneut auf die Meditation über die beiden Bodhisattvas des Heilens eingehend, rät Śākyamuni denjenigen, die nach Befreiung von den karmischen Fehlern suchen, die Dhāraṇīs der beiden Bodhisattvas zu rezitieren und den verschiedenen, von ihm genannten Buddhas (den dreiundfünfzig, den sieben, den tausend dieses Zeitalters usw.) Verehrung zu erweisen:

> Insgesamt sechsmal am Tage und in der Nacht sollten sie mit einem Herzen und einem Geist, die klar sind und stark wie ein rasch fließender Fluß, Bekennen und Reue üben. Sodann sollten sie ihre Gedanken unverwandt der reinen Gestalt der beiden Bodhisattvas »Der König des Heilens« und »Der Höchste Heiler« zuwenden.[41]

Dem Schüler, der dieser Anweisung Folge leistet, werden auch Visionen von den Buddhas der Zehn Richtungen begegnen, die ihn belehren und ihm Prophezeiungen über sein zukünftiges Erlangen der Buddhaschaft geben. Es folgt dann die Erfahrung verschiedener meditativer Zustände, während derer die Buddhas weitere Belehrungen erteilen (Grundlagen wie die *Pāramitās*, die *Bodhipakṣya dharmas*, die zwölf Glieder des Entstehens in Abhängigkeit usw.). Interessant ist die Tatsache, daß in diesem Zusammenhang die Buddhas des Ostens besonders hervorgehoben werden, denn die Schriften über den Buddha »Der Meister des Heilens« (auf die im dritten Kapitel eingegangen wird) lokalisieren dessen himmlischen Bereich ebenfalls im Osten. Dies weist möglicherweise auf das Heraufdämmern spiritueller Verwirklichung hin: Heilen als der Anbruch einer neuen Morgendämmerung.

Śākyamuni beschließt diesen Abschnitt mit einer Darlegung des Nutzens, der entsteht, wenn man die Namen der beiden Bodhisattvas preist, sich ihrer erinnert und sie verehrt, über ihre Form meditiert und ihre spirituellen Formeln rezitiert. Er sagt:

> Hört ein Wesen nur die Namen dieser beiden Bodhisattvas, werden ihm grenzenlose und unerschöpfliche Segnungen zuteil. Um wie viele Male vollkommener wäre dieser Segen, unterzöge es sich den Übungen, die ich beschrieben habe![42]

6. Vergangene Leben der Bodhisattvas

Voller Verwunderung über das, was er an diesem Tage in der Versammlung erfahren hatte, bat der Schüler Ānanda den Buddha, jenes vergangene Leben der beiden Bodhisattvas, das von grundlegender Bedeutung war, wiederzugeben. Dieses Leben, in dem die Bodhisattvas die Saat aussäten, die an diesem Tag in der Versammlung zur Reife gelangte, unterscheidet sich beträchtlich von den vergangenen Leben der beiden Bodhisattvas, die in Kapitel 23 und 27 des *Lotus-Sūtra* dargestellt sind.

Das bei dieser Gelegenheit enthüllte frühere Leben trug sich während der Periode der kopierten Lehren (d. h. während der ersten Periode des Niedergangs der Lehre nach dem Parinirvāṇa eines Buddha, in der der Form mehr Gewicht beigemessen wird als dem Inhalt) des Buddhas »Schimmernder Strahl von Lapislazuli« zu. In diesem Zusammenhang ist die Tatsache bedeutsam, daß Lapislazuli hier ebenso Erwähnung findet wie im Rahmen der das Sūtra einleitenden Darstellung der wunderbaren Manifestationen, denn es besteht eine besondere Verbindung zwischen diesem Edelstein und dem Buddha »Der Meister des Heilens« (wie in Kapitel 3 und 4 gezeigt werden wird).

Zur Zeit dieses vergangenen Lebens gab es einen bedeutenden Mönch namens Sonnen-Schoß. Dieser wanderte von Ort zu Ort und lehrte über das verdienstvolle Verhalten der Bodhisattvas und über den vollendeten Gleichmut, die vollkommene Reinheit und Weisheit des Buddha. Durch seine Lehre und durch sein persönliches Beispiel veranlaßte er einen reichen Laien mit Namen Sternenlicht, dem Orden *Harītakī* (Myrobalanen) sowie andere Heilkräuter und Früchte zu schenken. Sternenlicht gab sodann seinem Wunsch Ausdruck, Erleuchtung zu erlangen – ein grundlegender Augenblick in der Entwicklung des Geistes, das bewußte Fußfassen auf dem spirituellen Weg – und gelobte, die Buddha-Weisheit zu erreichen. Er gelobte ferner zur gleichen Zeit, er wolle, wenn er Erleuchtung erlangt habe, alle Wesen von den drei Arten von Krankheit heilen. Diese beinhalten die 404 physischen Krankheiten, die den Körper beeinträchtigen, die durch falsche Ansichten, durch aus Unwissenheit geborene Zweifel und negative Pfade hervorgerufenen Leiden sowie diejenigen Leiden, die der Fall in die kummervollen Daseinsformen nach sich zieht.

Mit seinem Beispiel ermunterte Sternenlicht seinen jüngeren Bruder, »Leuchtender Blitz«, ebenfalls heilende Pflanzen und Stoffe als Geschenk darzubringen. Auch dieser äußerte den Wunsch nach Erleuchtung und legte die gleichen Gelübde wie sein Bruder ab. Der einzige Unterschied bestand darin, daß Leuchtender Blitz sein Geschenk an Arzneien nicht auf den Orden beschränkte, wie sein Bruder es getan hatte.

Angesichts der tiefen Wirkungskraft der von den Brüdern geschenkten Arzneien, die sowohl von physischen Leiden wie auch von karmischen Hindernissen heilten, gab die Versammlung der Mönche jedem von ihnen einen neuen Namen: »Der König des Heilens« und »Der Höchste Heiler«. Der König des Heilens kommentierte dies mit folgenden Worten:

> O ihr Mönche in der Versammlung, die voller Tugend ist, ihr habt mir den Namen »Der König des Heilens« gegeben. Ich sollte nun zu diesem Namen meine Zuflucht nehmen und ihn wahr werden lassen. Sollte meine Gabe mit dem Weg des Buddha übereinstimmen und ich deshalb unweigerlich Vollen-

dung erreichen, dann soll von meinen Händen die Vielzahl der Arzneien in ihrer ganzen Vielfalt herniederregnen, alle Wesen reinigen und von ihren Krankheiten befreien . . .[43]

Aus einem Baldachin, der sich auf wunderbare Weise manifestiert hatte, ertönte eine Stimme und artikulierte einen Vers, der die zukünftige Buddhaschaft des Königs des Heilens prophezeite: »Wenn er ein Buddha ist«, so sagte die Stimme, »wird sein Name ›Reines Auge‹ sein.« Auch der Höchste Heiler legte Gelübde ab. Unter anderem versprach er, allen Wesen die Arznei der Höchsten Lehren zu schenken. Da erschien ebenfalls im Himmel ein juwelengeschmückter Pavillon, und eine andere reine Stimme ertönte, die von der zukünftigen Buddhaschaft des Höchsten Heilers sang: »Zu dieser Zeit«, so hieß es in diesem Gesang, »wird man ihn als Vimalagarbha kennen.«

7. Zusammenfassung: Darstellung des Nutzens, Titulierung des Sūtra und Erlangen von Samādhi

Als er die Geschichte beendet hatte, hob Śākyamuni nochmals den großen Nutzen hervor, der daraus entsteht, daß man die Namen der beiden Bodhisattvas hört, rezitiert und im Gedächtnis behält, daß man ihre spirituellen Formeln wiederholt und über ihre reine Gestalt meditiert. Der Buddha faßte das Wesen seiner dort gegebenen Lehre in den folgenden Namen zusammen, die er der Schrift verlieh:

1. Beseitiger aller Fehler und Fesseln.

2. Spirituelle Formel für das Bekennen und Bereuen negativer Taten.

3. Höchste Arznei, der süße Tau, der Leiden und Krankheiten heilt.

4. Betrachtung der reinen Form des Königs des Heilens und des Höchsten Heilers.

Nach einer Darlegung des besonderen Nutzens, den das Lesen und Rezitieren des Sūtra sowie die Erinnerung daran verleihen, schließt die Erzählung mit einer kurzen Aufzählung der verschiedenen geistigen Zustände, die die Mitglieder der Versammlung erlangten, nachdem sie diese Belehrungen vernommen hatten.

Es wurde bereits gezeigt, daß viele Aspekte der Lehren über die Bodhisattvas des Heilens auf Prinzipien aufbauen, wie sie der Pāli-Kanon erläutert: das Prinzip der Gleichsetzung der Lehren des Buddha mit der Höchsten Arznei, das der Gleichsetzung des großen Lehrers mit dem Höchsten Arzt und schließlich der Glaube, daß man Krankheiten mit Hilfe der Meditation und inneren Betrachtung heilen kann. Darüber hinaus spielt die erweiterte Sicht des Mahāyāna eine bedeutende Rolle in den den Heilenden Bodhisattvas zugehörigen Lehren. Es wird hier wie auch später in den Schriften über die Heilenden Buddhas die Hilfe besonders hervorgehoben, die spirituellen Bereichen entstammt und den Heilungsprozeß in einem hohen Maß beschleunigt. Das Gelübde, alle Wesen zu heilen, wird zu einem großen Versprechen, das ein spiritueller Neuling ablegt, wenn er sich auf den Bodhisattva-Weg begibt. Hat dieser Schüler die spirituelle Reife eines Bodhisattva auf einer hohen Entwicklungsstufe erlangt, können Hilfsbedürftige die von diesem Gelübde ausgehende unsichtbare Kraft anrufen, wenn sie sich zu diesem Zweck der Dhāraṇīs, Meditationen und Verehrungsriten bedienen.

3. Der Buddha im Lapislazuli-Glanz, der Meister des Heilens, und seine Buddha-Brüder

Der Bhaiṣajya-guru und das *Bhaiṣajya-guru-Sūtra*

1. Quellen

Während der Mahāyāna-Buddhismus eine zunehmende Verbreitung erfuhr und sich immer mehr Menschen seine Prinzipien zu eigen machten, gewannen gewisse Buddhas und Bodhisattvas unter den Anhängern besondere Beliebtheit. Nach grundlegenden Lehren des Mahāyāna, wie sie im *Lotus-Sūtra* und in anderen Texten enthalten sind, deren Entstehen (wie unten gezeigt werden wird) dem Beginn der Verehrung des Heilenden Buddha zeitlich vorausgeht oder ihr in etwa entspricht, gibt es Buddhas in allen Bereichen des Universums. Ihre Zahl ist so unvorstellbar groß wie die Zahl der Sterne am Himmel oder die der Sandkörner im Ganges. Jeder dieser Buddhas besitzt einen Namen, der häufig eine Umschreibung seiner speziellen spirituellen Ausrichtung ist. Und jeder Buddha steht einem »Reinen Land« vor, einem geistigen Bereich, der in einer den Vorstellungen vom »Paradies« analogen Begrifflichkeit dargestellt wird. Jeder in einem solchen Reinen Land Weilende kann sich dort ausschließlich seinem geistigen Wachstum widmen.

Nach den genannten Texten geht das gesamte Wissen über diese himmlischen Wesen und ihre Bereiche, das Menschen in diesem Zeitalter zugänglich ist, auf Śākyamuni, den historischen Buddha, zurück. Er stellt damit das Bindeglied zwischen der Erde und den Myriaden von geistigen Bereichen dar. Er ist der große spirituelle Meister, der die mächtigen göttlichen Kräfte des Universums offenbart, der die Schüler belehrt und ihnen Einweihung in die Methode, diese anzurufen, zuteil werden läßt.

Wir begegnen hier einem bedeutenden historischen Problem. Einerseits, so ist zu vermuten, wurden diese Mahāyāna-Texte ungefähr im Zeitraum zwischen dem vierten und siebten Jahrhundert nach dem Tode Śākyamunis verfaßt. Andererseits jedoch erheben sie den Anspruch, dessen gesprochene Belehrungen wiederzugeben. Aus der Sicht des Mahāyāna gibt es mehrere Möglichkeiten der Auseinandersetzung mit diesem Problem. So wird z. B. im *Mahāprajña-pāramitā-Śāstra*, das Nāgārjuna (ca. 150–250 n. Chr.) zugeschrieben wird, die Ansicht vertreten, Ānanda, einer der engsten Schüler des Buddha und von den Mönchen nach dessen Tode damit betraut, die vom Buddha gesprochenen Lehren in ihrem vollen Ausmaß und Wortlaut weiterzugeben, habe den Entschluß gefaßt, die Mahāyāna-Lehren nicht zu verkünden. Er habe erkannt, daß die Mönche die Lehren des Großen Fahrzeuges nicht würden verstehen können. Aus diesem Grunde nahmen sich die großen Bodhisattvas dieser Lehren an und bewahrten sie an verschiedenen geheimgehaltenen Orten, so im Palast des Königs der Gandharvas und in dem des Königs der Nāgas. Diese Lehren wurden erst zu dem Zeitpunkt freigegeben, als die Menschheit bereit war, sie zu empfangen.[1]

Eine andere mögliche Sicht ergibt sich aus der Tatsache, daß die Versammlungen in geistigen Bereichen stattfanden, die sich als solche der historischen Betrachtungsweise entziehen. (Besucher des Geierberges in Indien haben festgestellt, daß dieser Ort unmöglich die Tausende von Wesen hätte aufnehmen können, die sich dort nach der Überlieferung zusammengefunden hatten, um die Verkündung des *Lotus-Sūtra* zu hören.) Aus dieser Sicht mag ein Weiser aufgrund seiner hochentwickelten geistigen Fähigkeiten die Erlaubnis erhalten haben, der Versammlung in dem geistigen Bereich beizuwohnen, um die dortigen Ereignisse später aus der eigenen Erinnerung und Inspiration heraus weiterzugeben.

Eine dritte Ansicht besteht schließlich darin, daß diese Texte von einer Reihe buddhistischer Lehrer verfaßt wurden, die ihrer eigenen Inspiration und ihren Einsichten in der traditionellen Sūtra-Form Ausdruck verliehen.

Einige Religionshistoriker mögen von kultureller Vermischung sprechen und zur Untermauerung ihrer These auf Ähnlichkeiten mit in Nachbarkulturen beheimateten Gottheiten verweisen. Sie mögen die Möglichkeit hervorheben, daß ursprünglich in der Gandhāra-Region ansässige Äskulap-Riten oder iranische und mediterrane Heilkulte nach Zentralasien gelangten, wo sie zu einem Auslöser für die Entstehung der Sūtras über die buddhistischen heilenden Gottheiten wurden.[2] Man sollte jedoch mit derartigen Analysen vorsichtig sein, denn für einen buddhistischen Gläubigen sind diese Gottheiten nicht bloß intellektuelle Abstraktionen oder Ideen, die von Kontinent zu Kontinent gehandelt werden. Es handelt sich vielmehr um mächtige Kräfte, die – mag auch ihr Ursprung geheimnisvoll sein und unerklärt bleiben –, wenn man sie anruft, eine grundlegende Funktion im inneren Leben derjenigen einnehmen können, die sich auf dem spirituellen Weg befinden.

Es ist durchaus möglich, daß die Offenbarung der Existenz des Heilenden Buddha gleichzeitig einer ganzen Reihe von Meistern in verschiedenen Regionen zuteil geworden ist. Es ist jedoch auch nicht ausgeschlossen, daß sich die Verehrung dieses Buddha ursprünglich auf eine Gegend beschränkte und dort von einem Meister oder einem Kreis von Anhängern verbreitet wurde. Im folgenden soll der Versuch unternommen werden, unter Berücksichtigung von archäologischen und literarischen Hinweisen Zeit und Ort des Auftauchens dieses Kultes einzugrenzen.

Archäologische Hinweise sind deswegen von Bedeutung, da es ein Anzeichen für dessen hohen Bekanntheitsgrad wäre, sollte sich herausstellen, daß Statuen des Heilenden Buddha in bestimmten Gegenden häufig aufgefunden wurden. Auf den Statuen vorhandene Inschriften könnten für die zeitliche Eingrenzung von erheblichem Nutzen sein (wenn auch Statuen ohne

Inschrift aufgrund unverkennbarer Eigenheiten in Stil und Form auf eine bestimmte Ära datiert werden können). Die Überprüfung archäologischer Forschungsberichte auf eventuelle Funde von Statuen des Heilenden Buddha hin liefert jedoch das erstaunliche Ergebnis, daß keinerlei frühe indische Darstellungen des Meisters des Heilens erhalten sind. Es scheint in der Tat kein einziges einem buddhistischen Land entstammendes Bildnis dieses Buddha zu geben, das aus einer Zeit vor der Übermittlung des *Bhaiṣajya-guru-Sūtra* nach China stammt, also aus einer Zeit vor der ersten Hälfte des 4. Jahrhunderts n. Chr. Zwar müssen solche Indizien allein noch keine besondere Aussagekraft besitzen – antike Bildnisse können zerstört worden oder verlorengegangen sein; auch besteht die Möglichkeit, daß sie nicht in jedem Fall die charakteristischen ikonographischen Züge dieses »neuen« Buddha trugen. Diese archäologischen Hinweise erhalten jedoch einen ganz anderen Stellenwert, betrachtet man sie im Zusammenhang mit den literarischen Hinweisen.

Die Durchsicht der einschlägigen Texte läßt die Behauptung zu, daß zu der Zeit, als eine Vielzahl buddhistischer Texte erstmals nach China gelangte, der Bhaiṣajya-guru bereits eine bedeutende Stellung innerhalb des buddhistischen Pantheons einnahm. Er findet in etwa fünfzehn Texten Erwähnung, die im dritten, vierten und fünften Jahrhundert ins Chinesische übersetzt wurden. Die Ausführlichkeit der ihn erwähnenden Textstellen reicht von kurzen Notizen über die Existenz eines in einem bestimmten Bereich weilenden Buddha namens »Der Meister des Heilens« (oder einer Abwandlung dieses Namens) bis hin zu einem ganzen Kapitel in Dharmarakṣas Übersetzung des *Lotus-Sūtra* (im späten dritten Jahrhundert), das einem Buddha gewidmet ist, der bekannt ist als »Der König des Heilens«.[3] Betrachtet man das breite Spektrum der dem Buddha des Heilens beigegebenen Namen, so gewinnt man den Eindruck, daß eine enge Beziehung mit der früheren Verehrung des Bodhisattva »Der König des Heilens« besteht. So heben Texte aus der Reihe derer, die als erste nach China gelangten, besonders die königliche Natur dieses Buddha hervor. Im *Sūtra über die Namen der Buddhas* (*Buddhanāmasūtra*, T. XIV, 440), übersetzt von Bodhiruci im frühen sechsten Jahrhundert, finden sich insgesamt neun Stellen, die Buddhas des Heilens erwähnen. Deren Namen lauten:

Der Buddha »Der König des Heilens« (fünfmal);

»Der König des Heilens«, der Buddha, der der König des vollendeten Klanges ist;

Der Buddha »Der König des heilenden Baumes«;

Der Buddha »Der siegreiche heilende Baum«;

Der Buddha »Der Höchste Heiler«.

Eine andere Version desselben Textes, die drei Jahrhunderte später übersetzt wurde (T. 443), erwähnt an vier Stellen Buddhas, deren Namen das Wort *bhaiṣajya (yao)* enthalten, darunter:

Der Tathāgata »Der König des Heilens«;

Der Tathāgata »Der Meister des Heilens«, der König im Lapislazuli-Glanz;

Der Tathāgata-König »Der Meister des Heilens« (zweimal).

Während der frühen T'ang-Periode wie auch später (von der Mitte des siebten Jahrhunderts an) wird der Heilende Buddha in einer Vielzahl von Texten selten anders als unter folgenden Namen genannt:

Der Tathāgata »Der Meister des Heilens«;

Der Meister des Heilens, der Tathāgata im Lapislazuli-Glanz;

Der Meister des Heilens, der Tathāgata »König im Lapislazuli-Glanz«.

Obwohl anzunehmen ist, daß der Name des Buddha »Der Meister des Heilens« ursprünglich in enger Beziehung zu der zu früherer Zeit verbreiteten Verehrung des Bodhisattva »Der König des Heilens« stand, wurde er im Lauf der Zeit auf eine Standardbezeichnung mit nur geringfügig verschiedenen Varianten festgelegt, als sich die Stellung des Buddha innerhalb des Pantheons festigte und er zunehmend bekannter wurde. Diese Festlegung auf einen von dem des Bodhisattva deutlich verschiedenen

Namen geht wahrscheinlich auf die Verbreitung von Schriften zurück, die sich speziell mit dem Meister des Heilens, dem Tathāgata im Lapislazuli-Glanz, befassen. Diese Texte, die in mehreren unterschiedlichen Ausgaben verfügbar sind, leisten einen wesentlichen Beitrag dazu, daß die Identität des Heilenden Buddha in ihren individuellen Zügen deutlicher erkennbar zutage trat.

Das *Bhaiṣajya-guru-Sūtra* gelangte in mehreren Fassungen nach China, von denen die bekannteste die Übersetzung durch den T'ang-Meister Hsüan-tsang war, der das Sanskrit-Manuskript wahrscheinlich von einer seiner ausgedehnten Reisen durch Indien und Zentralasien nach China mitbrachte. Der Überlieferung nach war jedoch Śrīmitra (der in der ersten Hälfte des vierten Jahrhunderts in Nanking tätig war) der erste, der das Sūtra übersetzte. Śrīmitra war aus dem zentralasiatischen Staat Kucha gebürtig, und es heißt, er sei ein Prinz gewesen, der seinen königlichen Bindungen entsagte, um Mönch zu werden.[4] Das Sūtra über den Heilenden Buddha in der von ihm erstellten Fassung ist Teil eines Textes mit dem Namen *Das vom Buddha verkündete Sūtra über den Abhiṣeka (oder die Einweihung), der (die) die Fehler der Vergangenheit beseitigt und Freiheit von Geburt und Tod verleiht*, T. 1331 (im folgenden zitiert als *Abhiṣeka-Sūtra*), dessen 12. und abschließendes Kapitel es bildet. Das *Abhiṣeka-Sūtra* befaßt sich im wesentlichen mit Verteidigung und Schutz – sowohl in geistiger wie materieller Hinsicht – durch die Anrufung einer Vielzahl von Schutzgottheiten und das Vertreiben verschiedener Dämonen. Die ersten elf Kapitel dieses Textes lassen zahlreiche chinesische Einflüsse erkennen, ein Hinweis darauf, daß der Übersetzer, sollte der Text tatsächlich aus Indien oder Zentralasien stammen, seine Fassung den Umständen anpaßte, wie er sie während der Periode der Östlichen Chin in China vorfand.

Eine Durchsicht der in Tun-huang aufgefundenen chinesisch-buddhistischen Manuskripte ergibt, daß das *Abhiṣeka-Sūtra* ganz allgemein und insbesondere dessen zwölftes Kapitel (das Kapitel über den Heilenden Buddha) in dieser Oase, diesem westlichen Vorposten Chinas außerordentlich bekannt und verbreitet waren. Es wurden nicht weniger als achtunddreißig verschiedene Kopien des zwölften Kapitels aufgefunden, von denen einige nur fragmentarisch, andere aber vollständig erhalten geblieben waren. Diese Manuskripte gehen auf das sechste und siebte Jahrhundert zurück. Eine Schriftrolle aus dem 6. Jahrhundert (Giles Nr. 3535) weist einen Kolophon auf, aus dem hervorgeht, daß es sich bei dieser Rolle um die dreißigste einer Serie von Kopien dieses Sūtra handelt. Eine andere Schriftrolle (Giles Nr. 3559) enthält zwei Zeilen auf Uighurisch, ein Hinweis auf das Interesse, das auch Zentralasiaten diesen Schriften entgegenbrachten (vgl. Giles, »*Descriptive Catalog*«, Nr. 3534–3570, und Louis de la Vallée Poussin, »*Catalogue of the Tibetan Manuscripts from Tun-huang in the India Office Library, with an Appendix on the Chinese Manuscripts*« von Kazuo Enoki, London 1967, mss. C67–C68).

Die Durchsicht zweier der bedeutenderen Sūtra-Kataloge ergibt einige interessante Informationen. So ist im *Li-tai san-pao chi*, der im Jahre 597 nach Christus zusammengestellt wurde, ein Abhiṣeka-Sūtra verzeichnet, das von Srīmitra übersetzt wurde.[5] Demgegenüber findet sich im *Ch'u san-tsang chi chi*, der aus einem früheren Abschnitt des sechsten Jahrhunderts stammt, keine Erwähnung des Sūtra unter Śrimītras Namen.[6] Dieser Katalog enthält jedoch unter dem Titel »Verlorene Kanonische Texte« eine Liste von elf Sūtras, deren Titel mit denen der ersten elf Kapitel des Abhiṣeka-Sūtra übereinstimmen. Was das zwölfte als »erhalten« angeführte Kapitel angeht, so heißt es dort, es bestünden Zweifel an seiner Echtheit. Es ist nicht in der Liste der verlorenen Texte enthalten, sondern wird in einem der folgenden Abschnitte unter »Schriften von zweifelhafter Authentizität« aufgeführt.[7] In diesem Abschnitt des Kataloges trägt der Text den Titel *Abhiṣeka-Sūtra*. Ebenfalls aufgeführte alternative Titel stimmen mit dem zwölften Kapitel des T. 1331 genau überein: *»Das Sūtra über den Meister des Heilens im Lapislazuli-Glanz«; »Das Sūtra über den Abhiṣeka, der die Fehler der Vergangenheit* *beseitigt und Freiheit von Geburt und Tod verleiht«*. Dieser Text wird dem Mönch Hui-chien, der in der Liu-Sung-Periode lebte, zugeschrieben, der den Text im Jahre 457 christlicher Zeitrechnung auf der Grundlage eines anderen Werkes verfaßt haben soll. Den weiteren Anmerkungen im Katalog nach

> befaßt sich der letztgenannte Abschnitt des Sūtra mit Methoden zur Lebensverlängerung und war deshalb während seiner Lebenszeit außerordentlich weit verbreitet.[8]

Die Tatsache, daß die in dem Sūtra enthaltenen Lehren sich in erster Linie mit dem Problem der Erlangung eines langen Lebens befassen, ist zweifellos ein Aspekt, der das Herz eines Chinesen höher schlagen läßt, und er findet seine Entsprechung in einer ganzen Reihe von taoistischen Texten, die sich zu dieser und der darauffolgenden Zeit großer Beliebtheit erfreuten.

Im Vorwort der aus der Sui-Periode stammenden Übersetzung des Sūtra (datiert auf 617 n. Chr.), die im wesentlichen (mit nur geringfügigen Abweichungen) der Śrīmitra zugeschriebenen Version entspricht, verleiht eines der bedeutendsten Mitglieder des Übersetzungskomitees seiner Meinung über den Hui-chien-Text Ausdruck und betont die Sorgfalt, die das Komitee an die Neuübersetzung wandte. Wie seine Bemerkungen zeigen, war ihm Śrīmitras Übersetzung offensichtlich unbekannt:

> Der Mönch Hui-chien übersetzte diesen Text in früheren Tagen während der Regierungszeit des Sung Hsiao-wu (454–465 christlicher Zeitrechnung) im Kloster »Wildnis der Hirsche«, und der Text war zu seiner Zeit sehr verbreitet. Jedoch ergab der Vergleich mit dem Sanskrit-Text, daß dieser Sung-Mönch die verwirrende Anhäufung von Wörtern und Satzteilen nicht sinnvoll miteinander verschmolzen hatte, was bei den Lesern zu zahlreichen Zweifeln führte.
> Ich, Hui-chü, habe in der Frühzeit meiner Studien indischer Texte ständig die Seiten der Schriften (zum Lernen) ausgebrei-

tet. Oft hatte ich den Wunsch, in den Besitz dieses Sūtra zu gelangen, um (die genannte Übersetzung) auf Fehler hin zu überprüfen. Erstmals hielt ich das Original im Jahre 597 in Händen. Jedoch wagte ich mich in der Befürchtung, ich könnte Fehler in Umlauf setzen, nicht sogleich an diese Übersetzung. Im Jahre 615 erhielt ich zwei weitere Kopien. Ich verglich sie und stieß so schließlich auf den klarsten und genauesten Text. In der Folgezeit übersetzte ich gemeinsam mit dem Mönch Dharmagupta sowie den meisterhaften Übersetzern der Sui-Periode, den Mönchen Fa-hsing, Ming-tse, Ch'ang-shun, Hai-yü und anderen Mitgliedern der Sūtra-Übersetzungsakademie im Shang-lin-Garten, der in der östlichen Hauptstadt südlich des Lo-Flusses gelegen ist, voller Respekt diese Schrift.

Im vollen Bewußtsein der Fehler, die die ältere Wiedergabe aufwies, ließen wir uns diese zur Warnung gereichen und suchten, in der vorliegenden Übersetzung jedweden Fehler zu vermeiden. Aus diesem Grunde wurde jede mündliche Übersetzung eines Satzes, die einer von uns gab, nicht niedergeschrieben, bevor sie einen Prozeß dreimaliger Beratung durchlaufen hatte. Wir glauben daher, daß uns bei der Übermittlung der subtilen Prinzipien keine schwerwiegenden Fehler unterlaufen sind.[9]

In seiner kurzen Studie über die Sūtras schrieb Paul Pelliot: »Die drei Übersetzungen von Śrīmitra, Dharmagupta und Hsüan-tsang stimmen im wesentlichen miteinander überein.«[10] Roy Andrew Miller vergleicht die Versionen Dharmaguptas, Hsüan-tsangs sowie die von I-ching erstellte Übersetzung (auf die letztgenannte soll im zweiten Abschnitt dieses Kapitels näher eingegangen werden) und vertritt die Ansicht, daß »alle drei Fassungen letztendlich auf ein einziges indisches Original zurückgehen«.[11] Diese Annahme erscheint vernünftig, denn es werden, und dies gilt insbesondere für die drei Übertragungen, die der von I-ching erstellten, stark erweiterten Version des Sūtra zeitlich vorangehen, die gleichen Themenkreise erörtert; Unterschiede sind in erster Linie darauf zurückzuführen, daß Wörter, Sätze oder in einigen Fällen auch einzelne Abschnitte ausgelassen bzw. eingefügt wurden.

Es kann kein Zweifel daran bestehen, daß es mehrere nur geringfügig unterschiedliche Sanskrit-Fassungen dieses Textes gab, die gleichzeitig in Umlauf waren. Die einzigen heute noch vorhandenen Manuskripte des Sūtra fand man im Jahre 1931 mit einer Reihe von anderen buddhistischen Texten im Inneren eines Stūpa, der in der Nähe von Gilgit (Kaschmir) stand. Wie es scheint, wurden fünf Manuskripte aufgefunden, zwei Fragmente, die jeweils nur aus einer einzigen Seite bestanden, zwei annähernd vollständige Texte sowie ein vollständiges Manuskript.

Dieser vollständige Text bildet den Kern der von Nalinaksha Dutt erstellten zusammengesetzten Ausgabe des Sūtra, die auch Zitate aus den beiden anderen, nahezu vollständigen Manuskripten enthält. Die von Dutt erstellte Ausgabe entspricht in groben Zügen Hsüan-tsangs chinesischer Übersetzung. Während der Vorbereitung meiner hier als Übersetzung III enthaltenen englischen Fassung habe ich mich auf die chinesischen Traditionen gestützt und bei der Übersetzung die chinesisch-buddhistische Sicht dieser Schrift herausgestellt. Obwohl es sich stellenweise als wertvoll erwiesen hat, gleichzeitig mit dem Chinesischen auch Dutts Sanskrit-Ausgabe zu Rate zu ziehen, ist die Tatsache nicht zu übersehen, daß diese – wie Lokesh Chandra kurz anmerkt und Gregory Schopen ausführlich nachweist – höchst problematisch ist.[12]

Nichtsdestoweniger sind Dutts Kommentare von unverkennbarem Wert, soweit sie sich auf die Eigenart der Schrift selbst und auf den diesen Texten eigenen Sprachgebrauch beziehen:

> Die in diesen Manuskripten verwendete Sprache gleicht der des *Mahāvastu, Lalitavistara, Saddharma-puṇḍarīka* oder *Suvarṇa-prabhāsa* . . . Allgemein gesagt, läßt sich feststellen, daß es sich bei der Sprache der frühen Mahāyāna-Texte in Wirklichkeit um Prakrit handelt, allerdings um ein Prakrit

besonderer Art, das weitgehend Prakrit-Wörter mit Sanskrit-Flexion oder aber Sanskrit-Wörter mit Prakrit-Flexion verwendet. Auf diese Weise haben sich die Autoren entweder den Regeln der Sanskrit-Grammatik oder denen der Prakrit-Grammatik unterworfen. Es finden sich zahllose Beispiele für Unregelmäßigkeiten wie z. B. Plural-Subjekte in Verbindung mit einem Verb, das im Singular steht oder umgekehrt, der Gebrauch von Pronomen jedweden Geschlechts für ein und dasselbe Wort, Nichteinhaltung der Zeitenfolge, wahllose Kombinationen aus Gründen des Wohlklangs, willkürliche Konjugation und Deklination. Es hat den Anschein, daß die Autoren im Prakrit und seiner Grammatik wohlbewandert waren und ein linguistisches Medium entwickelten, das aus einer Mischung von Prakrit- und Sanskrit-Elementen bestand. Angesichts der Einheitlichkeit, die selbst in die Unregelmäßigkeiten hinein durchgehalten wird, liegt der Schluß nahe, daß eine Sprache der Art, wie sie in diesen Texten Verwendung findet, während eines gewissen Zeitraumes im äußersten Nordwesten Indiens gebräuchlich war.[13]

Mit Hilfe einer Analyse der in den Manuskripten verwendeten Schrift (»weitgehend aufrechtstehende Gupta«) datiert Dutt diese auf das sechste oder siebte Jahrhundert. Den Namen »Śrīdeve Sāhi Surendra Vikramāditya Nanda«, der in einem Kolophon am Ende eines der *Bhaiṣajya-guru-Sūtra*-Manuskripte Erwähnung findet, identifiziert Dutt, wenn auch mit einigem Zögern, als den eines Fürsten der Sāhis, der wahrscheinlich während der Regierungszeit des Königs Bālāditya von Kaschmir über die Dard-Region herrschte.[14] Dutt bemerkt weiter:

Die Manuskript-Kopien für Yuan Chwang (Hsüan-tsang) stammten daher aus der gleichen Zeit wie unsere Manuskripte, und es ist bemerkenswert, daß die nämlichen Gupta-Schriftzeichen, deren Verwendung die Chinesen für die Umschrift der Sanskrit-Mantras beibehielten, sich auch in den in Gilgit entdeckten Manuskripten wiederfinden.[15]

Diese Anmerkung wird durch die weitgehende Übereinstimmung zwischen dem Sanskrit-Text und Hsüan-tsangs chinesischen Fassungen bestätigt.

Weiter wurden in zentralasiatischen Sprachen abgefaßte Versionen des Sūtra aufgefunden, Textfragmente, die eine weitgehende Übereinstimmung mit der von Hsüan-tsang erstellten Fassung aufweisen. Unter ihnen befindet sich ein in sogdischer Sprache abgefaßtes Fragment, das von E. Benveniste in Umschrift wiedergegeben und erörtert wurde, sowie ein khotanesisches Fragment, das E. Leumann untersucht hat.[16]

Der einzige noch vorhandene, nachgewiesenermaßen auf einen indischen Autor zurückgehende Text, der das *Bhaiṣajyaguru-Sūtra* erwähnt, ist der *Śikṣa-samuccaya (Ein Kompendium der Disziplin)* von Śāntideva, der eine Reihe von (Hsüan-tsang und der Gilgit-Version entsprechenden) Zitaten aus dem Sūtra enthält. Es ist dies ein Hinweis darauf, daß das Sutra im Indien des ca. siebten Jahrhunderts einige Bekanntheit erlangte.[17] Obwohl es auch schon vor dem siebten Jahrhundert bekannt war, ist es dennoch erst Hsüan-tsangs ausgezeichneter Übersetzung zu verdanken, daß das Sūtra überall in Ostasien Verbreitung erfuhr. Es scheint weiter eine Periode gegeben zu haben, während derer sich der Kult auch in Zentralasien und in den indischen Grenzgebieten einiger Beliebtheit erfreute.[18] Angesichts dieser Tatsachen ließe sich die Theorie aufstellen, daß der Text während der vorangehenden Jahrhunderte in Indien verbreitet wurde, jedoch erscheint auch die Hypothese nicht abwegig, daß die Schrift während der Zeit ihrer großen Beliebtheit von Kaschmir nach Indien gebracht wurde und auf diese Weise zu Śāntidevas Kenntnis gelangte.

Zusätzlich zu den bereits genannten existiert auch eine tibetische Fassung des Sūtra, die im wesentlichen ebenfalls mit dem Hsüan-tsang-Text übereinstimmt. Dieser Text, der sich im tibetischen Tōhoku-Kanon unter der Nummer 504 findet, wurde im neunten Jahrhundert von Jinamitra, Dānaśīla, Ye-śes-sde und anderen übersetzt.[19]

Schließlich gibt es auch eine mongolische Version des Hsüan-tsang-Textes. In einer kurzen, unter seinen Rohmanuskripten aufgefundenen Notiz vermerkte der inzwischen verstorbene Professor F. D. Lessing, daß diese mongolische Fassung seiner Meinung nach die Übersetzung eines Uighur-Textes sei:

> (Das mongolische Wort) *otaci*, »Arzt«, stellt eine Ableitung von dem mongolischen Wort *ota*, »medizinische Pflanze«, dar. Daraus geht hervor, daß sie sich die Verehrung dieses Buddha im Verlaufe ihrer ersten buddhistischen Periode, während des dreizehnten und vierzehnten Jahrhunderts, zu eigen machten. Zu dieser Zeit wurden Übersetzungen weitgehend von Uighur-Originalen erstellt. Als im sechzehnten Jahrhundert die zweite Periode der Bekehrung stattfand, richteten sie demgegenüber ihre Terminologie im wesentlichen an der ihrer tibetischen Meister aus.

Zusammenfassend ist folgendes festzuhalten: Es wurden sowohl Fragmente wie auch ganze Manuskripte des Sūtra in Gilgit und an anderen zentralasiatischen Orten aufgefunden. Des weiteren sind vollständige Fassungen des Textes in chinesischen, tibetischen und mongolischen Kanons enthalten. Der Stil der Sanskrit-Version deutet auf einen Autor hin, der entweder aus Zentralasien oder aus dem Nordwesten Indiens stammte. Die Tatsache, daß keinerlei frühe indische Abbildungen vorhanden sind, läßt ebenfalls vermuten, daß der Ursprung des Kultes eher in Zentralasien denn in Indien zu suchen ist. Schließlich erwähnt auch keiner der Berichte der chinesischen Pilger, die Indien bereisten, die Verehrung des Bhaiṣajya-guru.

Zusätzlich ist noch anzumerken, daß sowohl die buddhistischen Bildnisse aus Gāndhara im Nordwesten Indiens (in der Nähe der einzigen Lapislazuli-Vorkommen, die in der damaligen Zeit bekannt waren) wie auch die buddhistischen Abbildungen aus den zentralasiatischen Gegenden zwischen Indien und China insoweit besondere Beachtung verdienen, als sie den Buddha in einer Gestalt darstellen, von der Licht oder Flammen ausgehen.[20] Denn die ihm speziell gewidmeten Texte sagen, daß vom Körper des Heilenden Buddha ein Lapislazuli-farbener Glanz ausgeht, und auch die Anweisung zur Meditation über die beiden heilenden Bodhisattvas hebt besonders hervor, daß von den Körpern zahlreicher Gottheiten Licht in überwältigender Helligkeit ausstrahlt. Auch die Darstellung einer Dreiheit von Gottheiten findet sich in der Kunst von Bandhāra; in diesen Fällen ist die Zentralgestalt flankiert von den Gottheiten der Sonne und des Mondes. Das berühmteste Objekt, das diese Dreiheit zeigt, ist ein aus Metall gefertigter Reliquienschrein des Königs Kaniṣka. Er entstammt dem Ende des zweiten oder dem Anfang des dritten Jahrhunderts christlicher Zeitrechnung, also annähernd dem Zeitraum, in dem auch das Sūtra über den Heilenden Buddha verfaßt wurde.[21] Kosmische Harmonie (hier kreisend um die vergöttlichte Gestalt des Kushan-Königs), wie sie diese Kunstrichtung bevorzugt darstellt, findet ihre eindrucksvolle Entsprechung in der Symbolik der Sūtras über die Heilenden Buddhas (s. u., Kapitel 4). Dieser Aspekt verstärkt noch den Eindruck, daß die Anfänge der Verehrung der heilenden Gottheiten wie auch die sie behandelnden Schriften ihren Ursprung im Nordwesten Indiens oder in Zentralasien haben.

Das Sūtra über den Heilenden Buddha existierte schon zu Ende des dritten bzw. zu Anfang des vierten Jahrhunderts, der Periode, in die Śrīmitras Schaffenszeit fällt (vorausgesetzt, man akzeptiert, daß entweder er selbst oder ein Zeitgenosse den Text erstmals ins Chinesische übertrug). Sich aus dem Text selbst ergebende Anhaltspunkte deuten darauf hin, daß er bis zu einem gewissen Grade dem *Lotus-Sūtra* in seiner späteren Form (die ungefähr auf die Mitte des zweiten Jahrhunderts n. Chr. zurückgeht) nachempfunden wurde. Dies legt die Vermutung nahe, daß das Sūtra im Zeitraum von etwa fünfzig Jahren nach diesem Datum verfaßt wurde.

2. Der Inhalt des Sūtra (die Hsüan-tsang-Version):
Der Inhalt des Sūtra läßt sich in vier Abschnitte unterteilen:

a. die zwölf Gelübde des Bhaiṣajya-guru (diese enthalten auch die Beschreibung seines Buddha-Landes, das den Namen »Reiner Lapislazuli« trägt; denn nach der Lehre ist die Manifestation solcher reinen Gefilde die Folge von Gelübden);

b. der Segen, der dadurch entsteht, daß man den Namen des Buddha hört, sich auf ihn konzentriert und ihn rezitiert;

c. die rituelle Verehrung des Bhaiṣajya-guru;

d. die zwölf Generäle der Yakṣas.

a. Die zwölf Gelübde des Bhaiṣajya-guru
Zu der Zeit, als sich der Meister des Heilens als ein Anfänger auf den Weg eines Bodhisattva begab, legte er zwölf Gelübde ab, die seinen Wunsch beinhalteten, allen Wesen zu helfen. Dieser bewegende Vorgang bildete den grundlegenden Schritt in seiner Entwicklung. Er vermittelte ihm ein sicheres Bewußtsein des Ziels und spornte ihn so dazu an, den einmal begonnenen Weg zu verfolgen. Wie *Die Vollendung der Einsicht in achttausend Zeilen (Aṣṭasāhasrikā-prajñāpāramitā)* hervorhebt, ist dieser Wunsch, den anderen zu helfen, der entscheidende Faktor, der die jungen Bodhisattvas zu ihrem nimmermüden Streben motiviert:

> (Śakra sagte:) . . . Ich bin sicher, daß dieser Entschluß, vollkommene Erleuchtung zu erlangen, in ihnen immer stärker wird, wenn sie sich die Leiden vor Augen führen, denen die Wesen auf der Ebene von Geburt und Tod ausgesetzt sind. Denn ihr großes Mitgefühl erweckt in ihnen den Wunsch, daß es der Welt mit ihren Göttern, Menschen und Asuras wohl ergehen möge; sie versuchen, ihnen zu nutzen, sind voll des Mitleids für diese Wesen, sie, deren Geisteshaltung sich in dem Entschluß ausdrückt: ›Wir, die wir das andere Ufer erreicht haben, werden den Wesen helfen überzusetzen; wir, die wir befreit sind, werden sie befreien; wir, die wir Erquickung

gefunden haben, werden ihnen zur Erquickung verhelfen; wir, die wir Nirvāṇa erlangt haben, werden sie zum Nirvāṇa führen.‹[22]

Die zwölf Gelübde des Bhaiṣajya-guru lauten zusammengefaßt:

1. Möge, wenn ich Erleuchtung erreicht habe, von meinem Körper ein strahlendes Licht ausgehen, das unzählige Bereiche erhellt, und mögen alle Wesen eine vollkommene Gestalt erlangen, die der meinen gleicht.

2. Möge mein Körper wie der reine, strahlende Lapislazuli sein, von einem Glanz, der heller ist als Sonne und Mond; er sei denjenigen ein Licht, die in Dunkelheit reisen, und helfe ihnen, ihren Weg zu verfolgen.

3. Möge ich über grenzenlose Einsicht und Methoden verfügen, die allen Wesen dazu verhelfen, alle die Dinge zu erlangen, deren man zum Leben bedarf.

4. Möge allen Wesen der Weg zur Erleuchtung gezeigt werden, und mögen diejenigen, die dem Weg der Śrāvakas und Pratyekabuddhas folgen, Zugang finden zu den Übungen des Mahāyāna.

5. Möge allen Wesen Unterstützung zuteil werden, daß sie die Vorschriften für das ethische Verhalten einhalten können. Wenn sie meinen Namen hören, sollen diejenigen Hilfe finden, die ihre Gelübde gebrochen haben; sie sollen ihre Reinheit wiedererlangen und bewahrt sein vor dem Fall in die kummervollen Wege des Daseins.

6. Mögen alle, die mißgebildet oder in irgendeiner Weise behindert sind, von ihren Gebrechen befreit sein, wenn sie meinen Namen hören.

7. Mögen alle Kranken geheilt sein, wenn sie meinen Namen hören.

8. Mögen Frauen, die von Kummer und Leid heimgesucht danach streben, ein Mann zu werden, im nächsten Leben als ein Mann wiedergeboren werden.

9. Mögen alle, die gefangen sind in Māras Netz, verstrickt in

negative Ansichten, veranlaßt werden, sich richtige Ansichten zu eigen zu machen und sich den Übungen des Bodhisattva-Weges zu widmen.

10. Mögen alle, denen die Obrigkeit Strafe zugedacht hat, befreit sein von ihren Sorgen.

11. Mögen alle, die Hunger plagt, Nahrung erhalten. Mögen sie letztendlich den Geschmack der Höchsten Lehren kosten.

12. Mögen alle, die Mangel an Kleidung haben, schöne Gewänder und Schmuckstücke erlangen, wenn sie sich auf meinen Namen konzentrieren.

Wie sich hier zeigt, beziehen sich zwei seiner Gelübde (6. und 7.) spezifisch auf körperliche Heilung und Medizin, andere beziehen sich auf Heilen in dem weiteren Sinne, daß die Wesen Linderung ihres Leids erfahren, daß sie körperlich und geistig in den Vollbesitz ihrer Möglichkeiten gelangen.

Eine wichtige ikonographische Rolle aus der Sammlung des Palastmuseums in Taiwan enthält einen Abschnitt, der den Buddha des Heilens mit seinem himmlischen Gefolge darstellt sowie die zwölf Gelübde in abgekürzter Form (sehr ähnlich der Art und Weise, wie ich sie oben zusammengefaßt habe) mit kurzen Szenen, die diese Gelübde illustrieren.[23] Diese Rolle geht auf den Zeitraum um das Jahr 1170 zurück und wurde in Yünnan am Hofe des Ta-Li-Königreiches von Chang Seng-wen, einem chinesischen Künstler, gemalt. Abgesehen von ihrem ungewöhnlich hohen künstlerischen Wert ist die Rolle im Rahmen der hier vorliegenden Studie deshalb von besonderem Interesse, da sie als Inschriften in chinesischer Sprache einige Varianten der zwölf Gelübde enthält.

Vier dieser Gelübde unterscheiden sich in ihrem Wortlaut deutlich von den Fassungen, die in den maßgeblichen chinesischen Übersetzungen enthalten sind. So lautet zum Beispiel das dritte Gelübde, wie Helen Chapin es übersetzte:

> . . . (Weisheit) soll sich ausbreiten wie ein unerschöpfliches Meer und alles Vertrocknete und Verwelkte beleben und zu

> Wachstum bringen. Allen aus der grenzenlosen Menge der Wesen soll Nutzen widerfahren. Alle sollen voll gesättigt sein, frei von jedem Gedanken an Hunger oder Durst. Sie sollen gute Nahrung haben und wohlschmeckende Köstlichkeiten. Allen soll Hilfe zuteil werden, und sie sollen Geschenke empfangen.[24]

Die dazugehörige Illustration zeigt den Buddha, wie er am bewegten Meer steht und einem Mann und einer Frau eine dampfende Schale reicht. In dieser Ta-Li-Version liegt der Hauptakzent auf Weisheit, wenn auch die Darstellung des Buddha, wie er Bedürftigen das zum Leben Notwendige gibt, eher mit dem Hsüan-tsang-Text übereinstimmt.

Die maßgeblichen chinesischen Versionen der Schrift geben das vierte Gelübde als das Versprechen wieder, allen Wesen zu helfen, daß sie niedrigen Wegen den Rücken kehren und den Māyāna praktizieren. Demgegenüber lautet der Text der Ta-Li-Rolle:

> . . . Wenn ich in die Welt komme und Erleuchtung erreiche, erhaben bin und würdevoll wie der Mond unter den Sternen und die Wolken von Geburt und Tod vertreibe, soll es nichts geben, das verborgen ist. Helligkeit soll die Welt erfüllen, und die Wanderer sollen den *Weg* sehen. Diejenigen, die Hitze leiden, sollen Kühlung finden und befreit sein von Staub und Schmutz.[25]

Die Rolle zeigt Reisende, die des Nachts in beide Richtungen eine Brücke überqueren, während die Sterne von oben herabscheinen.

Das fünfte Gelübde gleicht insoweit im wesentlichen der maßgeblichen chinesischen Fassung, als es ebenfalls das Versprechen beinhaltet, allen Wesen zu helfen, die Vorschriften für eine reine Lebensführung einzuhalten. Es bringt jedoch zusätzlich die Idee der *Vīrya*, des Strebens, mit ein. Der Ta-Li-Text beginnt mit den Worten: ». . . Wenn ich in die Welt komme, soll sich eine große

Flut von Energie *(Vīrya)* erheben . . .«[26] Die Illustration zeigt einen in Meditation sitzenden Mönch, der so rein ist, daß ein Reh sich ihm furchtlos nähert.

Die augenfälligste Variante besteht darin, daß das übliche achte Gelübde ausgelassen ist, das Versprechen, allen Frauen zu helfen, in ihrer nächsten Inkarnation als Mann wiedergeboren zu werden. Hier heißt es stattdessen in der Rolle:

> . . . Zum Nutzen aller einfachen und begrenzten Wesen werde ich das wunderbare Gesetz verkünden. Ich werde ihnen zur Überfahrt (ans andere Ufer, zum Nirvāṇa) verhelfen, zum Entkommen (aus dem Kreislauf von Geburt, Alter, Krankheit und Tod). Sie werden eintreten durch das Tor der Weisheit. Ich werde ihnen zu Klarheit über alle Dinge verhelfen, so daß sie nicht länger in Zweifeln verharren.[27]

Verschiedene Bemerkungen in den maßgeblichen Fassungen des *Bhaiṣajya-guru-Sūtra* machen deutlich, daß der Text in einer Region verfaßt wurde, in der die soziale Stellung der Frau eine niedrige war, in der das Leben als Frau daher mancherlei Kummer und Sorgen mit sich brachte. Wäre dies nicht der Fall, so wäre ein Gelübde, Frauen dabei helfen zu wollen, als Mann wiedergeboren zu werden, lächerlich und befremdlich. Die Annahme liegt nahe, daß ein reisender Mönch, der die buddhistischen Lehren verbreiten wollte, das Sūtra abgeändert hat, als er sich in einer Gegend wiederfand, in der Frauen einen gehobenen sozialen Status hatten, und er sich deshalb darüber klarwurde, daß das achte Gelübde des Bhaiṣajya-guru bei einem wesentlichen Teil der Bevölkerung die Bereitschaft, ihm zuzuhören und von ihm zu lernen, eher verringern würde.[28] Die Illustration dieses Gelübdes zeigt einen Mönch, der einer Gruppe von Männern und Frauen Belehrungen erteilt, die offensichtlich seine gleichberechtigten Schüler sind.

Hui-chiens Übersetzung des Sūtra (fünftes Jahrhundert, Südchina), die die Gelehrten der nachfolgenden Generationen stets als eine Übertragung von fragwürdiger Zuverlässigkeit ansahen, mag eine ähnliche Anpassung des Textes an Gegebenheiten darstellen, wie sie zu einer bestimmten Zeit an einem bestimmten Ort vorgefunden wurden. Doch kommen wir wieder zur Hsüantsang-Version des *Bhaiṣajya-guru-Sūtra* zurück. Dort wird der Buddha im Abschnitt über die Gelübde mit dem Namen »Der Meister des Heilens, der Tathāgata im Lapislazuli-Glanz« bezeichnet. Sein in den östlichen Bereichen gelegener Himmel trägt den Namen »Reiner Lapislazuli«. In seinem zweiten Gelübde sagt der Buddha: ». . . mein Körper soll innen und außen wie Lapislazuli sein, strahlend in durchdringender und makelloser Reinheit.«

In diesem Zusammenhang erhebt sich die Frage nach der Bedeutung des chinesischen Begriffes *liu-li* (oder *pi-liu-li*), den ich mit Lapislazuli wiedergegeben habe. Kein Zweifel besteht daran, daß *liu-li* dem Sanskrit-Begriff *vaiḍūrya* entspricht, der einen der sieben buddhistischen Edelsteine bezeichnet. Über die Beschaffenheit dieses Steines, wie er in den buddhistischen Texten auftaucht, gehen jedoch die Meinungen auseinander.

Arthur Waley hat Vaiḍūrya mit »Kristall«[29] übersetzt, obwohl genaugenommen der Sanskrit-Begriff für »Bergkristall« *sphāṭika* lautet. Yoshito Harada hat versucht, ihn als Glas zu identifizieren.[30] Demgegenüber hat Edward Schafer, der in verschiedenen Publikationen verschiedene Möglichkeiten angeboten hat, erst kürzlich in seinem Buch *Pacing the Void liu-li* mit Beryll übersetzt.[31] Giuseppe Tucci schließlich hat *vaiḍūrya* mit Lapislazuli übersetzt.[32]

Betrachtet man die Darstellungen in der Kunst, so stellt sich heraus, daß die als *liu-li* bezeichnete Substanz (im Gegensatz zum durchscheinenden Blau eines Berylls oder Aquamarins) traditionell in einem dunklen Blau wiedergegeben wird. Dies läßt sich z. B. an den zahlreichen Tun-huang-Gemälden des Heilenden Buddha feststellen, auf denen er eine Vaiḍūrya-Schale in Händen hält. Diese Gemälde machen deutlich, daß die Maler der frühen Tun-huang-Periode Glas oder Kristall als eine von Lapislazuli durchaus verschiedene Substanz erachteten; in der Sammlung »Steine« des Britischen Museums befindet sich nämlich das Gemälde eines Bodhisattva, der eine durchscheinende Glas- oder Kristallschale in Händen hält.[33] Nepalesische und tibetische Gemälde zeigen den Heilenden Buddha traditionell mit einer Hautfarbe vom dunklen Blau des Lapislazuli-Steins.

Zieht man buddhistische Wörterbücher der T'ang-Periode zu Rate, so findet man durch die darin enthaltenen literarischen Hinweise die Tradition der bildenden Künste bestätigt, daß im Sprachgebrauch der buddhistischen Texte *liu-li* sich auf Lapislazuli bezieht. So befaßt sich z. B. Hui-lin (ein kashgarischer Mönch, der von 788–810 in Ch'ang-an tätig war) in seinem *I-ch'ieh-ching yin-i* mit dem *liu-li.* Er schreibt, es handle sich dabei um einen blauen Stein, den man an der Südseite des Berges Sumeru finde. Er sei strahlend und von durchdringendem Glanz. (Diese letzte Anmerkung mag darauf hindeuten, daß der Stein nicht opak, sondern durchscheinend ist. Wie ich jedoch aus eigener praktischer Erfahrung mit der Bearbeitung von ungeschliffenem Lapislazuli weiß, kann sich qualitativ hochwertiges Material, wenn es den letzten Schliff erhält, gelegentlich als halbtransparent erweisen.)

Hui-lin fährt mit einer weiteren bedeutsamen Unterscheidung fort: »Dieser Edelstein ist eine göttliche Substanz, die die Devas geschaffen haben (oder auch: die in einem himmlischen Bereich geschaffen wird). Es handelt sich nicht um den von Menschen geschmolzenen Stein; es ist nicht *liu-li,* wie er im Feuer gewonnen wird.«[34] Es zeigt sich daher, daß der Begriff *liu-li,* wie er in buddhistischen Texten Verwendung findet, sich nicht auf das (im Feuer gewonnene) klare oder farbige Glas bezieht, das einheimische chinesische Texte der Han-T'ang-Zeit ebenfalls als *liu-li* bezeichnen.

Auch andere Kommentatoren der T'ang-Zeit geben an, der Stein sei von blauer Farbe, und verweisen auf seinen göttlichen Ursprung. So bemerkt z. B. Hsüan-ying, er stamme von einem bestimmten Berg, den er als den »Weit entfernten Berg« oder auch als »Berg Sumeru« bezeichnet. Es bestehe möglicherweise eine Verbindung zur Schale des Eies des göttlichen Vogels Garuḍa. Nach Hsüan-ying zerbrechen Geister diesen Edelstein, um die Teile an Menschen zu verkaufen.[35]

Die Hauptvorkommen von Lapislazuli, die schon in der alten Welt (in Ägypten, Mesopotamien, Indien, Zentralasien und China) bekannt waren, befinden sich in einer Berglagerstätte, den Lagern von Badakhshan, in einem äußerst schwer zugänglichen Gebiet von Afghanistan. Angesichts dessen ist der Glaube, *liu-li* finde sich auf einem heiligen Berg, der so schwer zugänglich sei, daß die Menschen der Hilfe von Geistern bedürfen, um den Edelstein zu erlangen, ein weiterer Hinweis darauf, daß es sich bei diesem tatsächlich um Lapislazuli handelt.

Auf die Lapislazuli betreffenden Überlieferungen soll im vierten Kapitel weiter eingegangen werden unter besonderer Berücksichtigung der Ikonographie des den Bhaiṣajya-guru umgebenden Gefolges sowie des Wesens der Heiltätigkeit im Buddhismus. Akṣobhya Buddha, der früher als der Bhaiṣajya-guru im buddhistischen Pantheon auftauchte, hat seinen Bereich im Osten, und seine Körperfarbe ist ein dunkles Blau wie das des Lapislazuli. Diese Tatsache hat eine Reihe von Gelehrten zu der Annahme veranlaßt, der Lapis des Bhaiṣajya-guru sei eine schlichte Übertragung, nachdem dieser Akṣobhya »verdrängt« habe.[36] Ich dagegen glaube, daß die Lapislazuli-Farbe einen Schlüssel zu den tieferen Aspekten der Ikonographie des Meisters des Heilens darstellt. Auf diese Frage soll jedoch im vierten Kapitel näher eingegangen werden.

Begleitet ist der Bhaiṣajya-guru in seinem reinen Lapislazuli-Bereich von zwei Bodhisattvas. Sie sind die Häupter der Bodhisattva-Versammlung und wachen als Hüter über die Schatzkammer des Gesetzes. Ihre Namen lauten: »Alldurchdringender Glanz der Sonne« (Sūryavairocana oder Sūryaprabha) und »Alldurchdringender Glanz des Mondes« (Candravairocana oder Candraprabha)[37] (s. Abb. 1). Der Bereich, in dem sie sich aufhalten, das östliche Paradies, wird in Begriffen der Pracht, des Glanzes und der Majestät beschrieben: In ihm finden sich juwelenbehangene Bäume, edelsteingeschmückte Lotus-Teiche usw. Der Überlieferung nach gleicht er dem westlichen Paradies des Buddha Amitābha (dessen ausführliche Beschreibung im *Sukhāvati-vyūha-Sūtra* enthalten ist).

b. Der Segen, der dadurch entsteht, daß man den Namen des Buddha hört, sich auf ihn konzentriert und ihn rezitiert

In vielen seiner Gelübde verspricht der Heilende Buddha, den Wesen zu helfen, die seinen Namen hören. Des weiteren nennt Buddha Śākyamuni im *Bhaiṣajya-guru-Sūtra* neun Umstände, unter denen eine mächtige rettende Kraft dem Gläubigen beisteht, der aus aufrichtigem Herzen den Namen des Bhaiṣajyaguru rezitiert oder sich auf diesen Namen konzentriert. Unter diesen neun Umständen beziehen sich sechs auf ziemlich verbreitete menschliche Fehler, von denen einige in ihrer extremen Manifestation beschrieben werden, die drastische karmische Auswirkungen wie eine Wiedergeburt im Bereich der Höllen oder als Tier nach sich zieht. Auch in solchen Fällen kann ein Wesen Befreiung aus seiner verzweifelten Situation finden, wenn es sich an den Namen des Heilenden Buddha (den es schon in einer früheren menschlichen Inkarnation gehört hat) erinnert oder, sollte es ihn zum erstenmal hören, wenn es sich auf diesen konzentriert und ihn mit vollkommener Aufrichtigkeit rezitiert. Als Mensch wiedergeboren, erhalten diese Wesen die Gelegenheit, das Gegenteil dessen zu werden, was sie zuvor waren. In diesem Zusammenhang ist die Tatsache bedeutsam, daß der Text zwar häufig – als von dem Ergebnis des karmischen Widerhalls von negativem Verhalten – vom Fall in die kummervollen Wege spricht (dem Fall in eine Wiedergeburt im Bereich der Höllenbewohner, der hungrigen Geister und der in Dummheit gefangenen Tiere), daß diese Bereiche jedoch gleichzeitig auch Zustände des Geistes darstellen, denen man in seinem gegenwärtigen Leben anheimfallen kann. Wenn man den Heilenden Buddha anruft und nach einem heilsamen Wandel strebt, kann man Wiedergeburt im Sinne geistiger Erneuerung erlangen und frei werden von den Verhaltensmustern, die sich durch ungezügelte Begierde, Aggression und egozentrische Gefühlsreaktionen herausgebildet haben.

Einige dieser Verhaltensmuster werden in ihrem Wandel ausdrücklich beschrieben: Geizige Menschen werden zu großherzigen Wohltätern, die ihre Habe freizügig mit den anderen teilen; diejenigen, die aus Hochmut die Vorschriften brechen, werden demütig und wahrhaftig und beherzigen die Lehren; diejenigen, die Mißgunst und Groll im Herzen tragen, die gierig sind und selbstgerecht, verwandeln sich in ihr Gegenteil; diejenigen schließlich, die Streit und Uneinigkeit hervorrufen, die schwarze Magie üben, um ihren Feinden zu schaden, werden freundlich, mitfühlend und hilfsbereit, wenn sie den Namen des Meisters des Heilens hören.

Wenn Menschen, die die Vorschriften gebrochen haben, im Augenblick ihres Todes den Buddha anrufen, wird er verhindern, daß sie in die kummervollen Wege fallen. Auch wird er denjenigen, die nach einer Wiedergeburt im Westlichen Paradies des Amitābha streben, deren Karma jedoch noch nicht so weit entwickelt ist, daß sie dazu fähig wären, zur Zeit ihres Todes acht Bodhisattvas senden, die sie zum Westlichen Paradiese führen (s. Abb. 2).

Vier andere Beispiele dafür, daß man Hilfe erlangt, wenn man den Namen des Buddha hört oder ihn ausruft, beziehen sich nicht auf menschliche Fehler. Im Falle z. B. einer schwierigen Geburt wird die Mutter, wenn sie den Tathāgata anruft, von ihren Schmerzen befreit sein, und das Kind kommt ohne Schädigungen auf die Welt.

Der Buddha wird außerdem denjenigen zu Hilfe kommen, die vom Ertrinken bedroht sind, von Feuer, Schwertern, dem Gefängnis, einem Sturz in die Tiefe oder dem unmittelbar bevorstehenden Angriff durch wilde Tiere, und er wird den Gläubigen vor Armeen, die ins Land einfallen, vor Dieben und Räubern beschützen.

Die hier genannten Umstände, insbesondere die im letzten Abschnitt angeführten, weisen auffällige Parallelen zu der rettenden Kraft auf, die von dem Bodhisattva Avalokiteśvara ausgeht, wie sie im 25. Kapitel des *Lotus-Sūtra* beschrieben ist.[38] Es ist dies ein weiterer Hinweis auf den Einfluß, den das *Lotus-Sūtra* sowie die Amitābha-Avalokiteśvara-Kulte wahrscheinlich auf den Verfasser des *Bhaiṣajya-guru-Sūtra* ausgeübt haben.

c. Die rituelle Verehrung des Bhaiṣajya-guru

Auf die der Verehrung des Heilenden Buddha zugehörigen Rituale, insbesondere auch auf diejenigen, die einen wichtigen Teil des *Bhaiṣajya-guru-Sūtra* darstellen, soll erst an späterer Stelle, im 4. Kapitel, näher eingegangen werden.

d. Die zwölf Generäle der Yakṣas

Zu der Zeit, als Śākyamuni das Sūtra über den Heilenden Buddha verkündete, befanden sich in der ihn umgebenden Versammlung auch zwölf Generäle der Yakṣas. *Yakṣas* sind der indischen Tradition nach grausame Geister, die dämonisch von einem Wesen Besitz ergreifen und so Krankheiten auslösen können. Diese wilden, kriegerischen Generäle, deren jeder über ein Heer von 7000 Yakṣas gebot, nahmen in dem Wunsch, allen Wesen zu helfen, gemeinsam Zuflucht zu den Drei Kostbarkeiten. Insbesondere gelobten sie, allen denjenigen zu helfen, die das *Bhaiṣajya-guru-Sūtra* verbreiten, die den Namen des Heilenden Buddha bewahren und zum Gegenstand ihrer Übungen machen. Sie und ihr Gefolge versprachen, diese Menschen zu behüten und zu beschützen, sie von Schmerz und Leid zu befreien und ihnen so ihren Weg zu erleichtern. Auch empfahlen sie ein einfaches Ritual, mit dessen Hilfe man den Buddha des Heilens anrufen kann, um Krankheiten zu heilen.

Betrachtet man den Grundtenor des Nutzens, der daraus entstehen soll, wenn man den Namen des Heilenden Buddha hört, daß man durch das Aussprechen seines Namens seine spirituelle Kraft anruft und ihm rituelle Verehrung (s. Kapitel 4) erweist, so wird deutlich, daß der Einfluß des Heilenden Buddha vor allem darin besteht, den Geschöpfen zu helfen, sich ihre vergangenen Taten bewußt zu machen, sowie in dem Streben, ihre negativen Verhaltensmuster zu verändern. Das heißt mit anderen Worten: Er befaßt sich vor allem damit, die Wesen anzuspornen, den Weg zu beschreiten, der sie zum großen Erwachen führt, sie zu einem Wendepunkt zu führen, an dem in einem einzigen Augenblick ein bloßes Dahinleben aufgegeben wird zugunsten eines Lebens, das dem spirituellen Streben gewidmet ist. Im buddhistischen Sprachgebrauch nennt man dies das Entstehen von *Bodhicitta*, dem Streben nach Erleuchtung. Selbst wenn ein Geschöpf (wie in Kapitel 4 gezeigt wird) durch besondere Riten und Anrufungen aus tiefem Koma erweckt wird, so besteht der bedeutsame Aspekt dieses Phänomens darin, daß der »Bewußtlose« während dieser Phase die Früchte seines Karma und den Tribut, den diese fordern, erkennt. Kehrt er wieder zum Bewußtsein zurück, bleibt ihm die Erinnerung an diese Erfahrung erhalten. Er vollzieht einen drastischen Wandel in seinen bisherigen Lebensstrukturen, die er in Einklang bringt mit seiner geläuterten Vision der Funktion von Karma. Wie auch schon die Vorstellungen des Vimalakīrti und die grundlegenden Lehren von Śākyamuni zeigten, kann eine Krankheit, wenn man richtig mit ihr umgeht, eines der bestimmenden Ereignisse im Leben eines Menschen werden, das ihn vorantreibt auf dem Weg zu höherer geistiger Verwirklichung.

In den Fällen, in denen der Bhaiṣajya-guru einen Menschen heilt, ist es der aufrichtige Glaube des Kranken, der dazu führt, daß ihm Heilung gewährt wird. Während des Heilungsprozesses wächst Einsicht in dem Kranken, die ihn veranlaßt, seine Verhaltensmuster in Taten, Worten und Gedanken so zu verändern, daß sie mit dem Streben nach Erleuchtung übereinstimmen.

Man könnte annehmen, daß die Verehrung des Heilenden Buddha aus dem dringenden Bedürfnis nach einem mächtigen Wesen heraus entstanden ist, an das man in Zeiten Angst auslösender Krankheiten seine Gebete richten kann (vgl. auch die vielen Rituale zur Lebensverlängerung). Der Schwerpunkt in den Schriften liegt jedoch auf dem Einfluß, den der Buddha im Rahmen seiner Heiltätigkeit geltend macht: ein Einfluß, der dahingeht, im Kranken das Streben nach Erleuchtung zu wecken. Es ist dies ein besonderer Aspekt, der dem Kult seinen sicheren Platz innerhalb der buddhistischen Traditionen des Mahāyāna zuweist.

Die sieben Buddhas, die Meister des Heilens

Der T'ang-Kaiser Chung-tsung, den im Jahre 684 seine Mutter, die Kaiserin Wu, vom Thron verdrängte, kam erst nach ihrem Tode im Jahre 705 wieder an die Macht. Seiner Überzeugung nach war es die spirituelle Kraft des Bhaiṣajya-guru, zu dem er gebetet hatte und dessen Namen er fortwährend auf den Lippen trug, die ihm während der Jahre seiner Verbannung das Leben gerettet hatte. Aus diesem Grunde ersuchte er den gelehrten und weitgereisten Mönch I-ching, das *Bhaiṣajya-guru-Sūtra* aus dem Sanskrit zu übersetzen. Diese Version, die vierte noch erhaltene chinesische, trägt den Titel *Das Sūtra über die Früchte der grundlegenden Gelübde der sieben Buddhas, der Meister des Heilens im Lapislazuli-Glanz* (*Yao-shih liu-li-kuang ch'i-fo pen-yüan kung-te ching*, T. XIV, 451). Wie schon der Titel zeigt, befaßt sich diese Schrift mit den zahlreichen Lehren über die sieben Buddhas des Heilens. Sie ist daher wesentlich umfangreicher als die früheren Übertragungen. Der Kaiser Chung-tsung war I-ching bei der Erstellung der Übersetzung behilflich. Er übernahm die Niederschrift des Sūtra.[39] Dasselbe Sūtra gelangte später auch in Tibet zu einiger Bekanntheit, wo es von Jinamitra, Dānaśīla, Śīlendrabodhi und Ye-śes-sde übersetzt wurde.[40]

I-chings Übersetzung unterteilt sich in zwei *Chüan* (wörtlich: »Schriftrollen«), eine logische Aufteilung, die diese Version des Sūtra mit ihrem beträchtlichen Umfang leichter handhabbar macht. Der erste Abschnitt besteht aus den einleitenden Passagen, wie sie üblicherweise in dieser Art von Mahāyāna-Sūtra zu finden sind; des weiteren enthält er eine vollständige Liste der Gelübde, die die sechs Buddhas, die Brüder des Bhaiṣajya-guru ablegten, sowie Beschreibungen ihrer Buddha-Bereiche. Der zweite Teil folgt im wesentlichen der Hsüan-tsang-Version und liefert eine Einführung in die Lehre vom Bhaiṣajya-guru, seine Gelübde usw. Zusätzlich zum eigentlichen *Bhaiṣajya-guru-Sūtra* enthält dieser Text jedoch noch eine Reihe von beschützenden Dhāraṇīs der sieben Buddhas sowie des Bodhisattva Vajradhara, der in diesem ergänzenden Abschnitt ihr häufigster Gesprächspartner ist.

In einer Zusammenfassung des Textes alle der insgesamt vierundvierzig Gelübde wiederzugeben, erscheint wenig sinnvoll. Jedoch mag ein vereinfachtes Diagramm, das einen Überblick bietet über die Bereiche der sieben Buddhas, deren Lage im Osten (jenseits so vieler östlicher Buddha-Bereiche, wie es Sandkörner im Strom des Ganges gibt), über die Namen der Buddhas (entsprechend dem chinesischen Text) und über die Anzahl der Gelübde, die jeder von ihnen ablegte, dem Verständnis dienlich sein, wenn im folgenden auf bestimmte Aspekte des Textes näher eingegangen wird.

Allein schon die Anzahl seiner Gelübde zeigt, daß der Bhaiṣajya-guru die herausragende heilende Gottheit bleibt. Auch die Tatsache, daß sein Name im Titel erscheint, macht deutlich, daß er als das wichtigste Mitglied dieser Gruppe von Buddhas anzusehen ist.

Was die Darstellung der sieben Buddhas betrifft, so ist auffällig, daß alle Rituale, wie sie in den früheren Sūtras ebenso wie in dem hier vorgestellten enthalten sind, sich auf Siebener-Gruppen beziehen: sieben Tage Fasten, 49malige Rezitation des Sūtra, Verehrung von sieben Bildnissen, wobei vor jedem dieser Bildnisse sieben Lampen aufgestellt werden, deren jede sieben Abstufungen aufweist und die jeweils ununterbrochen neunundvierzig Tage lang brennen sollen. Weitere dieser Siebener-Gruppen finden sich im Rahmen der Beschreibung der Rituale im vierten Kapitel.

Bereich	*Entfernung* (jenseits so vieler Buddha-Bereiche im Osten, wie es Sandkörner im Strom des Ganges gibt)	*Name des Buddha*	*Anzahl der Gelübde*
1. Strahlender Sieg	4 ×	Glückverheißender König	8
2. Wunderbarer Edelstein	5 ×	Majestät von Licht und Klang der Mondjuwel-Einsicht	8
3. Vollkommene Anhäufung von Wohlgerüchen	6 ×	Strahlendes Juwel von goldenem Schimmer, vollendet in den höchsten Übungen	4
4. Frei von Betrübnis	7 ×	Frei von Betrübnis, der Ausgezeichnete, der Glück verheißt	4
5. Banner des Dharma	8 ×	Donnerklang der See des Dharma	4
6. Heilsames Verweilen im Meer der Juwelen	9 ×	Siegreiche Weisheit des Dharma-Meeres; Er, der frei umherschweift durch seine spirituellen Kräfte.	4
7. Reiner Lapislazuli	10 ×	Der Lapislazuli-Meister des Heilens	12

Tucci ist der Ansicht, und ich stimme dem zu, daß den Zahlen sieben und neunundvierzig deshalb eine so große Bedeutung beigemessen wird, weil sie zum Zwischenzustand, dem Zustand zwischen zwei Inkarnationen (skt.: *antarābhava*; Tib.: *bar-do*), in Bezug stehen, dessen Dauer nach dem *Abhidharmakośa* entweder sieben oder neunundvierzig Tage beträgt.[41] Dieser Aspekt der Symbolik von Zahlen steht insbesondere mit der Fähigkeit des Heilenden Buddha in Zusammenhang, diejenigen ins Bewußtsein zurückzurufen, die sich im Koma an der Schwelle des Todes befinden. (Hierauf soll im 4. Kapitel näher eingegangen werden.)

Abgesehen von der Tatsache, daß der I-ching-Text von sieben Buddhas und nicht nur von einem einzigen spricht, besteht der grundlegende Unterschied zwischen diesem Text und den vorangehenden Übertragungen des *Bhaiṣajya-guru-Sūtra* in der besonderen Betonung, die hier auf dem Nutzen liegt, den die Rezitation spezieller *Dhāraṇīs* (wirksamer Formeln der Anrufung) hervorbringt, die diese Buddhas und der Bodhisattva Vajradhara enthüllt haben. Daß Dhāraṇīs in diesem Text eine so große Rolle spielen, ist Ausdruck des esoterischen oder tantrischen Charakters der Schrift. Auch läßt dies die Annahme vernünftig erscheinen, daß dieser Text eine Erweiterung der Hsüan-tsang-Version darstellt (und nicht etwa umgekehrt), denn die esoterischen Schulen wurden erst mehrere Jahrhunderte nach der Einführung der grundlegenden Lehren des Mahāyāna einem breiteren Publikum bekannt.

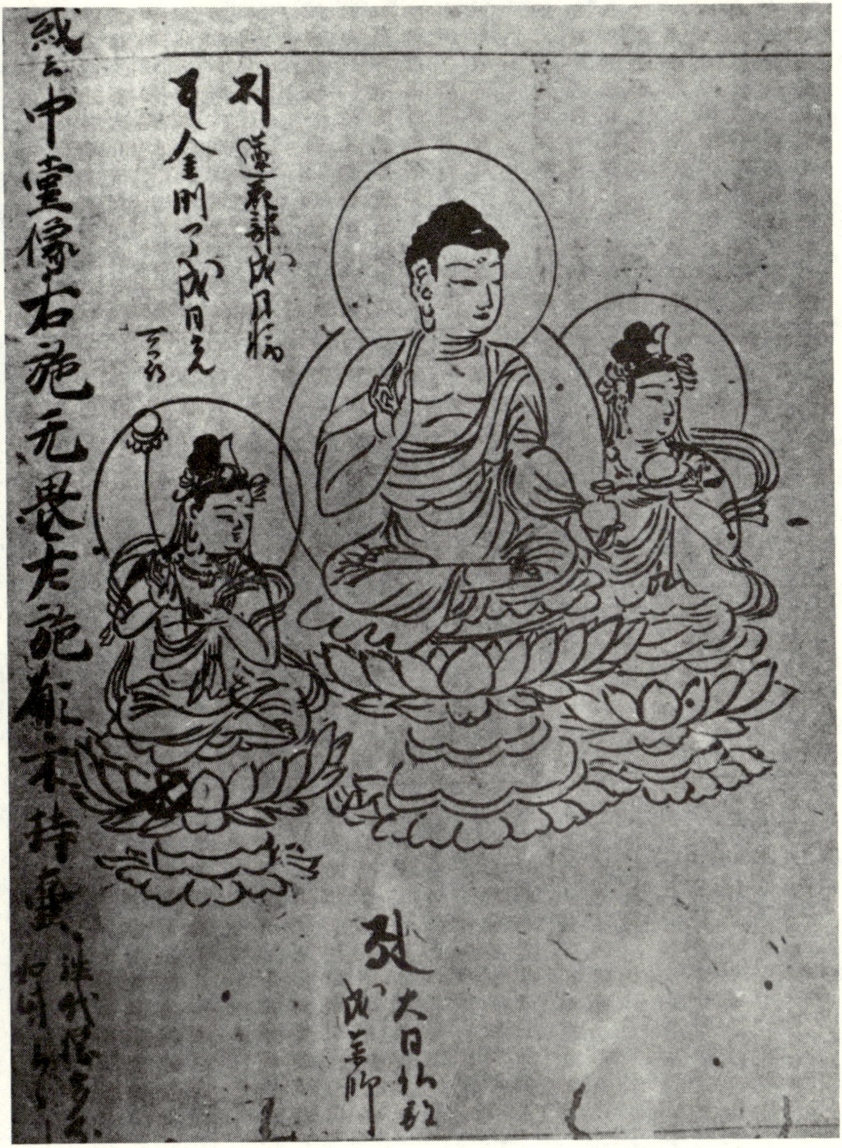

Abbildung 1: Der Heilende Buddha in Begleitung der beiden hervorragendsten Bodhisattvas seines Bereiches mit Namen »Alldurchdringender Glanz der Sonne« und »Alldurchdringender Glanz des Mondes« (aus dem *Kakuzen-shō*, einem japanischen Kompendium der Ikonographie des esoterischen Buddhismus aus dem frühen dreizehnten Jahrhundert in der Wiedergabe des *Taishō Shinshū Daizōkyō, Zuzō* Band 4).

Abbildung 2: Der Heilende Buddha in Begleitung der acht großen Bodhisattvas, die die Seelen nach dem Tode in einen himmlischen Bereich geleiten. Der rechte Arm des Buddha ist angewinkelt, die Handfläche zeigt nach außen, und er hält die Fingerspitzen erhoben in einer Variante der Geste des Gewährens von Furchtlosigkeit (ebenfalls von einer Manuskriptrolle des *Kakuzen-shō*).

Abbildung 3: Tibetischer Blockdruck des Bhaiṣajya-guru und seines Gefolges. Im Mittelpunkt befindet sich der Buddha Bhaiṣajya-guru selbst, am oberen Bildrand sind seine sechs Buddha-Brüder dargestellt, seine Aureole umgeben 16 Bodhisattvas, und die untere Bildhälfte zeigt zahlreiche Devas und Schutzgottheiten.

Abbildung 4: Ausschnitt aus einer gemalten Version des Blockdruckes in Abbildung Sieben. Er zeigt die Hüter der vier Richtungen und direkt über ihnen die zwölf Generäle der Yakṣas, die dem Buddha des Heilens und allen seinen Anhängern ihre Hilfe versprachen.

Abbildung 5: Die für die Verehrung des Bhaiṣajya-guru bestimmte Halle (Halle IV) im Yung-ho-Kung, dem lamaistischen Heiligtum in Peking. Rechts sieht man ihr Zentrum, den Altar mit den Opfergaben an den Buddha, und im Hintergrund das Maṇḍala aus Farbpuder.

Abbildung 6: Modell des Gaben-Altars mit frisch ausgemalten Szenen (Yung-ho-Kung).

Abbildung 7: Der Maṇḍala-Palast des Heilenden Buddha in dreidimensionaler Form (Yung-ho-Kung, Halle IV).

Abbildung 8: Das Große Maṇḍala des Heilenden Buddha aus gefärbtem Sand für die drei Tage währenden Zeremonien des Heilens. Auf dem Tisch im Hintergrund befinden sich zahlreiche Opfergaben (Yung-ho-Kung).

Abbildung 9: Gemälde eines Maṇḍala des Heilenden Buddha. Es stellt die dreiundfünfzig Gottheiten in symbolischer Form dar, jede repräsentiert durch das Attribut, das sie in der Hand trägt (Medizinschale, Buch, Schwert usw.).

Abbildung 10: Ausschnitt, der das Zentrum des Maṇḍala in Abb. 8 zeigt.

4. Bildnisse, Meditationen und rituelle Verehrung

Die Bedeutung von Bildnissen im Rahmen der Verehrung des Bhaiṣajya-guru

Als Kunstobjekten kommt den buddhistischen Bildnissen eine einzigartige Bedeutung zu. Sie verleihen einem Tempel, einem Hausaltar, den Schaukästen eines Museums oder dem Kabinett des Sammlers einen eigenen Reiz und teilen ihnen ihre Klarheit in Form, Rhythmus und Linienführung mit. Nichtsdestoweniger jedoch wurden und werden diese Bildnisse zu einem Zweck geschaffen, der tiefer ist als die rein formale, oberflächliche Schönheit. Für denjenigen, der sich den Übungen der buddhistischen Tradition unterzieht, haben diese Kunstwerke eine wesentlichere Funktion; sie dienen ihm zur Erinnerung an die spirituellen Kräfte. Noch bedeutender ist die Rolle, die ihnen als Kanal für die Anrufung dieser Kräfte zukommt; in dieser sind sie dem Gläubigen eine Hilfe von unschätzbarem Wert. Buddhistische Bildnisse finden erst dann den ihnen zugedachten Rahmen, wenn sie als Hilfsmittel dienen für die meditativen Übungen des einzelnen und als Instrumente der Verehrung und rituellen Hingabe.

So sagte Hui-kuo, ein Meister des esoterischen Buddhismus, der in der T'ang-Periode lebte, zu seinem großen Schüler Kūkai:

> Die esoterischen buddhistischen Lehren sind so tief, daß sie sich der schriftlichen Wiedergabe entziehen. Sie werden daher denjenigen, die Erleuchtung noch finden müssen, durch das

> Medium der Malerei enthüllt. Die Vielzahl der Körperhaltungen und Mudrās (die die Maṇḍalas zeigen) sind Ausdruck des großen Mitgefühls des Buddha; ihr Anblick kann sehr wohl die Befähigung verleihen, Buddhaschaft zu erreichen. Die Geheimnisse der Sūtras und Kommentare sind zu ihrem größten Teil in den Gemälden dargestellt, und das Wesen der Lehren des esoterischen Buddhismus tritt in seiner Realität in ihnen zutage. Weder Meister noch Schüler können auf sie verzichten. Sie sind in Wahrheit (die Erfahrung von) Wurzel und Quelle der ozeangleichen Versammlung (der erleuchteten Wesen, sie sind die erwachte Welt).[1]

Texte und Bildnisse – beide geschaffen als Leitbilder auf dem Weg zur Erleuchtung – vermitteln ihre Botschaft auf verschiedene Weise. Texte sprechen zum Verstand, sie bieten Prinzipien und Konzepte zum Nachdenken, Studium und zur aktiven intellektuellen Verarbeitung an. Demgegenüber sind Gemälde und Skulpturen ein Funke, der die Vorstellungskraft entzündet, sie versetzen die Intuition in Bewegung. Die Bedeutungsinhalte der Kunst, die insbesondere durch formale Ausdrucksmittel wie Symbole, Farben, Gesten und Attribute vermittelt werden, bringen verborgene Saiten in den Tiefen unseres Seins zum Schwingen.

Kunst und Bildnisse nehmen einen ungewöhnlich wichtigen Platz innerhalb der rituellen Verehrung des Heilenden Buddha ein. Wie das große Ausmaß von archäologischen Funden, Tempelschätzen und Museumsstücken zeigt, die ursprünglich dem Buddha des Heilens geweiht waren, äußerte sich die Hingabe an diesen Buddha, in materieller Form, oft im Erschaffen seines Abbildes.

Andere Künstler suchten, den himmlischen Bereich des Buddha auf Erden nachzuempfinden. So wurde z. B. in Japan, im achten Jahrhundert, ein ausgedehnter und eindrucksvoller Tempelkomplex erbaut, der den Namen *Yakushi-ji* oder »Heiligtum des Meisters des Heilens« trug. Hochaufragende architektonische Strukturen, verschwenderische Malereien im Inneren der Hallen, deren Farben schimmern wie der Glanz von Edelsteinen, sowohl in Größe wie in der Art ihrer Anordnung majestätische Skulpturen, deren Hierarchien von erhobenen Altarplattformen gütig auf den Anbetenden herniedersehen, die Verwendung all dieser dem Künstler zu Gebote stehenden Techniken überwältigt den Gläubigen, der einen derartigen Tempel besucht, mit ihrem Glanz, und er fühlt sich erhoben durch die Majestät des ihm vermittelten Eindrucks.

Heilung, wie sie der Bhaiṣajya-guru zu vollbringen gelobt hat, ist zum größten Teil eine Heilung von innen heraus: Viele Krankheiten, die sich körperlich manifestieren, haben ihre Wurzel im Geist, und die Plagen des Geistes, die *kleśas*, bilden die Grundlage der krummen und verworrenen Bahnen, denen der getrübte Geist folgt. Aus diesem Grunde kann die Bedeutung, die der Kunst als einem Faktor zukommt, der den Geist in einen Fokus sammelt, der das Bewußtsein durch ästhetisches und spirituelles Erleben verändert und auf eine andere Ebene hebt, nicht genug hervorgehoben werden. Durch dieses Erlebnis in einer Atmosphäre der glanzvollen Ausstattung und weihevollen Größe sieht man die Welt verwandelt. Das Bewußtsein wird sensibilisiert, es gewinnt Zugang zu Strömungen, die ihm bis dahin verborgen waren, und wird dadurch weitaus empfänglicher für die von dem Buddha ausgehende heilende Ausstrahlung.

Die spirituellen Kräfte, die den buddhistischen Gläubigen leiten und beschützen, die über ihn wachen und ihn heilen, sind ihrem Wesen nach unsichtbar. Ihr Bereich ist geistiger Natur, und ihre tiefste Wirklichkeit ist nicht Form, sondern vielmehr Prinzip. Nichtsdestoweniger sind diese Wesen auf formale Weise erschaubar, die den Weisen der Vergangenheit offenbart wurde. Diese Erfahrungen wurden innerhalb der traditionellen Strukturen der Sūtras, der rituellen Texte und durch die Erschaffung von Bildnissen festgehalten. Das seinem Wesen nach Unsichtbare und Unbegreifliche wird dadurch in eine Form kristallisiert und so faßbar für den menschlichen Geist. Das *Sūtra über die Be-*

trachtung der beiden Bodhisattvas »Der König des Heilens« und »Der Höchste Heiler« liefert den Hinweis, daß die Art und Weise, wie sich die göttliche Form offenbart, von den Fähigkeiten des Wahrnehmenden abhängig ist, wenn es dort heißt, der König des Heilens sei ». . . zwölf Yojanas groß, jedoch kann er entsprechend (der Auffassungsgabe) der Geschöpfe auch einhundertundachtzig oder acht Fuß groß erscheinen«.[2]

Den göttlichen Wesen ist eine Weite eigen, die die Grenzen des menschlichen Fassungsvermögens überschreitet. Dieser Weite geben Bildnisse in einer dem Verständnis zugänglichen Form Ausdruck und liefern so der Verehrung einen begreifbaren Anhaltspunkt.

Die Gottheit kann sich dem Gläubigen dadurch mitteilen, daß sie ihm eine Form offenbart, ein geistiges Bild, das man in Erinnerung behalten und verehren kann. Diese Verbindung läßt sich jedoch auch umgekehrt herstellen: Wenn der Gläubige die Gestalt der Gottheit, wie sie sich (nach den Beschreibungen der Meister der Vergangenheit) offenbart hat, visualisiert, kann er eine tiefe Beziehung zu der Gottheit herstellen. Ist ein materielles Abbild (ein Gemälde oder eine Skulptur) vorhanden, kann er dieses als Bindeglied, als ein Mittel der Kommunikation mit den unsichtbaren Bereichen verwenden. Es ist dies ein Teil der Bedeutung des oben gegebenen Zitats, daß Bildnisse ». . . in Wahrheit Wurzel und Quelle der ozeangleichen Versammlung« sind.

In zahlreichen Ritualen für die Verehrung des Bhaiṣajya-guru finden Bildnisse und vielfältige Formen Verwendung wie die neunundvierzig Lampen mit jeweils sieben Ebenen und die fünffarbigen Banner. Diese befähigen, wie schon erwähnt, den Gläubigen, seinen Geist auf einen Fokus auszurichten und, was von besonderer Bedeutung ist, geben ihm Formen an die Hand, die der menschliche Geist zu fassen vermag und die dennoch die ehrfurchtgebietende Kraft der göttlichen Wesen widerspiegeln, denen seine Verehrung gilt und die er anruft. Hierauf soll im Folgenden näher eingegangen werden unter besonderer Berücksichtigung der Rituale für die Verehrung des Bhaiṣajya-guru.

Die Symbolik des himmlischen Gefolges des Heilenden Buddha

Es gibt viele Ebenen für Hingabe, rituelle Übung und Glauben. Da ist der einfache Bauer, der dem Buddha ein demütiges Opfer darbringt und als Gegenleistung erwartet, dieser werde ihm die Bitte, die er geäußert hatte, erfüllen. Für einen solchen Menschen mag der Heilende Buddha eines aus einer Myriade göttlicher Wesen sein, deren jedes ein »Spezialist« ist, an den man sich um Hilfe zur Lösung spezieller Probleme wenden kann. In der Sicht des Bauern sind die Mitglieder der Bhaiṣajya-guru-Versammlung lebende Wesen, Verkörperungen mächtiger spiritueller Kräfte, die aufgrund ihrer Liebe und ihres Mitgefühls auf aufrichtige Bitten um Hilfe augenblicklich reagieren. Ihr Himmel ist ein Ort, an dem man als Belohnung für seine Hingabe wiedergeboren werden kann.

Dann gibt es auf einer anderen Ebene den Suchenden, der sich meditativen Übungen unterzieht und sich tiefer spiritueller Arbeit widmet. Auch er mag Glaubensvorstellungen haben wie die oben erwähnten, jedoch auf einer höheren Ebene des Verständnisses. Für einen solchen Menschen mag der Heilende Buddha in seinem inneren Leben existieren, seine Meditationen erhellen mit dem Glanz von Lapislazuli. Es hat dies eine fühlbare heilende Wirkung auf die inneren Schmerzen oder Plagen, von denen der Übende, um Erleuchtung zu erlangen, »geheilt« werden muß.

Auf den Meditierenden üben Bildnisse einen mächtigen Einfluß aus. Sie repräsentieren ungreifbare Vorstellungen, die ihren Ausdruck finden in der Sprache der Symbole, und diese Symbole werden von den angerufenen göttlichen Kräften zum Leben erweckt. Dies ist der Gesichtspunkt, unter dem im folgenden die symbolischen Aspekte der Himmlischen Versammlung des Heilenden Buddha untersucht werden sollen.

Betrachtet man die Darstellungen der Bhaiṣajya-guru-Versammlung, ohne sein Augenmerk auf Einzelheiten zu richten, so wird der Blick unwillkürlich zur Mitte gezogen, auf den Meister des Heilens hin, der im tiefblauen Glanz des Lapislazuli schimmert, hier und dort akzentuiert durch die charakteristischen goldenen Einschließungen, die ausgezeichnete Exemplare dieses Edelsteins aufweisen.

Da die Strahlen des Lapislazuli Teil des vollen Namens des Meisters des Heilens sind und auch sein Bereich, das Feld seiner spirituellen Kraft, den Namen »Reiner Lapislazuli« trägt, soll an dieser Stelle auf diesen Edelstein kurz eingegangen werden.

Lapislazuli ist, im Gegensatz zu den anderen bekannten Edelsteinen, eher ein Gestein denn ein Mineral. Er ist opak bis halbdurchlässig, und seinen Hauptbestandteil bildet das Mineral Lasurit mit unterschiedlich starken Beimengungen von weißem Calcit und Einschließungen von Pyrit, die als im Stein eingebettete goldene Flecken erscheinen. Die schönsten Exemplare des Lapis-Steines erinnern mit ihrer intensiv blau-violetten Färbung, gesprenkelt mit Wellen und Strudeln aus schimmerndem, goldfarbenem Pyrit, an den Nachthimmel, in dem Myriaden von Sternen glänzen.[3]

Die Hauptquelle für Lapislazuli war und ist auch heute noch die Mine von Badakhshan, in einer felsigen Region nördlich der Gebirgskette des Hindukusch im nordöstlichen Afghanistan gelegen. Des weiteren finden sich größere Vorkommen in Sibirien und Chile und kleinere in Colorado und Burma. Den frühen mediterranen Zivilisationen, denen der Lapislazuli als einer der wertvollsten Edelsteine galt, war jedoch nur die Mine von Badakhshan bekannt, und schon im vierten Jahrtausend vorchristlicher Zeitrechnung wurden regelmäßig Expeditionen in diese »Lapislazuli-Berge« entsandt.[4]

In den alten Zivilisationen war der Glaube verbreitet, daß Edelsteine und Edelmetalle mächtige Energien verkörpern oder widerspiegeln, die auf den Träger einen heilenden oder stärkenden Einfluß ausüben bzw. ihn sensibilisieren können für bestimmte innere Strömungen.[5]

Die breite Verwendung, die Lapislazuli in der alten Welt fand, obwohl seine Gewinnung mit den größten Schwierigkeiten verbunden war (die Lapislazuli-Minen waren von allen Edelsteinvorkommen die unzugänglichsten in der Welt), liefert einen Hinweis darauf, mit welcher Macht die Alten diesen Stein ausgestattet glaubten. Die häufige Erwähnung von Lapislazuli in den buddhistischen Texten zeigt, daß dieser Glaube fortdauerte.

Der Lapis war einer der bevorzugtesten Edelsteine der alten buddhistischen Autoren. Der zweite identifizierbare Edelstein von herausragendem symbolischen Gehalt war der Diamant. Der Lapislazuli galt im allgemeinen als Symbol für das Reine und Seltene. Im ersten Kapitel des *Lotus-Sūtra* wird das Erscheinungsbild goldener Buddhas verglichen mit der majestätischen Erscheinung wunderbarer, goldener Bilder im reinen Lapislazuli (wie Buddhas gestaltete Pyrit-Einschließungen?). Weiter wird im zwanzigsten Kapitel desselben Textes der Lehrer des Gesetzes mit der Reinheit eines Lapislazuli-Spiegels verglichen, der alle Erscheinungen frei von Verzerrung wiedergibt.

Die außerordentlich häufige Erwähnung, die Lapislazuli im *Bhaiṣajya-guru-Sūtra* und in der Anweisung zur Meditation über die heilenden Bodhisattvas findet, zeigt, welche besondere Verbindung mit den heilenden Energien der Buddhismus diesem Stein zuschreibt. Diese Art von Heilung ist auf dem Hintergrund der Assoziation des Lapis-Steins mit Reinheit und spiegelgleicher innerer Makellosigkeit zu sehen. Die in der Kunst geläufige Darstellung der Almosenschale Śākyamunis (wie auch der anderer Buddhas), die mit Amṛta, dem göttlichen Nektar der Erleuchtung, gefüllt ist, ist die einer aus Lapislazuli geschnittenen Schale, ein weiterer Hinweis auf die Assoziation des Steines mit heilenden Substanzen.

Bei der Betrachtung der Bhaiṣajya-guru-Versammlung begegnet dem Auge also ein blaues Feld von Lapislazuli gleich einem sternenübersäten Nachthimmel. Zur Linken und Rechten des Buddha befinden sich die beiden bedeutendsten Bodhisattvas seines Gefolges, die beiden Himmelskörper mit Namen »Alldurchdringender Glanz der Sonne« und »Alldurchdringender Glanz des Mondes«. Diese Verbindung des Heilenden Buddha mit Sonne und Mond findet ihren endgültigen Ausdruck in der Zusammensetzung seiner Versammlung. Jedoch liegen ihre Wurzeln in einer Reihe von Texten, wie die folgenden zwei Beispiele zeigen.

Im dreizehnten Kapitel des *Vimalakīrti-nirdeśa-Sūtra* erzählt Śākyamuni die Geschichte eines Buddha namens »Der König des Heilens«, der in vergangenen Zeiten lebte. Einer seiner strebsamsten Schüler war ein junger Prinz, der den Namen »Baldachin des Mondes« trug. Dieser Prinz war Buddha Śākyamuni selbst in einer seiner früheren Inkarnationen.

In dem *Sūtra über die Betrachtung der beiden Bodhisattvas »Der König des Heilens« und »Der Höchste Heiler«* trägt der Mönch, der den beiden Heilern während eines ihrer vergangenen Leben, von dem Śākyamuni erzählt, Einweihung gab, den Namen »Schoß der Sonne«. Angesichts der Namen zahlreicher Gestalten in den Geschichten um die buddhistischen heilenden Gottheiten fällt als wiederkehrendes Element der Bezug zu kosmischen Attributen auf wie Sonne, Mond, Sternbilder usw.

Ferner mögen auch die zwölf Generäle der Yakṣas, die sich in der Versammlung zu Füßen des Buddha und der Bodhisattvas befinden, obwohl sie wohl vor allem mit den 12 Gelübden des Bhaiṣajya-guru in Verbindung stehen, einen Bezug zu den zwölf astrologischen Häusern und den zwölf Zeitabschnitten des Tages (jeweils 2 Stunden) haben, wie sie den Glaubensvorstellungen der Chinesen und Japaner entsprechen.[6]

Die himmlische Versammlung des Heilenden Buddha vermittelt so – mit den zwölf astrologischen Häusern, den beiden großen Himmelskörpern und dem sternübersäten Himmel – ein Abbild der Harmonie von Zeit und Raum. Hier liegt in der Tat der Bezug zum Heilen; denn ein gesunder Mensch fühlt sich mit den Dingen im Einklang, und derjenige, der absolut gesund (d. h. erleuchtet) ist, hat Zugang gefunden zu der tiefen Harmonie, die einige Traditionen »kosmisches Bewußtsein« nennen.

Wendet man den Blick wieder dem Mittelpunkt der Versammlung, dem Meister des Heilens, zu, so sieht man in seinen Händen die Symbole seiner heilenden Funktion: die mit Amṛta gefüllte Schale aus Lapislazuli in seiner linken Hand und die Myrobalane, die heilende Frucht, dargeboten von der rechten.

Die linke Hand des Buddha zeigt die *Dhyāna-Mudrā*, die Geste der tiefen Meditation, und mit dieser hält er die mit Amṛta gefüllte Schale: Durch Meditation erlangt man den göttlichen, heilenden Nektar. Demgegenüber findet sich in der japanischen Kunst eine Reihe bekannter Abbildungen, die den stehenden Buddha des Heilens zeigen, wie er in der linken Hand eine abgedeckte Medizinschale hält, während die rechte die Mudrā des Bannens aller Furcht zeigt. Diese Geste »Fürchte dich nicht!« entspricht dem Bhaiṣajya-guru, ruft doch sein Sūtra sein Versprechen in Erinnerung, den Wesen in ihrer Verzweiflung und ihren vielfältigen Bedrängnissen beizustehen. Auch können diejenigen, die von den neun Arten des Todes zur Unzeit bedroht sind, Rettung finden, wenn sie seinen Namen sprechen.

Darstellungen des sitzenden Buddha zeigen den Bhaiṣajya-guru jedoch häufiger mit der Myrobalane in der rechten Hand, die die Handfläche nach außen gerichtet und die Finger vom Knie abwärts weisend die Geste des Verleihens von Segen zeigt. Die gelbe Frucht der Myrobalane (Sanskrit: *harītaki;* Latein: *terminalia chebula*) war die Heilpflanze, die die beiden Brüder, die Bodhisattvas des Heilens, in ihrem früheren Akt der Hingabe darboten, wie ihn das Sūtra verzeichnet.

Die Myrobalane ist unter den Vertretern der indischen Medizin eine wohlbekannte Heilsubstanz. Wie Vāgbhaṭa in seinem Kommentar zum sechsten Kapitel des *Sutrāsthāna* bemerkt, gibt es drei Arten von Früchten der Myrobalane:

> *Terminalia chebula, phyllanthus emblica* und *terminalia belerica* sind die Elixiere des langen Lebens. Sie beseitigen Augenkrankheiten und wirken wohltuend auf das Auge. Weiter dienen sie zur Heilung von Krankheiten wie Wundeiterung, Hautprobleme, blutende Wunden, Fettsucht, Schmerzen beim Wasserlassen sowie einer Überproduktion von Schleim oder Blut.[7]

Unter diesen drei Früchten scheint *terminalia chebula* besonders wirksam zu sein. Vāgbhaṭa beschreibt ihre Eigenschaften im Detail:

> *Terminalia chebula* wirkt adstringierend auf die Geschmacksnerven. Nach der Verdauung bleibt ein süßer Geschmack zurück. Sie schmeckt etwas trocken, ist aber nicht salzig. Sie ist leicht, erzeugt Wärme, fördert die Verdauung, macht den Geist aufmerksam und führt im wahrsten Sinne zu einem hohen Alter bei voller Gesundheit. *Terminalia chebula* hat die Kraft der inneren Reinigung durch die Erzeugung großer Wärme. Sie gewährt ein langes Leben und einen scharfen Verstand. Das Auge und die anderen Sinne werden klar. Sie beseitigt Lepra, eine fahle Gesichtsfarbe und Bleichheit des Körpers . . . (es folgt eine umfangreiche Liste von Krankheiten und Leiden, die sie heilt).[8]

Bemerkenswert ist in diesem Zusammenhang, daß sich die Heilwirkung der Myrobalane auf Körper und Geist gleichermaßen erstreckt. Es ist dies ein Hinweis auf die umfassende Natur einer Heilung, wie sie der Bhaiṣajya-guru bewirkt. Die Myrobalane findet auch in frühen Mahāyāna-Texten Verwendung als Symbol für die »schöpferische Kraft des Gedankens, die auf hohen Stufen der meditativen Übung die unsichtbaren Welten materialisieren kann in Form der Beere der Myrobalane, die auf der Handfläche Gestalt annimmt«.[9] Diese edle Frucht ist somit nicht nur eine Arznei, sondern verkörpert auch, wenn sie sich nach dem Willen des Buddha auf seiner Handfläche materialisiert, den Segen aus unsichtbaren Bereichen, die heilende Energie, die während der Anbetung auf den Gläubigen niederstrahlt.

Eine Variante dieser weit verbreiteten ikonographischen Züge erscheint auf chinesischen Gemälden des neunten Jahrhunderts und des Folgezeitraumes. (Sie wurde später, wie ikonographische Kompendien des zwölften Jahrhunderts, so der *Zuzō-shō* und der *Besson Zakki*, zeigen, in die Kunst des japanischen esoterischen

Buddhismus übernommen.) Zu den in Tun-huang aufgefundenen Rollbildern, die jetzt im Museum Guimet in Paris zu finden sind, gehören mehrere, deren Inschriften sie als Darstellungen des Bhaiṣajya-guru identifizieren. Diese Gemälde zeigen den Buddha des Heilens als einen wandernden Mönch, der in seiner rechten Hand den Khakkhara-Stab hält und in seiner linken eine blaue Medizinschale. Diese relativ späte ikonographische Tradition eines Heilers, der in Begleitung zweier Diener einherwandert und einen Caduceus-ähnlichen Stab in der Hand hält, weist einige Ähnlichkeiten auf mit dem griechisch-römischen und mediterranen Kult des Asklepios. Sie mag daher als das Ergebnis von Kontakten mit dem Westen entstanden sein.[10]

Rituelle Verehrung: Das *Bhaiṣajya-guru-Sūtra* und ihm verwandte Texte

Rituelle Verehrung ist ein grundlegendes Merkmal der Traditionen um den Heilenden Buddha. Sie reicht von einfachen Opfer-Pūjās, während derer Blumen, Weihrauch usw.[11] dargebracht werden, bis hin zu außerordentlich komplexen Zeremonien, die die Errichtung von Altären, die Anfertigung von Bildnissen, Bannern und Lampen beinhalten.

In der am meisten verbreiteten Fassung des *Bhaiṣajya-guru-Sūtra*, der Hsüan-tsang-Version, findet sich die Beschreibung dreier spezieller Rituale, mit denen die Gläubigen ihrer Verehrung Ausdruck verleihen können. Noch grundlegender als diese ist die Anrufung des Buddha bei seinem Namen: »O Herr, Meister des Heilens, Buddha im Lapislazuli-Glanz.« Dieser Name erweckt, gleichgültig, zu welcher Zeit und an welchem Ort man ihn ausruft, die göttlichen Heilkräfte des Buddha und seine schützenden Fähigkeiten. Dem Sūtra nach kann diese Reaktion, dem jeweiligen Karma des einzelnen entsprechend, entweder unmittelbar eintreten, oder sie manifestiert sich unter den inzwischen besseren karmischen Bedingungen des darauffolgenden

Lebens. Wie tiefverwurzelt das negative Karma auch sein mag, immer wird eine aufrichtige Bitte an den Buddha des Heilens fühlbare Hilfe nach sich ziehen.

Der erste Ritus, den das Sūtra beschreibt, ist von Mañjuśrī empfohlen, dem Bodhisattva, der nach der Tradition die geheiligte Kraft des geschriebenen Wortes besonders verehrt. Nach seinem Versprechen an Śākyamuni Buddha, in dem er gelobt, er werde den Namen des Heilenden Buddha unermüdlich unter den guten Söhnen und Töchtern reinen Glaubens verbreiten, ihnen sogar den Namen ins Ohr flüstern, während sie schliefen, fährt Mañjuśrī fort:

> O Herr, nun sollten sie dieses Sūtra annehmen und an seiner Lehre festhalten, es lesen und rezitieren. Weiter sollten sie es lehren und die in ihm enthaltenen Punkte anderen erklären. Sie sollten es abschreiben oder andere veranlassen, dies zu tun. Sie sollten dem Sūtra ihre Verehrung und Achtung bezeigen durch alle Arten von duftenden Blumen, durch parfümierte Salben, Duftpuder und brennende Wohlgerüche, durch Girlanden, Halsketten, Banner, einen Baldachin, durch Trommeln und Musik. Sie sollten eine Pūjā vollziehen und das Sūtra währenddessen mit einem fünffarbigen Tuch bedecken. Den Ort, an dem sie sie durchführen, sollten sie säubern, Wasser versprengen, um die Umgebung zu reinigen, und einen hohen Thron errichten als sicheren Platz für das Sūtra. Zu dieser Zeit werden die Vier Großen Könige der Devas gemeinsam mit ihrem unübersehbaren Gefolge von unzähligen Hunderttausenden von Devas ihrer Versammlung diesen Ort der Pūjā aufsuchen und ihn hüten und bewachen.[12]

Dieses Ritual bewirkt auch, daß der Meister des Heilens jeden unzeitigen Tod an dem Ort verhindern wird, an dem die Pūjā stattgefunden hat. Weiter veranlaßt der Buddha alle Dämonen, die vom Geist der Einwohner dieses Gebietes Besitz ergriffen haben, ihren Zugriff zu lösen und ihre Opfer freizugeben. Auch verhindert er, daß einen Bewohner dieser Gegend in der Zukunft ein solches Schicksal befällt.

Auf die Beschreibung dieses Rituals und des Nutzens, den es hervorbringt, folgt eine zweite Methode, die Śākyamuni zur Verehrung des Heilenden Buddha anrät:

> Wünschen gute Söhne und Töchter reinen Glaubens den erhabenen Meister des Heilens, den Tathāgata im Lapislazuli-Glanz durch eine Pūjā zu verehren, so sollten sie zunächst ein Abbild der Gestalt des Buddhas herstellen, einen reinen Thron errichten und das Bildnis sicher darauf aufstellen. Sie sollten dort alle Arten von Blumen streuen, zahlreiche Wohlgerüche verbrennen und den Ort aufs herrlichste schmücken mit einer Vielzahl von Bannern und kleinen Fahnen. Während sieben Tagen und Nächten sollten sie die acht Gelübde ablegen und halten, reine Nahrung zu sich nehmen, in klarem, duftendem Wasser baden und neue, saubere Kleidung tragen. Sie sollten den makellosen, in eins gesammelten Zustand des Geistes in sich wachrufen, der frei ist von jedem Gedanken des Ärgers und Übelwollens. Gegenüber allen Wesen sollten sie den Wunsch empfinden, segensreich für sie zu wirken und ihnen Gutes zu tun, ihnen allen sollten sie Gedanken des Friedens, der Liebe, der Freude am Nächsten und des Gleichmuts entgegenbringen. Sie sollten Musikinstrumente spielen und seinen Lobpreis singen, wenn sie nach rechts sich drehend das Bildnis des Buddha umschreiten. Sie sollten sich der Früchte der grundlegenden Gelübde dieses Tathāgata erinnern und dieses Sūtra studieren und rezitieren. Ihre Gedanken sollten sich ausschließlich seinen Prinzipien zuwenden, und sie sollten das Sūtra lehren und seine wesentlichen Inhalte erklären.[13]

Dieses Verhalten bringt nach Śākyamuni den Nutzen hervor, daß ». . . alles Erfreuliche, das man ersehnt, sich ereignet«.[14] Außerdem kann man alles Negative wie Alpträume, Erscheinungen und unheilverkündende Zeichen vertreiben, wenn man dem

Meister des Heilens in der hier beschriebenen Weise voll Ehrerbietung eine Pūjā darbringt.

Diese Art von Verehrung ist keine Seltenheit innerhalb der Kulte, in denen sich Hingabe im Sinne des Mahāyāna äußert, und derartige Pūjās (und der Nutzen, den sie hervorbringen) werden in zahlreichen bekannten Sūtras, wie dem *Lotus-Sūtra,* beschrieben. Von besonderem Interesse ist in diesem Zusammenhang die Empfehlung, ein Bildnis zum Mittelpunkt der Hingabe zu machen.[15]

Eine dritte besondere Methode der rituellen Verehrung wurde von dem Bodhisattva »Rettende Erlösung« erklärt. Sie hat Bezug zu einem herausragenden Aspekt des Bhaiṣajya-guru: zu seiner Fähigkeit, Menschen zu retten, die ihre Krankheit an die Schwelle des Todes geführt hat. In solchen Fällen, so wird beschrieben, geht der Kranke im Koma, während seine Freunde und Verwandten für ihn beten, durch seine eigenen Erfahrungen.

Diese beginnen damit, daß sein Bewußtsein den Körper verläßt und die Boten des Yama es vor diesen König des Gesetzes führen. Er wird befragt nach seinen Taten auf Erden, und zwei besondere Geister (wie alle Wesen sie in sich tragen), die sämtliche guten und schlechten Taten verzeichnen, erstatten Yama Bericht.[16] Der König des Gesetzes betrachtet die positiven Leistungen und Fehler und fällt sodann sein Urteil über das Karma, das dieser Mensch auf sich gezogen hat.

Dem Text nach scheint dies eine allgemein verbreitete menschliche Erfahrung zu sein. Die Besonderheit des Falles liegt jedoch darin, daß der Buddha reagieren wird, wenn die Freunde und Verwandten (wenn möglich mit Beistand von Mönchen) in vollkommener Aufrichtigkeit zum Bhaiṣajya-guru beten; es besteht dann die Möglichkeit, den Kranken ins Bewußtsein zurückzurufen. Dieser wird sich seiner Erlebnisse so klar erinnern, als sei er aus einem lebhaften Traum aufgewacht. Und, was von besonderer Bedeutung ist, er wird sein Leben verändern. Denn, nachdem er persönlich Zeuge geworden ist, wie sein Karma gewogen wurde auf den unbestechlichen Waagschalen der Gerechtigkeit, wird er sich bewußt sein, wie außergewöhnlich diese seine »zweite Chance« ist, und er wird nicht länger Verlangen danach tragen, sich negatives Karma zu schaffen.

Hier zeigt sich wieder der speziell buddhistische Aspekt der Traditionen des Heilens und der Lebensrettung: Der Akt des Heilens beinhaltet auch die innere Transformation, während derer der geheilte Mensch eine Stärkung seiner Wertvorstellungen erfährt, so daß er fortan das Negative in sich zu überwinden sucht und, unter Umständen, nach Erleuchtung strebt.[17]

Wie schon erwähnt, war es der Bodhisattva »Rettende Erlösung«, der diese besondere, zur Lebensrettung verwandte Methode der Verehrung erklärte:

> Wenn du den Wunsch hast, einen Kranken vom Schmerz seines Leidens zu befreien, so solltest du zum Wohl dieses Menschen für sieben Tage und Nächte die acht Gelübde ablegen und sie einhalten. Du solltest Nahrung und Getränke und anderen Besitz, wie es deinen Mitteln entspricht, nehmen und der Gemeinschaft der Mönche eine Gaben-Pūjā darbringen.
> Auch solltest du sechsmal am Tage und in der Nacht den erhabenen Meister des Heilens, den Tathāgata im Lapislazuli-Glanz, mit einer Gaben-Pūjā verehren. Lies und rezitiere dieses Sūtra neunundvierzig Male. Entzünde neunundvierzig Lampen und errichte sieben Abbilder der Gestalt dieses Tathāgata. Vor jedem dieser Bildnisse stelle sieben Lampen auf. Fertige jede Lampe so groß wie ein Wagenrad, und lasse ihr strahlendes Licht neunundvierzig Tage lang ununterbrochen scheinen. Fertige ein buntes, fünffarbiges Banner an. Dessen Höhe soll neunundvierzig Mal die Länge deiner Hand betragen. Schenke neunundvierzig Geschöpfen von verschiedener Art die Freiheit. Dann wird es dem Kranken gelingen, einen Weg durch diese Gefahr zu finden, und er wird befreit sein vom Zugriff böser Dämonen.[18]

Diesen Ritus zur Anrufung der spirituellen Kraft des Meisters des Heilens können wirksam sowohl Könige verwenden, wenn sie sich großen Schwierigkeiten gegenübersehen, wie auch ihre Beamten und Untertanen, die von Krankheiten oder Problemen Befreiung suchen. Wie der Bodhisattva-mahāsattva »Rettende Erlösung« weiter bemerkt, verhilft die Herstellung der »lebensverlängernden Banner und Lampen« auch dazu, die neun Arten des Todes zur Unzeit zu vermeiden.

Zusätzlich zur Verwendung einer der drei hier empfohlenen Methoden der rituellen Verehrung des Heilenden Buddha kann man die zwölf Generäle der Yakṣas, seine Helfer, ihrer Unterweisung folgend anrufen:

> Diejenigen, die Erlösung suchen von den Schmerzen der Krankheit, sollten dieses Sūtra lesen und rezitieren. In ein fünffarbiges Band sollten sie unsere Namen knüpfen und die Knoten erst lösen, wenn ihre Wünsche in Erfüllung gegangen sind.[19]

Außerordentlich komplexe Rituale wurden in der Folgezeit auf der Grundlage der esoterischen Traditionen entwickelt. Die einleitenden Zeilen des *Rituals für die Verehrung des Meisters des Heilens, des Tathāgata im Lapislazuli-Glanz, der das Unglück vertreibt und die Not beseitigt* (T. 922), vermitteln einen gewissen Eindruck von dem tiefen Zweck dieser Riten:

> Nachdem ich zunächst meinen Körper, meine Rede und meinen Geist gereinigt habe,
> Nehme ich Zuflucht zu Buddha, den Lehren und der Gemeinschaft.
> Ehrerbietig verbeuge ich mich vor den Erleuchteten, vor den versammelten Weisen der zehn Richtungen.
> Ich will nun die wesentlichen Punkte der esoterischen Methode dartun, die das Unglück vertreibt.
> Diese Methode, die der Gesegnete gelehrt hat,

Ist ausgezeichnet und von höchster Vollendung.
Durch ihre Übung kann man dem Kreislauf von Geburt und Tod schnell entkommen
Und rasch aufsteigen zur Großen Erleuchtung.
In Übereinstimmung mit (den Bedürfnissen und Bedingungen), wie sie in den Bereichen der Wesen herrschen,
Hat der Herr erklärt, wie man das Unglück vertreibt und die Not . . .[20]

Stellvertretend für die große Anzahl ritueller Texte über den Heilenden Buddha, die von tantrischen Meistern der mittleren T'ang-Periode und ihren Folgegenerationen übersetzt wurden, mag ein Zitat aus dem *Ritual für die Verehrung des Tathāgata »Der Meister des Heilens«* (T. 924 A) stehen.[21] Nachdem er das Bhaiṣajya-guru-Mantra gesprochen hat, sagt Śākyamuni dort:

Wenn ihr dieses Mantra annehmt und an ihm festhaltet, werdet ihr fähig sein, noch in diesem Leben all die verhängnisvollen Fehler der Vergangenheit, die ihr im ständigen Wechsel von Geburt und Tod begangen habt und die euch folgen, an der Wurzel zu beseitigen. Nie wieder werdet ihr auf den Drei (kummervollen) Wegen des Daseins wandern. Ihr werdet die Neun Arten des Todes zur Unzeit vernichten und frei sein von allem Leid. Zukünftige Wiedergeburten in den Bereichen der Zehn Richtungen finden in Gegenden statt, die friedlich sind und Freude spenden. Auf diese Weise reagiert das Gesetz, das souverän ist und keine Hindernisse kennt.
Wenn ein guter Sohn oder eine gute Tochter Tag und Nacht dieses Mantra annimmt, an ihm festhält, es liest und rezitiert, dann sollte dieser Mensch eifrig bestrebt sein, in parfümiertem Wasser zu baden und sich in frische, reine Gewänder zu kleiden. Er sollte die verschiedenen Vorschriften einhalten, wie sie die Lehren vermitteln.
Wenn er das vollständige Mantra hunderttausend Male rezitiert hat, sollte er eine Stelle reinigen und den Boden nach der

richtigen Methode vorbereiten. Er sollte reines Erdreich nehmen, es wohl aufschichten und ebnen. Sodann sollte er die gesamte Fläche des kreisrunden Maṇḍala mit reinem Kuhdung und mit Sandelholzpuder bestreichen. Das Maṇḍala sollte er prächtig ausschmücken mit einer Vielzahl von kostbaren Edelsteinen.

Im Mittelpunkt des Maṇḍala sollte er dem Bildnis des Tathāgata »Der Meister des Heilens« einen sicheren Platz geben. Der Tathāgata hält in der linken Hand eine Medizinschale, die auch bekannt ist als »die Perle, deren Wert jeden Preis übersteigt«. Seine Rechte vollführt die Geste, die »die drei Weltenbereiche (den der Begierde, den der Form und den formlosen Bereich) bindet«.[22] Er trägt die Kāṣāya-Roben und sitzt in der Haltung der Meditation. Er sollte auf einer Plattform sitzen, die wie eine Lotus-Blüte geformt ist.

Unterhalb der Plattform befinden sich die zwölf Generäle der Devas als Führer ihres Heeres von 84 000. Auch sie sollten jeder eine Lotus-Plattform haben. Im vollendeten Schein des Tathāgata lasse die beiden Bodhisattvas »Glanz der Sonne« und »Glanz des Mondes« verweilen. Auf diese Weise ist das Maṇḍala in die vier Richtungen hin vollständig umfriedet und eingehüllt in die fünf Farben.

Nähere dich nun dem Maṇḍala und setze dort zwei mit duftendem Wasser gefüllte Schalen nieder, deren eine aus Muschelhorn und deren andere aus gebranntem Ton gefertigt ist. Sodann bringe Gaben nach deinen Wünschen dar und weihe deine Dienste dem verehrungswürdigen Bildnis. Setzt du deine Rezitationen vor diesem Bildnis neunundvierzig Tage lang fort und stellst du in der Morgendämmerung des einundzwanzigsten Tages an den vier Ecken dieses Bildnis-Maṇḍala die glückspendenden Vasen auf und fährst für sieben Tage und Nächte fort, solches zu tun, während du das Mantra mehrere hundert, tausend oder zehntausend Male rezitierst, so wirst du im Überfluß die Früchte und Wohltaten dessen ernten, was dein Geist ersehnt hat, was dies auch sei. Ausgenommen wäre

> dies nur, wenn dein Geist nicht vollkommen aufrichtig wäre. In allen anderen Fällen reagiert das Gesetz auf diese Weise. Alle Arten von Wohltaten und Segen werden dir zuteil, die man in Worten nur unvollständig wiedergeben kann, und der Überfluß ihres Nutzens wird sich Äonen hindurch fortsetzen, die zu zahlreich sind, um sie zu beschreiben.[23]

Ein späterer Abschnitt des Textes enthält die Aufforderung an die Gläubigen, das Sūtra über den Meister des Heilens abzuschreiben und zu rezitieren; neunundvierzig mit Bannern geschmückte Lampen anzufertigen, die die Form eines Wagenrades besitzen und sieben Ebenen haben und diese vor dem Bildnis aufzustellen; sodann ein fünffarbiges Band herzustellen, dessen eines Ende an einer der Lampen befestigt ist und dessen anderes mit neunundvierzig Knoten an den Körper des Gläubigen gebunden wird. Wenn sie das Sūtra neunundvierzig Mal rezitiert haben,

> . . . erlangen diese Menschen Befreiung von all ihren karmischen Hindernissen. Sie werden ein langes Leben haben, nicht dem Leid eines Todes zur Unzeit begegnen, und sie werden innere Ruhe und Stabilität erlangen. Von allen durch negative Einflüsse verursachten Krankheiten werden sie geheilt sein.[24]

Ein weiteres den esoterischen Traditionen entstammendes Ritual besteht darin, daß man mit dem Bhaiṣajya-guru durch Visualisierung in Verbindung tritt, mit dem Ziel, die geistige Kraft dieser Gottheit anzurufen, um Heilung zu finden von allen inneren und äußeren Krankheiten:

> Verweilt man erneut in der Leere, so erscheint in dieser ursprünglichen Leere die Silbe *Baṃ*, die sich in einen weißen Lotus verwandelt. Auf dem Lotus befindet sich die Silbe *Āḥ*. Diese wird zu einer Mondscheibe, und auf dieser Mondscheibe befindet sich das eigene Bewußtsein, das sich in eine Silbe *Hūṃ* von dunkelblauer Farbe verwandelt. Von dieser Silbe

strahlt Licht aus. Dieses Licht erreicht als Opfergabe (die göttlichen Kräfte), bringt Wohltaten (zu den Wesen) und verschmilzt sodann wieder mit der zuvor beschriebenen Silbe *Hūṃ*.

An diesem Punkt verwandelt man selbst sich (visualisiert man sich selbst als verwandelt) in den Meister des Heilens, den Tathāgata Bhaiṣajya-guru. Der Körper ist vollkommen blau, er besitzt ein Gesicht und zwei Arme. Die rechte Hand, die mit nach außen gerichteter Handfläche die Geste der Erfüllung aller Wünsche vollführt, hält in ihren Fingern die Pflanze, die alle Krankheiten und Leiden beseitigt, welche die drei Gifte hervorgerufen haben.[25] Die linke Hand zeigt die Dhyāna-Mudrā, die Geste der tiefen Meditation, und sie hält eine Almosenschale, die gefüllt ist mit Amṛta und medizinischen Substanzen. Das Gesicht ist schön und in schimmernden Glanz getaucht.

Mit den Kāsāya-Roben bekleidet sitzt man in der unerschütterlichen Haltung der Meditation. Grenzenloses Licht versendend ist man im Vollbesitz des Körpers, der Glanz ist und blendendes Licht. Auf der Stirn befindet sich die weiße Silbe *Oṃ*, in der Kehle die rote Silbe *Āḥ* und im Herzen die blaue Silbe *Hūṃ*. Diese drei Silben bezeichnen die drei Bereiche. Sie strahlen von Licht und laden den Bhaiṣajya-guru und die anderen Buddhas ein, herabzukommen.[26]

Auch dieses Ritual stützt sich auf ein Abbild; jedoch handelt es sich hier um eine geistige Schöpfung, mit der man sich voll zu identifizieren sucht. Dadurch, daß man die vorgeschriebene Gestalt annimmt, wie sie die Heiligen der Vergangenheit enthüllt haben, und sich den hier angegebenen zahlreichen geistigen Übungen unterzieht, ruft man die Gottheit an und empfängt den von ihr gewährten Nutzen, ihre mächtige Heilkraft.

Zum Abschluß dieses Abschnitts über die rituelle Verehrung des Meisters des Heilens sollte noch erwähnt werden, daß eines der diesem Buddha zugeordneten Mantras zu den dreizehn bedeutendsten Mantras der Shingon-Schule des esoterischen Buddhismus in Japan zählt. Es lautet: *Oṃ huru huru caṇḍālī mātaṅgī svāhā* und läßt sich übersetzen mit »*Oṃ* schwinge wieder und wieder; (da ist der negative Einfluß der) Mātaṅgī, der Caṇḍālī, *svāhā*«.[27] Mātaṅgī, die Caṇḍālī, war die Verführerin, die Ānanda, Śākyamunis Schüler, belästigte. Das Mantra dient dem Ziel, alle negativen Schwingungen abzuwehren.

Der Heilende Buddha in Kunst und Ritual des chinesischen Buddhismus

In den Jahrhunderten der näheren Vergangenheit bildete die weitverbreitete Verehrung des Heilenden Buddha den besonderen Aspekt der Übungen des chinesischen Buddhismus. Die grundlegendste Dreiheit von Gottheiten, wie sie gewöhnlich auf dem Hauptaltar der größten der zur Verehrung bestimmten Hallen bedeutender Klöster[28] dargestellt wurde, jedoch auch in den meisten lokalen Heiligtümern zu finden war, besteht aus Śākyamuni in der Mitte, Amitābha im Westen (zur Rechten Śākyamunis) und dem Bhaiṣajya-guru im Osten, der Richtung, in der sein himmlischer Bereich liegt.

Der Bhaiṣajya-guru und Amitābha verkörpern in dieser Dreiheit die göttlichen Kräfte, die Wächter sind über die Lebendigen und die Toten. Gebete für die Lebenden werden in diesem Kontext an den Bhaiṣajya-guru gerichtet, während man sich mit seinen Gebeten für Freunde und Verwandte, die in den geistigen Bereichen weilen, an Amitābha wendet. Holmes Welch geht in seinem Buch *The Practice of Chinese Buddhism* auf die sogenannten »roten rituellen Handlungen« ein, die den Lebenden gelten (im Gegensatz zu den »weißen rituellen Handlungen«, die man für die Verstorbenen ausführt):

> Der durchgängigste Charakterzug der roten rituellen Handlungen war vielleicht die Verehrung des Buddha der Medizin,

des Bhaiṣajya-guru (*Yao-shih fo*), der im Osten residiert wie Amitābha im Westen. Wenn ich an den Geburtstagsfeierlichkeiten für einen der führenden Mönche oder Laien teilnahm, führten wir die rituellen Umschreitungen aus und rezitierten dabei: »Ehre dem Yao-shih fo, der alles Unheil beseitigt und die Lebensspanne verlängert«, woran sich eine Hymne an den Wohlgeruch (*hsiang-tsan*) und ein vegetarisches Festmahl anschlossen.[29]

Bei dieser Formel (*Na-mo hsiao-tsai yen-shou Yao-shih fo!*) handelt es sich um eine der verbreitetsten Wendungen, die zum Wohl der Lebenden gesungen werden. Sie wird rezitiert, wenn die Mönche (die Gelegenheit wahrnehmend, zum Nutzen aller Wesen beizutragen) auf ihrem jährlichen Bettelgang durch die Straßen ziehen, und ebenso, wenn zum Wohle hochbetagter Eltern spezielle Riten vollzogen werden.[30] Sie ist gelegentlich auch in Heiligtümern dargestellt. So findet sich ihre Inschrift z. B. auf seidenen Bannern vor einem massiven Abbild des Bhaiṣajya-guru in einem neuen Tempel in Taiwan, in der Nähe der Taroko-Schlucht. (Dieser Tempel befand sich noch im Bau, als ich ihn im Jahre 1972 besuchte.)

Diese Vorstellung vom Heilenden Buddha als einer Kraft, die Unheil abwehrt und Langlebigkeit gewährt, findet sich in allen Fassungen seines Sūtra. Es ist dies der wesentliche Faktor, der seine frühe Verbreitung ausmacht und ebenso seine fortdauernde Bedeutung im Rahmen der chinesisch-buddhistischen Übungen.

Entsprechend seiner speziellen Funktion als Hüter der Lebenden herrscht der Bhaiṣajya-guru über die Halle des langen Lebens, wie sie sich in einigen der großen chinesischen Klöster findet. In dieser Halle legt man hölzerne Tafeln oder Papierstreifen nieder, die mit Namen, gewöhnlich denen betagter Eltern, beschriftet sind. Die Mönche schließen dann diese Menschen in ihre Gebete an den Bhaiṣajya-guru ein. Stirbt ein solcher Mensch, entfernt man seine Tafel und bringt sie in die von Amithāba beherrschte Halle der Wiedergeburt.[31]

Rituelle Verehrung und Bildnisse der sieben Buddha-Brüder: Das *Sūtra über die sieben heilenden Buddhas* und ihm verwandte Texte

Die in der von I-ching erstellten Fassung des *Bhaiṣajya-guru-Sūtra* dargestellten Rituale unterscheiden sich in Form und Ablauf nicht von den in den früheren Hsüan-tsang-Texten beschriebenen. Der generelle Unterschied besteht allein darin, daß die Verehrung sich statt auf einen auf sieben Buddhas richtet und daß man sieben Bildnisse anstelle nur des einen des Bhaiṣajyaguru anfertigt. Auch wird eine Reihe von Dhāraṇīs enthüllt als wirkungsvolle Mittel, um Schutz und Heilung herbeizurufen.

Fünf Dhāraṇīs werden in dem Text gegeben. Die erste verkündet der Buddha »Strahlender Edelstein von goldener Färbung, vollendet in den höchsten Übungen«. Die zweite (die derjenigen gleicht, die in der modernen Pekinger Ausgabe des Hsüan-tsang-Textes enthalten ist) stammt von Śākyamuni und wird über Nahrung und Getränke gesprochen. Diese geweihten Substanzen, denen man auf diese Weise eine besondere Heilkraft verliehen hat, werden sodann Menschen gegeben, die sich eine Krankheit zugezogen haben.

Die Rezitation einer Dhāraṇī der sieben heilenden Buddhas verleiht (wenn sie von der Einhaltung der Vorschriften, von Fasten und von zahlreichen rituellen Handlungen begleitet ist, die eine innere Reinigung und die Erzeugung von Hingabe beinhalten) dem Gläubigen Erfüllung seiner Wünsche, den Schutz der sieben Buddhas, geistige und körperliche Reinigung sowie eine Wiedergeburt in einem Buddha-Land. Eine andere beschützende Formel wurde von dem Bodhisattva Vajradhara, von Indra, Brahmā und den vier Königen der Devas dargebracht. Ferner erhielt Vajradhara die Erlaubnis der sieben Buddhas, seine eigene Dhāraṇī zu verkünden, die die Wesen in der Zukunft rezitieren können, um den Schutz des Bodhisattva auf sich herabzurufen. Die große Anzahl dieser mystischen Formeln macht deutlich, auf welche geheimnisvolle Weise diese göttlichen Wesen wirken, um ihren Anhängern zu helfen, um sie zu beschützen und zu heilen.

Wie die Bildnisse der sieben Buddhas, die in Übereinstimmung mit diesem Sūtra und den ihm verwandten rituellen Texten geschaffen wurden, zeigen, waren sie in den tibetischen und nepalesischen Traditionen am weitesten verbreitet (in den Traditionen also, die in einem größeren Ausmaß von der späteren Version des *Bhaiṣajya-guru-Sūtra* beeinflußt waren als die chinesischen und japanischen Traditionen). Diese Bildnisse machen deutlich, daß man den Bhaiṣajya-guru traditionell als den Ältesten unter den Brüdern betrachtet, gleich dem Chefarzt eines Krankenhauses im Kreise seiner Mitarbeiter, obwohl sie alle hervorragende Ärzte sind. Auf den Gemälden zeigt sich diese herausragende Position durch die Größe des Buddha und durch den Platz, der ihm im Bild inmitten seiner Brüder zugewiesen ist. Der Bhaiṣajya-guru bildet gewöhnlich den Mittelpunkt dieser strikt nach hierarchischen Gesichtspunkten aufgebauten Werke, auch ist er oft beträchtlich größer dargestellt als die anderen Gestalten des Gemäldes (s. Abb. 3). Bisweilen sind die anderen sechs Buddhas kreisförmig um ihn angeordnet. Auf Darstellungen, die die große Versammlung in ihrer Gesamtheit zeigen (gleich Wellen ausgehend von einem stillen, ruhigen Zentrum, das der Meister des Heilens einnimmt), sind die Buddha-Brüder häufiger am oberen Rand des Gemäldes, über dem Bhaiṣajya-guru, abgebildet.

Nicht selten sind auch statt sieben acht Buddha-Brüder dargestellt. Auf den ersten Blick erscheint dies verwirrend, jedoch erleichtert die tibetische Sitte, auf den *Thangkas* (den Rollbildern) unter der Abbildung von Gottheiten Inschriften mit deren Namen anzubringen, die Lösung des Problems: in den meisten Fällen ist Śākyamuni in den Kreis der acht Buddhas einbezogen; er befindet sich gewöhnlich unmittelbar über dem Kopf des Bhaiṣajya-guru. Dies hat seine Ursache wahrscheinlich in der Rolle, die ihm als dem höchsten Arzt zukommt, als dem Träger der göttlichen Lehren, die allen Wesen Heilung von ihren Leiden verschaffen können. Auch entspricht durch seine Einbeziehung die Gruppe des Heilenden Buddha eher der symmetrischen achtfachen Aufteilung, wie sie von tibetischen Künstlern bevorzugt wird.

Professor Alex Wayman hat mir gestattet, seine Rohübersetzung eines rein tibetischen Sādhana-Textes mit dem Titel *Der Bhaiṣajya-guru, die Sieben Brüder*[32] zu zitieren. Da ein Teil des dort enthaltenen Materials für die hier vorliegende Arbeit von besonderem erklärendem Wert ist, habe ich mit seiner Erlaubnis die Übersetzung auszugsweise überarbeitet (d. h. die tibetischen Namen der Buddhas den im Sanskrit geläufigen angepaßt, die Bezeichnungen der Mudrās ins Englische übersetzt usw.), um sie hier vorzustellen und zu erörtern.

Von besonderem Interesse ist in diesem Zusammenhang die Passage, die die Manifestation der sieben Buddhas behandelt. Sie beginnt mit der Einladung des Gläubigen an die Buddhas, zu erscheinen:

> Ihr, die Ihr Herr seid über ausnahmslos alle Wesen,
> Devas, die Ihr das unüberwindliche Heer Māras besiegt,
> Die Ihr alle Dinge ohne Ausnahme vollkommen kennt,
> Gesegnete Meister, Euch bitten wir,
> Kommt mit Eurem Gefolge hierher![33]

Hat der Gläubige sodann ein kurzes Mantra siebenmal wiederholt, manifestieren sich die sieben Buddhas, die folgendermaßen beschrieben werden:

1. (im Mittelpunkt) der Bhaiṣajya-guru im Schmuck all seiner Ornamente;

2. Abhijñā-rāja, dessen Körperfarbe rot ist. Seine rechte Hand zeigt die Geste des Verleihens von Segen, die linke die Geste der Meditation.

3. Dharmakīrti-sāgaraghoṣa; sein Körper ist ebenfalls rot, auch er vollführt mit der rechten Hand die Mudrā des Verleihens von Segen und mit der linken die Ghyāna-Mudrā, die Geste der Meditation.

4. Aśokottamaśrī; sein Körper ist von hellroter Farbe, beide Hände zeigen die Geste der Meditation.

5. Suvarṇa-bhadra-vimala-ratna-prabhāsa; sein Körper ist von rotgelber Farbe, seine rechte Hand vollführt die Geste der Lehre des Gesetzes, die linke die Geste der Meditation.

6. Ratnaśikhin; auch sein Körper ist rot-gelb, seine rechte Hand zeigt ebenfalls die Geste der Lehre des Gesetzes; die linke die Geste der Meditation.

7. Suparikīrtita-nāmaśrī; sein Körper ist von gelber Farbe, und auch seine rechte Hand vollführt die Geste der Lehre des Gesetzes und die linke die Geste der Meditation.[34]

In einer späteren Sequenz des Rituals rezitiert der Gläubige:

> Guru Vajradhara und Ihr anderen, all Ihr Buddhas und Bodhisattvas der zehn Richtungen, Euch bitte ich, seht auf mich. Ich, der ich den Namen ... trage, flehe von nun an, bis ich Erleuchtung erreiche, zu meinem Herrn, dem Meister des Heilens, dem König des Lapislazuli-Glanzes als meiner Schutzgottheit: O Herr und Lehrer, gewähre mir die Vorschriften, deren ich bedarf![35]

Haben sie diese Bitte dreimal wiederholt und dreimal eine Anzahl von Gelübden gesprochen, erklärt der das Ritual leitende Lehrer den teilnehmenden Gläubigen: »Auf euren Häuptern, die ihr selbst gewöhnliche Menschen seid, befindet sich nun der Körper des Bhagavan Bhaiṣajya-guru ...«[36] Die darauffolgende Beschreibung ist mit der zuvor in Abschnitt C dieses Kapitels wiedergegebenen Visualisierung nahezu identisch.

Zur Rechten des Bhaiṣajya-guru befindet sich eine weiße Mondscheibe und zu seiner Linken eine rotgelbe Sonnenscheibe als Symbole der beiden Bodhisattvas in seinem Gefolge. Auf dem Scheitelpunkt des Kopfes des Bhaiṣajya-guru befindet sich der Guru Ngo-bo'i nor-bu rin-po-che dbang-gi rgyal-po (Wahres Wesen des Guru, das Kostbare Juwel, der Mächtige unter den Königen),[37] und auf seiner Stirn befinden sich die sechs anderen

Buddhas des Heilens, die, einer dem anderen folgend, jeweils auf der Stirn des vorangehenden erscheinen.

Der Gläubige sagt sodann: »Ich bitte, möge der Segen des Buddha *(adhiṣṭhāna)*, wie es die grundlegenden Gelübde ausdrücken, die für den Sugata Mtshan legs (Supari-Kīrtita-nāmaśrī) gesprochen wurden, in diesem Augenblick mich selbst und alle Wesen erreichen.«[38] Während er dieses Gebet wiederholt und nacheinander jeden einzelnen Tathāgata bei seinem Namen nennt, löst sich jeweils dieser Buddha in Licht auf und verschmilzt mit dem Körper des Buddha, der ihn trägt.

Diese meditative Übung macht deutlich, daß eine grundlegende Beziehung die sieben Buddhas des Heilens eint. Wird auch der Bhaiṣajya-guru zuerst genannt (als Träger der anderen) und damit seine herausragende Stellung bekundet, so gehen doch die anderen frei in ihn über. Es ist dies ein Zeichen, daß sie, obwohl jeder seine eigene Identität besitzt, als eine Einheit zusammenwirken, erscheinen wie ein Edelstein in der Vielzahl seiner Facetten: die mystische Bruderschaft der spirituellen Heiler.

Das Maṇḍala des Bhaiṣajya-guru: Die Bildnisse und Rituale von Yung-ho-kung

Maṇḍalas, geometrische Darstellungen von komplexer symbolischer Bedeutung, sind der Angelpunkt besonderer Riten und Meditationen der esoterischen Traditionen. In der tibetischen Tradition des Buddhismus stellt man zum Zwecke besonderer religiöser Handlungen große Maṇḍalas aus gefärbtem Sand und Puder her. Im Jahre 1931 nahm der inzwischen verstorbene Professor Ferdinand D. Lessing an einer drei Tage währenden Serie von Riten teil, die dem Bhaiṣajya-guru galten und in dem berühmten lamaistischen Tempel Pekings, dem Yung-ho-Kung, vollzogen wurden.[39] Der Freundlichkeit von Professor Alex Wayman ist es zu verdanken, daß ich Zugang erhielt zu Lessings außerordentlich wertvollen Manuskripten über den Bhaiṣajya-guru, die u. a. Beschreibungen des *Rajomaṇḍala* (»Puder«-Maṇḍala), Augenzeugenberichte über die mit diesem Maṇḍala verbundenen zentralen Riten sowie Rohübersetzungen zahlreicher bedeutender tibetischer Ritualtexte enthalten.

Die besonderen Zeremonien fanden in der Halle des Bhaiṣajya-guru (Halle IV) im Yung-ho-kung statt. In dieser Halle, einem Raum, dem viele Reihen herabhängender Rollbilder einer Vielzahl von Gottheiten Glanz verleihen, dominiert ein stufenförmiger Altar (s. Abb. 5). Die Spitze des Altars bildet eine vergoldete Bronzestatue des Meisters des Heilens, nach tibetischem Brauch eingehüllt in ein Gewand, das man *nab-sa* nennt. Zu seiner Rechten befindet sich das Rajomaṇḍala, auf das an späterer Stelle näher eingegangen werden soll.

Der Altar (s. Abb. 6) trägt zahllose Opfergaben, Tassen, Schalen, Lampen und Banner, die um die Statue herum angeordnet sind. Nach Lessing sind »acht glorreiche Opfergaben« für diesen Altar erforderlich, darunter ein Spiegel, *Bezoar* (eine Absonderung, die sich im Magen oder in den Eingeweiden bestimmter Tiere findet und als ein Gegenmittel gegen Gifte angesehen wird), Dickmilch, *Durva*-Gras, die *Bilva*-Frucht, eine Muschel und rotes Blei oder Quecksilber (wahrscheinlich Zinnober).[40]

Die frisch ausgemalten Abbildungen auf dem Modell des Altars (s. Abb. 6), das während Lessings Aufenthalt hergestellt wurde, zeigen, daß es sich bei der Zikkurat um eine Maṇḍala-ähnliche Darstellung des reinen Landes des Meisters des Heilens handelt. Auf Bergen, die sich aus den kosmischen Meeren erheben, sieht man, schwebend an Ketten aus Edelsteinen, deren anderes Ende die Mäuler von Delphinen-gleichen Makaras halten, eine der Außenmauern und das Tor in ihrer Mitte. Auf der nächsten Ebene sind die »Vorbezirke« dieses Bereiches dargestellt mit Pavillons und Lotusteichen. Die dritte Ebene zeigt die Mauern des Innenhofes um den Maṇḍala-Palast, auf deren Brüstung sich die glückbringenden Vasen befinden. Betrachtet man die Darstellung mit einer Lupe, wie sie Juweliere verwenden, erkennt man die Gestalt einer Schutzgottheit, des Königs Virūḍhaka, der das Schwert des Südens in Händen das zum Innenhof führende Tor bewacht. Auf der nächsten Ebene sieht man vier Bodhisattvas (es sind sechzehn Bodhisattvas insgesamt, vier auf jeder Seite des Gebildes; auch einige tibetische Darstellungen der Bhaiṣajya-guru-Versammlung zeigen sechzehn Bodhisattvas [s. Abb. 3]). Unter dem Thron des Bhaiṣajya-guru befinden sich zwei göttliche Wesen, die jedoch bedauerlicherweise anhand der Photographie nicht zu identifizieren sind (s. Abb. 6). In Übereinstimmung mit der traditionellen achtfachen Aufteilung, die den meisten Maṇḍala-Formen eigen ist, sind diese beiden Wesen zweifellos auch jeweils auf den anderen Seiten dargestellt.

Bei näherer Betrachtung erweist sich das Rajomaṇḍala (s. Abb. 8) als eine außergewöhnliche Konstruktion aus Sand verschiedener Färbung, die einen gewissen dreidimensionalen Eindruck vermittelt. Den Aufzeichnungen Lessings nach ist die Darstellung auf einem gerahmten Gemälde seiner Sammlung (s. Abb. 9 und 10) mit dem Yung-ho-kung-Rajomaṇḍala identisch. Da es sich bei den hier enthaltenen Illustrationen vorwiegend um Reproduktionen kleiner und schon leicht vergilbter Schwarzweiß-Photographien (aus den dreißiger Jahren) handelt, sind Lessings detaillierte Beschreibungen zur Entschlüsselung der Symbolik von unschätzbarem Wert.

Bevor jedoch auf die Symbolik des Bhaiṣajya-guru-Maṇḍala näher eingegangen wird, dürfte eine kurze Erörterung von Maṇḍalas im allgemeinen nützlich sein. Wie der tantrische Meister Saraha in seiner *Śrī-Buddhakapāla-tantrapañjika-jñānavatī* bemerkt, bedeutet *Maṇḍa* »Wesen« und *la* »dieses ergreifen« oder »erfassen«; *Maṇḍala* heißt also »das Wesen erfassen«. Padmavajra schreibt im *Tantrārthāvatāravyākhyāna*: »Maṇḍala bedeutet ›das Wesen einschließen‹ (*maṇḍa-la*), weil ihm das Wesen in dem Sinne eigen ist, daß es dieses ›einschließt‹ oder ›enthält‹.«[41]

Auf diese Weise wird mit Hilfe symbolischer Mittel das Wesen des Heilenden Buddha und seines Gefolges von heilenden Buddhas, Bodhisattvas und Schutzgottheiten in den Kreisen, Quadraten und Abschnitten des Kunstwerkes eingeschlossen. Das Maṇḍala erfaßt das Wesen der geistigen Kraft, d. h. es verdichtet diese in seiner ausdrucksstarken symbolischen Form, es leitet ihre Energie, so daß sie dem Eingeweihten frei zufließen kann, der die Eingrenzung symbolisch überschritten hat. Auf diesen Eintritt in den Bereich des Maṇḍala soll im Anschluß an die Vorstellung der einzelnen Mitglieder des Bhaiṣajya-guru-Gefolges eingegangen werden.

Eine weiße kreisförmige Fläche bildet das Zentrum des Maṇḍala. Innerhalb dieser Fläche, dem Mittelpunkt des inneren Palastes, ruht auf einem rosafarbenen Lotus eine Almosenschale aus Lapislazuli, aus der eine Myrobalane emporwächst. Sie symbolisiert den Herrn des Palastes, den Tathāgata Bhaiṣajya-guru. Diese zentrale Fläche umgeben, zwar auf der Photographie kaum sichtbar, fünf schmale farbige Streifen. Von innen nach außen sind ihre Farben weiß, grün, rot, orange und blau; sie stehen für die Mauern aus kostbaren Edelsteinen, die das innere Heiligtum umschließen. Im Yung-ho-kung-Maṇḍala (s. Abb. 8) sind diese Streifen deutlich als Mauern dargestellt. An ihrer Außenseite befinden sich sechzehn grünumrandete goldene Kreise, die dem zentralen Abschnitt ein radförmiges Aussehen verleihen. Diese goldenen Kreise gleichen den Samen der Lotusblume. Bei starker Vergrößerung der Photographie des Yung-ho-kung-»Puder«-Maṇḍala sind sie als pyramidenförmige Vorsprünge der Mauer um das innere Heiligtum zu erkennen.

Die Lotusblüte selbst besteht aus drei konzentrischen Kreisen von Blütenblättern. Die innersten Blütenblätter, acht an der Zahl, sind von hellroter Farbe und weiß an der Spitze. Auf sieben dieser Blütenblätter sind auf weißen Lotusblumen ruhende Almosenschalen aus Lapislazuli abgebildet, die Zweige medizinischer Pflanzen enthalten. Sie verkörpern die sechs Buddha-Brüder des Bhaiṣajya-guru sowie Buddha Śākyamuni. Auf dem achten Blütenblatt befindet sich ein Symbol, das ob seiner geringen Größe und gleichzeitigen Komplexität nach der Photographie nicht zu identifizieren ist. (Wegen der Symbole für die Buddhas, Bodhisattvas und Schutzgottheiten s. Abb. 10.)

Nach Prof. Lessings Aufzeichnungen zum *Bcom ldan 'das*

sman bla dbe gdegs brgyad kyi sgrub dkhyil yongs drsogs bsgrigs pa gśhan phan 'od źer, Folio 44–45, zeigen die acht Blütenblätter die folgenden Gottheiten:

Südosten	Śākyamuni
Süden	Suparikīrtita-nāmaśrī
Südwesten	Svaraghoṣa-rāja
Westen	Suvarṇa-bhadra-vimala-ratna-prabhāsa
Nordwesten	Aśokottamaśrī
Norden	Dharmakīrti-sāgaraghoṣa
Nordosten	Abhijña-rāja
Osten	Tibetisch: Yum-chen-mo

Bei den erstgenannten sieben handelt es sich um Buddhas, u. a. um die sechs Brüder des Bhaiṣajya-guru (wobei hier der Svaraghoṣa-rāja Ratnaśikhin ersetzt). Auch die letztgenannte Gottheit kann man als Buddha betrachten; sie ist die »Große Mutter«, das unbenennbare Weisheitsprinzip, das allen Buddhas das Leben schenkt.[42]

Der zweite Kreis von sechzehn Blütenblättern, die dunkelrot gefärbt sind mit grünen Spitzen, weist symbolische Darstellungen von Gottheiten auf. Nach Lessings Rohübersetzung eines nicht näher bezeichneten Manuskripts entsprechen diese Symbole sechzehn Gottheiten, die alle Bodhisattvas zu sein scheinen, was für diesen Abschnitt des Maṇḍalas auch angemessen wäre. Für einige der tibetischen Namen dieser Bodhisattvas war ein Sanskrit-Äquivalent nicht aufzufinden.

Angefangen von dem Blütenblatt, das am weitesten im Osten liegt (und auf das »untere« Tor weist), sind im Uhrzeigersinn fortschreitend die Bodhisattvas und die ihnen entsprechenden Symbole die folgenden:

Osten

1. Mañjuśrī – Farbe: gelb; Schwert und Buch.
2. Avalokiteśvara – Farbe: weiß; Lotus.

3. Vajrapāṇi – Farbe: blaugrün; Donnerkeil *(vajra)*.
4. Sūrya-prabha – Farbe: weiß; Sonne. (Obwohl sie im Text mit ›weiß‹ angegeben ist, ist die traditionelle Farbe dieses Bodhisattva jedoch rot).

Süden

1. Candra-prabha – Farbe: weiß; Mond.
2. Mahāmati – Farbe: gelb; Auge.
3. Maitreya – Farbe: gelb; (das Symbol geht aus dem Text nicht klar hervor, jedoch läßt die Photographie einen hellfarbigen Lotus erkennen; Maitreya ist im allgemeinen durch einen weißen Lotus verkörpert).
4. Nāgavṛkṣa – (der Text ist auch hier unklar, jedoch zeigt die Abbildung ein Buch auf einem Lotus).

Westen

1. Pratibhānakūṭa – Farbe: weiß; Weihrauchgefäß.
2. Tib.: Rnams-par gnon-po (u. U. entweder Vikrāmin, Vikṣambhaṇa oder Viṣṭaṃbhanam) – Farbe: blaugrün; Schwert.
3. Darśanīya – Farbe: weiß; Buch auf einem Lotus.
4. Tib.: Mun-pa thams-cad nges-par 'joms-pa'i blos-gros – Farbe: weiß; Edelsteinstab.

Norden

1. Tib.: Bsam-pa legs-par bsam-pa – Farbe: weiß; Vase mit Amṛta.
2. Merukūṭa – Farbe: weiß; Neumondsichel auf einem Lotus.
3. Tib.: Sang-sang-pa'i dbyangs – Farbe: blau; Donnerkeil.
4. Meruśikhara – Farbe: weiß; Vase mit Amṛta.[43]

Einige unter diesen Bodhisattvas sind wohlbekannt. Sie erscheinen in zahlreichen Texten und sind Zentralfigur bedeutender Kulte. Zu ihnen gehören Mañjuśrī, Avalokiteśvara, Vajrapāṇi und Maitreya. Die beiden Bodhisattvas Sūrya-prabha und Candra-prabha stehen, wie schon erwähnt, zum Bhaiṣajya-guru in besonderer Beziehung: Sie sind die bedeutendsten Bodhisattvas seines Bereiches, des Landes namens »Reiner Lapislazuli«.

Demgegenüber sind andere weniger bekannt. Mahāmati, der Bodhisattva »Große Weisheit«, findet vorrangig im *Laṅkāvatāra-Sūtra* Erwähnung. Merukūṭa (»Gipfel des Berges Meru«) war, wie im siebten Kapitel des *Lotus-Sūtra* erwähnt, vor vielen Äonen ein Schüler des Buddha »Der durch großes allumfassendes Wissen Siegreiche«. Sang-sang-pa'i dbyangs läßt sich, wenn auch unter Vorbehalt, mit Sarasvatī identifizieren, einem weiblichen Bodhisattva der Gelehrsamkeit, an die Sprachstudenten traditionell ihre Gebete richten, um die vielbenötigte Sprachgewandtheit zu erlangen. Sie ist die weibliche Entsprechung und mystische Gefährtin des Mañjuśrī.

Noch andere sind nahezu unbekannt. Nāgavṛkṣa bedeutet wörtlich »Schlangenbaum«, der Begriff findet häufig als Bezeichnung für eine Art von Bäumen mit goldfarbener Rinde Verwendung. Es hat diese möglicherweise Bezug zum Heilen. Der Bodhisattva Nāgavṛkṣa mag mit Nāgārjuna in Beziehung stehen, der einen ähnlichen Namen trägt und in einer Reihe von großen japanischen ikonographischen Kompendien aus dem zwölften Jahrhundert dargestellt ist, die die Abbildungen esoterischer Gottheiten enthalten, darunter der Zuzō-shō (die Ausgabe von 1135, ebenso die späteren Nachdrucke), Rolle fünf. Sie zeigt Nāgārjuna im Gewand eines Mönches. Sein besonderes Samaya-Symbol, anhand dessen man ihn in der Meditation vergegenwärtigen oder in der Kunst darstellen kann, ist ein Buch, wie es auch Lessings Maṇḍala zeigt.[44] Pratibhānakūṭa, »Gipfel der Redegewandtheit«, erscheint in den einleitenden Passagen des *Vimalakīrti-nirdeśa-Sūtra*. Rnams-par gnon-po bedeutet »Der Löwe« oder »Der Furchtlose«. Wie schon erwähnt, kommt eine Reihe von Sanskrit-Bezeichnungen als Äquivalent für diesen tibetischen Namen in Betracht. Darśanīya kann »Sehenswert« oder »Schön« bedeuten; gleichzeitig ist es der Name einer Pflanze , deren lateinische Bezeichnung *asclepias gigantea* lautet. Sie besitzt wahrscheinlich heilende Eigenschaften, geht doch der lateinische Name für die Familie von Pflanzen, der sie zugehört, auf Asklepios, die heilende Gottheit der Griechen und Römer, zurück. (Bei den *asclepiadaceae* handelt es sich vorwiegend um Wolfsmilchgewächse.)

Im westlichen Viertel des Maṇḍala befindet sich ein Bodhisattva, der lediglich durch seinen tibetischen Namen *Mun-pa thams-cad nges-par 'joms-pa'i blos-gros* identifiziert ist, dessen annähernde Übersetzung lautet: »Die Weisheit, die gewißlich alle Finsternis besiegt.« Im nördlichen Viertel befindet sich Bsam-pa legs-par bsam-pa, dessen Name sich auf die ihm eigene »richtige Denkweise« bezieht. Der letzte Bodhisattva, der ebenfalls in der übrigen buddhistischen Literatur nicht erwähnt wird, befindet sich gleichermaßen im nördlichen Viertel. Sein Name Meruśikhara läßt sich mit »Gipfel des Berges Meru« übersetzen.

Eine Analyse der diesen Bodhisattvas zugeordneten Namen und Himmelsrichtungen ergibt, daß die Namen wie auch die Attribute dieser Wesen, soweit sie bekannt sind, im wesentlichen drei Kategorien unterfallen: Weisheit und Einsicht; Heilen; Mitgefühl. Was jedoch ihre jeweilige Stellung in den vier Vierteln angeht, so ist es mir nicht gelungen, ein klares Bild von einem symbolischen Gehalt zu gewinnen.

Wendet man sich sodann dem äußeren Kreis zu, so sieht man zweiundzwanzig weiße Blütenblätter mit blauen Spitzen, deren jedes gleichfalls ein Symbol aufweist. Dem *Bcon ldan 'das sman bla . . .*-Text nach verkörpern diese Symbole die Hüter der zehn Richtungen *(dikpālas)* und die zwölf Generäle der Yakṣas, die mit dem Bhaiṣajya-guru in Verbindung stehen.[45]

Nach Lessings Aufzeichnungen enthält der dort nicht näher bezeichnete Maṇḍala-Text den Hinweis, daß das Symbol im Mittelpunkt und die Symbole auf den beiden inneren Kreisen aus Blütenblättern auf Mondscheiben ruhen, während die zweiundzwanzig äußeren Symbole sowie die Hüter der vier Tore (s. u.) jeweils auf einer Sonnenscheibe dargestellt sind.[46] Dies wäre auch angemessen, da Mondscheiben gemeinhin mit den friedlichen Gottheiten assoziiert werden, während die feurigen Sonnenscheiben den rasenden Schutzgottheiten zugeordnet sind.

Diese Identifikation der drei Kreise von Symbolen mit Buddhas, Bodhisattvas und Schutzgottheiten findet Bestätigung im Vergleich mit einem Blockdruck des Maṇḍala »des Buddha des Heilens in 51 Aspekten«, der in dem Buch *Mystic Art of Ancient Tibet* enthalten ist.[47] Er stellt das gleiche Maṇḍala dar, zeigt jedoch Bildnisse anstatt der Symbole. Zwar zeigt das eine Maṇḍala die Abbildungen der Gottheiten, während das andere sie auf symbolischem Wege darstellt – verkörpert durch das Objekt, das die Gottheit üblicherweise in ihrer Hand hält. Man sollte jedoch nicht verkennen, daß es sich in beiden Fällen um Darstellungen nach einem konventionellen symbolischen System handelt. Ihr eigentlicher Inhalt, das, was sie tatsächlich verkörpern – Buddhas, Bodhisattvas und andere hohe Kräfte in ihren geistigen Bereichen –, übersteigt die Grenzen der menschlichen Vorstellungskraft.

Doch weiter in der Beschreibung des Maṇḍala: Die große Lotusblüte mit ihren siebenundvierzig Gottheiten (die man aus diesem Grunde einen »gefüllten Lotus«, *viśva-padma,* nennt) ist von einem schmalen blauen Streifen umgeben. Darauf folgt ein weißer Streifen, auf dem sich sechzehn goldene Donnerkeile befinden, die eine rote, von Gold überlagerte Linie verbindet. Lessing bemerkt hierzu: »Im (Maṇḍala-)Palast selbst bildet dieser Kreis von Donnerkeilen die Basis für acht Säulen, die das kuppelförmige Dach tragen.«[48] Dem Manuskript nach befinden sich auf diesen acht Säulen edelsteingeschmückte Firstbalken.[49] Wie aus Analysen des symbolischen Gehalts der Konstruktion eines Maṇḍala-Palastes hervorgeht, verkörpern diese acht Säulen, die das Dach des spirituellen Gebäudes tragen, die Prinzipien des Edlen Achtfachen Weges.

Den gesamten kreisförmigen Raum im Innern des Palastes grenzt eine schmale rote Linie ein. Das Quadrat mit T-förmigen Ausbuchtungen, das den Kreis umgibt, unterteilt sich in vier Viertel, deren jedes eine andere Farbe aufweist. Diese T-förmigen Ausbuchtungen im Quadrat sind die vier Tore des Palastes.

Sie tragen jeweils die Darstellung eines der vier Hüter der Tore, der Könige der Welt *(lokapālas)*. Anhand der dargestellten symbolischen Attribute kann man sie vom »untersten« Tor ausgehend und im Uhrzeigersinn fortschreitend wie folgt identifizieren:

1. Dhṛtarāṣṭra, der Laute spielende Hüter des Ostens; die Farbe des Viertels ist blau (Lapislazuli). Er ist der König der *Gandharvas*, der Musik spielenden Geister, die sich von Duftstoffen ernähren.

2. Virūḍhaka, der das Schwert des Südens in Händen hält, im gelben Viertel. Er ist der König der Kumbhaṇḍa-Dämonen.

3. Virūpākṣa, den eine Schlange verkörpert, denn er ist der König der Nagas. Er wird auch häufig mit einem Miniatur-Stūpa, einem kostbaren Reliquienschrein, in Händen dargestellt. Virūpākṣa ist der Hüter des roten westlichen Viertels.

4. Vaiśravaṇa, der Hüter des grünen nördlichen Viertels, wird durch ein Siegesbanner verkörpert. Häufig sind auch Darstellungen, auf denen er einen edelsteinspeienden Mungo in Händen hält. Vaiśravaṇa ist der König der Yakṣas.

Die Hüter der vier Viertel sind zahlreichen Versammlungen von Buddhas und Bodhisattvas zugeordnet. Sie werden dem Brauch zufolge zum Schutz der verschiedenen Tempel und Klöster angerufen, und Statuen von eindrucksvoller Größe, die sie verkörpern, finden sich häufig (insbesondere in China und Japan) an den Toren der Tempelbezirke.

Auch kommt ihnen in den sino-tibetischen Traditionen eine besondere Heilfunktion zu. In diesem Zusammenhang ist jeder der Lokapālas zuständig für eines der vier Elemente *(mahābhūta)*: Feuer, Wasser, Luft und Erde. Diese sind die Hauptbestandteile sowohl des Universums wie auch des Menschen, des mikrokosmischen Universums. Da Krankheit ein Anzeichen dafür ist, daß das ausgewogene Verhältnis der Elemente gestört ist, sucht man, deren Harmonie und Gleichgewicht wiederherzustellen. Der Lama unterteilt den Hofplatz im Heim des Kranken in vier Viertel und errichtet in jedem eine Fahne für einen der vier Hüter. Eine weitere Fahne im Mittelpunkt gilt ihren Töchtern, den Gottheiten der achtundzwanzig Mondhäuser *(nakṣatras)*. Auf jeder dieser Fahnen befindet sich das berühmte Mantra *Oṃ maṇi padme hūṃ*. Wenn der Wind die Fahnen bewegt, ruft die Kraft des Mantra die heilende Unterstützung der Lokapālas und ihrer Töchter herbei.[50]

Die übrigen Teile, aus denen sich der Maṇḍala-Palast des Bhaiṣajya-guru zusammensetzt – so die umfangreichen Strukturen über den Toren, die Mauern aus Edelsteinen, die Schutzkreise aus Donnerkeilen und das Feuer am äußersten Rand des Maṇḍala, an den Grenzen dieses meditativen Universums –, unterscheiden sich nicht von den üblichen Darstellungen dieser generellen Art von Maṇḍala.[51] Der eigentliche, dreidimensionale Aufbau des Bhaiṣajya-guru-Palastes wird auf der beachtenswerten Photographie eines Modellpalastes im Yung-ho-kung (s. Abb. 7) deutlich sichtbar. Zusätzlich zu gemalten Maṇḍalas fand dieser Miniaturpalast bei Ritualen Verwendung, die in Halle IV des Tempels stattfanden.

Auf der Grundlage dieser kurzen Erörterung des besonderen Gaben-Altares und des Maṇḍala des Heilenden Buddha soll im folgenden ihre Funktion im Rahmen der rituellen Verehrung dargestellt werden. Die Untersuchung basiert auf den Beobachtungen Lessings und erstreckt sich auf drei Riten: die Darbringung der Myrobalane in tausend Aspekten (unter Verwendung des Altars); Einweihung in den Maṇḍala-Palast; rituelle Auflösung des Maṇḍala. Da es sich bei diesen Ritualen um sehr ausgedehnte Zeremonien handelt, die sich jeweils über mehrere Stunden hinziehen können, soll an dieser Stelle nur auf ihre wesentlichen Aspekte näher eingegangen werden.

1. Die Darbringung der Myrobalane in tausend Aspekten[52]

Dieser Ritus ist Teil eines Zyklus von Opfergaben und Gebeten an die sieben heilenden Buddhas, dessen Durchführung in der ausführlichsten Form bis zu drei Tage in Anspruch nehmen kann. Gleichgültig, ob dieser Zyklus in seiner ausführlichen oder in seiner abgekürzten Form durchgeführt wird, die Darbringung der Myrobalane stellt in jedem Fall einen seiner wesentlichen Aspekte dar.

Der Ritus beginnt mit der Darbringung materieller Opfergaben wie Kuchen, Blumen, Räucherwerk usw. Die Rezitation eines Mantra verwandelt diese in »Wolken von Opfergaben« *(pūjāmegha)*, die den ganzen Himmel erfüllen. Der Leiter des Rituals betet sodann, daß diese Gaben

> . . . Durch die Kraft meiner Meditation,
> Durch die Kraft der Weihe, die die Tathāgatas verleihen,
> Durch die Kraft des Einflusses der *Dharmadhātu*
> Dem Wohl aller Geschöpfe . . .[53]

dienen mögen.

An diesem Punkt folgt in der Liturgie die Beschreibung des Myrobalanen-Baumes: Er ist grün, von großer Schönheit; sein Anblick ist kraftspendend, er erfreut das Herz; der Baum trägt Zweige, Blätter und Früchte; sein Duft verbreitet sich in unendliche Fernen, und sein Glanz erhellt Himmel und Erde. Es folgt die Anbetung der acht Buddhas – der sieben Buddhas des Heilens sowie des Śākyamuni Buddha – und die Bitte an sie, den Gläubigen die absolute Wahrheit zu offenbaren, die ihrer Dankbarkeit Ausdruck verleihen für die Gelübde der Buddhas, all denjenigen zu helfen, die den Buddhas ihre Verehrung erweisen. Die Gläubigen beten sodann:

> Gemeinsam mit allen anderen bringe ich Dir, der Du voller Mitgefühl bist, diese Myrobalane dar, auf daß Du alle Geschöpfe von ihren Krankheiten befreist.[54]

Sie rezitieren Dhāraṇīs und beten, die Buddhas mögen alle Geschöpfe vom Leid befreien und alle Krankheiten von den Lebewesen fernhalten:

> Mögen alle Geschöpfe, wo sie auch weilen, und ich selbst durch das bekennende Gelübde des Tathāgata aller Krankheit ledig sein und sich, schnell vom Leid befreit, des Glücks erfreuen.[55]

Es folgen weitere Gebete, darunter:

> Mögen durch die Kraft der Medizin, die der geheimen Versammlung dargebracht wurde, durch den weithin reichenden Einfluß der Opfergaben, der Anrufungen und Arzneien, alle Wesen, die von Krankheit gepeinigt sind, von ihrem Schmerz erlöst sein und glücklich leben. Möge die Arznei des Erbarmens alle Wesen erfrischen, die Mangel leiden. Mögen sie, wo sie auch seien, befreit sein von den beiden Hindernissen (*kleśāvaraṇa* und *jñeyāvaraṇa*) und schnell den Zustand des Bhaiṣajya-guru erreichen.[56]

Gebete wie die obengenannten und verschiedene heilige Formeln werden unablässig wiederholt, manche bis zu tausendmal; sie rufen die göttlichen heilenden Strahlen an und erzeugen ein hohes Maß an Mitgefühl. Während diese Gebete gesprochen werden, geht dem Text nach Licht von den Körpern der acht Buddhas und der Mitglieder ihres Gefolges aus. Diese Strahlen verschmelzen mit dem geweihten Wasser in dem Gefäß und mit den Myrobalanen, die sich auf der »Gabenpyramide« (Abb. 10) befinden. Diese gelten, wenn sie die transformierenden Strahlen aufgenommen haben, als äußerst wirksame Arzneien.

2. Abhiṣeka: Einweihung in den Maṇḍala-Palast

Das Maṇḍala ist ein bedeutender Aspekt einer Reihe von *abhiṣeka*-(Einweihungs-)Riten, deren einige auch die »Darbringung der

Myrobalane in tausend Aspekten« beinhalten. Die Aufzeichnungen Lessings über die Bhaiṣajya-guru-Abhiṣeka-Zeremonien sind, obwohl fragmentarisch, außerordentlich umfangreich mit Anmerkungen zu Mudrās, Dhāraṇīs, verschiedenen Opfergaben usw. In dem Bestreben, das darzustellen, was für das Verständnis von Aussage und Funktion des Maṇḍala des Heilenden Buddha wesentlich ist, habe ich diese Aufzeichnungen zusammengefaßt und gebe im folgenden einen Abriß nur derjenigen Teile, die sich auf die o. g. Aspekte beziehen.[57]

Das diesen zahlreichen Riten Gemeinsame und gleichzeitig ihr Wesen besteht in der Umwandlung der Welt durch die Rezitation geheiligter Silben und durch die Anrufung von Gottheiten und die Identifikation mit diesen. Das Maṇḍala wird zum Mittelpunkt eines heiligen Raumes, den vibrierende Energie erfüllt, und die Teilnehmer erfahren, wenn sie mit den angerufenen Gottheiten verschmelzen, eine geistige Transformation.

Die Rituale sind außerordentlich komplex, und alle Handlungen, die in diesem bedeutungsgeladenen Rahmen vollzogen werden, folgen einem sorgfältig vorgeschriebenen Muster. Zu ihren einzelnen Elementen gehören: Gebete für den Spender des Rituals, die Weihe ritueller Instrumente und Roben, Opfergaben von Reis usw., das Vertreiben von Dämonen, Opfergaben an die Gottheiten des Ortes und an die hungrigen Geister *(pretas)* sowie ihre anschließende Verbannung, die Anrufung der Hüter der zehn Richtungen, Reinigung durch Waschungen und das Anlegen der rituellen Gewänder, die Verehrung des Maṇḍala, der Eintritt in dieses, Abhiṣeka und schließlich zahlreiche abschließende Opfergaben. Alle diese Handlungen sind von der Rezitation von Dhāraṇīs und Mantras begleitet.

Die mit dem Maṇḍala in Beziehung stehenden Praktiken sind im Rahmen dieser Untersuchung von besonderem Interesse. Das Folgende befaßt sich daher mit den grundlegenden Aspekten des Eintritts in das Maṇḍala und das Abhiṣeka. Bevor man das Maṇḍala betritt, bittet der Lehrer oder Priester, der die Einweihung leitet, um die Erlaubnis hierzu und bringt Opfergaben zur Verehrung dar. Er visualisiert sodann, daß er den Vajra in Händen das Maṇḍala betritt. Handelt es sich um das Rajomaṇḍala, das »Puder«-Maṇḍala, betritt der Lama tatsächlich den mit Tüchern abgeschirmten Bereich und visualisiert sodann seinen Eintritt in das Maṇḍala. In einigen Ritualen hat sich der Lama bereits zuvor mit dem Bhaiṣajya-guru identifiziert, in anderen vollzieht sich diese mystische Einswerdung in dem Augenblick, in dem er den Palast betritt. Sodann

> . . . geht vom Herzen des Lama, der mit dem Meister identisch ist, ein Lichtstrahl aus. Er erreicht alle Buddhas und Bodhisattvas in den Zehn Richtungen des Universums und lädt sie als die geheime Versammlung von Gottheiten seines eigenen Maṇḍala ein, so daß sie gleich einem Regen auf seinen Körper herniederfallen.[58]

Nachdem der Lama mit dem Heilenden Buddha zu einer geistigen Einheit geworden ist und auf diese Weise seinen eigenen Maṇḍala-Palast durch das östliche Tor tatsächlich betreten hat, öffnet er dieses, um seine Schüler einzulassen, die zuvor besondere Versprechen und Gelübde abgelegt haben.

Der Lama weiht sodann seine eigene Gestalt mit geheiligtem Wasser aus einem Gefäß; er trinkt einige Tropfen und erlebt, wie das Wasser jede Faser seines Körpers durchdringt, bis dieser vollständig angefüllt ist, so daß ein Überschuß durch die »Brahma-Öffnung« (eine Stelle am Scheitelpunkt des Kopfes) austritt. Das dort austretende Wasser verwandelt sich in ein mystisches Ornament, das seinen Kopf schmückt. Sein Körper – durchdrungen von der großen Glückseligkeit *(mahāsukha)* – ist transformiert in die göttliche Gestalt. Dieser Abhiṣeka wird darauf den Schülern erteilt, die zur Linie der geistigen Kräfte Zugang gewinnen.

Die Schüler werden darin unterwiesen, die Heilenden Buddhas durch Visualisierung anzurufen, deren Gestalt und Farbe an diesem Punkt enthüllt werden. Die Visualisation entspricht in ihrem generellen Ablauf denjenigen, wie sie bereits zuvor aus dem

Rin Lhan und dem *Jao-shih ju-lai hsien-kuan chien-lüeh i-kuei* zitiert wurden. Im Rahmen einiger Zeremonien visualisieren die Schüler den Herrn des Maṇḍala (den Bhaiṣajya-guru) im Raum vor sich im Himmel, umgeben von den Buddhas und Bodhisattvas der Zehn Richtungen, von den zahlreichen Schutzgottheiten usw., und nehmen sodann Zuflucht zu diesen allen.

Nachdem die Schüler versprochen haben, niemals das Geheimnis des mystischen Maṇḍala – das ihnen auf einer inneren Ebene Mitgeteilte und die mündlichen Unterweisungen des Lama – zu enthüllen, öffnet sich (für den Nicht-Eingeweihten unsichtbar) die Tür des Miniaturpalastes, und die Glorie des Buddha *(tejas)* senkt sich auf die Eingeweihten herab, wenn sie diesen betreten.

3. Die Auflösung des Maṇḍala

Die zahlreichen Riten, die mit dem Maṇḍala des Bhaiṣajya-guru in Verbindung stehen, beschließt als letzte zeremonielle Handlung die Auflösung oder Zerstörung des Maṇḍala. Seinen Aufzeichnungen zufolge wurde Prof. Lessing am 15. Mai 1931 in Halle IV des Yung-ho-kung Zeuge dieses Vorgangs.[59] Bei dem Maṇḍala, das zerstört wurde, handelte es sich – wie schon erwähnt – um das »Puder«-Maṇḍala, um das große »Gemälde« aus gefärbtem Sand, das speziell für diese Zeremonien vorbereitet wird. Die wesentlichen Elemente dieser Riten sind folgende:

1. Während sie bestimmte Formeln rezitieren, entfernen die Lamas die magischen Dolche (Tib.: *phur-bu*), die das Maṇḍala beschützen, aus den Halterungen an dessen Ecken und waschen die Dolche in Milch.

2. Geweihtes Wasser wird in kreisförmiger Bewegung über das Maṇḍala gegossen.

3. Sodann wird das Zentrum des Maṇḍala mit einem Phur-bu in vier Richtungen hin zerschnitten.[60] Die Teilnehmer erhalten getrocknete Früchte der Myrobalane (von der Darbringung der Myrobalane in tausend Aspekten) sowie Portionen des farbigen Grundes als wirksame Erinnerung an die rituelle Erfahrung.

4. Zuletzt wird das Maṇḍala völlig zerstört, der Sand von den Seiten zum Mittelpunkt hin zusammengefegt.

5. Die Lamas bilden eine Prozession und führen dabei einen Tisch mit Opfergaben, Banner, Musikinstrumente, auf denen sie spielen (lange Hörner, Trommeln und Zymbeln), ein großes Wassergefäß sowie ein Bündel mit verschiedenen Gegenständen mit sich. Das große Wassergefäß befand sich zuvor, während der vorangehenden sieben Tage, auf dem Gabenaltar, und das darin enthaltene Wasser wurde durch die mannigfachen Riten in göttlichen Nektar *(amṛta)* verwandelt.

6. Das Ziel der Prozession ist ein Brunnen in einem kleinen Innenhof nahe der Wohnräume der Lamas. Diesen Brunnen glaubt man durch unterirdische Kanäle mit dem Meer verbunden. Dort angelangt, wird zunächst dem Beherrscher des Ortes (dem in dem Innenhof lebenden Geistwesen) eine Gabe dargebracht. Es folgt die Verlesung eines an die Schlangen-Dämonen gerichteten Textes, worauf an vorbestimmten Stellen Reis in den Brunnen hinabgeworfen wird. Auf dem Tisch werden Opfergaben aufgestellt (darunter Kuchen, Milch, Lampen, Räucherwerk und Blumen).

7. Ein kleines Gemälde des Maṇḍala des Heilenden Buddha aus Halle IV, das man in der Prozession mitgeführt hatte, wird geweiht, indem man es über der Brunnenöffnung mit dem heiligen Amṛta wäscht. Sodann wird der farbige Sand, aus dem das Maṇḍala hergestellt war – den man in einer kleinen Tasche gesammelt hat –, in den Brunnen geworfen, und das geweihte Nektar-Wasser wird zur Besänftigung der Schlangen-Dämonen *(Nāgas)* darübergegossen.

Dies bildet den Abschluß der die Verwendung des Maṇḍala des Heilenden Buddha beinhaltenden Zeremonien.

Schlußbemerkung

Bildnisse und Kunstgegenstände ganz allgemein sind für die Verehrung und Anrufung des Heilenden Buddha von besonderer Bedeutung. Es läßt sich dies unter dem Aspekt des ästhetischen Erlebens betrachten, dem die Rolle zukommt, die spirituelle Erfahrung zu intensivieren, das Bewußtsein zu einer neuen Ebene zu erheben und so den Heilungsprozeß zu fördern. Auch finden Bildnisse als Werkzeuge Verwendung, die der Anrufung der Gottheit in der Meditation, im Gebet und in der rituellen Verehrung dienen. Die Beschreibungen des im Yung-ho-kung hergestellten Rajo-Maṇḍala des Bhaiṣajya-guru sowie der damit verbundenen Rituale vermitteln einen Eindruck von seiner komplexen Symbolik und von der tiefen Hingabe, die die Verwendung derartiger Bildnisse begleitet. Die in Übersetzung vorliegende Anleitung zur Visualisation weist darüber hinaus auf den im wesentlichen persönlichen Aspekt, der diesen Ritualhandlungen innewohnt. Um Heilung zu finden, bedarf es mehr als der Herstellung eines Abbilds (sei dieses physischer oder geistiger Natur): Das Bildnis muß zum Leben erweckt werden durch die geistige Kraft des Buddha und eins werden mit dem Betrachter. Erst wenn der eigene Körper zum Körper des Tathāgata wird und der eigene Geist mit dem Göttlichen Geist verschmilzt, kann tiefgreifende Heilung stattfinden.

Zweiter Teil

Übersetzungen aus dem chinesischen buddhistischen Kanon

Übersetzung I: *Das vom Buddha verkündete Sūtra über die Betrachtung der beiden Bodhisattvas »Der König des Heilens« und »Der Höchste Heiler«*

(Fo-shuo kuan Yao-wang Yao-shang erh-p'u sa ching; Übersetzung der chinesischen Version des zentralasiatischen Tripiṭaka-Meisters Kālayaśas [ca. 424], T. XX, 1161.)

Einleitung: Die Darstellung der beiden Bodhisattvas

So habe ich gehört: Eines Tages hielt sich der Buddha im Klostersitz des blauen Lotusteiches, im Markaṭa-(Affen-)Hain des Staates von Vaiśālī auf. Ihn umgab eine Versammlung von 1250 bedeutenden Mönchen, darunter der ehrwürdige Mahākāśyapa, der ehrwürdige Śāriputra, der ehrwürdige Mahāmaudgalyāyana, der ehrwürdige Mahākātyāyana und andere gelehrte Schüler mehr. Auch waren 10 000 Bodhisattva-mahāsattvas[1] anwesend, so der Bodhisattva »Wunderbarer Arm«, der Bodhisattva »Sprachbegabt«, der Bodhisattva »Ruhige Sprache«, der Bodhisattva »Tugendhaftes Juwel«, der Bodhisattva »Weise Tugend«, der Bodhisattva »Glorreicher sanfter Klang« (Mañjuśrī), der Bodhisattva »Der Liebreiche« (Maitreya) und viele andere gleich ihnen Erhabene. Weiter kamen zehn Millionen Bodhisattva-mahāsattvas aus den Zehn Richtungen[2] und besuchten die Versammlung. Unter ihnen befanden sich der Bodhisattva »Weiser Hirte«, der Bodhisattva »Gabenreicher Hirte«, der Bodhisattva »Er sieht den Jammer der Welt« (Avalokiteśvara), der Bodhisattva »Im Besitz großer Kraft« (Mahāsthāmaprāpta), der Bodhisattva »Der König des Heilens«, der Bodhisattva »Der Höchste Heiler«, der Bodhisattva »Vollkommen Würdig« (Samantabhadra), der Bodhisattva »Weiser Beschützer«, der Bodhisattva Brahmādeva, der Bodhisattva »Reines Banner« und viele andere. Schließlich kamen auch fünfhundert Licchāvis aus Vaiśālī[3] dorthin, unter ihnen der Älteste[4] »Baldachin des Mondes« mit seinem Sohn »Anhäufung von Edelsteinen« u. a.

Zu dieser Zeit ging der Herr in den Samādhi (tiefe Sammlung, meditative Versenkung) des allumfassenden Lichtes ein. Allen Poren seines Körpers entströmten Lichtstrahlen in vielfältigen Farben, die den Markaṭa-Hain in den Farben der Sieben kostbaren Substanzen[5] erstrahlen ließen. Das sich über den Hain erhebende Licht verwandelte sich in einen juwelengeschmückten Baldachin, und eine Vielzahl von Dingen erschien in diesem, die selten sind in den Bereichen der Zehn Richtungen.

Da erhob sich »Anhäufung von Edelsteinen«, der Sohn des Ältesten, von seinem Platz, wandte sich Ānanda zu und sprach zu diesem: »O Tugendhafter, heute ist der Herr in Samādhi eingegangen, und sein ganzer Körper erstrahlt in Licht. Gewißlich wird er über die höchste Lehre sprechen. Aus ganzem Herzen wünsche ich zu wissen, o Tugendhafter, wann er dies tun wird.«

Ānanda antwortete ihm: »Sohn des Ältesten, der Buddha ist in Samādhi eingegangen, und ich wage nicht, ihn zu fragen.«

Als Ānanda diese Worte sprach, entströmte den Augen des Buddha Licht und erhellte die Stirn der beiden Bodhisattvas »Der König des Heilens« und »Der Höchste Heiler«. Über ihrer Stirn manifestierten sich all die zahllosen Buddhas der Zehn Richtungen in blendendem Schein, einem diamantenen Berge gleich. Auch diese Edlen ließen ihren Augen Licht entströmen, das weithin die Stirn aller Bodhisattvas (in der Versammlung) erhellte. Über der Stirn dieser Bodhisattvas erschien die strahlende Manifestation aller Bodhisattva-mahāsattvas aus den Bereichen der Zehn Richtungen, die den Śūraṃgama-samādhi erreicht hatten. Sie glich einem Berg aus Lapislazuli.[6]

Als diese Form erschien, erhob sich eine juwelengeschmückte Lotusblüte im Markaṭa-Teich. Sie besaß die Farbe eines weißen Edelsteines, doch war ihr Weiß von unvergleichlicher Art.

Auf der Lotusblüte saßen zahlreiche Buddhas;[7] ihre Körper waren subtil und von höchster Vollendung. Auch sie gingen ein in Samādhi. Ein jeder ließ seinen Augen Licht entströmen, das die Stirn der Bodhisattvas »Der König des Heilens« und »Der Höchste Heiler« erhellte und sodann auch die Stirn aller anderen Bodhisattvas.

Zu dieser Zeit verließ der Herr den Samādhi. Mit einem feinen Lächeln von strahlender Harmonie atmete er durch seinen Mund fünffarbige Lichtstrahlen aus, die sein dem Vollmond gleichendes Gesicht völlig erhellten. Von seinen Gesichtszügen her erschienen sodann mannigfache wechselnde Manifestationen von Licht, die millionenmal glorreicher waren als seine gewöhnliche Erscheinung.

Die Namen der beiden Bodhisattvas und ihre heiligen Formeln

Der Sohn des Ältesten, »Anhäufung von Edelsteinen«, sah auf die ehrfurchtgebietenden Züge des Buddha und pries ihn: »Dies ist wahrhaft selten.« Er erhob sich von seinem Sitz, ordnete sein Gewand, entblößte seinen rechten Arm (zum Zeichen des Respekts) und umschritt den Buddha siebenmal. Er kniete vor ihm nieder, faltete die Hände und blickte demütig zu dem Verehrungswürdigen auf. Ihn unverwandt ansehend wandte er sich an den Buddha und sprach: »O Herr, Du hast heute ein strahlendes Licht ausgesandt, das alle Buddhas und Bodhisattvas der Zehn Richtungen erleuchtete. Nun haben sie sich alle gleich einer Wolke hier versammelt. Im Meer des Gesetzes der Buddhas suche ich Antwort auf einige Fragen, und ich habe den tiefen Wunsch, o Herr, Du mögest mir die Antwort zu meinem Wohle zuteil werden lassen.«

Der Buddha sprach zu ihm: »Du magst mich ohne Scheu befragen.«

Daraufhin sprach »Anhäufung von Edelsteinen« erneut zum

Buddha: »O Herr, Du hast heute aus Deinen Augen Lichtstrahlen entsandt, und diese Strahlen ruhen auf der Stirn der Bodhisattvas ›Der König des Heilens‹ und ›Der Höchste Heiler‹, einem diamantenen Berge gleich. Alle Buddhas und Bodhisattvas der Zehn Richtungen manifestieren sich in blendendem Schein als dieser Berg von Licht. Die ehrfurchtgebietende Tugend dieser beiden Bodhisattvas gleicht in ihrem Glanz dem immer wechselnden Schimmer des Cintāmaṇi-Edelsteins.[8]

Millionenmal übersteigt ihre Vollendung die anderer Bodhisattvas. Gibt es nach Deinem Parinirvāṇa, zur Zeit des Niedergangs der unverfälschten Lehren, Geschöpfe, die die Namen dieser beiden Bodhisattvas vernehmen, so werden ihnen alle Segnungen zuteil werden, die sie ersehnen. Sucht ein guter Sohn oder eine gute Tochter (der buddhistischen Familie) die Fessel des negativen Karma zu durchschneiden, wie soll ein solcher Mensch über die strahlende Gestalt des Königs des Heilens und des höchsten Heilers meditieren?«

Da sprach der Buddha zu »Anhäufung von Edelsteinen«: »Höre aufmerksam zu und bewahre mit reiner Einstellung meine Worte in deinem Herzen. Ich will es dir Schritt für Schritt nennen und erklären.«

Als der Buddha so gesprochen hatte, erhoben sich die Söhne der fünfhundert Ältesten gleichzeitig von ihren Plätzen und verbeugten sich vor ihm. Von dem Wunsch beseelt, das Glück (seiner Belehrung) zu empfangen und (seine Worte) zu vernehmen, brachte ein jeder von ihnen dem Buddha eine blaue Lotusblume dar.

Zu dieser Zeit pries die gesamte große Versammlung, darunter auch die Bodhisattvas, gemeinsam »Anhäufung von Edelsteinen« und sang: »Ausgezeichnet, ausgezeichnet, ›Anhäufung von Edelsteinen‹! Du besitzt die Fähigkeit, zum Nutzen jener von Blindheit geschlagenen Geschöpfe der zukünftigen Zeiten die Methode des Abhiṣeka zu erfragen, der vermittelt wird von der vollendeten Arznei des süßen Taus, den der Tathāgata verleiht.«[9]

Nach diesen Worten kehrte Schweigen in der Versammlung

ein, und der Buddha sprach zu »Anhäufung von Edelsteinen«: »Geschöpfe in der Zukunft werden die Namen der beiden Bodhisattvas ›Der König des Heilens‹ und ›Der Höchste Heiler‹ unter fünf Voraussetzungen vernehmen können. Welche sind diese fünf?

1. Mit seinem Geist sollte man unablässig nur Liebe verbreiten. Man sollte nach Vollendung streben in der Einhaltung der Moralvorschriften des Buddha und niemals von den Prinzipien des erhabenen Verhaltens abweichen.

2. Man sollte sich der Sorge befleißigen, die ein Kind seinen Eltern angedeihen lassen soll, und man sollte die Zehn heilsamen Vorschriften für das Leben in der Welt befolgen.[10]

3. Körper und Geist sollten friedlich und ruhig sein, und seine Gedanken sollte man einzig dem zuwenden, das frei ist von Unordnung.

4. Man sollte die *Vaipulya-Sūtras* (die »erweiterten«, die Mahāyāna-Texte) hören, ohne Vermutungen oder Zweifeln Raum zu geben, weder (in Gefühlen) versinken noch (in seiner geistigen Entwicklung) zurückfallen.

5. Man sollte daran glauben, daß der Buddha ewig ist; unaufhörlich sollte der Geist, einem raschen Flusse gleich, auf die absolute Wahrheit zufließen.«

Weiter sprach der Buddha zu »Anhäufung von Edelsteinen«: »Hat ein Lebewesen diese fünf Eigenschaften vollendet, so wird es in jedem zukünftigen Dasein immer die Namen dieser beiden Bodhisattvas vernehmen und ebenso die Namen all der zahlreichen Buddhas und Bodhisattvas der Zehn Richtungen. Wenn es die *Vaipulya-Sūtras* hört, werden weder Vermutungen noch Zweifel in ihm wachwerden. Die ehrfurchtgebietende spirituelle Kraft, die in ein Wesen einfließt, wenn es die Namen der beiden Bodhisattvas vernimmt, wird für 500 Asaṃkhyeya-Äonen[11] in jeder neuerlichen Existenz verhindern, daß dieses Wesen in einen der kummervollen Wege des Daseins fällt.«

Als der Buddha diese Worte gesprochen hatte, empfing der Bodhisattva »Der König des Heilens« (in einer Inspiration) den ehrfurchtgebietenden geistigen Einfluß des Buddha und verkündete die folgende Dhāraṇī:[12]

A-mu-chia mo-ho-mu-chia tso-li mo-ho-tso-li t'o-ch'ih mo-ho-t'o-ch'ih ch'ang-ch'iu-li mo-ho-ch'ang-ch'iu-li wu-mo-chih mo-ho-wu-mo-chih t'o-ch'ih-t'o-ch'ih mo-ho-t'o-ch'ih t'ou-ti-t'ou-ti mo-ho-t'ou-ti a-t'ou-a-t'ou mo-ho-a-t'ou shu-che-chia mo-ho-shu-che-chia t'o-she-mei mo-ho-t'o-she-mei to-t'ou-to-t'ou mo-ho-to-t'ou chia-liu-ni-chia t'o-she-lo-so-ha a-chu-ch'iu-a-chu-ch'iu mo-teng-ch'i po-teng che-ti'i che-shu-chia-t'i fo-t'o che-li chia-liu-ni-chia so-ha.*

Als der Bodhisattva-mahāsattva »Der König des Heilens« diese Dhāraṇī verkündet hatte, wandte er sich an den Buddha und sagte: »O Herr, die 80 Millionen Buddhas der Vergangenheit haben heilige Formeln wie diese verbreitet. Auch der gegenwärtige Buddha Śākyamuni und die tausend Buddhas, die in diesem Zeitalter mit Namen Bhadra (»Glückverheißend«)[13] noch erscheinen werden, werden diese Dhāraṇī verkünden. Wenn nach dem Parinirvāṇa des Buddha Mönche, Nonnen oder Laien, seien sie männlichen oder weiblichen Geschlechts, diese Dhāraṇī rezitieren und sie zum Gegenstand ihrer Übungen machen, werden sie von all ihren karmischen Schleiern und vom Schleier der karmischen Spuren, von allen Makeln gereinigt sein. Ein solcher Mensch wird schnell deren völlige Beseitigung und Auslöschung erlangen, und er wird in seinem gegenwärtigen Leben zahlreiche Formen von Samādhi meistern. Jeden seiner Gedanken wird er als die Gestalt des Buddha erkennen. Bis ans Ende seines Lebens wird er das Streben nach vollkommener Erleuchtung niemals aufgeben oder verlieren. Ein solcher Mensch wird in seinem gegenwärtigen Dasein weder Yakṣas begegnen (die gelegentlich dä-

* Die Dhāraṇīs sind in der vorliegenden Übertragung in der Umschrift nach dem Wade-Giles-System der Schreibung chinesischer Wörter wiedergegeben.

monisch von einem Wesen Besitz ergreifen und auf diese Weise Krankheiten auslösen können), noch gierenden Pretas (Geistern mit riesigen Bäuchen und mit Kehlen, die nur den Durchmesser einer Nadel besitzen; sie leiden an unstillbarem Hunger), noch Rākṣasas (einer Art Dämonen), noch Kumbhāṇḍas (Dämonen, deren Körper wie ein Kürbis geformt ist; sie verzehren die Lebenskraft eines Menschen), noch Kṛtyas (Dämonen, die von Leichnamen Besitz ergreifen und sie in lebende Tote verwandeln), noch Piśacas (einer Art von Kobolden) oder allen anderen negativen Wesen, die einem Menschen die Lebenskraft rauben können und fähig sind, ihm zu schaden. Wenn das Leben eines solchen Menschen sich seinem Ende nähert, werden die Buddhas der Zehn Richtungen ihm begegnen und ihn willkommen heißen. Wie es seiner Wahl entspricht, wird er in einer anderen Gegend in einem reinen Land wiedergeboren werden.«

Zu dieser Zeit pries der Herr den Bodhisattva »Der König des Heilens« und sagte: »Ausgezeichnet, ausgezeichnet, mein guter Sohn! Ich bin zutiefst glücklich darüber, daß du diese Dhāraṇī verkündet hast, wie es vor dir schon die Buddhas der Vergangenheit getan haben und wie es die Buddhas der Gegenwart und Zukunft nach dir tun werden.«

Darauf näherte sich auch der Bodhisattva »Der Höchste Heiler« dem Buddha und verkündete die folgende Dhāraṇī:

> Nan-na-mou cheng-t'un-ching liu-ching-ch'iu-liu-ching ch'iu chia-liu-ni-chia li-mou-li-mou-chia-liu-ni-chia pi-t'i-pi-t'i chia-liu-ni-chia a-pi-t'i-t'o-a-pien-t'o-a-pien-t'o chia-liu-ni-chia shan-che-lo so-ha.

Nachdem der Bodhisattva »Der Höchste Heiler« diese Dhāraṇī verkündet hatte, wandte er sich an den Buddha und sagte: »O Herr, nun habe ich vor Dir diese segenspendende Dhāraṇī verkündet, die das Meer der Heimsuchungen zum Versiegen bringt. Diese Dhāraṇī haben die Buddhas der Vergangenheit verbreitet, ebenso werden es die Buddhas der Gegenwart und Zukunft tun.

Wenn Mönche oder Nonnen sowie Laien männlichen oder weiblichen Geschlechts diese Dhāraṇī hören, rezitieren und zum Gegenstand ihrer Übungen machen, werden sie die zehn nutzbringenden Segnungen erlangen. Welche sind diese zehn?

1. Durch die ehrfurchtgebietende spirituelle Kraft dieser Dhāraṇī können sie Reinheit sogar von solchen Krankheiten erlangen, die aufgrund des Tötens eines Lebewesens entstanden sind.

2. Ein schlechter Ruf, den man sich durch den Verstoß gegen die Vorschriften zugezogen hat, kann völlig beseitigt werden.

3. Kein menschliches oder nichtmenschliches Geschöpf kann sich an ihnen bereichern.

4. Was immer sie rezitieren oder lesen, was auch immer der Gegenstand ihrer Gedanken ist, sie werden es nicht vergessen, sondern im Gedächtnis behalten, ganz wie es Ānandas Fähigkeit entspricht.[14]

5. Indra, Brahmā, die Lokapālas und alle Götter werden ihnen Ehre erweisen.

6. Von Königen und großen Ministern wird ihnen tiefe Achtung zuteil.

7. Die Meister der fünfundneunzig Arten von Irrlehren werden nicht in der Lage sein, sie im Streitgespräch zu besiegen.

8. Ihr Geist wird in Dhyāna und Samādhi aus dieser unglücklichen Welt in eine glückliche wandern.

9. Die Buddhas und Bodhisattvas der Zehn Richtungen werden sie im Schutz ihrer Gedanken halten.

10. Wenn ihre Lebensspanne abgelaufen ist, werden sie ihre karmischen Hindernisse reinigen und beseitigen. Die Buddhas der Zehn Richtungen werden goldfarbene Lichtstrahlen aussenden, und alle Buddhas werden sie empfangen und willkommen heißen, und sie werden zu ihnen über die höchsten Lehren sprechen. Wie es ihrer Wahl entspricht, werden sie in einem der reinen Länder der Buddhas wiedergeboren werden.«

Nachdem der Bodhisattva »Der Höchste Heiler« diese Dhāraṇī verkündet hatte, legte er seine Handflächen aneinander, verbeugte sich ehrerbietig, so daß sein Kopf die Füße des Buddha berührte, und trat sodann zur Seite.

Der Herr pries den Bodhisattva »Der Höchste Heiler« und sagte: »Ausgezeichnet, ausgezeichnet, mein guter Sohn! Ich freue mich, daß du diese Dhāraṇī verkündet hast, die die Buddhas der Vergangenheit verkündet haben und die die Buddhas der Gegenwart und Zukunft verkünden werden. Ich bin von Herzen froh über dich.«

Nachdem die beiden Bodhisattvas diese Formeln verkündet hatten, nahm ein jeder seine Halskette aus kostbaren Edelsteinen und brachte sie als verehrungsvolle Gabe dem Buddha dar. Die Halskette des Bodhisattva »Der König des Heilens« ruhte auf der linken Schulter des Buddha und war dem Berge Sumeru gleich, während die des Bodhisattva »Der Höchste Heiler« auf der rechten Schulter des Buddha eine ähnliche Gestalt annahm. Auf dem Gipfel der Berge befand sich jeweils ein Palast des Königs Brahmā, umgeben von vielen Hunderttausend Millionen von Brahmādeva-Königen, die, ehrfürchtig ihre Handflächen aneinandergelegt, zur Aufwartung bereitstanden.[15]

Im Innern des Palastes befand sich eine juwelengeschmückte Lotusblüte, die, gleich dem Maṇi-Edelstein, die dreitausend Myriaden von Welten vollständig bedeckte. Alle die Geschöpfe, die sich auf den Mauern des Palastes befanden, kamen plötzlich gemeinsam herab, erschienen wie tausend Blütenblätter einer (sich öffnenden) goldenen Blume. Im Raum innerhalb der Palastwände saßen die Buddhas der Zehn Richtungen auf goldenen Blüten. Der Buddha des Ostens trug den Namen »Strahlende Lampe des Berges Sumeru«; der des Südostens hieß »Glorreicher Schmuck der Kostbaren Schatzkammer«, der des Südens »Chien-tang Maṇi-Licht«.[16] Der Buddha des Südwestens war der »König des goldenen Meeres«, der des Westens der »König im Glanz des großen Mitgefühls«, der Buddha des Nordwestens war der »Seltene Lotus der überreich gefüllten Almosenschale«, der des Nordens der König »Glorreich geschmückt mit einem Bart aus Lotusblüten«, und der des Nordostens hieß »Der König, dessen Stärke dem Diamanten gleicht«. Der Buddha des Zenits trug den Namen »Der König, der selten ist wie der Mond« und der des Nadirs »König der Strahlen von Sonne und Mond«.

Aus ihren vielen Mündern sprachen die Buddhas der Zehn Richtungen mit einer Stimme: »Wahrhaft des Lobpreises wert sind die Worte der Bodhisattvas ›Der König des Heilens‹ und ›Der Höchste Heiler‹. Die Formeln, die ihr verkündet habt, wurden und werden von allen Buddhas der Zehn Richtungen und Drei Zeiten verbreitet. Als wir selbst uns (in längst vergangener Zeit) erstmals auf den Weg eines Bodhisattva begaben, haben wir diese Dhāraṇīs vernommen und waren aus tiefstem Herzen froh darüber. Aufgrund der Ursache dieser tiefen Freude und durch die heilsamen Wurzeln, die wir gepflanzt hatten, erlangten wir Befreiung von den Fehlern, die unser 596 Millionen Zeitalter währendes Dasein im Saṃsāra hervorgerufen hatte, und wir haben nun als Buddhas Vollkommenheit erreicht. Als ihr die Namen der Buddhas der Zehn Richtungen vernahmt, ist euch die Beseitigung aller Fehler zuteilgeworden, die euch aus den Existenzen während einer Million Zeitaltern im Saṃsāra folgten. Wieviel mehr (wird euch zuteilwerden), wenn ihr die Namen annehmt und an ihnen festhaltet, wenn ihr sie lest, rezitiert und sie durch das Darbringen einer Pūjā verehrt.«

Die Prophezeiung der zukünftigen Verwirklichung der beiden Bodhisattvas

Als die Buddhas der Zehn Richtungen so gesprochen hatten, gingen sie ein in Meditation, schwiegen und ließen sich nieder. Darauf sprach Buddha Śākyamuni zu der großen Versammlung: »Nun, habt ihr gesehen, wie die beiden Bodhisattvas ›Der König des Heilens‹ und ›Der Höchste Heiler‹ mir Verehrung erwiesen haben, wie sie ihre Hände vor mir gefaltet und mir edelsteinbesetzte Halsketten dargebracht haben?«

Da wandte sich Maitreya, das Haupt der großen Versammlung, an den Buddha und sagte: »O Herr, ich habe es gesehen.«

Der Buddha sprach zu Maitreya: »Unbesiegbarer, dieser Bodhisattva ›Der König des Heilens‹ hat sich für lange Zeit den Übungen des reinen Weges unterzogen. Wenn er seine zahlreichen Gelübde erfüllt hat, wird er in einem zukünftigen – feststehenden – Zeitalter ein Buddha werden, ein Tathāgata, ein Arhat, ein Allwissender, ein in Erkenntnis und Verhalten Vollendeter, ein Höchster Meister, der vollkommen gegangen ist, der die Welt kennt; ein Bezwinger der Leidenschaft, Lehrer der Devas und Menschen, ein Buddha und Herr, und sein Name wird ›Reines Auge‹ sein. Sein Bereich wird den Namen ›Glanz des immerwährenden Friedens und der nichtendenden Freude‹ tragen, und sein Zeitalter wird ›Das vollkommen Siegreiche‹ sein.

Wenn dieser Buddha in der Welt erscheint, wird sein Land ein Diamant sein, sein weißer edelsteingleicher Schimmer wird sich bis zu seinen demantenen Grenzen erstrecken. Blumen aus weißen Juwelen werden spontan vom Himmel herniederregnen und seinen Bereich in einem Umkreis von fünfzig Yojanas[17] bedecken.

Geschöpfe dieses Landes werden gegen jede Krankheit gefeit sein, sei sie körperlich oder geistig. Die Himmel werden ihnen süßen Tau spenden (*amṛta*, den göttlichen Nektar); jedoch werden die Geschöpfe diesen nicht als Nahrung betrachten, sondern sich in reinster Form nähren vom Geschmack der unübertrefflichen Māhāyana-Lehren.

Die Lebensspanne dieses Buddha wird 500 Billionen Asaṃkhyeya-Äonen betragen. Seine unverfälschten Lehren werden der Welt für 4 Millionen Asaṃkhyeya-Äonen erhalten bleiben, während die ›nachgeahmte Lehre‹[18] noch für eine Billion Asaṃkhyeya-Äonen fortdauern wird. Alle Geschöpfe, die in seinem Bereich geboren werden, werden innerhalb der Tore der Dhāraṇī weilen; worüber sie auch nachdenken, worauf sie sich auch konzentrieren, sie werden sich immer seiner erinnern.«

Als der Bodhisattva »Der König des Heilens« diese Prophezeiung empfangen hatte, erhob er sich, sprang hoch auf in den Raum und zeigte achtzehn Umwandlungen seiner Gestalt. Blumen regneten aus der Höhe auf den Buddha hernieder und nahmen im Himmel die Form eines Hains von Bäumen an, die goldene Blüten trugen.

Darauf sprach der Herr erneut zu Maitreya: »Dieser Bodhisattva ›Der Höchste Heiler‹ wird der nächste Buddha nach dem König des Heilens sein. Er wird den Namen ›Vimalagarbha‹[19] tragen und ein Tathāgata sein, ein Arhat, ein Allwissender, ein in Erkenntnis und Verhalten Vollendeter, ein Höchster Meister, der vollkommen gegangen ist, der die Welt kennt; ein Bezwinger der Leidenschaft, Lehrer der Devas und Menschen, ein Buddha und Herr. Wenn der Tathāgata Vimalagarbha in der Welt erscheint, wird dieses Land aus weißen Juwelen eine goldene Färbung annehmen, und goldene Blumen und Lichtstrahlen werden den Bereich vollständig erfüllen. In allen Geschöpfen dieses Landes wird die Geduld vollendet sein, die aus der Erkenntnis des ungeschaffenen Wesens aller Erscheinungen entsteht.[20]

Die Lebensspanne des Tathāgata Vimalagarbha wird 62 kleine Zeitalter betragen. Seine unverfälschten Lehren werden der Welt für 120 kleine Zeitalter erhalten bleiben, und die nachgeahmte Lehre wird noch für 560 Zeitalter fortdauern.«

Als der Bodhisattva »Der Höchste Heiler« diese Prophezeiung gehört und empfangen hatte, ging er ein in Samādhi, und sein Körper verwandelte sich in eine Blume. Sodann verwandelte er seine Gestalt in eine Wolke von Blumen, gleich einem Hain von Campaka-Bäumen, deren gelbe Blüten im Schimmer der sieben Edelsteine erglänzten. Mit dieser Wolke von Blumen brachte er dem Buddha seine Verehrung dar.

Goldene Lichtstrahlen gingen von den Blumen aus, und aus der Mitte dieser Strahlen erschien eine Wolke aus Lapislazuli, aus deren Innerstem der Gesang einer Hymne erklang:

> O Herr, der Du allwissend bist,
> Reiner Löwe der Śākyas,
> In den zehn Richtungen kommt niemand Dir gleich.
> Der Glanz Deiner Weisheit erhellt Dinge und Geschöpfe.

Aufgrund Deiner allumfassenden Liebe zu den Geschöpfen
Bist du in der Welt erschienen.
Vor Dir neige ich Kopf und Antlitz
Und bringe Dir hier meine Verehrung dar,
Dir, der sein großes Mitgefühl nicht davon abhängig macht,
Ob die Wesen Deine Lehren beherzigen oder nicht
Oder ob sie Zweifel an ihnen hegen.[21]

Als die Rezitation dieses Verses beendet war, kehrte der Bodhisattva »Der Höchste Heiler« zu seinem Platz zurück.

Die Betrachtung des Bodhisattva »Der König des Heilens«

Sodann wandte sich der Buddha an die große Versammlung und sprach: »Wenn Geschöpfe nach meinem Parinirvāṇa ihre Gedanken einzig auf die Betrachtung des Königs des Heilens richten (wollen), so sollten sie sich in den folgenden fünf Meditationen üben:

1. die Meditation der Stabilisierung von Gedanken durch Zählen der Atemzüge;
2. die Meditation, die den Geist besänftigt und zur Ruhe führt;
3. die Meditation des Nichtausatmens;
4. die Meditation des Nachdenkens über die absolute Form;
5. die Meditation des heiteren Verweilens in Samādhi.«

Der Buddha sprach zu Maitreya: »Erreicht ein guter Sohn oder eine gute Tochter das Ziel dieser fünf Meditationen, so wird diesem Menschen in einem Augenblick die Vision des Bodhisattva ›Der König des Heilens‹ zuteil. Dieser Bodhisattva ist zwölf Yojanas groß, jedoch kann er auch in Übereinstimmung mit (der begrenzten Wahrnehmungsfähigkeit der) Wesen entweder 180 oder 8 Fuß groß erscheinen. Sein Körper ist golden mit einem purpurnen Schimmer, und seine zweiunddreißig Zeichen und achtzig Schönheitsmale sind – genau wie die des Buddha – in jeder Einzelheit vollkommen. Vierzehn Maṇi-Juwelen schmükken das Ūrṇā-Haar auf seiner Stirn, und jeder dieser Edelsteine besitzt vierzehn Facetten. In jeder dieser Facetten befinden sich vierzehn Blumen, die seine himmlische Krone schmücken. Diese himmlische Krone spiegelt die Manifestationen der Buddhas der Zehn Richtungen und all der zahlreichen Bodhisattvas wider, die wie in sie eingelassene Juwelen erscheinen. Von dem Ūrṇā-Haar zwischen seinen Augenbrauen geht ein Lichtstrahl aus, der eine Farbe besitzt wie weißes Glas[22] und gleich einem Schleier aus weißen Juwelen siebenmal seinen Körper umgibt.

Den Poren seines Körpers entströmt ein strahlendes Licht. (Diese Lichtstrahlen) gleichen 84 000 Maṇi-Juwelen, ein jeder dreht sich nach rechts wie ein Rad, und sie erscheinen wie eine Mauer aus den sieben Edelsteinen oder wie eine verschwenderische Fülle von Pāla-Blumen. Auf jeder Blume befindet sich die Manifestation eines Buddha, deren jeder, sechzehn Fuß groß, die genauen Körpermaße (die des Śākyamunis)[23] besitzt. Jedem dieser Tathāgatas warten 500 Bodhisattvas auf.

Die Arme des Bodhisattva ›Der König des Heilens‹ schimmern gleich dem Glanz von hundert Edelsteinen, und den zehn Spitzen seiner Finger entströmt ein Regen aus sieben Arten von kostbaren Juwelen. Wenn ein Wesen über die Fingerspitzen dieses Bodhisattva meditiert, wird sein Körper spontan frei sein von den 404 Krankheiten, und keines der körperlichen Leiden wird in ihm entstehen.

Von seinen Füßen fällt ein Regen aus Diamanten hernieder, deren jeder sich in eine Wolke verwandelt. Auf jeder der Wolken befindet sich die Manifestation eines Bodhisattva mit unzähligen Devas in seinem Gefolge. Zu dieser Zeit werden die Bodhisattvas Unterweisungen über die vier Edlen Wahrheiten geben, über Leiden, Leerheit, Vergänglichkeit und die Nichtexistenz eines Ich. Auch werden sie die tiefen Bodhisattva-Übungen lehren.

In ihrer vollständigen Form nennt man diese Meditation *Die einführende Betrachtung der verdienstvollen Gestalt und Er-*

scheinung des Bodhisattva ›Der König des Heilens‹.

Die zweite Stufe der Betrachtung besteht in der schrittweisen Vorbereitung des Geistes, bis er sich einer Vision der vollständigen Gestalt des Bodhisattva ›Der König des Heilens‹ öffnet. Zu dieser Zeit gleicht der Geist des Bodhisattva ›Der König des Heilens‹ einem Cintāmaṇi-Juwel, dessen reiner Blüte 10 Millionen Lichtstrahlen entströmen. Diese Lichtstrahlen umhüllen hundertmal seinen Körper, und sie erscheinen wie zehn Millionen juwelengeschmückte Berge. Jeder dieser Berge besitzt zehn Millionen Höhlen aus Edelsteinen, und in einer jeden von ihnen befinden sich die Manifestationen von einer Million Buddhas. Ihre Körper sind in allen Zeichen vollendet, und sie erscheinen in glorreichem Schmuck. Der Mund all dieser Buddhas wird mit einer Stimme den Lobpreis der Ursachen und Bedingungen für die grundlegenden Taten[24] des Bodhisattva ›Der König des Heilens‹ verkünden. Wenn sich diese Form inmitten der eigenen Betrachtung manifestiert, sieht man die Buddhas der Zehn Richtungen, die zu einer Vielzahl von Wanderern (im Saṃsāra) sprechen, ganz wie es (deren Fähigkeiten und Entwicklung) entspricht.

Sodann wird der Bodhisattva ›Der König des Heilens‹ aus jeder Pore seines Körpers Lichtstrahlen aussenden, die zehn Millionen Maṇi-Juwelen gleichen und deren Schein alle Wanderer erhellt. Wenn die Wanderer dies sehen, werden ihre sechs Sinnesorgane (Auge, Ohr, Nase, Geschmackssinn, Körper und Verstand) gereinigt sein. Wenn sie es wünschen, werden sie alle Bereiche der Zehn Richtungen sehen mit ihren fünfzig Millionen Billionen von Buddhas und ihrer Vielzahl von Bodhisattvas, die zu den Wanderern von der höchsten Arznei sprechen werden, von dem süßen Tau, der alle Fehler beseitigt. Haben die Wanderer diesen zu sich genommen, werden sie Zugang gewinnen zum Tor der 50 Billionen kreisender Dhāraṇīs. Zu dieser Verwirklichung verhilft die Kraft der grundlegenden Gelübde des Bodhisattva ›Der König des Heilens‹. Es sind die bedingten Gedanken der Wesen, aufgrund derer der Bodhisattva sich glorreich schmückt.

Sodann werden die Buddhas und Bodhisattvas der Zehn Richtungen vor den Wanderern erscheinen und zu ihnen über die tiefen Sechs Vollendungen[25] sprechen. Wenn die Wanderer sie gesehen haben, gewinnen sie Zugang zum Tor des Ozeans von Samādhi der Trillion meditierender Buddhas.«

Darauf sagte der Buddha zu Maitreya: »Wünscht nach meinem Parinirvāṇa ein Deva oder Nāga, ein Mönch oder eine Nonne, ein Laie männlichen oder weiblichen Geschlechts den Bodhisattva ›Der König des Heilens‹ zu schauen oder zu reflektieren, so sollte dieser Mensch zwei Arten von reinem Verhalten pflegen. Das erste ist die Entwicklung des Strebens nach Erleuchtung. (Auch) sollte er gegen die Prinzipien des erhabenen Verhaltens der vollständigen Bodhisattva-Gelübde niemals verstoßen. Da er die Bodhisattva-Gelübde vollendet einhält, werden die Bodhisattvas der zehn Richtungen seine Gefährten sein. Wenn sie sich alle gemeinsam vor ihm versammeln, ist ihr Haupt der Bodhisattva ›Der König des Heilens‹. Zum Nutzen des Wanderers wird der Bodhisattva ›Der König des Heilens‹ sodann diesem Belehrung erteilen über das Tor der Trillion kreisender Dhāraṇīs. Wenn er diese Dhāraṇīs hört, wird der Wanderer befreit sein von allen Fehlern, die ihm aus neunzig Millionen Äonen im Saṃsāra folgen, und er wird die Geduld erlangen, die aus der Erkenntnis des ungeschaffenen Wesens aller Erscheinungen entsteht.

Wenn nun zweitens eines der gewöhnlichen Geschöpfe, die von ihren Leiden und Begierden gefesselt sind, danach strebt, nach meinem Parinirvāṇa den Bodhisattva ›Der König des Heilens‹ zu sehen, sollte es sich der folgenden vier Dinge befleißigen:

1. Ein solcher Mensch sollte Gedanken des Mitgefühls in sich erwecken, niemals töten noch eine andere der zehn negativen Handlungen begehen. Stets sollte er in seinen Gedanken an den Prinzipien des Großen Fahrzeugs festhalten und diese niemals vergessen. Er sollte einen unermüdlichen Fleiß entwickeln, als gelte es, ein Feuer zu löschen, das auf seinem eigenen Kopfe brennt.

2. Er sollte seinen Guru und seine Eltern mit den vier Dingen versorgen, die man zum Leben braucht (mit Nahrung, Kleidung, Unterkunft und Arznei) und ebenso mit Lampen, die durch Butter, Öl oder das Öl der Jasminblüte unterhalten werden. Auch sollte er seinem Guru und seinen Eltern Licht verschaffen durch Feuer aus Bambus und Holz. Er sollte den Drei Kostbarkeiten, dem Buddha, dem Dharma und der Gemeinschaft sowie allen, die den Dharma lehren, Verehrung erweisen und ihnen das Licht von Butter-, Öl- oder Jasminblütenöllampen darbringen.

3. Er sollte sich gründlich in Dhyāna und Samādhi üben und (um der Meditation willen) Freude an der Einsamkeit haben. Er sollte glücklich sein, sein Leben auf Dauer unter den Bäumen der Begräbnisstätten zu verbringen. In Abgeschiedenheit und Ruhe sollte er all sein Streben darauf richten, die Zwölf tiefen Dhūtas[26] zu entwickeln.

4. Er sollte jeden Gedanken an Körper, Leben oder Reichtümer aufgeben und sich allen Verlangens (allen Haftens, aller Begierde) enthalten. Beherzigt er diese Lehre, so wird er inmitten seiner Gedanken den Bodhisattva ›Der König des Heilens‹ schauen, der ihm die Lehre verkünden wird.

Der Bodhisattva ›Der König des Heilens‹ mag ihm auch im Traum begegnen und ihm die Arznei seiner Lehre schenken. Wenn ein solcher Mensch erwacht und ins Normalbewußtsein zurückkehrt, wird er fähig sein, sich der mannigfachen Vorkommnisse in unzähligen Hunderten und Tausenden vergangener Leben zu erinnern, und sein Geist wird glücklich und zufrieden sein.

Er sollte sich in Stūpas begeben, über die Bildnisse dort meditieren und sich ehrfürchtig vor ihnen verbeugen. Im Angesicht dieser Bildnisse wird er eine Vision des Buddha im Ozean des Samādhi erlangen, und er wird die unermeßliche Versammlung der Bodhisattvas sehen. Gläubigen Herzens wird er den Bodhisattva ›Der König des Heilens‹ schauen und seine Unterweisung erhalten.«

Der Buddha wandte sich an Ānanda und sprach: »Gibt es nach

meinem Parinirvāṇa innerhalb der Versammlung der vier Arten von Wesen solche, die fähig sind, den Bodhisattva ›Der König des Heilens‹ in der hier beschriebenen Weise zu meditieren oder seinen Namen in Ehren zu halten, so wird ihr Verhalten die Fehler aus einem Zeitalter oder gar aus 80 000 Zeitaltern im Saṃsāra beseitigen. Ein Geschöpf, das es vermag, den Namen des Bodhisattva ›Der König des Heilens‹ anzurufen oder ihm aus ganzem Herzen Verehrung zu erweisen, wird keinerlei leidvollen Widerständen begegnen und am Ende seiner Tage vor einem Tod zur Unzeit bewahrt sein.[27]

Ist nach meinem Parinirvāṇa ein Geschöpf fähig, auf diese Weise zu meditieren, so nennt man dies ›die richtige Meditation‹. Meditiert es in einer anderen Weise, so ist dies eine ›falsche Meditation‹.«

Die Betrachtung des Bodhisattva »Der Höchste Heiler«

Der Buddha sprach zu Maitreya: »Wünscht nach meinem Parinirvāṇa eines aus der Versammlung der vier Arten von Geschöpfen zu wissen, wie man über die reine Gestalt des Bodhisattva ›Der Höchste Heiler‹ meditieren soll, so sollte es sieben Dinge beherzigen. Welche sind diese sieben?

1. Man sollte fortwährende Freude daran empfinden, die (Bodhisattva-)Vorschriften einzuhalten. So wird man sich bis ans Ende seiner Existenzen nie auf den Weg der Śrāvakas oder Pratyekabuddhas begeben.[28]

2. Unablässig sollte man sich üben in den ausgezeichneten Methoden für das Leben in der Welt und in den ausgezeichneten Methoden, mit deren Hilfe man der Welt entkommt.

3. Das eigene Herz sollte der Erde gleichen, niemals Raum geben für Hochmut oder Stolz. Man sollte allumfassendes Mitgefühl für alle Wesen entwickeln.

4. Man sollte leidenschaftslosen Herzens sein, gegen jede Ver-

führung gefeit, wie ein Diamant.

5. Man sollte in der unteilbaren Wahrheit verweilen und sich niemals von dem erhabenen Verhalten entfernen.

6. Man sollte beständig die Fähigkeit zur Unterscheidung entwickeln und sich mit allem Fleiß darin üben, den Geist zur Ruhe zu führen.

7. Man sollte nicht in Angst und Schrecken verfallen, wenn der Geist die große befreiende Vollendung der Einsicht erlangt.«

Weiter sprach der Buddha zu Maitreya: »Die guten Söhne oder Töchter, die sich in diesen Übungen vervollkommnet haben, werden schnell eine Vision des Bodhisattva ›Der Höchste Heiler‹ erlangen. Dieser Bodhisattva ›Der Höchste Heiler‹ ist sechzehn Yojanas groß. Sein Körper ist golden mit purpurnem Schimmer und verbreitet einen Glanz von der goldenen Färbung des *Jambu* (Rosenapfels) oder der Sandelholzbäume. Inmitten des Lichts, das er verbreitet (inmitten seiner strahlenden Aura), befinden sich die Manifestationen von 16 Millionen Buddhas, die alle eine Größe von 8 Fuß besitzen. Sie sitzen in der Haltung der Meditation auf edelsteingeschmückten Lotusblumen. Jeden Buddha umgibt ein Gefolge von sechzehn Bodhisattvas, deren jeder eine weiße Blüte hält.

Das seinen Körper umgebende Licht befindet sich in nach rechts drehender Bewegung. In dem Strahlenglanz, der seinen Körper durchdringt, befinden sich die Bereiche der Zehn Richtungen mit all ihren Buddhas, Bodhisattvas und reinen Gefilden. Den Uṣṇīṣa auf seinem Scheitel schmückt ein Maṇi-Juwel, das dem Śakrābhilagna[29] gleicht. Die vier Seiten des Uṣṇīṣa schimmern in goldenen Lichtstrahlen, und in jedem dieser Strahlen befinden sich vier kostbare Blüten in den Farben von hundert Juwelen. Auf jeder Blüte weilt die Manifestation eines Buddha, von Bodhisattvas umgeben. Einige von diesen sind sichtbar, andere bleiben verhüllt; ihre Anzahl kann man nicht ermessen.

Die Gestalt dieses Bodhisattva ›Der Höchste Heiler‹ weist, in jeder Einzelheit vollendet, die 32 Zeichen und die 80 Schönheitsmale (eines Mahāsattva) auf. In jedem dieser Zeichen befindet sich ein fünffarbiger Lichtstrahl, und jedes Schönheitsmal schimmert in 100 000 Lichtstrahlen. Die Ūrṇā zwischen seinen Augenbrauen ist von goldener Färbung wie der Jambu oder ein Sandelholzbaum.

Er trägt ein Halsband aus hunderttausend weißen Perlen, und von jeder dieser Perlen gehen Strahlen aus in der Farbe weißer Edelsteine. Sein Haupt glänzt im glorreichen Schmuck seiner goldenen Haare, die kristallenen Wimpeln gleichen und Bildnisse aus reinem Gold und andere Kostbarkeiten tragen, die wunderbar anzusehen und selten in der Welt zu finden sind. Kostbare Ornamente manifestieren sich in ihrer Mitte.

Hört einer aus der Versammlung der vier Arten von Geschöpfen den Namen dieses Bodhisattva ›Der Höchste Heiler‹ und nimmt er diesen an, ruft er den Namen aus und meditiert über die Gestalt des Bodhisattva, so wird dieser Bodhisattva ›Der Höchste Heiler‹ von seinem Körper ein strahlendes Licht aussenden, um dieses Geschöpf aufzunehmen und zu empfangen. Der Glanz dieses Bodhisattva kann die Gestalt des Iśvaradeva, des Brahmādeva, des Māradeva oder des Śakra annehmen. Auch kann er als die vier Könige der Devas, als ein Asura, ein Gandharva, Kiṃnara, Mahorāga, Garuda oder als ein anderes menschliches oder nichtmenschliches Wesen erscheinen. Er kann das Aussehen einer Schlange, eines Herrschers, eines großen Ministers oder Ältesten haben, das eines gelehrten Laien, eines Mönches, eines Brahmanen oder Weisen, das des eigenen Großvaters, der eigenen Großmutter, des Vaters, der Mutter oder sogar das Aussehen des Bruders, der Schwester, der geliebten Gattin, der eigenen Kinder oder Verwandten. Auch mag er als ein fähiger Arzt oder als der beste Freund erscheinen.

An diesem Punkt wird der Wanderer in seinen Träumen die zuvor schon genannten Manifestationen sehen, die in der Reihenfolge erscheinen, wie sie beschrieben wurden, und ihm die Dhāraṇīs des Königs des Heilens und des Höchsten Heilers verkünden. Wie bereits dargelegt, werden sodann all seine Fehler aus einem ganzen Zeitalter beseitigt sein. Wenn er erwacht, wird er sich dieser Erfahrungen erinnern, er wird sie in seinem Herzen bewahren und sie bis ans Ende seiner Tage nie vergessen oder verlieren. Wenn er seine Gedanken in Samādhi sammelt, wird er in diesem Zustand der Ruhe des Geistes eine Vision der reinen und vollendeten Gestalt des Bodhisattva ›Der Höchste Heiler‹ erlangen. (Während dieser Vision) wird der Bodhisattva dem Wanderer den Lobpreis der 53 Buddhas der Vergangenheit verkünden und ihm ihre Namen enthüllen, die er in folgender Reihenfolge rezitieren wird:

1. Allumfassendes Licht
2. Überallhin reichender Glanz
3. Vollkommene Ruhe
4. Wohlgeruch aus Tamala-Blättern und Sandelholz
5. Licht des Sandelholzes
6. Maṇi-Banner
7. Beglückende Schatzkammer der Fülle von Maṇi-Juwelen
8. Der im großen Streben Vollkommene, dessen Anblick alle Welt erfreut
9. Leuchtende Lampe des Maṇi-Banners
10. Fackel der Weisheit, die die Zehn Richtungen erhellt
11. Glanz der Tugend, deren Ausmaß dem Ozean gleicht
12. Überallhin strahlendes goldenes Licht von unerschütterlicher demantener Kraft
13. Von großer Stärke in Streben und Mut
14. Licht des großen Mitgefühls
15. Der König der Kraft des Mitgefühls
16. Schatzkammer des Mitgefühls
17. Glorreich geschmückte Vollendung der Höhle des Sandelholzes
18. Der verehrungswürdige und ausgezeichnete Hirte
19. Vollendeter Geist
20. Der König, den unermeßliche Glorie schmückt
21. Licht der goldenen Blume
22. Der König des kostbaren Baldachins, der den Raum erhellt

23. Licht der kostbaren Blume der Leerheit
24. Der König im glorreichen Lapislazuli-Schmuck
25. Licht der sich überall manifestierenden Form
26. Licht der unerschütterlichen Einsicht
27. Der König, der alle Dämonen zur Unterwerfung zwingt
28. Glanz von Fähigkeit und Gaben
29. Siegreiche Einsicht und Weisheit
30. Licht der Weisheit und Liebe
31. Das der Welt Heiterkeit schenkende Licht
32. Der König der höchsten und verehrungswürdigen Einsicht, der ausgezeichnete stille Klang des Mondes
33. Der verehrungswürdige König der höchsten Einsicht der Nāgas
34. Licht und Sonne und Mond
35. Licht der Edelsteine von Sonne und Mond
36. Der König des siegreichen Banners der Weisheit
37. Der König der unantastbaren Kraft der Stimme des Löwen
38. Sieg des höchsten Klanges
39. Das Banner des ewigen Lichtes
40. Die Lampe, die in ihrem Licht die Welt erblickt
41. Die ehrfurchtgebietende Lampe des Königs der Weisheit
42. Siegreicher König des Dharma
43. Licht des Berges Sumeru
44. Licht der Jasminblüte
45. Der König, der selten ist wie die Blüte des Udumbara (die in dreitausend Jahren nur einmal blüht)
46. Der König, der die Kraft der großen Weisheit besitzt
47. Das Licht der ungetrübten Freude
48. Der König des grenzenlosen Klanges
49. Licht der Fähigkeit
50. Licht des goldenen Meeres
51. Der universale Herrscher der Weisheit der Berge und Meere
52. Großes allumfassendes Licht
53. Der Herrscher über die ewige Vollendung aller Dinge

Wenn der Bodhisattva ›Der Höchste Heiler‹ die Namen der dreiundfünfzig Buddhas der Vergangenheit rezitiert hat, wird er schweigend auf seinem Platz verharren. Der Wanderer wird sodann im Samādhi eine Vision der sieben Meister, der Buddhas der Vergangenheit, erlangen.

Der Buddha Vipaśyin wird ihn preisen und sagen: ›Ausgezeichnet, ausgezeichnet, mein guter Sohn! Die dreiundfünfzig Buddhas, die du erwähnt hast, haben vor langer Zeit auf Erden geweilt. Sie haben alle Wesen zur Reife geführt und das Parinirvāṇa erlangt. Wenn ein guter Sohn oder eine gute Tochter, ja, wenn irgendein Wesen die Namen der dreiundfünfzig Buddhas hört, wird es für 10 Trillionen Asaṃkhyeya-Äonen nicht in die kummervollen Wege des Daseins fallen. Ist weiter ein Mensch fähig, den Lobpreis dieser dreiundfünfzig Buddhas zu verkünden, so wird er, wo er auch geboren ist, besonders den zahlreichen Buddhas der Zehn Richtungen begegnen.

Besitzt schließlich ein Mensch die Fähigkeit, mit vollkommener Aufrichtigkeit zu den dreiundfünfzig Buddhas zu beten und sie zu verehren, so wird er imstande sein, die Vier ernsten Verfehlungen[30], die Fünf unermeßlich negativen Handlungen[31], Verleumdung, Ungehorsam usw. zu beseitigen: All diese Fehler werden durch die grundlegenden Gelübde völlig gereinigt sein, die die Buddhas ablegten (als sie sich als Neulinge auf den Bodhisattva-Weg begaben). Daher wird ein solcher Mensch, wenn er sich der Buddhas erinnert, Befreiung von all den zahlreichen, hier beschriebenen, Fehlern erlangen.

Auch der Buddha Śikhin, der Buddha Viśvabhu, der Buddha Krakucchanda, der Buddha Kanakamuni und der Buddha Kāśyapa werden die Namen der dreiundfünfzig Buddhas preisen. Weiter gilt ihr Lobpreis den guten Söhnen und Töchtern, die fähig sind, die Namen der 53 Buddhas zu hören, sie anzubeten und zu verehren, die auf diese Weise, wie es zuvor beschrieben wurde, all die Hindernisse beseitigen, die durch die von ihnen begangenen Fehler verursacht wurden.‹«

An diesem Punkt erklärte Śākyamuni Buddha der großen Versammlung: »Einst, während eines Daseins in einem unvorstellbar weit zurückliegenden Zeitalter, zur Zeit des Niedergangs und Aussterbens der Lehren des Buddha ›Vollendetes Licht‹, verließ ich mein Heim, um den *Weg* zu studieren. Ich hörte die Namen dieser dreiundfünfzig Buddhas, und nachdem ich sie vernommen hatte, faltete ich meine Hände, und mein Herz war von Freude erfüllt. Später unterwies ich andere und befähigte sie, (die Namen) zu hören und zu bewahren. Als diese Menschen sie gehört hatten, belehrten sie wiederum andere, bis es am Ende 3000 Menschen waren. Einstimmig verkündeten diese 3000 Menschen den Lobpreis der Namen der Buddhas und verehrten sie aus ganzem Herzen. Durch die Kraft ihrer Verdienste, die sie durch die Verehrung der Buddhas erworben hatten, erlangten sie Erlösung von allen Fehlern aus unzähligen Millionen von Zeitaltern des Daseins im Saṃsāra. Die Namen der ersten Tausend (des 1. Drittels) begannen mit dem des Buddha ›Blühender Lichtstrahl‹, der ihr Haupt war, und endeten mit dem des Buddha Viśvabhu. In dem Zeitalter ›Glorreicher Schmuck‹ erlangten sie Vollkommenheit als die Tausend Buddhas der Vergangenheit. Die Namen der mittleren 1000 (des 2. Drittels) begannen mit dem des Buddha Krakucchanda, ihres Oberhauptes, und endeten mit dem des Tathāgata Rucika. Im Bhadra Kalpa, dem ›Glückverheißenden‹ Zeitalter, werden sie ihrer Reihenfolge gemäß Erleuchtung erlangen. Das Oberhaupt der letzten tausend Buddhas wird der Tathāgata ›Sonnenstrahl‹ sein, und ihre Namen enden mit dem des Buddhas Merudhvaja. Sie werden im ›Stern‹-Zeitalter Buddhaschaft erlangen.«

Sodann sprach der Buddha zu »Anhäufung von Edelsteinen«: »All die Buddhas, die gegenwärtig in den Zehn Richtungen weilen, all diese Tathāgatas, deren Tugenden vollendet sind, haben Buddhaschaft in den Bereichen der Zehn Richtungen erreicht, weil sie ebenfalls die Namen der dreiundfünfzig Buddhas vernommen haben.

Wünscht ein Geschöpf, Erlösung von den Fehlern der vier ernsten Verfehlungen zu erlangen, strebt es nach Bekennen und

Reue wegen der Fünf unermeßlich negativen und der Zehn negativen Handlungen, sucht es Befreiung von dem äußerst schwerwiegenden Fehler der grundlosen Verleumdung der Lehren, so sollte es mit allem ihm zu Gebote stehenden Fleiß die Formeln der beiden Bodhisattvas ›Der König des Heilens‹ und ›Der Höchste Heiler‹, wie sie zuvor gegeben wurden, rezitieren. Auch sollte es voll Demut die schon erwähnten Buddhas der Zehn Richtungen verehren und ebenso die sieben Buddhas der Vergangenheit, die 53 Buddhas, die 1000 Buddhas des Bhadra-Kalpa und die 35 Buddhas. Endlich sollten solche Geschöpfe den zahllosen Buddhas der Zehn Richtungen allumfassende Verehrung erweisen. Sechsmal am Tage und in der Nacht sollten sie mit einem Geist und einem Herzen, die klar sind und rein wie ein rasch fließender Fluß, die Lehren des Bekennens und der Reue praktizieren. Danach sollten sie ihre Gedanken der alleinigen Betrachtung der reinen Gestalt der beiden Bodhisattvas ›Der König des Heilens‹ und ›Der Höchste Heiler‹ zuwenden.

Wisse denn auch, daß ein Mensch, der sich auf diese beiden Bodhisattvas ›Der König des Heilens‹ und ›Der Höchste Heiler‹ zu konzentrieren vermag, schon während zahlloser vergangener Zeitalter in den Bereichen einer Vielzahl von Buddhas heilsame Samen gesät hat. Im glorreichen Schmuck der Kraft dieser grundlegenden heilsamen Samen kann ein solcher Mensch in einem einzigen Augenblick eine Vision der zahllosen Buddhas des Ostens erlangen. Zu dieser Zeit werden alle Buddhas des Ostens gemeinsam in den Samādhi der allvorhandenen Manifestation der Form eingehen. Die Buddhas des Südens, des Nordens, der Nebenhimmelsrichtungen, des Zenits und des Nadirs werden ebenfalls in diesen Samādhi der allvorhandenen Manifestation der Form eingehen. Sie werden sich alle vor dem Wanderer manifestieren und zu ihm über die tiefen Sechs Vollendungen sprechen.

Hat der Wanderer all diese Buddhas gesehen, wird Freude in seinem Herzen entstehen. Im Angesicht all der Buddhas wird er sodann Zugang gewinnen zu dem Ozean von Samādhi der tiefen

Betrachtung des Buddha, und er wird zahllose Buddhas erblikken. Einmütig werden all diese Erhabenen dem Wanderer eine Prophezeiung erteilen mit den Worten: ›Da du dich jetzt dieser beiden Bodhisattvas erinnert hast, wirst du in einem zukünftigen Zeitalter Buddhaschaft erlangen!‹

Hat der Wanderer diese Prophezeiung vernommen, wird Freude seinen Körper und Geist erfüllen, und er wird den Samādhi erlangen, der bekannt ist als ›Jenseits allen Schmucks‹.[32]

Die Kraft dieses Samādhi wird die Geschwindigkeit seiner geistigen Entwicklung verdoppeln. Wenn er die zahllosen Buddhas der Zehn Richtungen ohne Ausnahme erblickt, werden einige von ihnen – zum Nutzen des Wanderers – über die Vollendung des Gebens sprechen. Andere werden den Wanderer in der Vollendung ethischen Verhaltens unterweisen, in der Vollendung der Geduld, in der Vollendung des Fleißes, in der Vollendung der Meditation und in der Vollendung der Einsicht. Noch andere werden den Wanderer belehren über die Vollendung wirksamer Methoden, über die Vollendung der Gelübde, über die Vollendung von Stärke (oder Ziel) und über die Vollendung der Weisheit. Wieder andere werden zu dem Wanderer sprechen über Mitgefühl, Liebe, Freude, die sich den anderen schenkt, und Gleichmut; sie werden sprechen über die Vier Ebenen der Achtsamkeit[33], die Vier richtigen Arten der Anstrengung[34], die Vier Stufen des Erlangens übernatürlicher Kräfte[35], die Fünf Geistesfähigkeiten, die Fünf Kräfte[36], die Sieben Glieder der Erleuchtung[37] und über den Edlen Achtfachen Weg[38]. Sie werden ihm die Edle Wahrheit des Leidens darlegen, die Edle Wahrheit des Ursprunges (des Leidens), die Edle Wahrheit des Aufhörens (des Leidens) und die Edle Wahrheit des *Weges*. Schließlich wird er ihre Unterweisung empfangen über die Sechs Punkte würdevoller Harmonie (in einem Kloster oder Konvent)[39] und über die Sechs Gedanken, die man pflegen soll[40]. Auf diese Weise werden sie ihm die Tore des grenzenlosen Gesetzes in allen Einzelheiten darlegen und beschreiben.

Darauf werden sie aufgrund der Kraft dieses Samādhi ›Jenseits allen Schmucks‹ dem Wanderer die tiefe Lehre der Zwölf Glieder des Entstehens in Abhängigkeit[41] in allen Punkten darlegen und erklären.

Der ehrfurchtgebietende spirituelle Einfluß der beiden Bodhisattvas ›Der König des Heilens‹ und ›Der Höchste Heiler‹ verhilft dem Wanderer sodann zu einer Vision der zahllosen Buddhas des Ostens und der Vielzahl der Bodhisattvas, die in dieser Himmelsrichtung weilen. Ihre Gestalt ist golden mit einem purpurnen Schimmer, und ihre Züge sind von unvergleichlicher Schönheit. Auch wird er die Buddhas des Südens, des Westens, Nordens und Ostens, der Nebenhimmelsrichtungen, des Zenits und des Nadirs erblicken, die ebenfalls in Gestalt und Zügen vollendet sind. Kurz gesagt gleicht diese Vision dem Ozean von Samādhi, den man durch die Betrachtung des Buddha erlangt.

Ein Wanderer, der die Namen dieser beiden Bodhisattvas ›Der König des Heilens‹ und ›Der Höchste Heiler‹ anruft, der sich ihrer erinnert und sie bewahrt, der über die Gestalt dieser beiden Bodhisattvas meditiert, der die von ihnen verkündeten spirituellen Formeln zitiert, wird sein Haften an der Form aufgeben und in einem zukünftigen Zeitalter Reinigung seiner Sinnesorgane erlangen. Sein fortgesetztes Streben wird ihm zur Geburt in die Familie der großen Bodhisattvas verhelfen. Sein Antlitz und seine Erscheinung werden von großer Majestät sein wie der Herrscher Śakra, und er wird keinen der Gesichtszüge eines Menschen haben, der eines negativen Verhaltens fähig ist. Er wird große Körperkraft besitzen, gleich der (des Helden der göttlichen Kraft) Nārāyana, dessen Macht sich alle Geschöpfe beugen. Wo auch immer er wiedergeboren wird, wird er beständig einer Vielzahl von Buddhas und Bodhisattvas begegnen und ihre tiefen Belehrungen empfangen. Hat er diese vernommen, wird er laut ausrufen vor Glück und Zugang gewinnen zum Tor der zahllosen höchsten Samādhis und Dhāraṇīs.« Darauf wandte sich der Buddha an Ānanda und sprach: »Hört ein Geschöpf auch nur die Namen dieser beiden Bodhisattvas, werden ihm zahllose und unerschöpfliche Segnungen zuteil. Um wievieles vollkommener wäre dieser Segen, unterzöge es sich den Übungen, die ich beschrieben habe!«

Ein vergangenes Leben der beiden Bodhisattvas

Als Ānanda die Worte des Erhabenen gehört hatte, pries er die tiefe Weisheit und das grenzenlos tugendhafte Verhalten der beiden Bodhisattvas. Er erhob sich von seinem Sitz, umschritt den Buddha sieben Male, kniete vor ihm nieder, faltete seine Hände und sprach: »O Herr, welchen Weg haben diese beiden Bodhisattvas ›Der König des Heilens‹ und ›Der Höchste Heiler‹ in der Vergangenheit beschritten, welche Übungen haben sie gepflegt und welches sind die Samen (des Verdienstes), die sie gepflanzt haben? Heute sind sie in den Augen dieser Versammlung wie reine Banner erschienen, sie haben Deinen Lobpreis erhalten, und Preis und Ehre wurden ihnen auch von der großen Versammlung zuteil. Heute haben Deine Augen Lichtstrahlen entsandt, die auf ihrer Stirn gleich Maṇi-Juwelen ruhten. Dieses höchste und glückverheißende Zeichen war niemals zuvor zu sehen. O Herr, ich habe den tiefen Wunsch, Du mögest mir die (karmischen) Ursachen und Bedingungen erklären, die die beiden Bodhisattvas während ihres (bedeutendsten) vergangenen Lebens gesetzt haben.«

Der Herr antwortete auf die Frage Ānandas: »Höre aufmerksam zu und achte mit reiner Einstellung auf die Worte, die ich dir jetzt sage, denn ich will dir die Ursachen und Bedingungen darlegen, die die beiden Bodhisattvas in ihrem (bedeutendsten) vergangenen Leben gesetzt haben.«

Der Buddha sprach zu Ānanda: »Als sie vor langer Zeit lebten, vor unzähligen, unvorstellbaren Asaṃkhyeya-Äonen, wahrhaftig, vor so langer Zeit, daß sie in Worten nicht ausgedrückt werden kann, gab es einen Buddha, einen Tathāgata, einen Arhat, einen Allwissenden, einen in Wissen und Verhalten Vollendeten, einen, der vollkommen gegangen war, der die Welt kannte, einen Höchsten Meister, einen Bezwinger der Leidenschaft, einen Lehrer der Götter und Menschen, einen Erhabenen, der vollkommen erwacht und entfaltet war, mit Namen ›Leuchtender Strahl von Lapislazuli‹. Sein Zeitalter hieß ›Wahrhafte Ruhe‹, und sein Bereich trug den Namen ›Das Land, über dem das Banner des Sieges schwebt‹.

Die Lebensspanne aller Wesen, die in dem Land dieses Buddha geboren wurden, betrug acht große Zeitalter, und der Buddha manifestierte sich in dieser Welt für sechzehn große Zeitalter. Danach ging der Buddha in der Lehrhalle der Lotusblüte ins Nirvāṇa ein. Seine unverfälschten Lehren blieben der Welt nach seinem Eingehen ins Nirvāṇa für volle acht große Zeitalter erhalten, und die nachgeahmten Lehren dauerten in der Welt, nachdem die unverfälschten Lehren verschwunden waren, noch für acht große Zeitalter fort.

Während der Periode der nachgeahmten Lehren gab es tausend Mönche, die ihrem Wunsch Ausdruck verliehen, Erleuchtung zu erlangen, und die sich bemühten, die Bodhisattva-Gelübde zu halten. Diese Mönche reisten zum Nutzen aller Wesen umher, erteilten ihnen Belehrung und verhalfen ihnen zu einem Wandel ihres Verhaltens.

Zu dieser Zeit befand sich in dieser Gemeinschaft ein Mönch, der Intelligenz und Einsicht besaß, mit Namen ›Schoß der Sonne‹. Er unternahm viele Reisen, die ihn durch Weiler, Dörfer und Städte führten. An einer Vielzahl so verschiedener Orte wie dem Wohnsitz von Mönchen, Sälen und Pavillons, Einsiedlerklausen und der Debatte bestimmten Hallen sprach er ausführlich und verkündete den Mitgliedern der großen Versammlung den Lobpreis des verdienstvollen Verhaltens der Bodhisattvas während ihrer vergangenen Leben. Auch sprach er über die vollkommene Reinheit, den vollendeten Gleichmut und die große Weisheit des Tathāgata.

Zu dieser Zeit befand sich in der Versammlung ein reicher

Wohltäter mit Namen ›Sternenlicht‹. Als er die Beschreibung des Gleichmuts und der überragenden Weisheit hörte, wie sie dem Großen Fahrzeug innewohnen, war sein Herz von Freude erfüllt. Er erhob sich von seinem Sitz, nahm eine Harītakī-Frucht (eine Myrobalane) und zahlreiche ausgewählte medizinische Pflanzen, näherte sich ›Schoß der Sonne‹ und sagte: ›O Tugendhafter, ich habe dich, der du voll Güte bist, über die Arznei des süßen Taus (die Lehren des Tathāgata) sprechen hören. Es ist, wie du sagst: Wer diese Arznei einnimmt, wird weder altern noch sterben.‹

Mit diesen Worten neigte er seinen Kopf und sein Antlitz und verbeugte sich voller Ehrfurcht zu Füßen des Mönchs. Er nahm sodann die Heilpflanze, die er in Händen hielt, und brachte sie dem Mönch mit den Worten dar: ›O gütiger Vater, hier bringe ich dir und der Gemeinschaft von großer Tugend diese Heilpflanzen dar.‹

›Schoß der Sonne‹ sprach die Dhāraṇī, die man für einen Wohltäter rezitiert, und nahm die Harītakī-Frucht an. Als der reiche Spender die Lehren und nun auch diese Dhāraṇī vernommen hatte, war er überglücklich. Er erwies den zahllosen Buddhas der Zehn Richtungen allumfassende Verehrung und legte vor dem Mönch ›Schoß der Sonne‹ Versprechen und Gelübde ab, die einem weiten Herzen entsprachen. Er sagte: ›O gütiger Vater, ich habe deine Worte über die heilkräftige Arznei der Weisheit des Buddha vernommen. Du sprichst wahr, deine Worte trügen nicht. Nun habe ich diese ausgezeichnete Heilpflanze aus den Bergen des Himalaja genommen und sie dir und der Gemeinschaft dargebracht. Mit Hilfe dieses meines Gelübdes, dem die Tugend des Verdienstes innewohnt, will ich in meinen zukünftigen Existenzen und Wiedergeburten nicht nach dem Segen und der Belohnung einer Wiedergeburt als Gott oder Mensch in den Bereichen der Drei Welten sterben. Ich will mich vielmehr in tiefer Aufrichtigkeit allein der vollkommenen und vollständigen Erleuchtung zuwenden. Heute habe ich meinem aufrichtigen Wunsch nach der Höchsten Erleuchtung Ausdruck verliehen, und ich werde daher in einem künftigen Zeitalter mit Gewißheit

Buddhaschaft erreichen. Dieses Gelübde ist nicht eitel: Wie du, Verehrungswürdiger, es beschrieben hast, werde ich unweigerlich die Buddha-Weisheit erlangen.

Habe ich auf dem Weg zur Buddhaschaft erstmals die reine Kraft der Erleuchtung erlangt, werden alle Geschöpfe, wenn sie meinen Namen hören, geheilt sein von den Leiden durch die drei Arten von Krankheiten, die die Lebewesen heimsuchen. Darunter besteht die erste Art in den 404 Krankheiten, die die Lebewesen körperlich beeinträchtigen. Wenn sie mich nur bei meinem Namen rufen, werden sie vollständige Heilung finden. Zum zweiten verspreche ich für die Ewigkeit, alles Leid abzuwenden, das durch falsche Ansichten, durch aus Unwissenheit geborene Zweifel und durch die kummervollen Wege entsteht. Wenn ich die Erleuchtung eines Buddha erlange und in meinem Buddha-Land geboren bin, werden sich die Geschöpfe dort der allumfassenden Befreiung öffnen, die die Mahāyāna-Lehren vermitteln. Von diesen abweichende Wege wird es nicht geben. Zum dritten kennt man in Jambudvīpa und in anderen Bereichen die Drei kummervollen Wege des Daseins. Diejenigen, die meinen Namen hören, werden von diesem Moment an bis in Ewigkeit niemals wieder auf einem dieser drei kummervollen Wege wandern. Solange es Geschöpfe gibt, die in den leidvollen Bereichen wiedergeboren werden, werde ich nicht eingehen in die höchste Verwirklichung der vollkommenen und vollständigen Erleuchtung.

Wenn ein Geschöpf meine Gestalt und mein Antlitz verehrt, über sie nachdenkt und meditiert, so verspreche ich, dieses Geschöpf von den Drei Fesseln[42] zu erlösen.

Wenn man den Körper eines Buddha in einer Vision erblickt, erscheint er im durchdringenden Glanz des reinen Lapislazuli. Jedem Geschöpf, das die reine Gestalt eines Buddha schaut, verspreche ich, daß es die nicht-unterscheidende Weisheit (die der Gleichheit aller Erscheinungen) erfahren wird. Diesen Zustand des Geistes wird es niemals verlieren und sich in Ewigkeit nicht von ihm entfernen.‹

Als er diese Gelübde abgelegt hatte, verbeugte er sich in Demut, so daß er mit Knien, Ellbogen und Stirn den Boden berührte, und erwies all den zahllosen Buddhas der Zehn Richtungen allumfassende Verehrung. Nachdem er den Buddhas seine Hingabe bezeugt hatte, nahm er eine Blüte aus Perlen und streute diese über ›Schoß der Sonne‹ aus. Sodann wandte er sich an diesen und sagte: ›O Verehrungswürdiger, dir ist es zu verdanken, daß ich von der vollkommen reinen Buddha-Weisheit erfahren habe. Zu deinen Füßen, o Verehrungswürdiger, habe ich von dir gehört. Als ich die Lehren über die Buddha-Weisheit empfangen hatte, habe ich dem tiefen Wunsch nach Erleuchtung Ausdruck verliehen, und die von mir abgelegten Versprechen sind nicht eitel. Es ist gewiß, daß ich Buddhaschaft erreiche. Nun will ich diese wunderbare Blüte aus Perlen, die ich über dir ausgestreut habe, in einen blumengeschmückten Baldachin verwandeln, der sich über dir, o Verehrungswürdiger, erhebt.‹ Als er dies gesagt hatte, sammelten sich die kostbaren Perlen, die er verstreut hatte, im Raum und nahmen die Form einer juwelengeschmückten Lotusblüte an, die sich sodann in einen von Blumen gezierten Baldachin verwandelte. Ein goldener Glanz ging von diesem Baldachin aus, und er war in jeder Hinsicht vollendet. Als die Mitglieder der großen Versammlung dieses Ereignis sahen, priesen sie einmütig den großen Wohltäter ›Sternenlicht‹ und sagten: ›Ausgezeichnet, ausgezeichnet, o großer Wohltäter! Du besitzt die Fähigkeit, inmitten dieser großen Versammlung aus tiefstem Herzen Wünsche und Gelübde auszudrücken, die einer weiten Gesinnung entsprechen, und dieses subtile, wunderbare Zeichen zu manifestieren. Wir haben heute dieses glückverheißende Zeichen gesehen und zweifeln nicht, daß du unweigerlich Buddhaschaft erreichen wirst.‹

Der reiche Wohltäter ›Sternenlicht‹ besaß einen jüngeren Bruder mit Namen ›Leuchtender Blitz‹. Als ›Leuchtender Blitz‹ hörte, wie sein älterer Bruder seinem Wunsch nach Erleuchtung Ausdruck verlieh, erfüllte Freude seinen Körper und Geist. Er wandte sich an seinen älteren Bruder und sagte: ›Ich bewahre zur Zeit in meinem Haus einen großen Vorrat an *Ghee* (Butterfett), und einer Vielzahl vorzüglicher Arzneien. Hier vor dir gelobe ich, diese anderen darzubringen, ohne meine Gabe allein auf die Gemeinschaft zu beschränken.‹

Sein Bruder antwortete: ›Ich habe deine Worte gehört, und du solltest tun wie du wünscht.‹

Darauf sagte der reiche Wohltäter ›Leuchtender Blitz‹ zu seinem älteren Bruder: ›Ich möchte deinem Beispiel auch weiter folgen. Auch ich möchte meinem Wunsch nach vollkommener und vollständiger Erleuchtung hier Ausdruck verleihen.‹

Sein älterer Bruder antwortete: ›Wenn du dieses dein Streben zeigen willst, so solltest du nun den Buddhas der Zehn Richtungen deine Verehrung erweisen. Auch wäre es gut, wenn du deinen Wunsch nach der tiefen Höchsten Erleuchtung vor dem großen verehrungswürdigen Mönch ›Schoß der Sonne‹ aussprächest.‹

Sodann sprach der jüngere Bruder zu dem älteren: ›Durch Mildtätigkeit gegenüber allen Geschöpfen (wie es meine Gabe von) Ghee und vorzüglichen Arzneien (zeigt) und (durch die Manifestation einer) wunderbaren Blume über den Buddhas der Zehn Richtungen nehme ich nun diese verdienstvollen Gelübde, die nicht verschieden von den Wünschen und Gelübden sind, wie du, mein älterer Bruder, sie ausgedrückt hast. Wenn meine Gelübde aufrichtig sind und keinen Makel in sich bergen, so mögen sich zum Zeichen dessen die wunderbaren Lotusblumen, die ich verstreut habe, am Himmel in einen blühenden Baum verwandeln.‹

Darauf sahen die Mitglieder der großen Versammlung, wie sich die Lotusblumen, die der reiche Wohltäter ›Leuchtender Blitz‹ verstreut hatte, am Himmel zusammenfanden. Eine jede glich einem Bodhi-Baum, und obwohl sie am Himmel schwebten, war ein jeder bedeckt mit Blüten und Früchten.

Da priesen die Mitglieder der großen Versammlung wie aus einem Munde den reichen Wohltäter ›Leuchtender Blitz‹ und sagten: ›Das glückverheißende Zeichen, das sich heute auf deine Gelübde hin gezeigt hat, ist identisch mit dem, was dein älterer

Bruder empfangen hat. In einem künftigen Zeitalter wirst du unweigerlich Buddhaschaft erlangen. Wir haben keinen Zweifel daran.‹«

Der Buddha sprach zu Ānanda: »Wisse nun, daß alle aus der Gemeinschaft der Mönche, nachdem der große Wohltäter (»Sternenlicht«) ihnen die Harītakī und die ausgezeichneten Heilpflanzen aus den Bergen des Himalaja gegeben hatte und sie diese zu sich genommen hatten, die höchsten Lehren vernahmen. Die Kraft der Arzneien verlieh ihnen Befreiung von zwei Arten von Krankheit. Deren eine bestand in einem Überschuß bzw. Mangel (im Verhältnis der) vier Elemente (zueinander) (d. h. in einem Ungleichgewicht der vier Elemente des Körpers, das die Ursache der 404 Arten von Krankheit bildet), die andere war das Geistesgift des Ärgers und Hasses. Aufgrund der Wirkung dieser Arzneien äußerten alle in der großen Gemeinschaft den Wunsch, vollkommene und vollständige Erleuchtung zu erlangen, und sangen die Worte: ›In einem künftigen Zeitalter werden wir Buddhaschaft erlangen.‹

Darauf lobte jedes Mitglied der großen Versammlung die anderen und sagte: ›Das Geschenk dieses Mahāsattva, seine Gabe der zwei Arten von Arzneien, hat uns heute zu dem Wunsch veranlaßt, die höchsten und einzigartigen Lehren zu erlangen. Wir werden Herrscher sein über 3000 Myriaden von Welten. Aus Dankbarkeit sollten wir ihm einen Namen geben. Wie es seinem Verhalten entspricht, soll er von nun an ›Der König des Heilens‹ heißen.‹«

Der Buddha sprach zu Ānanda: »Wisse nun, daß der Bodhisattva ›Der König des Heilens‹, als er vernahm, wie die große Versammlung ihm diesen Namen übertrug, den Mönchen seine Ehrfurcht und Verehrung erwies. Er sagte: ›Mönche der Gemeinschaft von großer Tugend, ihr habt mir den Namen ›Der König des Heilens‹ gegeben. Nun sollte ich zu diesem Namen meine Zuflucht nehmen und ihn Wirklichkeit werden lassen. Wenn meine Gabe mit dem Weg des Buddha in Einklang steht und ich unweigerlich Vollkommenheit erlange, gelobe ich, daß von meinen Händen eine Vielzahl von Arzneien herniederregnen soll, welche alle Geschöpfe reinigen und von ihren Krankheiten befreien. Wenn ein Geschöpf, das meinen Namen hört, mich verehrt und über meine Gestalt und mein Antlitz meditiert, so werde ich dieses Geschöpf veranlassen, die Arznei der tiefen vollendeten Dhāraṇī der ungehinderten Lehren einzunehmen. Ich werde diesem Wesen dazu verhelfen, daß es sich in seinem gegenwärtigen Dasein aller Negativität entledigt und all sein Streben und seine Wünsche verwirklicht. Auch verspreche ich, daß alle Wesen, wenn ich Buddhaschaft erreiche, vollendet sein werden in den Übungen des Großen Fahrzeuges.‹

Als er diese Worte gesprochen hatte, senkte sich aus der Mitte des Raumes ein aus den Sieben Kostbarkeiten bestehender Baldachin auf die Gestalt des Königs des Heilens herab und legte sich wie eine Hülle um ihn. Inmitten des strahlenden Glanzes, der von dem Baldachin ausging, ertönte eine Stimme und sang diesen Vers:

> ›O Großes Wesen, durch deine vollendeten und ausgezeichneten Gelübde hast du die Arzneien geschenkt, die allen Wesen halfen. In der Zukunft wirst du Buddhaschaft erlangen, und dein Name wird »Reines Auge« sein. Vielen Devas und Menschen wirst du Erlösung schenken; dein mitfühlendes Herz wird Hindernis und Grenzen nicht kennen. Mit deinem Auge der Weisheit wirst du die Dinge erhellen. Wahrhaftig, in der Zukunft wirst du ein Buddha sein.‹

Als der König des Heilens diesen Vers vernahm, erfüllte Freude sein ganzes Sein, und er ging ein in Samādhi. Dieser Samādhi trug den Namen ›Jenseits allen Schmucks‹. Die Kraft dieses Samādhi ließ ihn zahllose Buddhas schauen. Er erlangte Reinigung von zahlreichen karmischen Fesseln und wurde ihrer vollkommen ledig. Auch erlangte er Freiheit von allen Fehlern, die er während 900 Billionen von Asaṃkhyeya-Äonen des Daseins im Saṃsāra begangen hatte.

Da sprachen diejenigen in der Versammlung, die ihm seinen Namen gegeben hatten: ›Seht, dieser ist nun der Bodhisattva-mahāsattva »Der König des Heilens«.‹«

Der Buddha sprach zu Ānanda: »Wisse nun, daß der jüngere Bruder, als er allen Menschen Arzneien schenkte, für sein Verhalten von allen Geschöpfen der Welt gepriesen wurde. Er gab diese Arzneien nicht nur den Mitgliedern der Gemeinschaft, sondern er schenkte sie allen Geschöpfen. Diejenigen, die diese Arzneien einnahmen, erlangten eine große Lebenskraft und vollkommene Gesundheit. Auch wurde ihnen die heilkräftige Arznei der wunderbaren, vollendeten Lehren des Großen Fahrzeuges zuteil.

Seines Verhaltens wegen erhielt er von allen Geschöpfen der Welt den Namen ›Der Höchste Heiler‹. Als der Bodhisattva hörte, wie ihn diese Menschen priesen und ihm den glückverheißenden Namen ›Der Höchste Heiler‹ verliehen, sagte er: ›Aufgrund der Wünsche und Gelübde, die ich ausgedrückt habe, haben mir heute in dieser Welt alle Mitglieder der großen Versammlung den Namen ›Der Höchste Heiler‹ gegeben. Ich gelobe daher, allen Geschöpfen die Arznei der höchsten Lehren zu schenken, wenn ich in einem künftigen Zeitalter die Zehn reinen Kräfte[43] erlangt habe. Auch verspreche ich, daß alle Geschöpfe, die meinen Namen hören, schnell Befreiung finden werden von den verzehrenden Feuern ihrer Leiden. Wenn ein Geschöpf mir Verehrung erweist, mich bei meinem Namen ruft, über meine Gestalt und mein Antlitz meditiert, werde ich diesem Geschöpf dazu verhelfen, daß es eine Gabe der Höchsten Arznei erhält, den süßen Tau der wunderbaren vollkommenen Befreiung, die über den Tod hinausgegangen ist.‹

Als die große Versammlung diese Worte vernahm, nahm jeder der dort Anwesenden ein Halsband aus kostbaren Steinen und brachte es dem Bodhisattva ›Der Höchste Heiler‹ dar. Ihre Gaben sammelten sich am Himmel, und all die Halsketten erschienen als ein Pavillon aus den Sieben Edelsteinen. Inmitten des Pavillons erstrahlte ein Licht von reinem gelbgoldenem Schimmer, und eine Stimme erklang, die der reinen Stimme Brahmās glich, und rezitierte diesen Vers:

›Ausgezeichnet, o siegreiches großes Wesen!
In vorbildlicher Weise hast du Wünsche und Gelübde ausgedrückt.
Die einer weiten Gesinnung entsprechen.
Du wirst unweigerlich für alle Wesen ein Fährmann sein,
Der sie hinüberführt über die bitteren Wasser (des Saṃsāra) (ans andere Ufer, ins Nirvāṇa).
Ich habe keinen Zweifel in meinem Herzen:
In einem künftigen Zeitalter wirst du Buddhaschaft erlangen,
Und dein Name wird Vimalagarbha sein.
Alle Wesen in der Welt wirst du retten und beschützen
Und vom Meer des Leidens befreien.‹«

Schluß: Zusammenfassung des Nutzens, Betitelung des Sūtra, spirituelle Verwirklichung

Der Buddha sprach zu Ānanda: »Höre aufmerksam zu! Achte auf meine Worte und bewahre sie in deinem Herzen! Diese beiden Bodhisattvas, ›Der König des Heilens‹ und ›Der Höchste Heiler‹ sind die anerkannten Dharma-Söhne all der erhabenen Buddhas der Vergangenheit, Gegenwart und Zukunft. Hört ein Geschöpf die Namen dieser beiden Bodhisattvas, wird es endgültig dem Meer des Leidens entkommen und nicht im Kreislauf der Existenzen versinken. Beständig wird es Buddhas und Bodhisattvas begegnen. Wieviel größer (wird der Segen sein, den es erfährt), wenn es sich den Übungen unterzieht, die ich erklärt habe.

Hört ein guter Sohn oder eine gute Tochter die spirituellen Formeln, die die beiden Bodhisattvas verkündet haben, und meditiert ein solcher Mann sodann über die Gestalt und das Antlitz der beiden Bodhisattvas, so wird er in seinem gegenwärtigen Dasein eine Vision des Königs des Heilens und des Höchsten

Heilers erlangen und die tausend Buddhas des gegenwärtigen Zeitalters sehen. In künftigen Zeiten wird er zahllose Buddhas schauen, und jeder dieser Edlen wird ihm die Lehren verkünden. Er wird in den Reinen Ländern der Buddhas geboren werden, und sein Geist wird stark und gefestigt sein. Bis das Ziel erreicht ist, wird er niemals ablassen von dem Streben nach vollkommener und vollständiger Erleuchtung.«

Auf diese Worte hin erhob sich Ānanda von seinem Sitz, erwies dem Buddha seine Verehrung und umschritt ihn sieben Male. Darauf wandte er sich an den Buddha und sprach: »O Herr, wie sollen wir dieses Sūtra nennen? (Unter welchem Namen) sollen wir es empfangen und bewahren?«

Der Buddha antwortete ihm: »Höre aufmerksam zu, höre aufmerksam zu und bewahre mit reiner Gesinnung meine Worte in deinem Herzen! Das Wesen dieser Lehre trägt den Namen ›Beseitigung aller Fehler und Fesseln‹. Es heißt auch ›Die spirituelle Formel für Bekennen und Bereuen negativen Verhaltens‹; ›Die höchste Arznei, der süße Tau, der alle Leiden und Krankheiten heilt‹ und ›Die Betrachtung der reinen Gestalt des Königs des Heilens und des Höchsten Heilers‹.«

Der Buddha sprach zu Ānanda: »So lauten die außergewöhnlichen, ausgezeichneten und tiefen Namen des Wesens dieser Lehren. Wenn Mönche oder Nonnen nach meinem Parinirvāṇa dieses Sūtra hören und nur für einen Augenblick aufrichtige Freude darüber empfinden, werden sie von den Vier ernsten negativen Handlungen gereinigt sein. Hören Laien männlichen oder weiblichen Geschlechts dieses Sūtra und empfinden, sei es auch nur für einen Augenblick, aufrichtige Freude darüber, erlangen sie Reinigung von allen Verstößen gegen die Fünf Verhaltensregeln und von allen Vergehen gegen die Acht Gelübde. Hören Herrscher, große Minister, Kṣatriyas, gelehrte Laien, Vaiśyas (Kaufleute), Śūdras (Bauern), Brahmanen oder andere dieses Sūtra und empfinden auch nur für einen Augenblick aufrichtige Freude darüber, werden sie gereinigt sein von den Fünf unermeßlich negativen und den Zehn negativen Verhaltensweisen.«

Weiter sprach der Buddha zu Ānanda: »Die Ursachen und Bedingungen des grundlegenden Verhaltens der Bodhisattvas ›Der König des Heilens‹ und ›Der Höchste Heiler‹ sind eine ausgezeichnete Arznei gegen die Krankheiten der Menschen in Jambudvīpa.«

Nach diesen Worten schwieg der Herr, verweilte auf seinem Sitz und ging ein in Samādhi. Der Sohn des Ältesten, »Anhäufung von Edelsteinen«, der ehrwürdige Ānanda und die zahllosen Mitglieder der großen Versammlung waren von Freude und Glück erfüllt. Aufgrund der Freude, die sie empfanden, erlangten die 5000 Ältesten in der Versammlung die Geduld, die aus der Erkenntnis des ungeschaffenen Wesens aller Erscheinungen entsteht. Die 10 000 Bodhisattvas in der Versammlung weilten im Śūraṃgamasamādhi. Der Schüler Śāriputra und die 500 Mönche waren nicht länger von den Geistesgiften gefesselt und erlangten den Zustand eines Arhats. Unzählige Scharen von Devas, Nāgas und anderen aus den acht Arten von nichtmenschlichen Geschöpfen bekundeten ihren Wunsch, dem höchsten und wahren Weg zu folgen.

Da freuten sich alle Mönche und Nonnen und die anderen Mitglieder der großen Versammlung, die die Lehre des Buddha vernommen hatten. Als sie die Lehren empfangen und beherzigt hatten, verbeugten sie sich in Verehrung und entfernten sich sodann.

So schließt das von Buddha verkündete Sūtra über die Betrachtung der beiden Bodhisattvas »Der König des Heilens« und »Der Höchste Heiler«.

Übersetzung II: Vorwort des *Sūtra über die Früchte der grundlegenden Gelübde des Tathāgata »Der Meister des Heilens«*

(*Yao-shih ju-lai pen-yüan kung-te ching hsü*; verfaßt von dem Mönch Hui-chü, im Jahre 617 n. Chr. [Sui], T. XIV, 449.)

Das *Sūtra über die grundlegenden Gelübde des Tathāgata »Der Meister des Heilens«* ist eine bedeutende Methode, Segen zu empfangen und seinem Leid ein Ende zu setzen. Unter dem Einfluß seiner Liebe und seines Mitgefühls richtete Mañjuśrī (an Śākyamuni) die Bitte, über den verehrungswürdigen Namen (des Heilenden Buddha) zu sprechen. Dieser Tathāgata (»Der Meister des Heilens«) verbreitet im Geist seiner Nächstenliebe eine Fülle von verdienstvollem Karma. Seine zwölf großen Gelübde enthüllen die allumfassende Qualität seiner Motivation und seines Handelns, und sein glorreicher Schmuck aus sieben Edelsteinen zeigt die Reinheit der Früchte und die Tugenden (dieser Motivation und dieses Handelns).

Diejenigen, die sich des Namens des Buddha erinnern, sich auf diesen konzentrieren und ihn ausrufen, werden von all ihren Leiden befreit sein. Alle Wünsche derer, die sich mit ihren Bitten an den Buddha wenden und ihm mit einer Gaben-Pūjā Verehrung erweisen, werden in Erfüllung gehen, auch dann, wenn sie für einen kranken Menschen bitten, um diesen zu retten. Ein solcher Mensch wird weiterleben, selbst wenn er eigentlich hätte sterben müssen. Ein König kann alle Nöte abwenden und Unglück in Segen verwandeln. Der Glaube an diesen Buddha wird den zauberkräftigen Einfluß von hundert Geistern zunichtemachen. Er ist die vollendete Methode, die die neun Arten des Todes zur Unzeit beseitigt.

Der Mönch Hui-chien übersetzte in früheren Tagen, während

der Regierungszeit des Sung Hsiao-wu (454–465), diesen Text im Kloster »Wildnis der Hirsche«, und das Werk wurde zu seiner Zeit sehr bekannt. Im Vergleich mit dem Sanskrit-Text (stellte sich jedoch heraus), daß es diesem Sung-Mönch nicht gelungen war, die verwirrende Anhäufung von Worten und Satzteilen sinnvoll miteinander zu verschmelzen, was bei den Lesern zu zahlreichen Zweifeln führte.

Ich, Hui-chü, hatte während meiner frühen Studien der indischen Texte unablässig die Seiten der Schriften (zum Lernen) ausgebreitet. Oft dachte ich daran, mir dieses Sūtra zu verschaffen, (um die frühere Übersetzung) auf Irrtümer hin zu überprüfen. Ich gelangte erstmals im Jahre 597 in den Besitz des Originals. Jedoch wagte ich mich in der Befürchtung, ich könnte Fehler verbreiten, noch nicht an dessen Übersetzung.

Im Jahre 615 erhielt ich zwei weitere Kopien. Ich verglich sie und stieß auf diese Weise schließlich auf den klarsten und eindeutigsten Text. In der Folgezeit übersetzte ich gemeinsam mit dem Mönch Dharmagupta sowie den meisterhaften Übersetzern der Sui-Periode, den Mönchen Fa-hsing, Ming-tse, Ch'ang-shun, Hai-yü und anderen Mitgliedern der Sūtra-Übersetzungsakademie im Shang-lin-Park, der in der Östlichen Hauptstadt, südlich des Lo-Flusses, gelegen ist, voller Respekt diese Schrift.

Im tiefen Bewußtsein der Fehler in der früheren Übersetzung ließen wir uns diese zur Warnung gereichen und suchten in der vorliegenden Übersetzung alle Irrtümer zu vermeiden. Aus diesem Grunde wurde keine Übersetzung eines Satzes, die einer von uns äußerte, niedergeschrieben, bevor sie nicht einen Prozeß dreimaliger Beratung durchlaufen hatte. Wir glauben daher, daß uns bei der Übermittlung der subtilen Prinzipien keine schwerwiegenden Fehler unterlaufen sind.

Am achten Tag des zwölften Mondmonats dieses Jahres (am 21. Januar des Jahres 617 n. Chr.) waren die Übersetzung und ihre Überarbeitung abgeschlossen, und die Übersetzung wurde, wie die früheren Fassungen, auf einer Rolle niedergeschrieben.

Wir haben den Wunsch, daß jedermann die tiefen Prinzipien

dieses Sūtra verstehen möge und daß der Name dieses Buddha allerorten gehört werde. Auch bitten wir die Zwölf Yakṣas, der Gnade des Buddha zu gedenken und das Volk zu beschützen. Mögen die 7000 Armeen in ihrem Gefolge den Einfluß des Sūtra empfangen und der Bevölkerung Gutes tun. Möge die Herrschaft der Kaiser in Ewigkeit fortdauern. Mögen alle Menschen in Frieden und Glück leben. Möge auf diese Weise dieses Vorwort auch zukünftige Generationen erreichen.

Das von Buddha verkündete Sūtra über die grundlegenden Gelübde des Tathāgata »Der Meister des Heilens«, am achten Tag des zwölften Mondmonats des zwölften Jahres des Ta-yeh (fertiggestellte) Neuübersetzung des Sūtra über den Meister des Heilens durch Śrāmana Hui-chü und sechs andere, geschrieben im Shang-lin-Park in der Östlichen Hauptstadt südlich des Lo-Flusses. Diese Ausgabe ist die bisher zuverlässigste. Wir wünschen zutiefst, daß diejenigen, die diesen Text lesen und rezitieren, keinen Anlaß zu Zweifeln haben. Sollten sie jedoch Fehler finden, sollten sie nicht über diese hinwegsehen.

Übersetzung III: *Das Sūtra über die Früchte der grundlegenden Gelübde des Meisters des Heilens, des Tathāgata im Lapislazuli-Glanz*

(*Yao-shih liu-li-kuang ju-lai pen-yüan kung-te ching;* in der chinesischen Version des Tripiṭaka-Meisters Hsüan-tsang [T'ang, 650 n. Chr.], T. XIV, 450.)

Oṃ. Ehre sei dem Allwissenden, dem erhabenen Meister des Heilens, dem Tathāgata, dem König im Lapislazuli-Glanz.[1] So habe ich gehört: Eines Tages gelangte der Herr auf seiner Reise durch zahlreiche Staaten, während derer er die Einwohner belehrte und zu einem Wandel ihres Verhaltens veranlaßte, nach Vaiśālī. Dort weilte er zu Füßen eines Baumes, aus dem Musik ertönte. Mit ihm war eine große Versammlung von insgesamt 8000 Mönchen sowie 36 000 Bodhisattva-mahāsattvas. Auch der König des Staates im Kreis seiner großen Minister, Brahmanen, gelehrte Laien, Devas, Nāgas, Yakṣas und viele andere menschliche und nichtmenschliche Geschöpfe waren anwesend. Diese unermeßlich große Versammlung von Geschöpfen scharte sich voller Ehrfurcht um den Buddha, der ihr sodann seine Belehrung erteilte.

Der Dharma-Fürst Mañjuśrī empfing in einer Inspiration den erhabenen spirituellen Einfluß des Buddha. Er erhob sich, entblößte eine seiner Schultern und ließ sich zu Füßen des Buddha auf sein rechtes Knie nieder. Er verbeugte sich vor ihm, faltete seine Hände und sagte: »O Herr, ich habe den aufrichtigen Wunsch, Du mögest die verschiedenen Formen und die Fülle der Namen aller Buddhas erklären sowie die seltenen Früchte ihrer grundlegenden großen Gelübde (die sie ablegten, als sie sich als

Neulinge auf den Bodhisattva-Weg begaben). Alle, die dies hören, werden dadurch von ihren karmischen Fesseln gereinigt sein und fähig, im Zeitalter der nachgeahmten Lehren (wenn von den Lehren eher die Form denn der Inhalt überdauert) den Geschöpfen Nutzen und Freude zu spenden.« Da pries der Herr den Jüngling Mañjuśrī und sprach: »Ausgezeichnet, ausgezeichnet, Mañjuśrī! In deinem großen Mitgefühl hast du mich gebeten, die Namen der Buddhas und die Früchte ihrer grundlegenden Gelübde zu erklären, um die karmischen Fesseln zu zerreißen, die die Geschöpfe gefangenhalten, um im Zeitalter der nachgeahmten Lehren allen Geschöpfen zu nutzen, sie zu bereichern, ihnen Frieden und Glück zu spenden. Höre mir nun mit größter Aufmerksamkeit zu und bewahre meine Worte in deinem Herzen!«

Mañjuśrī antwortete: »Ich wünsche aufrichtig, Du mögest sprechen. Wir alle werden Deine Erklärungen mit großer Freude hören.«

Der Heilende Buddha: seine zwölf Gelübde und sein Östliches Paradies

Der Buddha sprach zu Mañjuśrī: »Gehst du von hier nach Osten jenseits so vieler Buddha-Bereiche, daß ihre Anzahl zehnmal der Zahl der Sandkörner im Strom des Ganges entspricht, gelangst du in einen Bereich mit Namen ›Reiner Lapislazuli‹. Dort weilt ein Buddha, ein Tathāgata, ein Arhat[2], ein Vollkommen Erleuchteter, ein in Geist und Verhalten Vollendeter, Einer, der vollkommen gegangen ist, der die Welt kennt, ein unübertreffliches Wesen, ein Bezwinger der Leidenschaft, ein Lehrer der Devas und Menschen, ein Buddha und Herr, und er trägt den Namen ›Der Meister des Heilens im Lapislazuli-Glanz‹. Wisse Mañjuśrī, als dieser Buddha, dieser erhabene Meister des Heilens, dieser Tathāgata im Lapislazuli-Glanz, sich erstmals auf den Weg eines Bodhisattva begab, legte er zwölf Gelübde ab, um allen Wesen dazu zu verhelfen, daß sie erlangten, was sie suchten:

(Das erste große Gelübde:) ›Wenn ich in einem künftigen Zeitalter die unübertroffene vollständige Erleuchtung erreiche, soll von meinem Körper ein strahlendes Licht ausgehen, dessen Glanz zahllose, unermeßliche Bereiche erhellt. Mein Körper soll vollendet sein im Schmuck der 32 Zeichen eines Mahāsattva und der 80 Schönheitsmale.[3] Und ich will allen Geschöpfen zu einem Körper verhelfen, der dem meinen gleicht.‹
(Das zweite große Gelübde:) ›Wenn ich in einem künftigen Zeitalter Erleuchtung erlange, soll mein Körper innen und außen wie Lapislazuli sein, strahlend in durchdringender und makelloser Reinheit. Der Anblick dieses Glanzes soll die Herzen bewegen und großen Nutzen verleihen. Mein Körper soll vorzüglich sein, ein friedvoller Hort im Schmuck eines schimmernden Netzes, das (einer Aureole gleich) heller strahlt als Sonne und Mond. Den Geschöpfen, die Dunkelheit völlig umhüllt, will ich das Licht des Morgenrots zeigen, so daß sie in Übereinstimmung mit den Wegen handeln können, die ihren Wünschen entsprechen.‹
(Das dritte große Gelübde:) ›Wenn ich in einem künftigen Zeitalter Erleuchtung erlange, über unbegrenzte Einsicht und unendliche Methoden verfüge, werde ich allen Geschöpfen dazu verhelfen, all die Dinge zu erlangen, deren sie bedürfen. Nichts soll ihnen mangeln (das man zum Leben braucht).‹
(Das vierte große Gelübde:) ›Wenn ich in einem künftigen Zeitalter Erleuchtung erlange, will ich alle Geschöpfe, die dem Pfad einer Irrlehre folgen, veranlassen, in Frieden auf dem Weg zur Erleuchtung zu bleiben. Alle Anhänger des Śrāvaka- oder Pratyekabuddha-Fahrzeugs sollen wohl vertraut werden mit dem Großen Fahrzeug (Mahāyāna).‹
(Das fünfte große Gelübde:) ›Gibt es, wenn ich in einem künftigen Zeitalter Erleuchtung erlange, eine unübersehbare Vielzahl von Geschöpfen, die das reine Verhalten meiner Lehre üben, so will ich all diese veranlassen, die Verhaltensregeln vollkommen einzuhalten und in den drei wesentlichen Vorschriften[4] Vollendung zu erlangen. Diejenigen, die andere verleumden und verletzen, sollen, wenn sie meinen Namen hören, fähig sein, ihre

Reinheit wiederzuerlangen, und sie sollen nicht in ein kummervolles Dasein fallen.‹

(Das sechste große Gelübde:) ›Wenn ich in einem künftigen Zeitalter Erleuchtung erlange, sollen alle Geschöpfe, deren Körper versehrt oder deren Sinnesorgane geschädigt sind – die häßlich sind, dumm, taub, blind, stumm, verkrüppelt oder lahm, die einen Buckel haben, an Lepra, Fallsucht oder einer Geisteskrankheit leiden oder heimgesucht sind von anderen Krankheiten oder Leiden –, wenn sie meinen Namen hören, eine gesunde körperliche Erscheinung und gute Intelligenz erlangen. Alle ihre Sinne sollen vollkommen sein, und sie sollen frei sein von Krankheit und Leid.‹

(Das siebte große Gelübde:) ›Wenn ich in einem künftigen Zeitalter Erleuchtung erlange, sollen alle Geschöpfe, die krank sind und im Elend leben – die keinen Platz haben, zu dem sie gehen, keinen Besitz, auf den sie zurückgreifen könnten, die weder einen Arzt noch Medizin haben, keine Familie und keine Verwandten, die arm sind und deren Leiden gegenwärtig sind –, sobald sie meinen Namen hören, von all ihren Krankheiten geheilt sein und sowohl körperlich wie geistig in Frieden und Freude leben. Sie sollen eine große Familie und Besitz im Überfluß haben und selbst die höchste Erleuchtung erfahren.‹

(Das achte große Gelübde:) ›Wenn ich in einem künftigen Zeitalter Erleuchtung erlange, sollen alle Frauen, die einer der hundert Schmerzen quält, die ausschließlich Frauen befallen – die am Ende ihres Lebens erschöpft sind und wünschen, ihre weibliche Gestalt aufzugeben –, wenn sie meinen Namen hören, eine Umwandlung ihrer weiblichen Gestalt erfahren und als Mann wiedergeboren werden. Sie alle sollen die höchste Erleuchtung erfahren.‹[5]

(Das neunte große Gelübde:) ›Wenn ich in einem künftigen Zeitalter Erleuchtung erlange, will ich allen Geschöpfen dazu verhelfen, Māras Netz zu entfliehen. Sie sollen frei sein von den Fesseln der Irrwege. Diejenigen, die in den dichten Dschungel der Vielzahl der negativen Ansichten verstrickt sind, will ich in mei-

ne Arme nehmen und zu richtiger Anschauung führen. Ich will sie veranlassen, schrittweise die Bodhisattva-Übungen zu erlernen und zu beherzigen, so daß sie schnell die höchste Erleuchtung erfahren.‹

(Das zehnte große Gelübde:) ›Wenn ich in einem künftigen Zeitalter Erleuchtung erlange, sollen alle Geschöpfe, die aufgrund der Gesetze des Königs in Fesseln liegen oder geschlagen werden – die gebunden hinweggeführt und ins Gefängnis geworfen werden; denen die Todesstrafe droht; denen zahllose unüberwindliche Schwierigkeiten widerfahren, die sie demütigen, ihnen Schmerz und Verzweiflung bereiten; deren Körper und Geist Bitternis leiden –, wenn sie meinen Namen hören, durch den ehrfurchtgebietenden spirituellen Einfluß meiner befreienden Tugenden all ihrer Sorgen und Qualen ledig sein.‹

(Das elfte große Gelübde:) ›Wenn ich in einem künftigen Zeitalter Erleuchtung erlange, will ich allen Geschöpfen, die gequält sind von Hunger und Durst, die negatives Karma verursachen auf ihrer (verzweifelten) Suche nach Nahrung, wenn sie meinen Namen hören, ihn unverlierbar in ihrem Gedächtnis bewahren und ihn in Ehren halten, zunächst unvergleichliche Nahrung und gute Getränke schenken, die ihren Körper völlig zufriedenstellen. Sodann will ich ihnen den Geschmack der Lehre vermitteln, die ihnen letztendlichen Frieden und Freude verleiht, und sie sollen wohl vertraut mit ihr werden.‹

(Das zwölfte große Gelübde:) ›Wenn ich in einem künftigen Zeitalter Erleuchtung erlange, sollen alle Geschöpfe, die arm sind, die, jeglicher Kleidung beraubt, Tag und Nacht belästigt sind von Moskitos und Fliegen, von Hitze und Kälte gepeinigt, wenn sie meinen Namen hören, ihn unverlierbar in ihrem Gedächtnis bewahren und ihn in Ehren halten, alle Arten von hochwertiger und wunderbarer Kleidung erhalten, ganz wie sie ihren Wünschen entspricht. Auch sollen ihnen alle Arten von kostbarem Schmuck, Girlanden, Wohlgerüche, Musik und vielfältige Vergnügungen zuteil werden. Ich will ihnen in Fülle all die Dinge schenken, die ihr Herz sich ersehnt.‹

Wisse Mañjuśrī, dies sind die zwölf subtilen, vollendeten und ausgezeichneten Gelübde, die der erhabene Meister des Heilens, der Tathāgata im Lapislazuli-Glanz, abgelegt hat, als er sich als Neuling auf den Bodhisattva-Weg begab. Was nun deren Früchte und die Kostbarkeiten seines Reinen Landes angeht, so könnte ich sie nicht gänzlich beschreiben, wenn ich ein ganzes Zeitalter lang über sie spräche. Der Bereich des erhabenen Meisters des Heilens ist von jeher bis in die Gegenwart von einzigartiger Reinheit. Es gibt dort keine Versuchung[6], keine kummervollen Wege des Daseins, und man hört keinen Laut des Leidens. Der Boden besteht aus Lapislazuli, und alle Wege sind mit Gold verziert. Die Mauern und Tore, die Paläste, Pavillons, Balkone und Fenster, die Wandteppiche und Vorhänge bestehen alle aus den Sieben kostbaren Substanzen.[7] Das Land gleicht dem Freudvollen Bereich des Westens; seine Vorzüge und sein Schmuck sind nicht verschieden von diesem.

Es gibt in diesem Land zwei Bodhisattva-mahāsattvas. Deren einer heißt ›Alldurchdringender Glanz der Sonne‹, und der andere trägt den Namen ›Alldurchdringender Glanz des Mondes‹. Sie sind die Häupter der unübersehbaren Schar von Bodhisattvas, die dort weilen, und sie sind in vollem Maße fähig, den Schatz der unverfälschten Lehren zu halten, die der erhabene Meister des Heilens, der Tathāgata im Lapislazuli-Glanz, gegeben hat.

Aus diesem Grunde, Mañjuśrī, sollten alle guten Söhne und Töchter (der buddhistischen Familie), die gläubigen Herzens sind, danach streben, in dem Bereich dieses Buddha wiedergeboren zu werden.«

Der Buddha hilft denen, die ihr Karma in Bedrängnis geführt hat

Darauf sprach der Herr zu dem Jüngling Mañjuśrī: »Wisse, Mañjuśrī, es gibt Geschöpfe, die nicht unterscheiden zwischen Gut und Böse, die allein ihrer Habgier und ihrem Geiz zu Willen sind. Sie wissen nichts über die Verbreitung von Nächstenliebe und nichts über die Früchte und den Nutzen des Gebens. Dumm und verbohrt, besitzen sie keine Einsicht, und es mangelt ihnen an den Wurzeln des Glaubens. Sie häufen Reichtum und Edelsteine an und wenden all ihren Fleiß an die Bewahrung (ihrer Schätze). Sehen sie einen Bettler sich nähern, werden sie ärgerlich. Gelingt es ihnen nicht, sich vor ihm zu schützen, sehen sie sich gezwungen, ihm eine Gabe zu reichen, entwickeln sie eine so tiefe und schmerzhafte Reue, als hätten sie sich ein Stück Fleisch aus ihrem Körper geschnitten.

Weiter gibt es Geschöpfe, die grenzenlos geizig und habgierig sind. Sie häufen Reichtümer an, die sie nicht einmal für sich selbst ausgeben mögen. Wie sollten sie fähig sein, ihr Gut ihren Eltern, ihrer Frau, ihren Kindern, ihren Dienerinnen, ihren Arbeitern oder gar Bettlern zu geben?

Am Ende ihres gegenwärtigen Daseins werden diese Geschöpfe wiedergeboren als Hungrige Geister oder Tiere. Hat jedoch ein solches Geschöpf in einem früheren Dasein als Mensch nur ein einziges Mal den Namen ›Der Meister des Heilens, der Tathāgata im Lapislazuli-Glanz‹ vernommen, so wird es sich plötzlich auf diesem kummervollen Weg der Existenz an den Namen dieses Tathāgata erinnern. Wenn es sich an den Namen des Tathāgata erinnert, wird es diesen Ort verlassen und erneut unter Menschen wiedergeboren werden. Es wird Kenntnis seiner vergangenen Leben erlangen, und aus Furcht vor (der Rückkehr in die) kummervollen Wege wird es nicht länger sein Glück in den weltlichen Freuden suchen. Ein solcher Mensch wird lernen, gerne Nächstenliebe zu üben, und er wird diejenigen preisen, die mit Freuden geben. Er wird nicht länger gierig an seinen Besitztümern festhalten. Schritt für Schritt wird er die Fähigkeit erlangen, sogar sich selbst zu geben; seinen Kopf, seine Augen, Hände und Füße, sein eigenes Fleisch und Blut wird er fähig sein, an die zu verteilen, die kommen und danach suchen. Um wieviel mehr erst wird er fähig sein, seinen Besitz zu verteilen!

Weiter, Mañjuśrī, mag es Geschöpfe geben, die die Gelübde

der reinen Ethik *(śīla)* gebrochen haben, obwohl sie die Lehren des Tathāgata in all ihren Punkten angenommen haben. Auch mag es Geschöpfe geben, die zwar nicht die Gelübde gebrochen, sich jedoch gegen die Regeln der Gemeinschaft vergangen haben. Wieder andere mögen zwar die Gelübde und Regeln in einer Weise befolgt haben, die nicht zu beanstanden ist, sie mögen jedoch die richtige Sichtweise geschmäht haben. Schließlich mag es Geschöpfe geben, die zwar die richtige Sichtweise nicht geschmäht, die jedoch das Studium aufgegeben haben. Auf diese Weise gelingt es ihnen nicht, die tiefen Prinzipien der Sūtras zu verstehen, die der Buddha gelehrt hat. Wieder andere mögen Wissen erworben haben, jedoch hochmütig darüber geworden sein. Da ihnen Stolz und Hochmut den Geist vernebeln, glauben sie sich selbst im Recht und alle anderen im Unrecht. Sie beginnen, die wahren Lehren zu verachten, hassen und werden schließlich zu Gefährten und Verbündeten von Māra. Auf diese Weise lassen sich diese dummen Menschen in ihrem Verhalten nicht nur selbst von falschen Ansichten leiten, sondern führen auch Millionen anderer Wesen wieder und wieder in die Falle der Gefahr. Diese Menschen werden in die Bereiche der Naraka-Höllen fallen, in eine Wiedergeburt als Tier oder Hungriger Geist, und sie werden endlos im Saṃsāra bleiben.

Hören diese Menschen jedoch den Namen des Meisters des Heilens, des Tathāgata im Lapislazuli-Glanz, so wird dies sie veranlassen, ihr negatives Verhalten aufzugeben und die heilsamen Lehren zu beherzigen und pflegen. Sie werden nicht in den Abgrund eines kummervollen Daseins fallen. Diejenigen aber, die nicht fähig sind, ihr negatives Verhalten aufzugeben und die heilsamen Lehren zu beherzigen und pflegen, werden (weiterhin) in die kummervollen Wege des Daseins fallen. Doch wird der ehrfurchtgebietende Einfluß der grundlegenden Gelübde dieses Tathāgata diese Geschöpfe veranlassen, sich von ihrem gegenwärtigen Zustand zu lösen, so daß sie für einen flüchtigen Augenblick den Namen des Buddha vernehmen. In der Folge ihres gegenwärtigen Daseins werden sie eine Wiedergeburt als Mensch erlangen. Sie werden sich richtige Ansichten zu eigen machen und – wenn sie ihre Anstrengungen fortsetzen – Kontrolle über die Begierden ihres Geistes gewinnen. Dadurch, daß sie Zuflucht nehmen zur Lehre des hauslosen Tathāgata, werden sie fähig sein, dem Dasein eines Familienvaters zu entsagen. Sie werden die Lehren in all ihren Punkten annehmen und wahren und nichts tun, wodurch man die Gelübde verletzt oder bricht. Die richtige Anschauung wahrend werden sie Wissen erwerben und die tiefen Inhalte der Sūtras verstehen. Frei von Hochmut und Stolz werden sie nicht länger die wahren Lehren schmähen. Sie werden nicht zu Gefährten von Māra werden. Schrittweise werden sie die verschiedenen Aspekte des Bodhisattva-Weges entwickeln und beherzigen und so schnell die Erfüllung des Weges erreichen.

Weiter, Mañjuśrī, mag es Geschöpfe geben, die mißgünstig sind, gierig, neidisch oder eifersüchtig, die sich selbst preisen, während sie andere herabsetzen. Diese Geschöpfe werden in die drei kummervollen Wege fallen. Während tausend und abertausend Jahren werden sie alle Arten von Unglück erdulden. Wenn sie all diese Leiden erduldet haben, werden sie am Ende dieser Existenzen als Ochsen, Pferde, Kamele oder Esel in der Welt der Menschen wiedergeboren werden. Unter ständigen Schlägen, gequält von Hunger und Durst, werden sie, fortwährend mit schweren Lasten beladen, über die Straßen und Wege ziehen.

Wenn sie eine menschliche Geburt erlangen, werden sie in Knechtschaft im Haus eines anderen leben, als Diener oder Magd, die fortwährend Befehle empfangen, für andere körperliche Arbeit zu verrichten. Ein solcher Mensch ist niemals frei.

Hat er jedoch in einem früheren menschlichen Dasein den Namen des erhabenen Meisters des Heilens, des Tathāgata im Lapislazuli-Glanz, vernommen, so wird er sich aufgrund dieser guten Ursache dieses Namens erinnern und mit vollkommener Aufrichtigkeit Zuflucht zum Buddha nehmen. Er wird wache und aufnahmefähige Sinne erlangen und Einsicht und Wissen erwerben. Immer wird er nach den höchsten Lehren suchen und beständig heilsamen (spirituellen) Freunden begegnen. Er wird die Bande, die ihn an Māra ketten, für alle Ewigkeit lösen und die Schleier der Unwissenheit zerreißen. Der Strom des Leids wird versiegen, und er wird frei sein vom Kummer und Schmerz der Geburt, des Alters, der Krankheit und des Todes.

Weiter, Mañjuśrī, gibt es Geschöpfe, die Freude an Zwietracht haben, die Streit untereinander und mit anderen suchen und Entzweiung und Feindseligkeit hervorrufen. Wenn diese durch Taten, Worte oder Gedanken negatives Karma verursachen, vermehren oder verlängern, wenn sie sich fortwährend Dingen widmen, die anderen schaden, wenn sie aus Rachsucht auf Vergeltung sinnen, wenn sie die Geister von Bergen, Wäldern oder Grabhügeln anrufen, um sich ihrer Hilfe zu versichern, wenn sie Lebewesen töten, um deren Fleisch und Blut den Yakṣa-, den Rākṣasa-Dämonen oder anderen als rituelle Opfergabe darzubringen, wenn sie, um ein Wesen mit Fluch zu beladen, dessen Namen aufschreiben, dessen Bildnis anfertigen und es mit Hilfe schwarzer Magie verfluchen und ihm Schaden zufügen, wenn sie sich schwarzer Magie bedienen, um einen Ghul zu wecken und so dem Leben ihres Feindes ein Ende setzen und seinen Körper zerstören – auch wenn sie all dieses tun, werden sie, wenn sie den Namen des Meisters des Heilens, des Tathāgata im Lapislazuli-Glanz, vernehmen, in Zukunft unfähig sein, einem Wesen in der zuvor beschriebenen Weise zu schaden. Ihr Geist wird in all seinen Regungen von Gedanken der Liebe erfüllt sein. Ihr Denken wird sich auf den Nutzen der anderen richten, auf Frieden und Glück, und sie werden frei sein von Gedanken der Rachsucht und des Hasses. Ein jeder dieser Menschen wird sich über alles freuen, was ihm zuteil wird, und mit jeglicher Gabe zufrieden sein. Sie werden andere weder übervorteilen noch schlecht behandeln, sondern nach gegenseitigem Nutzen und Wohlergehen streben.

Nun mag es auch, Mañjuśrī, unter den vier Arten von menschlichen Wesen, unter den Mönchen, Nonnen, den Laien männlichen und weiblichen Geschlechts, unter den guten Söhnen und Töchtern, die reinen Glaubens sind, Menschen geben, die fähig sind, die Acht Gelübde zu nehmen und einzuhalten und sie für ein Jahr und drei Monate[8] in all ihren Aspekten zu befolgen.

Sie hoffen, durch diese heilsamen Wurzeln, die sie gepflanzt haben, eine Wiedergeburt im Bereich der Vollkommenen Freude des Buddha Amitāyus in den westlichen Gegenden zu erlangen. Obwohl sie die wahren Lehren vernommen haben, sind diese Menschen mit ihnen noch nicht wohl vertraut. Hören sie jedoch den Namen des Meisters des Heilens, des Tathāgata im Lapislazuli-Glanz, so werden, wenn das Dasein dieser Menschen zu Ende geht, acht Bodhisattvas mit Hilfe ihrer spirituellen Kräfte aus dem Raum zu ihnen herabkommen und ihnen den Weg zeigen (in das Westliche Paradies)[9]. In diesem (westlichen) Bereich werden sie spontan wiedergeboren werden in vielfarbigen edelsteingeschmückten Blumen.

Diejenigen Geschöpfe, die – obwohl sie eine Wiedergeburt in diesem himmlischen Bereich erlangt und in ihren früheren Leben heilsame Wurzeln gepflanzt haben – ihr Karma noch nicht erschöpft haben, werden aufgrund ihrer Geburt in diesem reinen Land nie wieder in einen der kummervollen Wege des Daseins fallen. Wenn ihr Dasein in diesem himmlischen Bereich zu Ende geht, werden sie in der Welt der Menschen als universale Herrscher wiedergeboren, die alle Geschöpfe der vier Kontinente unter ihrer Herrschaft einen. Ein solcher Herrscher wird durch die Majestät seiner ehrfurchtgebietenden Tugenden zahllose Hunderttausende von Geschöpfen wohlvertraut machen mit dem Weg der Zehn heilsamen Vorschriften.

Ein solches Geschöpf kann auch wiedergeboren werden in einer großen Familie der Kṣatriyas, der Brahmanen oder gelehrten Laien, die Reichtum im Überfluß ihr eigen nennen, Juwelen, bis ans Dach gefüllte Speicher und Vorratshäuser besitzen. Seine Erscheinung wird von großer Majestät sein, und es wird umgeben sein von einem Heer von Dienern. Ein solcher Mensch wird intelligent sein, weise, tapfer und stark. Er wird großen Einfluß auf andere haben und unerschrocken sein wie ein großer Meister der Kriegskunst.

Wird ein solcher Mensch in weiblicher Gestalt geboren und hört den Namen des erhabenen Meisters des Heilens, des Tathāgata im Lapislazuli-Glanz, nimmt ihn in vollkommener Aufrichtigkeit an und bewahrt ihn, so wird er in seinen kommenden Leben nie als eine Frau wiedergeboren werden.«

Eine mystische Formel, die Krankheit und Leid beseitigt[10]

»Als nun, Mañjuśrī, dieser Meister des Heilens, dieser Tathāgata im Lapislazuli-Glanz, Erleuchtung erreichte, war er aufgrund der Kraft seiner grundlegenden Gelübde fähig, alle Geschöpfe zu sehen und über sie zu wachen. Einige dieser Geschöpfe litten an Krankheiten, sie waren ausgezehrt, hatten hohes Fieber, Gelbsucht usw. Andere waren den verderblichen Giften von Dämonen ausgeliefert; noch andere würden ein kurzes Leben haben oder befanden sich an der Schwelle eines Todes zur Unzeit. Als er dies sah, hatte er den Wunsch, all diesen Krankheiten und Leiden ein Ende zu setzen und den Wünschen der Geschöpfe zur Erfüllung zu verhelfen.

Zu dieser Zeit ging der Erhabene in den Samādhi ein, ›der die Leiden aller Wesen vertreibt‹. Als er in diesem Samādhi weilte, ging ein strahlendes Licht von der Ūrṇā zwischen seinen Augenbrauen aus, und aus ihrer Mitte ertönte der Klang der großen Dhāraṇī:

> Namo bhagavate bhaiṣajyaguru-vaiḍūrya prabhā-rājāya tathāgatāya arhate samyak-sambuddhāya tadyathā. Oṃ bhaiṣajye bhaiṣajye bhaiṣajya-samudgate svāhā[11]

Als der Klang dieser Dhāraṇī inmitten des strahlenden Lichts verklungen war, hörte man ein lautes Dröhnen, die Erde erbebte, und ein großer Lichtschein wurde sichtbar. Alle Wesen waren von ihren Leiden und Krankheiten frei und gelangten zu Frieden und Glück.

O Mañjuśrī, leidet ein guter Sohn oder eine gute Tochter an einer Krankheit, so solltest du dich zum Nutzen dieses Menschen ganzen Herzens seiner Pflege widmen. Fortlaufend solltest du ihn waschen und baden, ihn mit Nahrung, Arznei und gefiltertem Wasser versorgen, das von Insektenlarven usw. gereinigt ist. Dabei solltest du die Dhāraṇī 108mal rezitieren. Wenn der Kranke diese Substanzen zu sich nimmt, wird das Leid seiner Krankheit beseitigt sein. Hat dieser Mensch einen Wunsch, so sollte er in vollkommenem Glauben dieser Dhāraṇī gedenken und sie rezitieren. Auf diese Weise wird er alles erlangen, was er sich ersehnt; er wird von Krankheit frei sein und ein langes Leben haben. Ist sein Leben beendet, wird dieser Mensch wiedergeboren werden im Bereich des (Heilenden) Buddha. Er wird den Zustand erreichen, von dem man nicht zurückfällt; er wird Erleuchtung erlangen.

Aus diesem Grunde, Mañjuśrī, sollten die Söhne und Töchter reinen Glaubens mit allem Fleiß, der ihnen zu Gebote steht, diesen Meister des Heilens, den Tathāgata im Lapislazuli-Glanz, anbeten und verehren. Sie sollten seine Dhāraṇī bewahren, sie niemals in Vergessenheit geraten lassen.

Des weiteren, Mañjuśrī, sollten alle Söhne und Töchter reinen Glaubens, die die Namen des Meisters des Heilens, des Tathāgata im Lapislazuli-Glanz, des Arhat, des Vollkommen Erleuchteten, hören, diese Namen rezitieren und bewahren. In der Morgendämmerung sollten sie ihre Zähne mit Hölzern reinigen, sie sollten ein Bad nehmen und sich waschen. Mit Hilfe duftender Blumen, mit Räucherwerk, parfümierten Salben und zahlreichen Musikinstrumenten sollten sie einem Bildnis (dieses Buddha) Verehrung erweisen. Sie sollten dieses Sūtra abschreiben oder andere veranlassen, dies zu tun. Sie sollten es aus ganzem Herzen annehmen, es bewahren und seinen Prinzipien lauschen. Sie sollten dem Meister der Lehre (der diese Prinzipien darlegt) eine

Gaben-Pūjā darbringen, ihn mit allen Dingen versorgen, deren man zum Leben bedarf, und sich vergewissern, daß er an ihnen keinen Mangel hat. Wenn sie solches tun, werden die Buddhas sie im Schutz ihrer Gedanken halten. Alle ihre Wünsche werden in Erfüllung gehen, und sie werden Erleuchtung erlangen.«

Die Verehrung des Heilenden Buddha und ihr Nutzen

Da verbeugte sich der Jüngling Mañjuśrī vor dem Buddha und sagte: »O Herr, es ist mein Wunsch, im Zeitalter der nachgeahmten Lehren alle mir zu Gebote stehenden Methoden einzusetzen, um den guten Söhnen und Töchtern reinen Glaubens zu helfen, daß sie den Namen des erhabenen Meisters des Heilens, des Tathāgata im Lapislazuli-Glanz, vernehmen können. Selbst während sie schlafen, will ich ihre Ohren mit dem Namen des Buddha wecken.

O Herr, sie sollten dieses Sūtra annehmen und bewahren, sie sollten es lesen und rezitieren. Auch sollten sie es abschreiben oder andere veranlassen, dies zu tun; sie sollten es lehren und seine Inhalte anderen erklären. Sie sollten ihm ihre Hingabe und Verehrung bezeugen durch die Gabe von duftenden Blumen, parfümierten Salben, Duftpuder, Räucherwerk, Girlanden, Halsketten, Bannern, einem Baldachin, durch den Klang von Trommeln und anderen Instrumenten, und sie sollten eine Pūjā darbringen, während derer sie das Sūtra mit einem fünffarbigen Tuch bedekken. Den Ort, an dem die Pūjā stattfindet, sollten sie fegen; Wasser versprengen, um die Gegend zu reinigen, und sodann einen hohen Thron errichten als sicheren Platz für das Sūtra. Zu dieser Zeit werden sich die vier großen Könige der Devas in Begleitung eines unübersehbaren Gefolges von Hunderttausenden von Devas ihrer Versammlung zu diesem Ort, an dem die Pūjā stattfindet, begeben und ihn hüten und schützen.

O Herr, gibt es einen Ort, wo das Sūtra geehrt und verbreitet ist, Geschöpfe, die fähig sind, es anzunehmen und zu bewahren, so wird es, wenn sie den Namen des erhabenen Meisters des Heilens, des Tathāgata im Lapislazuli-Glanz, vernehmen, durch die Früchte seiner grundlegenden Gelübde an diesem Ort keinen Tod zur Unzeit mehr geben. Auch werden an diesem Ort niemals wieder böse Geister oder Dämonen die Lebenskraft eines Menschen versehren. Menschen, denen dies widerfahren ist, werden ihre frühere Ruhe wiedererlangen sowie Freude an Körper und Geist.«

Der Buddha sprach zu Mañjuśrī: »Du hast recht, so ist es. (Es wird sein), wie du sagst, Mañjuśrī. Wünscht ein guter Sohn oder eine gute Tochter reinen Glaubens diesen erhabenen Meister des Heilens, den Tathāgata im Lapislazuli-Glanz, durch eine Pūjā zu verehren, so sollten sie zunächst ein Bildnis von der Gestalt dieses Buddhas herstellen, sodann einen reinen Thron errichten, um dem Bildnis einen sicheren Platz zu geben. Sie sollten dort alle Arten von Blumen streuen, eine Vielzahl von Räucherwerk anzünden und den Platz wunderbar ausschmücken mit den verschiedensten Bannern und Fahnen. Für sieben Tage und Nächte sollten sie die Acht Gelübde ablegen und einhalten, reine Nahrung zu sich nehmen, in duftendem reinen Wasser baden und neue saubere Kleidung anlegen. Sie sollten den makellosen einsgerichteten Zustand des Geistes entwickeln, der frei ist von jedem Gedanken des Zorns oder Übelwollens. Gegenüber allen Wesen sollten sie den Wunsch empfinden, ihnen zu nützen und Gutes zu tun; sie sollten erfüllt sein von Gedanken des Friedens, der Liebe, der gemeinsamen Freude mit anderen und des Gleichmuts. Während sie nach rechts sich wendend das Bildnis des Buddha umschreiten, sollten sie Musikinstrumente spielen und seinen Lobpreis singen. Auch sollten sie sich des Nutzens der grundlegenden Gelübde dieses Tathāgata erinnern und dieses Sūtra studieren und rezitieren. Ihre Gedanken sollten sich einzig seinen Prinzipien zuwenden; sie sollten das Sūtra lehren und seine wesentlichen Inhalte erklären.

Als Folge hiervon wird alles Glück, das sie ersehnen, in Erfüllung gehen. Wer sich ein langes Leben wünscht, wird Langlebigkeit erhalten. Wer nach Reichtum und Überfluß strebt, wird zu Wohlstand gelangen. Wer eine einflußreiche Stellung ersehnt, dem wird diese zuteil; und wünscht man sich einen Sohn oder eine Tochter, so wird ein solches Kind geboren.

Gleiches gilt, wenn ein Mensch plötzlich unter Alpträumen leidet, wenn er alle Arten von negativen Erscheinungen sieht, wenn ihm Schwärme unheimlicher Vögel begegnen oder hundert unglückverheißende Zeichen sich in seinem Heim ereignen – nimmt dieser Mensch alle Arten von wunderbaren und wertvollen Gegenständen seines Besitzes und verwendet sie, um dem erhabenen Meister des Heilens, dem Tathāgata im Lapislazuli-Glanz, voller Ehrfurcht eine Pūjā darzubringen, so werden diese Alpträume, diese negativen Erscheinungen und alle unglückverheißenden Zeichen verschwinden und ihm in keiner Weise schaden können.

Ist ein Mensch in Gefahr durch Wasser, Feuer, Schwerter oder Gift; droht er in einen Abgrund zu stürzen oder gefährdet ihn ein bösartiger Elefant, ein Löwe, Tiger, Wolf, Bär, eine Giftschlange, ein Skorpion, ein Hundert- oder Tausendfüßler, ein Moskito – und ist dieser Mensch fähig, sich dieses Buddha zu erinnern und ihn mit vollkommener Aufrichtigkeit und Hingabe zu verehren, wird er von all diesen furchterregenden Gefahren befreit sein. Bricht ein anderer Staat den Frieden und dringen seine Soldaten ins Land, machen Räuber und Diebe die Straßen unsicher, so erlangt man Befreiung (von all diesen Störungen), wenn man sich des Tathāgata erinnert und ihn voll Hingabe verehrt.

Weiter, Mañjuśrī, mag es gute Söhne und Töchter reinen Glaubens geben, die – am Ende ihres Lebens angelangt – niemals andere Götter verehrt, sondern einzig und aus ganzem Herzen zum Buddha, zu den Lehren und zur Gemeinschaft Zuflucht genommen und die Verhaltensvorschriften eingehalten haben. Hat nun ein solcher Mensch eines der Gelübde, die er abgelegt hat – seien es die fünf, die 250 Mönchs- oder die 500 Nonnengelübde – gebrochen, so mag er fürchten, in einen der kummervollen Wege zu fallen. Ist er jedoch fähig, sich einzig auf den Namen dieses Buddha zu konzentrieren und ihm hingebungsvoll Verehrung zu erweisen, wird er mit Gewißheit nicht eine Wiedergeburt in einem der Drei kummervollen Wege des Daseins erleiden.

Ist eine Frau, die in den Wehen liegt und große Schmerzen leidet, fähig, diesen Tathāgata in vollkommenem Glauben zu verehren, seinen Namen und seine Gestalt zu preisen, so wird sie von ihren Schmerzen befreit sein, und ihr Kind wird ohne Mißbildung zur Welt kommen. Die körperliche Erscheinung ihres Kindes wird vollendet sein, und alle, die es erblicken, werden ihrer Freude Ausdruck verleihen. Das Kind wird scharfe Sinne besitzen, Intelligenz und Ruhe des Geistes. Es wird selten krank sein, und kein nichtmenschliches Wesen kann ihm seine Lebenskraft rauben.«

Die Bedeutung des Glaubens

Zu dieser Zeit sprach der Herr zu Ānanda: »Aller Nutzen, den dieser erhabene Buddha, der Meister des Heilens, der Tathāgata im Lapislazuli-Glanz, verbreitet, ist in dem Umfang, wie ich ihn dargelegt und gepriesen habe, (ein Aspekt im) Feld der tiefen Buddha-Aktivität[12], und er ist schwer zu verstehen. Glaubst du an ihn?«

Ānanda antwortete: »O Herr, der Du große Tugend besitzt, an den *Vaipulya-Sūtras*, die der Tathāgata verkündet hat, hege ich keinen Zweifel. Warum ist dies so? Das Karma, das den Taten, Worten und Gedanken aller Buddhas entspringt, ist vollkommen rein. O Herr, es mag Ursachen geben, ob deren das Rund der Sonne oder des Mondes für immer versinkt und zur Erde fällt, die den hochaufragenden König der Berge (den Berg Sumeru) erschüttern, aber die Worte der Buddhas sind unwandelbar.

O Herr, die Wurzeln des Glaubens, die die Geschöpfe gepflanzt haben, sind unvollständig. Die Beschreibung der unermeßlich weiten und tiefen Aktivität der Vielzahl von Buddhas mag diese Geschöpfe, deren Glaube unzureichend ist, nur zu dem Gedanken veranlassen: ›Wie kann ein Mensch wie ich, nur dadurch, daß er sich auf den Namen eines einzigen Buddha, auf den Namen des Meisters des Heilens, des Tathāgata im Lapislazuli-Glanz, konzentriert, solche ausgezeichneten Segnungen erlangen?‹ Ihr Mangel an Glauben wird sie zu Verleumdung und Herabsetzung veranlassen. In der langen Nacht, die sie dadurch umgibt, gehen diese Geschöpfe der Segnungen der Freude verlustig, sie fallen in die kummervollen Wege des Daseins und versinken für unerschöpfliche Zeiträume im (Ozean des) Saṃsāra.«

Der Buddha sprach zu Ānanda: »Hören diese Geschöpfe den Namen des erhabenen Meisters des Heilens, des Tathāgata im Lapislazuli-Glanz, und nehmen sie diesen mit vollkommener Aufrichtigkeit an, bewahren ihn und lassen keine Zweifel entstehen, so werden sie in keinen der kummervollen Wege fallen.

Ānanda, es ist schwer, an das tiefe Verhalten der Buddhas zu glauben und es zu verstehen. Du bist nun dazu fähig, und du solltest wissen, daß die Ursache hierfür der ehrfurchtgebietende Einfluß der Tathāgatas ist. Ānanda, die Śrāvakas, die Pratyekabuddhas, die Bodhisattvas, die die Bodhisattvastufen noch nicht erreicht haben, und alle anderen Wesen sind unfähig, mit solcher Aufrichtigkeit an sie zu glauben und sie zu verstehen. (Dies vermag) nur ein Bodhisattva, dem lediglich eine einzige Geburt noch bevorsteht.

Ānanda, ein Dasein als Mensch ist schwer zu erlangen. Auch ist es schwer, den Glauben an die Drei Kostbarkeiten zu entwikkeln, ihnen Hingabe, Verehrung und Respekt entgegenzubringen. Noch schwerer aber ist es, die Gelegenheit zu erlangen, den Namen des erhabenen Meisters des Heilens, des Tathāgata im Lapislazuli-Glanz, zu vernehmen. Ānanda, wollte ich die grenzenlosen Aktivitäten der Bodhisattvas beschreiben, die unzähligen, ausgezeichneten und klugen Methoden, die unendlich weiten, großen Gelübde dieses Meisters des Heilens, des Tathāgata im Lapislazuli-Glanz – währte meine Beschreibung auch ein Zeitalter oder sogar noch länger, dieser Zeitraum wäre schnell erschöpft (ohne daß ich am Ende angelangt wäre). Die Aktivität, die Gelübde und die ausgezeichneten Methoden dieses Buddha sind unerschöpflich.«

Rettung derer, die sich an der Schwelle des Todes oder der Verderbnis befinden

Zu dieser Zeit befand sich in der Versammlung ein Bodhisattva-mahāsattva namens »Erlösende Rettung«[13]. Er erhob sich von seinem Sitz, umschritt den Buddha, entblößte seine rechte Schulter und ließ sich auf sein rechtes Knie vor dem Buddha nieder. Sodann faltete er die Hände, verbeugte sich vor dem Buddha und sagte: »O Herr, der Du große Tugend besitzt, im Zeitalter der nachgeahmten Lehren wird es Geschöpfe geben, die von einer Vielzahl von Leiden geplagt und von langwierigen Krankheiten ausgezehrt sind. Sie sind unfähig, Nahrung oder Getränke zu sich zu nehmen; ihre Kehlen sind verdorrt, und ihre Lippen trocknen aus; so erscheint ihnen alles dunkel, wohin sie sich auch wenden. Die Anzeichen des Todes treten auf, und die Eltern, Verwandten, Freunde und Bekannten eines solchen Menschen sammeln sich um ihn unter Weinen und Klagen.

Während dann sein Körper liegenbleibt wie zuvor, bemächtigen sich die Boten Yamas seiner und führen sein Bewußtsein vor diesen König des Gesetzes. Die Geister, die allen Wesen innewohnen und die registrieren, ob das Verhalten eines Wesens gut ist oder schlecht, übermitteln Yama, dem König des Gesetzes, ihren vollständigen Bericht. Der König wird sodann dieses Wesen befragen und die Gesamtheit seiner Taten betrachten. Entsprechend den positiven und negativen Faktoren wird er sein Urteil über dieses Wesen fällen.

Sind die Verwandten, engen Freunde und Bekannten dieses Menschen fähig, zum Nutzen des Kranken Zuflucht zu nehmen zu dem erhabenen Meister des Heilens, dem Tathāgata im Lapislazuli-Glanz, und bitten sie Mönche, dieses Werk zu rezitieren, die siebenstufigen Lampen zu entzünden und das fünffarbige lebensverlängernde Banner zu entfalten, so kann dies bewirken, daß das Bewußtsein des Kranken (augenblicklich) in den Körper zurückkehrt. Er wird sich seiner Erfahrung klar erinnern, als habe er einen Traum gehabt.

Kehrt sein Bewußtsein nach einem Zeitraum von 7, 21, 35 oder 49 Tagen (in den Körper) zurück, wird er das Gefühl haben, er sei aus einem Traum erwacht, und er wird sich daran erinnern, daß er der Früchte und Auswirkungen seines guten und schlechten Karma teilhaftig geworden ist. Aufgrund seiner persönlichen Erfahrung der Früchte und Auswirkungen seines Karma und da er nur unter Schwierigkeiten in dieses sein Leben zurückgekehrt ist, wird er sich (in der Zukunft) kein negatives Karma mehr schaffen.

Aus diesem Grunde, ihr guten Söhne und Töchter reinen Glaubens, solltet ihr alle den Namen des Meisters des Heilens, des Tathāgata im Lapislazuli-Glanz, annehmen und bewahren, solltet ihr diesen Buddha mit allem Fleiß, der euch zu Gebote steht, anbeten und verehren.«

Da bat Ānanda Bodhisattva »Erlösende Rettung«: »Mein guter Sohn, bitte erkläre uns, wie soll man diesen erhabenen Meister des Heilens, den Tathāgata im Lapislazuli-Glanz, anbeten und verehren, wie soll man die lebensverlängernden Banner und Lampen errichten?«

Darauf antwortete der Bodhisattva »Erlösende Rettung«: »O Tugendhafter, willst du einen Kranken vom Schmerz seines Leidens befreien, so solltest du zum Nutzen dieses Kranken für sieben Tage und Nächte die Acht Gelübde ablegen und einhalten. Du solltest, wie es deinen Möglichkeiten entspricht, Nahrung, Getränke und andere Güter nehmen und mit diesen der Gemeinschaft der Mönche eine Gaben-Pūjā darbringen.

Sechsmal am Tage und in der Nacht solltest du den Meister des Heilens, den Tathāgata im Lapislazuli-Glanz, mit einer Gaben-Pūjā verehren. Lies und rezitiere dieses Sūtra neunundvierzigmal. Entzünde neunundvierzig Lampen und fertige sieben Bildnisse der Gestalt dieses Tathāgata an. Stelle vor jedem dieser Bildnisse sieben Lampen auf, deren jede die Größe eines Wagenrades besitzt. Lasse für neunundvierzig Tage ihr schimmerndes Licht unablässig brennen. Fertige ein fünffarbiges Banner an; dessen Höhe soll neunundvierzigmal die Länge deiner Hand betragen. Gib neunundvierzig Lebewesen verschiedener Art die Freiheit. Dann wird es dem Kranken gelingen, der Gefahr zu entrinnen, und er wird befreit sein vom Zugriff negativer Einflüsse.

Wurde des weiteren, Ānanda, ein Kṣatriya-König durch den Abhiṣeka-Ritus in der richtigen Weise in die Herrschaft eingesetzt, so sollte, wenn Unglück und Verhängnis drohen – wenn eine Epidemie unter den Menschen seines Landes ausbricht, wenn eine Invasion oder ein Aufstand im Innern stattfinden, wenn er eine ungünstige Sterndeutung erhält, wenn Sonne oder Mond sich verfinstern, wenn Sturm oder Regenfälle zur Unzeit auftreten oder wenn der Regen zur gewohnten Jahreszeit ausbleibt – in diesem Kṣatriya-König, der in der richtigen Weise in die Herrschaft eingesetzt wurde, der Gedanke des Mitgefühls und Erbarmens mit allen Wesen entstehen. Er sollte alle Gefangenen begnadigen. Er sollte sich der zuvor beschriebenen Methode für die Pūjā bedienen und den erhabenen Meister des Heilens, den Tathāgata im Lapislazuli-Glanz, verehren.

Aufgrund dieser guten Wurzeln, die er mit seinem Verhalten pflanzt, und aufgrund des Einflusses der grundlegenden Gelübde dieses Tathāgata wird in seinem Land Friede einkehren. Wind und Regen werden zur rechten Jahreszeit kommen, und alle Früchte des Feldes werden reifen. Alle Wesen seines Landes werden gesund, zufrieden und glücklich sein. Es wird in seinem Staat keine tyrannischen Yakṣas geben, noch Geschöpfe mit geistigen Krankheiten oder Leiden. Es werden keine negativen Vorzeichen auftreten, und der Kṣatriya-Herrscher wird ein langes Leben haben, ein gutes Aussehen, und keine Krankheit wird seine Lebenskraft beeinträchtigen. Seine Herrschaft wird fruchtbar sein und dem Wohlstand der Bürger dienen.

Sind, Ānanda, der Herrscher, die Königin, die geringer gestellten Gefährtinnen, der Thronfolger, die anderen Prinzen, die großen Minister, die Mitglieder des Hofstaates, die Provinzbeamten oder die Masse des Volkes vom Leid einer Krankheit oder eines anderen Unglücks heimgesucht, so sollten sie ebenfalls die fünffarbigen Banner errichten, die Lampen entzünden und dafür Sorge tragen, daß sie ununterbrochen brennen. Sie sollten einer Vielzahl von Lebewesen die Freiheit schenken, Blumen verschiedenster Färbung verstreuen und zahlreiches ausgewähltes Räucherwerk verbrennen. Dadurch werden sie Erlösung von allen Krankheiten erlangen und von allen Schwierigkeiten befreit sein.«

An diesem Punkt fragte Ānanda den Bodhisattva »Erlösende Rettung«: »Mein guter Sohn, wie kann man das Leben eines Geschöpfes verlängern, dessen Lebensspanne bereits abgelaufen ist?«

Darauf antwortete der Bodhisattva »Erlösende Rettung«: »Hast du, o Tugendhafter, den Tathāgata nicht über die neun Arten des Todes zur Unzeit[14] sprechen hören? Sie sind der Grund, daß ich dich ermutige, die lebensverlängernden Banner und Lampen herzustellen und die Vielzahl der nutzbringenden Tugenden zu pflegen. Widmet man sich dem, was nutzbringend ist, so erlebt man das volle Ausmaß seiner Lebensspanne und erfährt weder Kummer noch Leid.«

Ānanda fragte: »Welche sind die Neun Arten des Todes zur Unzeit?«

Darauf antwortete der Bodhisattva »Erlösende Rettung«: »Es mag Geschöpfe geben, die sich eine Krankheit zugezogen haben, welche sich – war sie auch ursprünglich geringfügig – verschlimmert, da sie in Ermangelung eines Arztes oder der entsprechenden Heilmittel unbehandelt bleibt. Auch mag es geschehen, daß ein solcher Mensch auf einen Arzt trifft, der ihm eine falsche Arznei verordnet. Obwohl ein solcher Mensch an sich nicht sterben sollte, wird ihm auf diese Weise ein Tod zur Unzeit zuteil. Des weiteren mag ein Mensch auf materialistische, dämonische

Irrgläubige vertrauen, auf Meister der schwarzen Magie. Die unzutreffenden Erklärungen über Unglücksfälle und Segnungen, die diese ihm vermitteln, werden ihn zu schreckenerregenden Handlungen veranlassen. Da ein solcher (irregeleiteter) Mensch nicht durch Befragen seines eigenen Herzens zutreffend unterscheiden kann, richtet er auf seiner Suche nach Glück Fragen an die Orakel und tötet zur Besänftigung von Geistern alle Arten von Lebewesen. Um sein Leben zu verlängern, ruft er die Geister der Gewässer an und erfleht ihren Segen und ist doch am Ende unfähig, dies zu erlangen. Unwissend und verwirrt glaubt er an falsche und verkehrte Sichtweisen. Dies hat zur Folge, daß ein solcher Mensch einem Tod zur Unzeit begegnet und in eine Hölle fällt, aus der er für unbestimmte Zeit nicht erlöst wird. Diese nennt man die erste Art des Todes zur Unzeit.

Die zweite Art des Todes zur Unzeit ist die Hinrichtung nach den Gesetzen des Herrschers. Die dritte kann einen Menschen treffen, der Jagdpartien und andere Vergnügungsfahrten unternimmt und sich, ohne Grenzen zu kennen, den Ausschweifungen der Völlerei und Trunkenheit hingibt. Ein nichtmenschliches Wesen bemächtigt sich der Lebenskraft eines solchen Menschen und ruft so einen Tod zur Unzeit hervor. Die vierte Art des Todes zur Unzeit ist der Tod durch Verbrennen, die fünfte der Tod durch Ertrinken.

Andere Menschen werden von wilden Tieren zerrissen; dies ist die sechste Art des Todes zur Unzeit. Die siebte ist der Sturz von einem Felsengrat. Die achte wird durch den Genuß giftiger Pflanzen hervorgerufen, durch haßerfüllten Zauber und magische Beschwörungen, die Tote, Dämonen oder andere negative Kräfte erwecken. Die neunte wird durch Hunger und Durst verursacht, durch Mangel an Nahrung und Getränk.

Dies ist die zusammenfassende Erklärung der neun Arten des Todes zur Unzeit, wie sie der Tathāgata gegeben hat. Neben diesen gibt es noch unzählige andere Arten eines Todes zur Unzeit, die man im einzelnen nur schwer darlegen kann.

Des weiteren, Ānanda, wacht der König Yama über die Aufnahme der Namen in das Verzeichnis aller Menschen der Welt. Hat ein Wesen es an der Sorge fehlen lassen, die ein Kind seinen Eltern schuldet, hat es eine der Fünf ernsten Verfehlungen[15] begangen, hat es die Zuflucht zu den Drei Kostbarkeiten gebrochen oder diese verleumdet, hat es gegen die Gesetze des Herrschers und seiner Untertanen verstoßen oder den Glauben an die Vorschriften herabgesetzt, dann wird Yama, der König des Gesetzes, die Schwere seiner Vergehen untersuchen und dieses Wesen bestrafen, wie es dieser entspricht. Deshalb ermuntere ich nun alle Wesen, Lampen zu entzünden, Banner zu errichten und dasjenige zu pflegen, was nutzbringend ist. Dieses Verhalten wird den Wesen dazu verhelfen, über Leid und Verzweiflung hinauszugehen und zu verhindern, daß sie allen Arten von Schwierigkeiten begegnen.«

Die Generäle der Yakṣas und ihr Versprechen

Zu dieser Zeit befanden sich inmitten der Versammlung zwölf große Generäle der Yakṣas. Sie hießen Kumbhīra, Vajra, Mihira, Aṇḍīra, Anila, Saṇḍila, Indra, Pajra, Makura, Kinnara, Catura und Vikarāla.[16] Jeder dieser zwölf Generäle der Yakṣas hatte 7000 Yakṣas in seinem Gefolge.

Sie erhoben gemeinsam ihre Stimme und sprachen zum Buddha: »O Herr, wir haben den ehrfurchtgebietenden Einfluß des Buddha empfangen, daher ist uns nun die Gnade zuteil geworden, den Namen des Meisters des Heilens, des Tathāgata im Lapislazuli-Glanz, zu vernehmen. Niemals wieder müssen wir fürchten, in einen der kummervollen Wege des Daseins zu fallen. Wir haben nun alle den gleichen Gedanken: Wir werden unsere endgültige Zuflucht nehmen zum Buddha, zu den Lehren und zur Gemeinschaft. Unser Streben gilt der Verpflichtung, in rechter Weise alles zu tun, was dem Wohlergehen, der Bereicherung, dem Frieden und dem Glück aller Wesen dient, wo sie auch weilen, sei es in einem Dorf, in einer Stadt, in der Hauptstadt oder in der Zurückgezogenheit eines Waldes.

Denjenigen, die dieses Sūtra verbreiten, die den Namen des Meisters des Heilens, des Tathāgata im Lapislazuli-Glanz, annehmen und bewahren, die diesen Buddha anbeten und verehren, werden wir zur Befreiung von allem Leid und allen Schwierigkeiten verhelfen. Alle ihre Wünsche werden in Erfüllung gehen. Diejenigen, die Erlösung suchen vom Kummer der Krankheit, sollten ebenfalls dieses Sūtra lesen und rezitieren. In ein fünffarbiges Band sollten sie unsere Namen knüpfen und die Knoten erst lösen, wenn ihre Wünsche sich erfüllt haben.«

Da pries der Herr die großen Generäle der Yakṣas und sprach: »Ausgezeichnet, ausgezeichnet, ihr großen Generäle der Yakṣas! Ist es euer Wunsch, die mitleidsvollen Segnungen des erhabenen Meisters des Heilens, des Tathāgata im Lapislazuli-Glanz, zu erwidern, so solltet ihr fortwährend, wie ihr es beschrieben habt, allen Wesen dienen, ihnen zu Segen und Nutzen, Frieden und Glück verhelfen.«

Die Namen des Sūtra und abschließende Bemerkungen

Daraufhin fragte Ānanda den Buddha: »O Herr, welchen Namen soll diese Lehre tragen und wie sollen wir sie bewahren?«

Der Buddha sprach zu Ānanda: »Diese Lehre heißt *Die Früchte der grundlegenden Gelübde des Meisters des Heilens, des Tathāgata im Lapislazuli-Glanz*; sie trägt auch die Namen ›Heilige Formel der Gelübde der zwölf Generäle der Yakṣas, mit denen sie sich verpflichteten, alle Wesen zu bereichern‹ und ›Beseitiger aller Karmischen Schleier‹. So solltet ihr sie bewahren.«

Als der Buddha seine Rede beendet hatte, freuten sich alle Mitglieder der großen Versammlung, die seine Belehrung vernommen hatten – all die Bodhisattva-mahāsattvas, die großen Śrāvakas, der König des Landes, seine großen Minister, die Brahmanen, gelehrten Laien, die Devas, Nāgas, Yakṣas, Gandharvas,

Asuras, Garuḍas, Kiṃnaras und all die anderen menschlichen und nichtmenschlichen Geschöpfe. Vertrauensvoll nahmen sie die Lehren des *Sūtra über die grundlegenden Gelübde des Meisters des Heilens, des Tathāgata im Lapislazuli-Glanz*, an, beherzigten sie und machten sie zum Gegenstand ihrer Übungen.

Übersetzung IV: *Das Sūtra über die Früchte der grundlegenden Gelübde der sieben Meister des Heilens, der Buddhas im Lapislazuli-Glanz*

(*Yao-shih Liu-li-kuang ch'i-fo pen-yüan kung-te ching;* Übersetzung der chinesischen Version des Tripiṭaka-Meisters I-ching [T'ang Dynastie, 707 n. Chr.], T. XIV, 451.)

Einleitung

So habe ich gehört: Während der Herr durch das Land reiste, um die Einwohner zu bekehren, gelangte er eines Tages in die Stadt von Vaiśālī und weilte dort zu Füßen eines Baumes, aus dem Musik ertönte. Ihn umgab eine Versammlung von 8000 bedeutenden Mönchen. Anwesend waren auch 36000 Bodhisattva-mahāsattvas, so der Bodhisattva »Glorreicher sanfter Klang« (Mañjuśrī), der Bodhisattva »Er sieht den Jammer der Welt« (Avalokiteśvara), der Bodhisattva »Der Liebreiche« (Maitreya), der Bodhisattva »Von gutem Aussehen« (Subhūti), der Bodhisattva »Große Weisheit«, der Bodhisattva »Klarheit und Weisheit«, der Bodhisattva »Bergesgipfel«, der Bodhisattva »Gipfel der Beredsamkeit«, der Bodhisattva »Der den wunderbar hohen Gipfel hält«, der Bodhisattva »Unverlierbare Vollendung«, der Bodhisattva »Subtile und wunderbare Stimme«, der Bodhisattva »Ewige Reflexion«, der Bodhisattva »Der den Donnerkeil hält« (Vajradhara) und viele andere große Bodhisattvas, die gleich ihnen von höchster Erhabenheit sind.[1]

Weiter befanden sich im Gefolge des Buddha der König des Staates mit seinen großen Ministern, Brahmanen, gelehrte Laien, Devas, Nāgas und andere aus den acht Arten der menschlichen und nichtmenschlichen Geschöpfe.

Diese grenzenlos große Versammlung versammelte sich voller Respekt in einem Kreis um den Buddha, und dieser sprach zu ihr über den Dharma. Am Anfang, in der Mitte und am Ende waren seine beredten Worte in Inhalt und Absicht ausgezeichnet und zeugten von höchstem Geschick. Die vollkommene Reinheit seiner Sprache hatte ihr Abbild in der Reinheit seines Verhaltens. Er erklärte den Nutzen (des Weges) und die Freude, (die er spendet). So verhalf er allen Anwesenden zum Verständnis der subtilen und vollendeten Übungen und Gelübde und veranlaßte sie, dem Weg zur Großen Erleuchtung (zu folgen).

Da empfing der Fürst des Dharma, der Bodhisattva-mahāsattva Mañjuśrī, den ehrfurchtgebietenden Einfluß des Buddha. Er erhob sich von seinem Sitz, entblößte seine rechte Schulter (zum Zeichen des Respekts), ließ sich auf sein rechtes Knie vor dem Buddha nieder, faltete die Hände und sprach voller Ehrfurcht zu diesem: »O Herr, unzählige Devas und Menschen befinden sich heute in dieser großen Versammlung. Einer Wolke gleich haben sie sich hier versammelt, um den Dharma zu hören. Nur Du allein, o erhabener Buddha, kennst alle Buddha-Felder, da Du von dem Augenblick an, als Du erstmals den Wunsch nach Erleuchtung aussprachst, bis zum heutigen Tage durch Zeitalter gegangen bist, die unzählig sind wie die Anzahl der Sandkörner. Zu unserem Wohl und zum Nutzen der Wesen im künftigen Zeitalter der nachgeahmten Lehren bitten wir Dich, Du mögest in Deiner Liebe und in Deinem Mitgefühl ausführlich die Namen der Vielzahl der Buddhas beschreiben, die Früchte ihrer grundlegenden Gelübde, die Kostbarkeiten in ihren Bereichen und ihre wirkungsvollen Methoden (den Dharma zu lehren). Wir bitten Dich, verhilf Deinen Zuhörern zur Beseitigung ihrer karmischen Fesseln, auf daß sie die Erleuchtung erreichen mögen, von der man nicht zurückfällt.«

Da pries der Herr den Bodhisattva Mañjuśrī und sagte: »Ausgezeichnet, ausgezeichnet, Mañjuśrī. Durch deine Gedanken des Erbarmens und großen Mitgefühls, die dich zu deiner Bitte bewogen haben, wirst du all den zahllosen Wesen, die in den karmischen Fesseln gefangen liegen, die den Schmerz einer Vielzahl von Krankheiten erdulden, die von mitleiderregenden Leiden heimgesucht sind, zu Frieden und Glück verhelfen. Deine Bitte an mich, die Namen der Vielzahl der Buddhas zu erklären sowie die Früchte ihrer grundlegenden Gelübde und die Kostbarkeiten in ihren Bereichen, entspringt der Kraft meines ehrfurchtgebietenden spirituellen Einflusses, der dich veranlaßt hat, diese Frage zu stellen. Höre nun aufmerksam zu und bewahre mit äußerster Achtsamkeit meine Worte in deinem Herzen!«

Mañjuśrī antwortete: »Ich wünsche aufrichtig, Du mögest sprechen. Wir alle werden Dir mit großer Freude zuhören.«

Der Buddha »Der Glückverheißende König«

Der Buddha sprach zu Mañjuśrī: »Im Osten, jenseits so vieler Buddha-Bereiche, daß ihre Anzahl viermal die der Sandkörner im Ganges beträgt, befindet sich ein Bereich namens ›Strahlender Sieg‹. Dort weilt ein Buddha, ein Tathāgata, ein Arhat[2], ein Vollkommen Erleuchteter, ein in Geist und Handeln Vollendeter, der vollkommen gegangen ist, der die Welt kennt, ein unübertreffliches Wesen, ein Bezwinger der Leidenschaft, Lehrer der Devas und Menschen, ein Buddha und Herr mit Namen ›Glückverheißender König‹. Er ist umgeben von zahllosen Millionen von Bodhisattvas, die alle den Zustand, von dem man nicht zurückfällt, erreicht haben. In diesem Augenblick lehrt er den Dharma; unerschütterlich sitzt er auf dem Löwenthron, der mit den Sieben Kostbarkeiten wunderbar geschmückt ist.

Mañjuśrī, dieses Buddha-Land ist rein und glorreich geschmückt. Es mißt hunderttausend Yojanas in Länge und Breite; sein Boden besteht aus dem Gold des Jambunadi-Flusses; er ist eben und sanft. Die Luft erfüllt ein himmlischer Duft. In diesem Land gibt es keine kummervollen Wege des Daseins, auch ist es von Versuchungen[3] frei. Es gibt dort kein Geröll[4], keinen Sand oder Steine, keine Dornen und Sträucher. Dort wachsen edelsteingeschmückte Bäume in gefälliger Ordnung, die Früchte ihrer Blüten sind nahrhaft und in Fülle vorhanden. Man findet zahlreiche Badeteiche, deren Stufen geschmückt sind mit Gold, Silber, Perlen und anderen Edelsteinen mehr. Mañjuśrī, in diesem Land werden die Bodhisattvas in Lotusblüten geboren, die aus den Sieben kostbaren Substanzen bestehen. Aus diesem Grunde sollten die guten Söhne und Töchter reinen Glaubens geloben, im Bereich dieses Buddha wiedergeboren zu werden.

Mañjuśrī, als dieser Buddha, dieser Tathāgata, dieser Arhat, dieser Vollkommen Erleuchtete sich erstmals auf den Weg der Bodhisattvas begab, legte er acht große Gelübde ab. Welche sind diese acht?

(Das erste große Gelübde:) ›Wenn ich in einem künftigen Zeitalter höchste Erleuchtung erlange, so sollen alle Geschöpfe, deren Körper verzehrt ist vom Leid einer Krankheit, die ausgelöst wurde von Fieber, Malaria oder schwarzer Magie durch bösartige Dämonen, Geister von Leichen usw., wenn sie fähig sind, meinen Namen mit vollkommener Aufrichtigkeit zu rufen, durch meinen spirituellen Einfluß[5] von all ihren Leiden und Krankheiten befreit sein und die höchste Erleuchtung erfahren.‹
(Das zweite große Gelübde:) ›Wenn ich in einem künftigen Zeitalter Erleuchtung erlange, sollen alle Geschöpfe, die blind sind, taub, stumm, die an Lepra oder Delirium leiden, die von irgendeiner Krankheit befallen sind, wenn sie fähig sind, mit vollkommener Aufrichtigkeit meinen Namen zu rufen, durch meinen spirituellen Einfluß vollkommene Sinnesfähigkeiten erlangen. Sie sollen frei sein von aller Krankheit, und sie werden Erleuchtung erreichen.‹
(Das dritte große Gelübde:) ›Wenn ich in einem künftigen Zeitalter die höchste Erleuchtung erlange, so will ich allen Geschöpfen – die getrieben und gefesselt sind von Begierde, Abneigung und Unwissenheit, die unaufhörlich Verbrechen begehen und an zahlreichen negativen Handlungen teilnehmen, die die wahren

Lehren herabsetzen und die Vollendungen[6] nicht entwickeln, die deswegen in die Höllen fallen werden, wo sie Leiden und Qualen ausgesetzt sind –, wenn sie meinen Namen mit vollkommener Aufrichtigkeit ausrufen, durch meinen spirituellen Einfluß dazu verhelfen, daß sie ihren unaufhörlichen Verbrechen ein Ende setzen und sich von all ihren karmischen Fesseln befreien. Diese Geschöpfe sollen nicht in die kummervollen Wege des Daseins fallen, sondern fortwährend eine Wiedergeburt als Deva oder Mensch erlangen, die ihnen seltenen Frieden und seltenes Glück beschert, und sie werden Erleuchtung erreichen.‹

(Das vierte große Gelübde:) ›Wenn ich in einem künftigen Zeitalter Erleuchtung erlange, sollen alle Geschöpfe, die Mangel leiden an Kleidung, Nahrung, Schmuck, Kissen und Decken, Grundbesitz, kostbaren Dingen, duftenden Blumen oder Musik, wenn sie fähig sind, meinen Namen mit vollkommener Aufrichtigkeit zu rufen, durch meinen spirituellen Einfluß in Fülle erhalten, was auch immer ihnen in ihrem Leben mangelte, und sie werden Erleuchtung erreichen.‹

(Das fünfte große Gelübde:) ›Wenn ich in einem künftigen Zeitalter Erleuchtung erlange, sollen alle Geschöpfe, deren Körper man in Ketten gelegt hat, die man mit einem hölzernen Jochkragen an den Pranger gestellt hat, die leiden, weil sie ausgepeitscht wurden, wenn sie fähig sind, meinen Namen mit vollkommener Aufrichtigkeit zu rufen, durch meinen spirituellen Einfluß Befreiung von all diesen Leiden erlangen, und sie werden Erleuchtung erreichen.‹

(Das sechste große Gelübde:) ›Wenn ich in einem künftigen Zeitalter Erleuchtung erlange, so sollen alle Geschöpfe, die sich an einem gefahrvollen Ort befinden, denen ein Angriff durch wilde Tiere wie Bären, Leoparden, Wölfe, Pythonschlangen, Kobras oder Skorpione droht, wenn sie in dem ernsten Augenblick, in dem das Tier, das ihr Leben zu vernichten sucht, seinen wilden Schrei hören läßt, fähig sind, meinen Namen mit vollkommener Aufrichtigkeit zu rufen, durch meinen spirituellen Einfluß Befreiung von all ihrer Furcht erlangen, und Mitgefühl soll in die-

sen wilden Tieren entstehen. Diese Wesen sollen in immerwährendem Frieden und Glück leben, und sie werden Erleuchtung erreichen.‹

(Das siebte große Gelübde:) ›Sind Geschöpfe, wenn ich in einem künftigen Zeitalter Erleuchtung erlange, in Streitgespräche und Rechtsstreitigkeiten verwickelt und bereiten sich auf diese Weise Ärger und Sorgen, so sollen durch meinen spirituellen Einfluß, wenn diese Geschöpfe fähig sind, meinen Namen in vollkommener Aufrichtigkeit zu rufen, all diese Streitigkeiten und rechtlichen Auseinandersetzungen geschlichtet sein. Die Beteiligten sollen Mitgefühl miteinander empfinden, und sie werden Erleuchtung erreichen.‹

(Das achte große Gelübde:) ›Wenn ich in einem künftigen Zeitalter Erleuchtung erlange, mag es Geschöpfe geben, die sich zu Schiff auf dem Meer oder einem Fluß befinden, und widrige Winde treiben ihr Boot oder Schiff von den Inseln oder dem Ufer hinweg, so daß ihre Rückkehr so schwierig wird, daß sie in Kummer und Angst verfallen. Sind diese Geschöpfe dann fähig, meinen Namen mit vollkommener Aufrichtigkeit zu rufen, so werden sie durch meinen spirituellen Einfluß ans Ziel ihrer Wünsche gelangen und einen sicheren Hafen erreichen, wo ihnen alle Dinge zuteil werden sollen, deren man sich erfreut. In der Zukunft werden sie Erleuchtung erreichen.‹

O Mañjuśrī, dies sind die acht subtilen und vollendeten großen Gelübde, die dieser Buddha, dieser Tathāgata, dieser Arhat, dieser Vollkommen Erleuchtete abgelegt hat, als er sich erstmals auf den Weg eines Bodhisattva begab. Seit der Zeit, als dieser Erhabene zum erstenmal diese Vorsätze faßte, hat er die Wesen durch die Kraft seines Samādhi zur Vollendung geführt; er hat die Vielzahl der Buddhas verehrt und ihre glorreichen reinen Buddha-Bereiche. Sein Gefolge von Bodhisattvas ist vollständig, und ihre glückverheißenden Tugenden sind unvorstellbar. Versuchtest du, die Namen aller dort weilenden Śrāvakas und Pratyekabuddhas zu rezitieren, so könntest du für viele Zeitalter damit fortfahren, und deine Liste wäre noch immer unvollständig. Und diese Liste enthält nicht einmal (die große Anzahl der) Bodhisattvas in seinem Gefolge, die in ihrer nächsten Inkarnation Buddhaschaft erreichen werden.

Mañjuśrī, alle guten Söhne und Töchter reinen Glaubens, alle Könige, großen Minister, reichen Wohltäter und gelehrten Laien, die nach der schwer zu erlangenden und glückverheißenden Beendigung all ihrer Leiden streben, sollten den Namen dieses Buddha rufen und sein Sūtra rezitieren. Mit vollkommener Aufrichtigkeit sollten sie diesen Buddha anbeten und verehren. Dann werden alle Schleier ihres negativen Karma, all ihre Krankheiten und Leiden beseitigt sein. Was auch immer sie ersehnen, werden sie zu ihrer Zufriedenheit erhalten. Sie werden den Zustand erreichen, von dem man nicht zurückfällt. Sie werden Erleuchtung erlangen.«

Der Buddha »Universaler Herrscher, Majestät von Licht und Klang des Mondjuwels Einsicht«

»Weiter, Mañjuśrī, befindet sich im Osten, jenseits so vieler Buddha-Bereiche, daß ihre Anzahl fünfmal die der Sandkörner im Ganges beträgt, ein Bereich namens ›Wunderbarer Edelstein‹. Dort weilt ein Buddha, ein Tathāgata, ein Arhat, ein Vollkommen Erleuchteter mit Namen ›Universaler Herrscher, Majestät von Licht und Klang des Mondjuwels Einsicht‹. Umgeben von unzähligen Millionen von Bodhisattvas lehrt er in diesem Augenblick den Dharma und erklärt die subtilen, vollendeten und tiefen Prinzipien des weiten Mahāyāna.

Mañjuśrī, als dieser Buddha erstmals seinen Wunsch ausdrückte, dem Bodhisattva-Weg zu folgen, legte er acht große Gelübde ab. Welche sind diese acht?

(Das erste große Gelübde:) ›Wenn ich in einem künftigen Zeitalter Erleuchtung erlange, mag es Geschöpfe geben, die Ackerbau

oder Handel betreiben, Geschäfte, die ihr Herz in Unruhe versetzen und sie unfähig machen, dem Kreislauf von Geburt und Tod zu entkommen, obwohl sie danach streben, den seltenen und guten Lehren der Erleuchtung zu folgen. So befindet sich ein jedes von ihnen an der Schwelle zu grenzenloser Verzweiflung. Sind diese Geschöpfe fähig, meinen Namen mit vollkommener Aufrichtigkeit zu rufen, so sollen sie durch meinen spirituellen Einfluß mit Kleidung, Nahrung, Getränk und Besitz versorgt sein; wie es ihren Wünschen entspricht, sollen sie Gold, Silber und andere Kostbarkeiten im Überfluß erhalten. Alle heilsamen Wurzeln werden heranwachsen, und sie werden ihr Streben nach Erleuchtung nicht aufgeben. Sie werden vom Leid der kummervollen Wege und von Verwirrung befreit sein. Sie werden Erleuchtung erreichen.‹

(Das zweite große Gelübde:) ›Wenn ich in einem künftigen Zeitalter Erleuchtung erlange, sollen alle Geschöpfe in den Bereichen der zehn Richtungen, die großem Kummer ausgesetzt sind, auf deren Körper die Qual von Hitze oder Kälte lastet, von Hunger oder Durst, wenn sie fähig sind, meinen Namen mit vollkommener Aufrichtigkeit zu rufen, durch meinen spirituellen Einfluß von dem Karma befreit sein, das die von ihnen in vergangenen Leben begangenen Fehler verursacht haben. Sie werden ihre Leiden hinter sich lassen und das Glück (einer Geburt als) Mensch oder Deva erlangen. Sie werden Erleuchtung erreichen.‹

(Das dritte große Gelübde:) ›Wenn ich in einem künftigen Zeitalter Erleuchtung erlange, sollen alle Frauen in den Bereichen der Zehn Richtungen, in deren Geist die Qualen zügelloser Begierde fortwährend wiederkehren, die immer wieder schwanger werden und diesen Zustand aufs tiefste verabscheuen, die große Schmerzen leiden, wenn die Zeit der Geburt gekommen ist, wenn sie meinen Namen auch nur für einen Augenblick vernehmen, ihn nur ausrufen und im Gedächtnis behalten, durch meinen spirituellen Einfluß von all ihren Leiden befreit sein. Wenn sie (am Ende ihres Lebens) ihren gegenwärtigen Körper verlassen haben, sollen sie fortan immer als Mann wiedergeboren werden, und sie

werden Erleuchtung erreichen.‹

(Das vierte große Gelübde:) ›Wenn ich in einem künftigen Zeitalter Erleuchtung erlange, sollen alle Geschöpfe, die mit ihren Eltern, Geschwistern, Ehefrauen, Gefolgsleuten, Verwandten oder Freunden durch unzugängliche gefährliche Gegenden reisen und durch den Zugriff von Räubern in Not geraten, wenn sie meinen Namen nur für einen Augenblick vernommen haben, ihn nur ausrufen und sich seiner erinnern, durch meinen spirituellen Einfluß von all ihren Schwierigkeiten befreit sein. Sie werden Erleuchtung erreichen.‹

(Das fünfte große Gelübde:) ›Wenn ich in einem künftigen Zeitalter Erleuchtung erlange, soll allen Geschöpfen, die in Nacht und Dunkelheit reisen müssen, um ihrer Arbeit nachzugehen, die Leid und äußerste Verzweiflung erleben, weil negative Geister sie heimsuchen, wenn sie meinen Namen nur für einen Augenblick vernommen haben, ihn nur ausrufen und sich seiner erinnern, durch meinen spirituellen Einfluß inmitten der Dunkelheit ein Licht erscheinen. In diesen negativen Geistern sollen Gedanken der Liebe und des Mitgefühls entstehen, und die Reisenden werden in der Zukunft Erleuchtung erreichen.‹

(Das sechste große Gelübde:) ›Wenn ich in einem künftigen Zeitalter Erleuchtung erlange, wird es Geschöpfe geben, die ein unmoralisches und negatives Verhalten pflegen; die nicht an die Drei Kostbarkeiten glauben; deren Einsicht gering ist; die die heilsamen Lehren nicht beherzigen – weder pflegen sie das Studium der Sinnesorgane und ihrer Fähigkeiten, noch den Weg zur Erleuchtung, richtige Achtsamkeit, Samādhi und vollständige Selbstkontrolle. Sind diese Geschöpfe fähig, meinen Namen mit vollkommener Aufrichtigkeit auszurufen, so soll durch meinen spirituellen Einfluß ihre Einsicht mehr und mehr zunehmen. Sie werden das Studium der 37 Bodhipakṣya-dharmas pflegen, tiefen Glauben an die drei Juwelen entwickeln, und sie werden Erleuchtung erreichen.‹

(Das siebte große Gelübde:) ›Wenn ich in einem künftigen Zeitalter Erleuchtung erlange, sollen alle Geschöpfe, deren Denken

grob ist, die in Begierden aufgehen, die den zwei Fahrzeugen (der Śrāvakas und Pratyekabuddhas) folgen und deren Übungen pflegen, die die unübertroffene, ausgezeichnete höchste Erleuchtung außer acht lassen, wenn sie fähig sind, meinen Namen mit vollkommener Aufrichtigkeit zu rufen, die Sichtweisen der zwei Fahrzeuge aufgeben. Sie werden nach dem Vollkommenen Erwachen streben und den Zustand erreichen, von dem man nicht zurückfällt. Sie werden Erleuchtung erlangen.‹
(Das achte große Gelübde:) ›Wenn ich in einem künftigen Zeitalter Erleuchtung erlange, wird es Geschöpfe geben, die zu der Zeit, wenn das Ende eines Kalpa unmittelbar bevorsteht, wenn die Feuer der Begierde sich erheben (um die Welt zu zerstören), in tiefe Angst und Furcht verfallen, deren Leiden groß sind, die jammern und klagen. Sind diese Geschöpfe fähig, zu der Zeit, in der die Kraft ihres negativen Karma aus vergangenen Leben sie diesen Leiden unterwirft, ohne daß sie einen Ort der Zuflucht haben, meinen Namen mit vollkommener Aufrichtigkeit auszurufen, sollen all ihre Sorgen und Leiden beseitigt sein. Sie werden umfangen sein vom Glück der Klarheit und Kühle. Wenn ihr gegenwärtiges Leben zu Ende gegangen ist, sollen diese Menschen in meinem Buddha-Land in Lotusblüten wiedergeboren werden. Sie werden immerdar die heilsamen Lehren pflegen und schließlich Erleuchtung erreichen.‹

Mañjuśrī, dies sind die acht subtilen und vollendeten großen Gelübde, die dieser Buddha, dieser Tathāgata, dieser Arhat, dieser Erleuchtete abgelegt hat, als er sich auf den Bodhisattva-Weg begab. Wisse weiter, daß der Buddha-Bereich, in dem dieser Tathāgata weilt, weit und ausgedehnt ist; dieses ehrfurchtgebietende reine Land ist eben wie die Fläche meiner Hand. Die Bäume dort verbreiten einen himmlischen, vollendeten Duft und wachsen in gefälliger Ordnung. Himmlische Blumen bedecken den Boden, und immerfort ertönt himmlische Musik. Überall hängen wunderbare himmlische Glocken. Der Löwenthron (dieses Buddha) ist mit himmlischen Edelsteinen glorreich geschmückt und ebenso die Stufen der zahlreichen Badeteiche. Der Boden ist sanft, frei von Geröll und Steinen.

Der Bereich ist frei von Versuchung und Leid. Alle Geschöpfe, die dort leben, sind Bodhisattvas, die den Zustand erreicht haben, von dem man nicht zurückfällt, und sie werden in Lotusblüten geboren. Denkt eines der Geschöpfe dort an Nahrung, Getränke, Kleidung oder andere Güter, so manifestieren sich im selben Augenblick diese Dinge vor ihm, ganz wie es seinen Wünschen entspricht. Aus diesem Grunde trägt der Bereich den Namen ›Wunderbarer Edelstein‹.[7]

Mañjuśrī, wenn ein guter Sohn oder eine gute Tochter reinen Glaubens, der König des Staates, die Prinzen, die großen Ratgeber oder die geringer gestellten Minister, die Königin oder ihre Hofdamen diesen Buddha sechsmal am Tage und in der Nacht mit Fleiß und äußerster Aufrichtigkeit demütig verehren und seinen Namen rufen, wenn sie ein Bildnis (dieses Buddha) herstellen und ihm voller Ehrerbietung duftende Blumen, Musik, brennendes Räucherwerk, Duftpuder und wohlriechende Salben darbringen, wenn sie die Acht Gelübde für sieben Tage ohne den geringsten Makel einhalten, wenn in ihnen die Geisteshaltung der Liebe und des Mitgefühls für alle Lebewesen entsteht und wenn sie geloben, in diesem Buddha-Land wiedergeboren zu werden, so werden dieser erhabene Buddha und die zahlreichen Bodhisattvas sie im Schutz ihrer Gedanken halten. Sie werden von allem Karma gereinigt sein, das ihre Fehler hervorgebracht haben. Nachdem sie schrittweise den Zustand erlangt haben, in dem Begierde, Haß und Unwissenheit nurmehr in subtilen Spuren vorhanden sind, werden sie schließlich die Stufe erreichen, von der man nicht zurückfällt, die Stufe der Höchsten Erleuchtung. Sie werden sich keine der vielfältigen Krankheiten zuziehen, und ihre Lebensspanne wird sich verlängern. Was auch immer sie ersehnen, soll, ganz wie sie es wünschen, in Erfüllung gehen. In allen streitsüchtigen Feinden, die sie haben mögen, wird Freude entstehen.

Wenn ein solcher Mensch seinen Körper verläßt, begibt er sich in dieses (Buddha-)Land und wird in einer Lotusblüte wiedergeboren. Seine Achtsamkeit, sein Samādhi und die Kontrolle der Begierden sind im Augenblick der Geburt von vollkommener Klarheit. Wisse, Mañjuśrī, der Name dieses Buddha birgt einen so unerschöpflichen Segen, daß alle Wünsche in Erfüllung gehen, wenn man ihn vernimmt.«

Der Buddha »Strahlender Edelstein von goldener Färbung, vollendet in den höchsten Übungen«

»Weiter, Mañjuśrī, befindet sich im Osten, jenseits so vieler Buddha-Bereiche, daß ihre Anzahl sechsmal die der Sandkörner im Ganges beträgt, ein Bereich namens ›Vollkommene Fülle von Wohlgeruch‹. Dort weilt ein Buddha, ein Tathāgata, ein Arhat, ein Vollkommen Erleuchteter mit Namen ›Strahlender Edelstein von goldener Färbung, vollendet in den höchsten Übungen‹. Während er in diesem Augenblick die Lehre verkündet, ist er von unzähligen Millionen von Bodhisattvas umgeben.

Mañjuśrī, als dieser Buddha sich erstmals auf den Weg eines Bodhisattva begab, legte er vier große Gelübde ab. Welche sind diese vier?

(Das erste große Gelübde:) ›Wenn ich in einem künftigen Zeitalter Erleuchtung erlange, wird es Menschen geben, die als Schlachter oder in sonstiger Weise anderen Geschöpfen schaden und ihnen das Leben nehmen, die aufgrund dieses negativen Karma die Leiden einer Geburt in den Höllenbereichen erdulden oder, sind sie auch als Menschen wiedergeboren, ein kurzes Leben haben mit vielen Krankheiten und einen qualvollen Tod durch Wasser, Feuer, Schwerter oder Gift. Wenn ein solcher Mensch meinen Namen hört und ihn in vollkommener Aufrichtigkeit ruft und im Gedächtnis bewahrt, soll durch meinen spirituellen Einfluß all sein negatives Karma beseitigt sein. Frei von Krankheit wird er lange leben. Er wird keinem Tod zur Unzeit begegnen, und er wird Erleuchtung erlangen.‹

(Das zweite große Gelübde:) ›Wenn ich in einem künftigen Zeitalter Erleuchtung erlange, wird es Menschen geben, die sich durch Diebstahl am Eigentum anderer negatives Karma schaffen und dadurch in einen der kummervollen Wege des Daseins fallen oder, sind sie als Mensch wiedergeboren, als Mitglieder einer armen Familie ständig Kleidung und Nahrung entbehren müssen und zahlreichen Leiden ausgesetzt sind. Wenn ein solcher Mensch meinen Namen hört und ihn in vollkommener Aufrichtigkeit anruft und im Gedächtnis bewahrt, soll durch meinen spirituellen Einfluß all sein negatives Karma beseitigt sein. Niemals soll er Kleidung, Nahrung und Getränke entbehren, und er wird Erleuchtung erreichen.‹

(Das dritte große Gelübde:) ›Wenn ich in einem künftigen Zeitalter Erleuchtung erlange, sollen in allen Geschöpfen, die sich gegenseitig beleidigen und verletzend behandeln, als seien sie Feinde, wenn sie meinen Namen hören und ihn in vollkommener Aufrichtigkeit anrufen und im Gedächtnis bewahren, durch meinen spirituellen Einfluß Gedanken der Liebe entstehen, wie ein Vater und eine Mutter sie (für ihre Kinder) hegen, und sie werden Erleuchtung erreichen.‹

(Das vierte große Gelübde:) ›Wenn ich in einem künftigen Zeitalter Erleuchtung erlange, wird es innerhalb der acht Arten von Menschen[8] Mönche, Nonnen oder Laien geben, die aus Begierde, Abneigung oder Verwirrung gegen die Verpflichtungen verstoßen, die der Tathāgata für das Studium gegeben hat, die aufgrund des negativen Karma, das sie sich dadurch geschaffen haben, bittere Vergeltung für ihr Handeln erfahren und an der Schwelle der Höllenbereiche stehen. Wenn ein solcher Mensch meinen Namen hört und ihn in vollkommener Aufrichtigkeit anruft und im Gedächtnis bewahrt, soll durch meinen spirituellen Einfluß all sein negatives Karma und Leiden beseitigt sein. Er wird die Vorschriften der moralischen Reinheit ehren und fähig sein, sein Verhalten in Taten, Worten und Gedanken zu hüten. Er wird in Ewigkeit niemals (in seiner geistigen Entwicklung) zurückfallen, und er wird Erleuchtung erreichen.‹

Mañjuśrī, dies sind die vier subtilen und vollkommenen großen Gelübde, die dieser Buddha, dieser Tathāgata, dieser Arhat, dieser Vollkommen Erleuchtete abgelegt hat, als er sich auf den Weg eines Bodhisattva begab.

Mañjuśrī, das reine Land, in dem dieser Tathāgata weilt, ist weit und ausgedehnt, glorreich und rein. Der Boden ist eben wie die Fläche meiner Hand und besteht ausschließlich aus Edelsteinen. Die Luft ist immer vom Duft des wunderbaren Sandelholzes erfüllt. Reihen duftender Bäume säumen die Wege, und überall hängen wunderbare himmlische Perlen, Edelsteine und Maṇi-Juwelen herab. Die zahlreichen Badeteiche sind mit himmlischen Edelsteinen geschmückt und gefüllt mit duftendem Wasser, das alle Vorzüge in sich vereint. An den vier Grenzen dieses Bereiches hängen wunderbare farbige Gemälde. Die acht Wege, die Haupt- und Nebenstraßen, sind, wo sie auch hinführen, glorreich geschmückt.

Die Geschöpfe dort sind frei von den Geistesgiften, sie erfahren keinerlei mitleiderregende schmerzhafte Leiden. Auch gibt es keine Versuchung. Viele der Geschöpfe dort haben eine der Bodhisattva-Stufen erreicht. (Man hört) ausgezeichnete, vollendete musikalische Klänge, die nicht von Instrumenten herrühren, sondern spontan ertönen: Sie sind die vollständige Darlegung der subtilen, wunderbaren tiefen Lehren des Mahāyāna. Jedes Wesen, das diese Klänge vernimmt, wird die höchste Erleuchtung erreichen, von der man nicht zurückfällt.

O Mañjuśrī, die Kraft der früheren Gelübde dieses Buddha, dieses Tathāgata, und seine wirkungsvollen klugen Methoden haben dieses Buddha-Land hervorgebracht. Als er seinen glorreichen Schmuck vollendet hatte, saß (der Buddha) auf dem Thron der Erleuchtung und dachte: ›In den zukünftigen Zeiten wird es Geschöpfe geben, die in den Fesseln der Begierde, des Hasses und der Täuschung liegen, die von Krankheiten befallen sind, die von übelwollenden Mitmenschen übervorteilt werden, die an der Schwelle eines Todes zur Unzeit stehen, die aufgrund ihres negativen Karma in die Höllenbereiche fallen und großes Leid erdulden werden.‹ Als er die Leiden dieser Geschöpfe sah, verkündete der Buddha die folgende Dhāraṇī, um ihre karmischen Schleier zu zerreißen. Da er die Geschöpfe veranlaßt, diese Dhāraṇī anzunehmen und zu bewahren, werden sie noch in ihrem gegenwärtigen Leben großen Nutzen erfahren und, von allem Leiden entfernt, im Zustand der Erleuchtung weilen. Dies ist die Dhāraṇī, die der Buddha verkündete:

> Tan-chih-t'a-hsi-t'i-hsi-t'i su-hsi-t'i mu-che-erh-mu-ch'a-erh mu-t'i-pi-mu-t'i an-mo-li-pi-mo-pi man-chieh-li-shen-lan-jo-chieh-pi-ho-la-tan-no chieh-pi sa-p'o-o-t'a-p'o-tan-erh po-lo-mo-o-t'a so-tan-erh-mu-na-hsi mo-ho-mu-na-hsi o-pu-ti-o-shih-pu-ti pi-to-p'o-i su-pa-ni pa-lo-kan-mo ch'u-hsieh-ch'u pa-lo-kan-mo-chu-hsieh san-p'o-o-t'i-shu a-po-lo-tsa-ti-sa-pa-mu-lo-chih a-po-ch'a-ti-hsieh-ti che-tu-sha se-tun-p'o-t'o-chu-p'o-hsieh-ti na-mo-so tan-t'a-chieh-to-nan so-ha.

Als der erhabene Buddha diese mächtige und ausgezeichnete Dhāraṇī verkündet hatte, priesen ihn die großen Bodhisattvas, die vier großen Könige der Devas, Judra, Brahmā und alle anderen Mitglieder der Versammlung und sagten: ›Ausgezeichnet, ausgezeichnet, o Herr des Großen Mitgefühls! Du warst fähig, die große und mächtige spirituelle Formel der Tathāgatas der Vergangenheit zum Nutzen all der zahllosen Geschöpfe zu verkünden, die nach Glück und Fülle streben, die das Meer des Leidens zum Versiegen bringen und ans Ufer des Nirvāṇa gelangen wollen, wo alle Krankheiten geheilt sind und alle Wünsche vollkommen erfüllt‹.«

Der Buddha sprach zu der großen Versammlung: »Wenn in einem guten Sohn oder einer guten Tochter reinen Glaubens, in einem König, Prinzen, großen Ratgeber oder geringer gestellten Minister, in einer Königin oder Hofdame, die den Wunsch haben, Segnungen und Nutzen zu erfahren, Achtung vor dieser Dhāraṇī und Glaube an sie entstehen, wenn sie sie lesen, rezitieren und anderen ihre Bedeutung erklären, wenn in ihnen die

Geisteshaltung des großen Mitgefühls für alle Lebewesen erwacht, wenn sie sechsmal am Tage und in der Nacht in tiefer Konzentration mit duftenden Blumen und schimmernden Lampen eine Pūjā darbringen, baden, um sich zu reinigen, die acht Gelübde einhalten und in vollkommener Aufrichtigkeit ihre Gedanken auf diese Dhāraṇī richten und sie rezitieren, werden zahllose karmische Fesseln, auch die schwerwiegenden, beseitigt sein. In ihrem gegenwärtigen Leben werden diese Menschen frei sein von allem Leid. Wenn sie das Ende ihres Lebens erreicht haben, wird die Vielzahl der Buddhas sie im Schutz ihrer Gedanken halten, und sie werden in diesem Buddha-Land (›Vollkommene Fülle von Wohlgeruch‹) in einer Lotusblüte wiedergeboren werden.«

Der Buddha »Der Ausgezeichnete und Glückverheißende, der frei ist von Betrübnis«

»Weiter, Mañjuśrī, befindet sich im Osten, jenseits so vieler Buddha-Bereiche, daß ihre Anzahl siebenmal die der Sandkörner im Ganges beträgt, ein Bereich namens ›Frei von Betrübnis‹. Dort weilt ein Buddha, ein Tathāgata, ein Arhat, ein Vollkommen Erleuchteter mit Namen ›Der Ausgezeichnete und Glückverheißende, der frei ist von Betrübnis‹. In diesem Augenblick verkündet er der ihn umgebenden Versammlung die Lehre.

Das Buddha-Land, in dem dieser Tathāgata weilt, ist weit und ausgedehnt, von glorreicher Reinheit und eben wie die Fläche meiner Hand. Es besteht vollständig aus Edelsteinen. Der Boden ist fein, weich und sanft, die Luft immer von Duft erfüllt. Man hört keinen Laut von Schmerz oder Leid, dieses Land ist jenseits aller Plagen. Es gibt dort keine kummervollen Wege des Daseins, auch ist es frei von Versuchung.

Überall finden sich Badeteiche. Sie haben goldene Stufen und sind mit duftendem Wasser gefüllt. Es wachsen dort Reihen juwelengeschmückter Bäume, in voller Blüte mit Früchten behangen. Man hört ausgezeichnete und vollendete musikalische Klänge. Sie rühren nicht von Instrumenten her, sondern ertönen spontan. Die Vorzüge und der glorreiche Schmuck dieses Landes gleichen denen des ›Bereiches der Höchsten Freude‹ im Westen, des Landes des grenzenlosen Lebens[9].

O Mañjuśrī, als sich dieser erhabene Buddha erstmals auf den Weg eines Bodhisattva begab, legte er vier große Gelübde ab. Welche sind diese vier?

(Das erste große Gelübde:) ›Wenn ich in einem künftigen Zeitalter Erleuchtung erlange, sollen alle Geschöpfe, die ständig in Kummer und Leid gefangen sind, wenn sie meinen Namen hören und ihn in vollkommener Aufrichtigkeit ausrufen und in ihrem Geist bewahren, durch meine spirituelle Kraft von all ihren mitleiderregenden Schmerzen und allem Unglück befreit sein. Ihr Leben soll lange währen und friedlich verlaufen, und sie werden Erleuchtung erreichen.‹

(Das zweite große Gelübde:) ›Wenn ich in einem künftigen Zeitalter Erleuchtung erlange, wird es Geschöpfe geben, die negatives Karma geschaffen haben und daher an Orten wiedergeboren sind, wo sie in ununterbrochener Finsternis leben oder in den Bereichen der großen Höllen Qualen erleiden. Wenn diese Geschöpfe in einem früheren Leben meinen Namen gehört haben, will ich von meinem Körper Lichtstrahlen aussenden, die diese Leidenden in ihrem gegenwärtigen Dasein erreichen. Wenn sie diese Strahlen sehen, sollen durch meinen spirituellen Einfluß all ihre karmischen Schleier beseitigt sein. Sie werden befreit sein von allem Leid und eine Wiedergeburt als Mensch oder Deva erlangen. Alle Freuden, die sie ersehnen, sollen ihnen zuteil werden, und sie werden Erleuchtung erreichen.‹

(Das dritte große Gelübde:) ›Wenn ich in einem künftigen Zeitalter Erleuchtung erlange, will ich allen Geschöpfen helfen, die durch Mord, Diebstahl, Betrug oder unmoralisches Verhalten negatives Karma geschaffen haben. Ein solches Geschöpf mag in seinem gegenwärtigen Dasein Schläge durch Schwerter oder

Stöcke erlitten haben und nun an der Schwelle zur Wiedergeburt in einem der kummervollen Wege des Daseins stehen. Selbst wenn ein solches Geschöpf vielleicht eine Wiedergeburt als Mensch erlangt, werden viele Krankheiten seine Lebensspanne kürzen. Ein solcher Mensch wird in eine arme Familie hineingeboren; es mangelt ihm an Kleidung, Nahrung und Getränk. Fortwährend ist er Leiden durch Hitze und Kälte, durch Hunger und Durst ausgesetzt. Seine Gesichtsfarbe ist fahl und seine Miene stumpf. Kein Mensch in seiner Bekanntschaft ist tugendhaft oder weise. Wenn ein solcher Mensch meinen Namen hört, ihn in vollkommener Aufrichtigkeit ausruft und in seinem Geist bewahrt, soll ihm durch meine spirituelle Kraft alles, was er sich wünscht, im Überfluß zuteil werden – sei es Nahrung, Getränk oder Kleidung. Sein Körper wird strahlen und anziehend sein wie der eines Deva. Er wird gute Menschen treffen, mit denen er Bekanntschaft schließt, und er wird Erleuchtung erreichen.‹
(Das vierte große Gelübde:) ›Wenn ich in einem künftigen Zeitalter Erleuchtung erlange, wird es Geschöpfe geben, die fortwährend von Yakṣas und zahlreichen anderen negativen Geistern heimgesucht und geplagt werden, die ihnen die Lebenskraft rauben und sie vielfältigen Leiden aussetzen. Wenn ein solcher Mensch meinen Namen hört, ihn in vollkommener Aufrichtigkeit ausruft und in seinem Geist bewahrt, soll mein spiritueller Einfluß die verschiedenen Yakṣas und anderen Dämonen vertreiben. In deren Geist wird Liebe entstehen, und sie werden sich zurückziehen. Der Mensch wird befreit sein von allem Leid, und er wird Erleuchtung erreichen.‹

O Mañjuśrī, dies sind die vier subtilen und wunderbaren großen Gelübde, die dieser Buddha, dieser Tathāgata, dieser Arhat, dieser Vollkommen Erleuchtete abgelegt hat, als er sich auf den Weg eines Bodhisattva begab.

Wenn ein Mensch den Namen dieses Buddha vernimmt, wenn er ihn sechsmal am Tage und in der Nacht ausruft, (diesen Buddha) in Ehrfurcht und vollkommener Aufrichtigkeit anbetet, wenn in ihm die Geisteshaltung der Liebe und des Mitgefühls angesichts der Daseinsformen aller Geschöpfe entsteht, so werden seine karmischen Schleier beseitigt sein, und er wird frei sein von Kummer und Schmerz. Frei von Krankheit wird er ein langes Leben haben und Kenntnis von seinen früheren Leben erlangen. Er wird im Bereich dieses Buddha in einer Lotusblüte wiedergeboren, und die Devas werden ihn hüten und beschützen.

O Mañjuśrī, Menschen, die den Namen dieses Buddha ausrufen, sind fähig, ein grenzenlos tugendhaftes Karma aufzubauen, wie ich es beschrieben habe. Der Bereich dieses Buddha, die Kraft seiner Gelübde, sein glorreicher Schmuck und seine unübertrefflichen Verdienste übersteigen das Fassungsvermögen der Śrāvakas und Pratyekabuddhas. Nur ein anderer Tathāgata, ein Arhat, ein Vollkommen Erleuchteter (kann sie wirklich verstehen).«

Der Buddha »Donnerklang des Dharma-Meeres«

»Weiter, Mañjuśrī, befindet sich im Osten, jenseits so vieler Buddha-Bereiche, daß ihre Anzahl achtmal die der Sandkörner im Ganges beträgt, ein Bereich namens ›Banner des Dharma‹. Dort weilt ein Buddha, ein Tathāgata, ein Arhat, ein Vollkommen Erleuchteter mit Namen ›Donnerklang des Dharma-Meeres‹. In diesem Augenblick verkündet er die Lehre.

O Mañjuśrī, das Land, in dem dieser Buddha weilt, ist rein und makellos. Der Boden ist eben und besteht aus Quarzkristall. Immer scheint Licht, und die Luft ist von Duft erfüllt. Die Mauern der Stadt bestehen aus kostbaren Smaragden. Die acht Durchgangswege säumen goldene und silberne Begrenzungen. Die Türme und Pavillons, die Paläste und Hallen, die hochaufragenden Pfosten, die Türen und Fenster sind überall mit zahlreichen Edelsteinen geschmückt. Juwelengeschmückte Bäume von himmlischem Duft wachsen aller Orten in gefälliger Ordnung heran, von ihren Zweigen hängt himmlische Seide herab. Vielerorts findet man himmlische Glocken, die ein sanfter Windhauch bewegt. Ihre subtilen Klänge verkünden die große Freude, Vergänglichkeit, die Leerheit des Leidens und die Nichtexistenz eines Selbst. Jeder, der sie vernimmt, gibt seine Begierden und sein Haften auf. Schrittweise beseitigt er auch deren karmische Spuren und macht die Erfahrung von tiefem Samādhi.

Blumen von himmlischem und vollendetem Duft bedecken den Boden. An jeder der vier Seiten des Landes befinden sich acht Badeteiche. Goldener Sand bedeckt ihren Boden, und sie sind gefüllt mit parfümiertem Wasser.

Mañjuśrī, in diesem Buddha-Land gibt es keine kummervollen Wege des Daseins, und es ist frei von Versuchung. Ist ein Geschöpf in einer Lotusblüte dort wiedergeboren, erfährt es von nun an keinerlei Leid. Als sich dieser Buddha, dieser Tathāgata erstmals auf den Weg eines Bodhisattva begab, legte er vier große Gelübde ab. Welche sind diese vier?

(Das erste große Gelübde:) ›Wenn ich in einem künftigen Zeitalter Erleuchtung erlange, wird es Geschöpfe geben, die in Familien hineingeboren sind, die falsche Sichtweisen vertreten, in denen kein reiner Glaube an den Buddha, seine Lehre und die Gemeinschaft entsteht, die weit entfernt sind von dem Wunsch, die höchste Erleuchtung zu erlangen. Wenn ein solches Geschöpf meinen Namen hört, ihn in vollkommener Aufrichtigkeit ausruft und in seinem Geist bewahrt, wird mein spiritueller Einfluß seine unerleuchtete falsche ›Weisheit‹ mit Ablauf eines Tages und einer Nacht vertrieben haben. Aus tiefstem Herzen wird dieser Mensch den wahren Glauben an die Drei Kostbarkeiten entwikkeln, er wird niemals von ihm ablassen, und er wird Erleuchtung erreichen.‹

(Das zweite große Gelübde:) ›Wenn ich in einem künftigen Zeitalter Erleuchtung erlange, wird es Geschöpfe geben, die in den Grenzgebieten geboren sind, die aufgrund ihrer engen Bindung an schlechte Freunde alle Arten von negativem Karma schaffen, die die heilsamen Dinge nicht pflegen und nicht einmal die Na-

men der Drei Kostbarkeiten gehört haben, die nach ihrem Tode in einen der Drei kummervollen Wege des Daseins fallen. Wenn ein solches Geschöpf nur für einen Augenblick meinen Namen vernimmt, werden durch meinen spirituellen Einfluß die Schleier seines Karma beseitigt sein. Er wird auf gute Freunde treffen, nicht in einen kummervollen Weg des Daseins fallen, und er wird Erleuchtung erreichen.‹

(Das dritte große Gelübde:) ›Wenn ich in einem künftigen Zeitalter Erleuchtung erlange, wird es Geschöpfe geben, die Mangel leiden an Kleidung, Nahrung, Getränk, Kissen und Decken, Arznei und den anderen Dingen, deren man zum Leben bedarf; aufgrund dieser Ursachen und Bedingungen entstehen in ihnen Kummer und großes Leid, und sie schaffen sich negatives Karma in ihrem (verzweifelten) Streben, sich diese Dinge zu verschaffen. Wenn ein solches Geschöpf meinen Namen hört und ihn in vollkommener Aufrichtigkeit ausruft und in seinem Geist bewahrt, wird es durch meinen spirituellen Einfluß alle die Dinge, deren es bedarf, erlangen, wenn es nur an sie denkt. Und es wird Erleuchtung erreichen.‹

(Das vierte große Gelübde:) ›Wenn ich in einem künftigen Zeitalter Erleuchtung erlange, wird es Geschöpfe geben, die aufgrund ihres negativen Karma aus vergangenen Leben miteinander streiten und Wortgefechte führen, die in ihrem Handeln nachtragend sind und nach Vergeltung trachten, die sich gegenseitig verwunden mit Pfeil und Bogen, mit Schwertern und Stöcken. Wenn ein solcher Mensch meinen Namen hört, ihn in vollkommener Aufrichtigkeit ausruft und im Geist bewahrt, wird durch meinen spirituellen Einfluß Liebe in seinem Geist entstehen, und er wird seinen Mitmenschen keinen Schaden (mehr) zufügen. Niemals wieder werden negative Gedanken in ihm entstehen. Wieviel weniger noch wird er danach trachten, seine früheren Feinde zu töten! Voll Freude wird er fortwährend Großzügigkeit üben, und er wird Erleuchtung erreichen.‹

O Mañjuśrī, dies sind die vier subtilen, vollkommenen Gelübde, die dieser Buddha, dieser Tathāgata, dieser Arhat, dieser Vollkommen Erleuchtete abgelegt hat, als er sich auf den Weg eines Bodhisattva begab. Hört ein guter Sohn oder eine gute Tochter reinen Glaubens den Namen dieses Buddha, beten sie ihn in vollkommener Aufrichtigkeit voll Fleiß und Ehrfurcht an, nehmen sie den Namen an, bewahren ihn in ihrem Herzen und rezitieren ihn, so werden ihre karmischen Schleier beseitigt sein, und sie werden niemals von dem Wunsch ablassen, Erleuchtung zu erreichen. Sie werden Kenntnis ihrer vergangenen Leben erlangen, und sie werden immer die Möglichkeit haben, einem Buddha zu begegnen, wo sie auch in der Zukunft geboren sind. Ein solcher Mensch wird ein langes Leben haben, Freiheit von Krankheit, und wenn sein Leben zu Ende gegangen ist, wird er in einem Buddha-Land wiedergeboren werden. Kleidung, Nahrung, Getränk, alle Dinge, deren man zum Leben bedarf, werden ihm zur Verfügung stehen, wenn er nur an sie denkt. Es wird ihm nichts mangeln.

Mañjuśrī, auf diese Weise verleiht dieser erhabene Buddha den Wesen grenzenlosen Nutzen. Aus diesem Grunde werden alle Wesen seiner gedenken und (seinen Namen) niemals vergessen.«

Der Buddha »Siegreiche Weisheit des Dharma-Meeres, Er, der frei herumschweift aufgrund seiner spirituellen Kräfte«

»Weiter, Mañjuśrī, befindet sich im Osten, jenseits so vieler Buddha-Bereiche, daß ihre Anzahl neunmal die der Sandkörner im Ganges beträgt, ein Bereich namens ›Heilsames Verweilen im Meer der Juwelen‹. Dort weilt ein Buddha, ein Tathāgata, ein Arhat, ein Vollkommen Erleuchteter mit Namen ›Siegreiche Weisheit des Dharma-Meeres, Er, der frei umherschweift aufgrund seiner spirituellen Kräfte‹. In diesem Augenblick verkündet er die Lehre.

Mañjuśrī, als sich dieser Buddha, dieser Tathāgata erstmals auf den Weg eines Bodhisattva begab, legte er vier große Gelübde ab. Welche sind diese vier?

(Das erste große Gelübde:) ›Wenn ich in einem künftigen Zeitalter Erleuchtung erlange, wird es Geschöpfe geben, die negatives Karma geschaffen haben, weil sie beim Pflügen und bei der Feldarbeit zahlreichen Lebewesen Schaden zugefügt haben, weil sie bei der Aufteilung und Abgrenzung von Feldern andere übervorteilt haben, oder weil sie in den Reihen der Schlacht fortwährend andere Wesen mit ihren Waffen und Lanzen verletzt und getötet haben. Wenn ein solcher Mensch meinen Namen hört und ihn in vollkommener Aufrichtigkeit ausruft und in seinem Geist bewahrt, soll er durch meinen spirituellen Einfluß alle Dinge erhalten, deren man zum Leben bedarf. Er wird nichts erbitten oder ausleihen müssen, sondern seinen Wünschen entsprechend vollständig zufriedengestellt sein. Immer wird er sich bemühen, alles zu entwickeln, was heilsam ist, und er wird Erleuchtung erreichen.‹

(Das zweite große Gelübde:) ›Wenn ich in einem künftigen Zeitalter Erleuchtung erlange, sollen alle Geschöpfe, die die Zehn negativen Handlungen – die Fehler des Tötens usw. – begehen und aufgrund dieser Ursachen und Bedingungen an der Schwelle einer Wiedergeburt in den Höllen stehen, wenn sie meinen Namen hören, ihn in vollkommener Aufrichtigkeit ausrufen und in ihrem Geist bewahren, Vollendung in den Zehn heilsamen Wegen erlangen. Sie werden nicht in einen kummervollen Weg des Daseins fallen, und sie werden Erleuchtung erreichen.‹

(Das dritte große Gelübde:) ›Wenn ich in einem künftigen Zeitalter Erleuchtung erlange, wird es Geschöpfe geben, die unfrei sind, die verpflichtet sind, anderen zu dienen, die das Leid und den Schmerz erdulden müssen, in Fesseln zu liegen, in einen hölzernen Jochkragen geschlossen zu sein, ausgepeitscht und geschlagen zu werden, bestraft zu werden bis an die Grenzen ihrer Leidensfähigkeit. Wenn diese Geschöpfe meinen Namen hören,

ihn in vollkommener Aufrichtigkeit ausrufen und ihn im Geist bewahren, sollen sie durch meinen spirituellen Einfluß von allen Gefahren befreit sein, und sie werden Erleuchtung erreichen.‹
(Das vierte große Gelübde:) ›Wenn ich in einem künftigen Zeitalter Erleuchtung erlange, wird es Geschöpfe geben, die negative Handlungen begehen, die nicht an die Drei Kostbarkeiten glauben, die falschen Ansichten folgen und die wahren Prinzipien mißachten, die sich zu den Anhängern von Irrlehren hingezogen fühlen, die die Sūtras des Buddha herabsetzen und verleumden und sagen, diese enthielten nicht heilige Worte, die die Schriften anderer Wege verehren, annehmen und bewahren, die andere in völlige Verwirrung führen und daher an der Schwelle einer Wiedergeburt in den Höllen stehen, denen sie für unbestimmte Zeit nicht werden entrinnen können. Werden sie auch als Menschen wiedergeboren, so doch in einer der Zehn unzuträglichen Daseinsformen[10], in denen sie weit entfernt sind vom wahren Weg und blind, ohne das Auge der Weisheit. Wenn ein solches Geschöpf meinen Namen hört, ihn in vollkommener Aufrichtigkeit ausruft und ihn in seinem Geist bewahrt, wird es durch meinen spirituellen Einfluß am Ende seines Lebens die richtigen Ansichten haben und von all seinen Schwierigkeiten befreit sein. Es wird immer im Mittleren Königreich[11] wiedergeboren werden, ausgezeichnete, wunderbare Freude empfangen, und es wird Erleuchtung erreichen.‹

O Mañjuśrī, dies sind die vier subtilen, vollkommenen großen Gelübde, die dieser Buddha, dieser Tathāgata, dieser Arhat, dieser Vollkommen Erleuchtete abgelegt hat, als er sich auf den Weg eines Bodhisattva begab. Mañjuśrī, die Vorzüge und der glorreiche Schmuck dieses Buddha-Landes sind (so wunderbar, daß ihnen) nicht einmal die kostbarsten Juwelen in anderen Buddha-Bereichen gleichkommen.«

Der Buddha »Der Meister des Heilens im Lapislazuli-Glanz«

»Weiter, Mañjuśrī, befindet sich im Osten, jenseits so vieler Buddha-Bereiche, daß ihre Anzahl zehnmal die der Sandkörner im Ganges beträgt, ein Bereich namens ›Reiner Lapislazuli‹. Dort weilt ein Buddha, ein Tathāgata, ein Arhat, ein Vollkommen Erleuchteter mit Namen ›Der Meister des Heilens im Lapislazuli-Glanz‹. Mañjuśrī, als dieser erhabene Buddha erstmals seinem Wunsch Ausdruck verlieh, dem Weg der Bodhisattvas zu folgen, legte er zwölf große Gelübde ab. Welche sind diese zwölf?

(Das erste große Gelübde:) ›Wenn ich in einem künftigen Zeitalter Erleuchtung erlange, wird von meinem Körper ein Glanz ausgehen, der unzählige Bereiche erhellt. Dieser Körper wird mit den 32 Zeichen und den 80 Schönheitsmalen (eines Mahāsattva) wunderbar geschmückt sein. Ich werde allen Geschöpfen dazu verhelfen, daß sie mir vollständig gleichen.‹
(Das zweite große Gelübde:) ›Wenn ich in einem künftigen Zeitalter Erleuchtung erlange, wird mein Körper wie Lapislazuli sein, von alldurchdringender Reinheit. Sein großer und weitreichender Glanz wird alle Gegenden erfüllen; der glorreiche Schmuck meiner strahlenden Aura wird in seinem Glanz Sonne und Mond übertreffen. Selbst die Höllenwesen in den Grenzbereichen der eisernen Berge[12] werden mich sehen können, wie auch ich sie sehen werde. In dieser Welt will ich denen den Weg erhellen, die in der Dunkelheit der Nacht ihres Weges ziehen. Wenn diese Geschöpfe meinen Glanz erblicken, wird ihnen alles Verborgene enthüllt sein, und sie können ihrem Vorhaben nachgehen.‹
(Das dritte große Gelübde:) ›Wenn ich in einem künftigen Zeitalter Erleuchtung erlange, will ich mit meiner grenzenlosen Einsicht und meinen unendlichen Mitteln allen Geschöpfen dazu verhelfen, daß sie unverzüglich alle Dinge erlangen, deren man zum Leben bedarf.‹
(Das vierte große Gelübde:) ›Wenn ich in einem künftigen Zeit-

alter Erleuchtung erlange, will ich alle Geschöpfe, die dem Weg einer Irrlehre folgen, auf den wahren Weg zur Erleuchtung führen. Diejenigen, die dem Weg der Śrāvakas oder Pratyekabuddhas folgen, will ich veranlassen, sich den Lehren des Mahāyāna zuzuwenden und von nun an an diesen festzuhalten.‹

(Das fünfte große Gelübde:) ›Wenn ich in einem künftigen Zeitalter Erleuchtung erlange, will ich allen Geschöpfen, die das reine Verhalten meiner Lehre entwickeln und üben, dazu verhelfen, die Vorschriften einzuhalten und sie nicht zu brechen, einen ausgezeichneten Schutz aufzubauen gegen den Bruch der Gelübde, gegen alles Handeln von Körper, Rede und Geist, das sie in einen der kummervollen Wege des Daseins stürzen würde. Sollten sie eines der Gelübde brechen und haben sie meinen Namen gehört, so sollten sie sich auf diesen konzentrieren, sie sollten ihn annehmen und bewahren und mit vollkommener Aufrichtigkeit geloben, (in der Zukunft) rein zu bleiben. (Durch meinen spirituellen Einfluß) werden sie ihre Reinheit wiedergewinnen, und sie werden Erleuchtung erreichen.‹

(Das sechste große Gelübde:) ›Wenn ich in einem künftigen Zeitalter Erleuchtung erlange, sollen alle Geschöpfe, die nicht im Vollbesitz ihrer Sinnesfähigkeiten sind, die häßlich sind, dumm, taub, blind, stumm, verkrüppelt, lahm oder bucklig, die an Rheuma, Lepra oder Geisteskrankheiten leiden oder von anderen Krankheiten heimgesucht sind, wenn sie meinen Namen hören, ihn in vollkommener Aufrichtigkeit ausrufen und ihn in ihrem Geist bewahren, alles erhalten, was glückverheißend und wunderbar ist, und sie sollen von aller Krankheit geheilt sein.‹

(Das siebte große Gelübde:) ›Wenn ich in einem künftigen Zeitalter Erleuchtung erlange, sollen alle Geschöpfe, die in Armut leben, die geplagt sind von Sorgen und Leid, die keinen Ort der Zuflucht haben, die krank sind und weder Arzt noch Medizin haben, wenn sie meinen Namen nur für einen Augenblick vernehmen, von all ihren Krankheiten geheilt sein. Ihre Familien werden wachsen und gedeihen. Es wird ihnen nicht mangeln an Reichtum und Besitz. In Körper und Geist werden sie friedlich

und glücklich sein, und sie werden Erleuchtung erreichen.‹
(Das achte große Gelübde:) ›Wenn ich in einem künftigen Zeitalter Erleuchtung erlange, sollen alle Frauen, die äußersten Überdruß an dem Leid empfinden, das nur Frauen trifft, und die wünschen, ihre weibliche Gestalt aufzugeben, wenn sie meinen Namen hören, ihn in vollkommener Aufrichtigkeit ausrufen und ihn in ihrem Geist bewahren, in ihrem gegenwärtigen Leben die Gestalt eines Mannes annehmen, die alle Zeichen eines Mahāsattva aufweist, und sie werden Erleuchtung erreichen.‹[13]
(Das neunte große Gelübde:) ›Wenn ich in einem künftigen Zeitalter Erleuchtung erlange, will ich alle Geschöpfe dazu veranlassen, Māras Netz zu entfliehen. Die Anhänger der verschiedenen Arten von falschen Ansichten werde ich veranlassen, sich richtige Ansichten zu eigen zu machen und zu entwickeln. Ich werde sie schrittweise dahin führen, die verschiedenen Bodhisattva-Übungen zu studieren und zu befolgen, und sie werden Erleuchtung erreichen.‹
(Das zehnte große Gelübde:) ›Wenn ich in einem künftigen Zeitalter Erleuchtung erlange, wird es Geschöpfe geben, die man nach den Gesetzen der Obrigkeit festgenommen hat, die in einem düsteren Gefängnis eingesperrt sind, die man in einen hölzernen Jochkragen geschlossen hat, die ausgepeitscht und mit äußerster Härte bestraft werden. Es wird Geschöpfe geben, die zahlreiche Leiden und Schmerzen erdulden, deren Sorgen und Verzweiflung immer mehr zunehmen, so daß sie nicht den flüchtigsten Augenblick des Glücks erleben. Wenn diese Geschöpfe meinen Namen hören, sollen sie durch die ehrfurchtgebietende spirituelle Kraft meiner glückverheißenden Tugenden frei sein von allem Kummer und Leid, und sie werden Erleuchtung erreichen.‹
(Das elfte große Gelübde:) ›Wenn ich in einem künftigen Zeitalter Erleuchtung erlange, sollen alle Geschöpfe, die das Feuer des Hungers plagt und die auf ihrer Suche nach Nahrung negatives Karma schaffen, wenn sie meinen Namen hören, ihn in vollkommener Aufrichtigkeit ausrufen und in ihrem Geist bewahren, die Fähigkeit erlangen, sich all die ausgezeichnete und wunderbare

Nahrung zu verschaffen, die sie ersehnen, und sie sollen sie zu ihrer vollen Sättigung verzehren. Danach will ich ihnen den Geschmack der Lehren vermitteln; sie sollen dadurch in Frieden und Glück verweilen, und sie werden Erleuchtung erreichen.‹
(Das zwölfte große Gelübde:) ›Wenn ich in einem künftigen Zeitalter Erleuchtung erlange, sollen alle Geschöpfe, die keine Kleidung haben, um ihren Körper zu bedecken, die geplagt sind von Moskitos und Fliegen, von Hitze und Kälte, wenn sie meinen Namen hören, ihn in vollkommener Aufrichtigkeit ausrufen und in ihrem Geist bewahren, in Übereinstimmung mit diesem ihrem ausgezeichneten Verhalten alle Arten von wunderbarer Kleidung erlangen. Ich will ihnen zu vollster Zufriedenheit verhelfen durch Gegenstände, die mit Edelsteinen glorreich geschmückt sind, durch Musikinstrumente und duftende Blumen. Sie werden weit entfernt sein von Kummer und Leid, und sie werden Erleuchtung erreichen.‹

O Mañjuśrī, dies sind die subtilen, vollendeten großen Gelübde, die dieser Tathāgata, dieser Arhat, dieser Vollkommen Erleuchtete Meister des Heilens im Lapislazuli-Glanz abgelegt hat, als er sich auf den Weg der Bodhisattvas begab.«

(So endet) der einleitende Abschnitt des *Sūtra über die Früchte der grundlegenden Gelübde der sieben Meister des Heilens, der Buddhas im Lapislazuli-Glanz.*

Schlußabschnitt:

Darauf sprach der Buddha zu Mañjuśrī: »Spräche ich auch für ein Zeitalter oder sogar noch länger, es gelänge mir doch nicht, die Vorzüge und den glorreichen Schmuck des reinen Landes vollständig zu beschreiben, noch die großen Gelübde, die der Meister des Heilens, der Tathāgata im Lapislazuli-Glanz ablegte, als er sich erstmals auf den Weg eines Bodhisattva begab.

Dieses Buddha-Land ist vollkommen rein, es trägt nicht die

Makel der Begierde, auch gibt es dort keine Versuchung. Da dieses Land frei ist von den Drei kummervollen Wegen des Daseins, hört man nicht einen Laut des Leidens. Sein Boden besteht aus reinem Lapislazuli. Die Mauern und Tore, die Paläste und Hallen, die Korridore, die Veranden, Balkone und Fenster, die Wandteppiche und Vorhänge sind alle aus den Sieben kostbaren Substanzen gefertigt. Das Land gleicht in seinen Vorzügen und in seinem glorreichen Schmuck ganz dem ›Bereich der höchsten Freude‹ im Westen.

Im Land dieses Buddha weilen zwei Bodhisattvas namens ›Alldurchdringender Glanz der Sonne‹ und ›Alldurchdringender Glanz des Mondes‹. Sie sind die Häupter der unermeßlich großen Bodhisattva-Versammlung und fähig, die kostbare Schatzkammer der wahren Lehren des Buddha zu hüten und zu bewahren.

Daher, Mañjuśrī, sollten alle Söhne und Töchter reinen Glaubens danach streben, im Bereich dieses Buddha wiedergeboren zu werden.«

Der Buddha hilft denjenigen, die ihr Karma in Not und Verzweiflung geführt hat

»Weiter, Mañjuśrī, gibt es Geschöpfe, die nicht unterscheiden können zwischen Gut und Böse, die nur in Habgier und Geiz aufgehen. Sie wissen nichts von Werken der Nächstenliebe und von den Früchten und dem Nutzen des Gebens. Unwissend und dumpf besitzen sie nur geringe Einsicht und ermangeln der Wurzeln des Glaubens. Sie häufen Reichtum, Juwelen und Güter an und wenden all ihren Fleiß daran, (ihren Hort) zu schützen und zu bewahren. Sehen sie einen Bettler herannahen, werden sie verdrossen, und gelingt es ihnen nicht, sich vor ihm zu bewahren, sehen sie sich gezwungen, ihm eine Gabe zu reichen, ist es ihnen in ihrem tiefen Geiz, als hätten sie sich ein Stück Fleisch aus ihrem Körper geschnitten.

Weiter gibt es Geschöpfe, die grenzenlos geizig und habgierig sind. Sie häufen Berge von Reichtum an und sind nicht einmal fähig, ihn für sich selbst auszugeben. Wie sollen sie die Fähigkeit haben, ihn ihren Eltern, Ehefrauen, Kindern, ihren Dienerinnen, Arbeitern oder gar Bettlern zu geben.

Wenn sein gegenwärtiges Leben zu Ende gegangen ist, wird ein solcher Mensch im Bereich der Hungrigen Geister oder als Tier wiedergeboren. Hat er jedoch in einem früheren menschlichen Dasein den Namen des Meisters des Heilens, des Tathāgata im Lapislazuli-Glanz, vernommen, so wird er auch in diesem kummervollen Dasein fähig sein, sich des Namens dieses Tathāgata zu erinnern. Er wird diesen Bereich verlassen und als Mensch wiedergeboren werden. Er wird Kenntnis seiner vergangenen Leben erlangen, und aus Furcht (vor einem neuerlichen Fall in die) kummervollen Wege des Daseins wird er nicht länger Freude finden an den weltlichen Vergnügungen. Er wird die Werke der Nächstenliebe schätzen lernen und diejenigen preisen, die voll Freude geben. Angesichts seiner Besitztümer wird er keine Gier empfinden. Allmählich wird er fähig sein, sogar (seinen eigenen Körper), seinen Kopf, seine Augen, seine Hände und Füße, seinen Rumpf, sein eigenes Fleisch und Blut denjenigen zu geben, die danach verlangen. Wieviel mehr noch wird er fähig sein, seinen Besitz zu verteilen.

Weiter, Mañjuśrī, mag es Menschen geben, die Zuflucht zum Erhabenen genommen und sich die verschiedenen Inhalte seiner Lehren zu eigen gemacht haben und die dennoch nicht das vorzügliche Verhalten geübt haben, das den Vorschriften der moralischen Reinheit entspricht, die sich dennoch von den richtigen Ansichten abgewandt haben. Es mag Menschen geben, die zwar die Gelübde und richtige Ansichten halten, sich jedoch nicht um das Studium bemühen; daher gelingt es ihnen nicht, die tiefen Prinzipien der *Vaipulya-Sūtras* zu verstehen, die der Buddha verkündet hat. Andere mögen gelehrt sein, sind jedoch gleichzeitig stolz, so daß sie in ihrer Überheblichkeit allein sich selbst im Recht glauben und alle anderen im Unrecht. Allmählich beginnen sie, die wahren Lehren zu verachten und hassen und werden zu Gefährten und Anhängern von Māra: Auf diese Weise folgen diese dummen Menschen bald selbst falschen Ansichten. Wieder und wieder senden sie unzählige Millionen anderer Geschöpfe in die Falle großer Gefahren. Diese Menschen werden in die Bereiche der Nasaka-Hölle fallen, oder sie werden wiedergeboren als hungriger Geist oder Tier.

Haben sie jedoch den Namen des Meisters des Heilens, des Tathāgata im Lapislazuli-Glanz, vernommen, wird ihnen die ehrfurchtgebietende Kraft der grundlegenden Gelübde dieses Tathāgata dazu verhelfen, sich noch in der Hölle dieses Namens zu erinnern. Ist ihr gegenwärtiges Leben zu Ende gegangen, werden sie als Menschen wiedergeboren. Sie werden richtige Ansichten haben, Fleiß und Freude des Geistes, und sie werden fähig sein zur Selbstkontrolle, (so daß all ihre Handlungen) nutzbringend (sind). Sie werden ihr gewöhnliches Leben aufgeben und ihr Heim verlassen (um Mitglieder des Ordens zu werden). Sie werden von nun an alle Inhalte lernen und beherzigen, die man im Rahmen der Lehren des Buddha studieren muß, und sie werden sich aller Handlungen enthalten, die schädlich sind und gegen die Vorschriften verstoßen. Sie werden richtige Sichtweisen haben, Gelehrte werden und die tiefen Prinzipien (der Sūtras) verstehen. Frei von Hochmut und Stolz werden sie die wahren Lehren niemals herabsetzen, noch zu Gefährten von Māra werden. Schrittweise werden sie die verschiedenen Aspekte des Bodhisattva-Weges entwickeln und üben, und sie werden Erleuchtung erreichen.

Weiter, Mañjuśrī, mag es Geschöpfe geben, die voller Gier und Mißgunst sind, voller Eifersucht und Neid. Sie schaffen negatives Karma, preisen sich selbst und setzen andere herab. Wenn ihr Leben zu Ende gegangen ist, werden diese Menschen in einen der Drei kummervollen Wege des Daseins fallen und zahllose Jahrtausende hindurch eine Vielzahl von Schmerzen erfahren.

Am Ende ihres Daseins in den niederen Bereichen werden sie als Mensch wiedergeboren oder aber als Ochse, Pferd, Kamel oder Esel. Beständig vorangetrieben und geschlagen, gepeinigt von Hunger und Durst, tragen sie auf ihrem Rücken fortwährend die Bürde schwerer Lasten und leiden unter äußerster Erschöpfung.

Selbst wenn sie eine Wiedergeburt als Mensch erlangen, werden sie dienstbar in eines anderen Haushalt sein. Als Sklavin oder Diener haben sie ständig die Winke und Rufe anderer zu befolgen. Sie sind niemals frei.

Haben sie aber in einem früheren menschlichen Dasein den Namen des Meisters des Heilens, des Tathāgata im Lapislazuli-Glanz, vernommen, werden sie sich aufgrund der Kraft dieser guten Wurzeln, die sie gepflanzt haben, in ihrem gegenwärtigen Leben dieses Namens erinnern. Sie werden ihn in ihrem Geist bewahren und in vollkommener Aufrichtigkeit Zuflucht zu ihm nehmen. Die spirituelle Kraft dieses Buddha wird sie von all ihrem Leid befreien. Ihre Sinnesorgane werden scharf und aufnahmefähig sein. Sie werden Einsicht entwickeln und Wissen erwerben. Auf ihrer Suche nach den siegreichen Lehren werden sie beständig guten (spirituellen) Freunden begegnen. Die verlockenden Bande von Māra werden sie für immer durchschneiden und die Schale der Unwissenheit durchbrechen. Sie werden den Strom der Geistesgifte zum Versiegen bringen und sodann befreit sein von den bitteren Leiden der Geburt, des Alters, der Krankheit und des Todes. Sie werden Erleuchtung erreichen.

Weiter, Mañjuśrī, mag es Geschöpfe geben, die an Zwistigkeiten Gefallen finden, die mit anderen im Streit liegen und Uneinigkeit stiften. Durch Taten, Worte und Gedanken schaffen sie negatives Karma. Beständig befassen sie sich mit unheilbringenden Dingen. Sie sinnen auf Vergeltungsschläge; sie rufen die Geister von Bergen, Wäldern, Grabstätten und dergleichen an. Sie töten Lebewesen, um deren Fleisch und Blut den Yakṣa und Rākṣasa-Dämonen als rituelle Opfergabe darzubringen. Sie schreiben die Namen derer, denen sie fluchen, nieder, fertigen deren Bildnisse an und schaden ihnen durch schwarze Magie. Sie üben schwarze Magie, um einen Ghul zu erwecken und so dem Leben eines Feindes ein Ende zu setzen und seinen Körper zu zerstören. Haben diese Menschen jedoch den Namen des Meisters des Heilens, des Tathāgata im Lapislazuli-Glanz, vernommen, werden sie nicht länger fähig sein, anderen in dieser negativen Weise zu schaden. Ihr Geist wird durchdrungen sein von Gedanken der Liebe und des Mitgefühls. Sie werden versuchen, anderen zu nutzen, ihnen zu Frieden und Glück zu verhelfen, und sie werden frei sein von jedweder schädlichen Absicht, sich aller Gedanken des Hasses entledigen. Auf diese Weise werden sie mit allem, was sie empfangen, zufrieden sein und sich daran freuen.

Weiter, Mañjuśrī, mag es unter den vier Arten von Menschen, den Mönchen, Nonnen, den Laien männlichen und weiblichen Geschlechts sowie unter den guten Söhnen und Töchtern reinen Glaubens solche geben, die fähig sind, die Acht Gelübde zu nehmen und einzuhalten, die diese in all ihren Aspekten für drei Monate oder sogar ein Jahr unverletzt bewahren und sodann hoffen, aufgrund dieser heilsamen Wurzeln eine Wiedergeburt im westlichen Bereich der höchsten Freude zu erlangen und den Buddha des grenzenlosen Lichts zu sehen. Hören sie den Namen des Meisters des Heilens, des Tathāgata im Lapislazuli-Glanz, so werden, wenn sich das Leben dieser Menschen seinem Ende nähert, acht Bodhisattvas mit Hilfe ihrer spirituellen Kräfte zu ihnen kommen und ihnen den Weg zu diesem Bereich zeigen[14], und diese Menschen werden dort spontan in vielfarbigen, juwelengeschmückten Blüten wiedergeboren.

Diejenigen Geschöpfe, die in vergangenen Leben heilsame Wurzeln gepflanzt hatten und nun in diesem himmlischen Bereich wiedergeboren wurden, ohne jedoch (ihr Karma) erschöpft zu haben, werden aufgrund ihrer Wiedergeburt in diesem reinen Land nie wieder in einen kummervollen Weg des Daseins fallen. Ist ihr Dasein dort zu Ende gegangen, werden sie eine Wiedergeburt als Mensch erlangen.

Ein solcher Mensch mag in seinem nächsten Leben ein *Chakravartin* (ein universaler Herrscher) sein, der alle Bewohner der vier Kontinente unter seiner Herrschaft eint. Mit Hilfe seiner ehrfurchtgebietenden Tugenden und seiner bezwingenden Macht wird er unzählige Hunderttausende von Geschöpfen bekehren und anspornen (dem Weg zu folgen), sie veranlassen, die Zehn nutzbringenden Vorschriften zu erlernen und zu bewahren.

Er mag auch als Kṣatriya, als Brahmane, als gelehrter Laie oder als Adliger wiedergeboren werden. Er wird Reichtum im Überfluß sein eigen nennen, Juwelen und bis unter das Dach gefüllte Korn- und Vorratsspeicher. Er selbst wird Intelligenz und Weisheit besitzen, er wird tapfer und furchtlos sein und von großer Körperkraft.

Ist ein solcher Mensch als Frau wiedergeboren, so wird er, wenn er den Namen des Meisters des Heilens, des Tathāgata im Lapislazuli-Glanz, vernimmt, wenn er ihn annimmt und mit vollkommener Aufrichtigkeit bewahrt, in seinem zukünftigen Leben nie wieder in weiblicher Gestalt wiedergeboren.«

Eine mystische Formel zur Beseitigung von Krankheit und Leid

»Mañjuśrī, als dieser Meister des Heilens, dieser Tathāgata im Lapislazuli-Glanz, Erleuchtung erreichte, befähigte ihn die Kraft seiner grundlegenden Gelübde, alle Geschöpfe zu sehen. Einige litten an einer Vielzahl von Krankheiten. Sie waren ausgezehrt von Fieber, Gelbsucht usw. Andere befanden sich in den Fängen bösartiger Dämonen und litten unter dem Schaden, den diese ihnen zufügten. Wieder andere würden ein kurzes Leben haben oder befanden sich an der Schwelle eines Todes zur Unzeit. Der Buddha suchte, all diese Krankheiten und Leiden zu beenden und die Wünsche (dieser Geschöpfe) zu erfüllen.

Der Erhabene ging in den Samādhi ein, den man den ›Bezwinger der Leiden aller Wesen‹ nennt. Als er in diesem Samādhi weilte, ging von der Ūrnā zwischen seinen Augenbrauen ein hellstrahlendes Licht aus, aus dessen Glanz eine große Dhāraṇī erklang:

Namo bhagavate bhaiṣajyaguru-vaidūrya prabhā-rājāya tathāgatāya arhate saṃyak-sambuddhāya tadyathā. Oṃ bhaiṣajye bhaiṣajye bhaiṣajya-samudgate svāhā[15]

Als er diese Dhāraṇī aus der Mitte dieses Lichtglanzes verkündet hatte, hörte man ein lautes Dröhnen, die Erde erbebte, und es erhob sich ein hellerstrahlendes Licht. Die Geschöpfe waren befreit von Krankheit und Leid und erlebten Frieden und Glück.

O Mañjuśrī, ist ein guter Sohn oder eine gute Tochter erkrankt, so solltest du den Kranken zu seinem Nutzen gründlich reinigen und baden. Du solltest ihn mit Nahrung, Arznei und Wasser versehen, von dem alle Insektenlarven abgefiltert wurden, nachdem du zuvor diese Dhāraṇī 108mal über diesen Dingen gesprochen hast. Nimmt der Kranke diese Substanzen zu sich, wird das Leid seiner Krankheit beendet sein. Hat dieser Mensch einen Wunsch, so sollte er in vollkommener Aufrichtigkeit an diese Dhāraṇī denken und sie rezitieren. Er wird alles erhalten, was er begehrt, frei sein von Krankheit und lange leben. Ist sein Leben zu Ende gegangen, wird er wiedergeboren im Bereich dieses (Heilenden) Buddha. Er wird den Zustand erreichen, von dem man nicht zurückfällt, und er wird Erleuchtung erlangen.

Aus diesem Grunde, Mañjuśrī, sollten gute Söhne und Töchter diesen Meister des Heilens, den Tathāgata im Lapislazuli-Glanz, voller Fleiß in vollkommener Aufrichtigkeit anbeten und verehren. Sie sollten seine Dhāraṇī für immer bewahren und niemals zulassen, daß sie in Vergessenheit gerät.

Weiter, Mañjuśrī, sollten alle Söhne und Töchter reinen Glaubens, die die Namen der hier genannten sieben Buddhas, Tathāgatas, Arhats, Vollkommenen Erleuchteten vernehmen, diese Namen rezitieren und bewahren. Bei Morgengrauen sollten sie ihre Zähne mit Holzstäbchen reinigen und ihren Körper baden. Mit der Gabe einer Vielzahl von duftenden Blumen, von Duftpuder, brennendem Räucherwerk, parfümierten Salben und mit dem Klang aller Arten von Musikinstrumenten sollten sie den

Bildnissen (der sieben Buddhas) ihre Verehrung erweisen. Sie sollten dieses Sūtra abschreiben oder andere veranlassen, dies zu tun. Sie sollten es aus ganzem Herzen annehmen, bewahren und seine Prinzipien hören. Sie sollten dem Meister der Lehre (der diese Prinzipien erklärt), durch eine Gaben-Pūjā Verehrung erweisen. Sie sollten ihn mit allen Dingen versorgen, deren man zum Leben bedarf, und sich vergewissern, daß es ihm an nichts mangelt. Wenn sie dies tun, werden die Buddhas sie im Schutz ihrer Gedanken halten. Alle ihre Wünsche werden in Erfüllung gehen, und sie werden Erleuchtung erreichen.«

Die Verehrung der heilenden Buddhas und ihr Nutzen

Darauf wandte sich der Jüngling Mañjuśrī an den Buddha und sagte: »O Herr, im Zeitalter des Niedergangs der Lehren will ich den Söhnen und Töchtern reinen Glaubens mit einer Vielzahl geeigneter Methoden dazu verhelfen, daß sie die Namen dieser sieben Buddhas, dieser Tathāgatas vernehmen. Selbst aus tiefem Schlaf will ich sie wecken mit (dem Klang der) Namen dieser Buddhas.

O Herr, sie sollten dieses Sūtra annehmen und bewahren, sie sollten es lesen und rezitieren. Sie sollten es lehren und seine Inhalte anderen erklären. Sie sollten es abschreiben oder andere veranlassen, dies zu tun. Sie sollten ihm ihre Achtung und Verehrung erweisen. Mit einer Vielzahl von Blumen, mit parfümierten Salben, Duftpuder, brennendem Räucherwerk, mit Girlanden, Halsketten, Bannern, einem Baldachin, mit Trommeln und Musik sollten sie eine Pūjā darbringen und das Sūtra mit einem fünffarbigen Tuch bedecken. Den Ort, an dem die Pūjā stattfindet, sollten sie reinigen; sie sollten ihn fegen, Wasser versprengen und das Sūtra auf einem hohen Thron niederlegen. Zu dieser Zeit werden sich die vier großen Könige der Devas in Begleitung ihres Gefolges von unzähligen Hunderttausenden von Devas dort einfinden und den Ort hüten und beschützen.

O Herr, gibt es an diesem Ort, wo das Sūtra geachtet und verbreitet ist, Menschen, die es annehmen und bewahren, so wird es dort durch die Früchte der grundlegenden Gelübde dieser sieben Buddhas, dieser Tathāgatas, und durch die Kraft ihres ehrfurchtgebietenden spirituellen Einflusses, den man empfängt, wenn man ihre Namen hört, keinen Tod zur Unzeit mehr geben. Kein Dämon wird die Lebenskraft eines Menschen rauben, und diejenigen, denen solches widerfahren ist, werden ihren ursprünglichen Frieden wiedererlangen und glücklich sein an Körper und Geist.«

Der Buddha sprach zu Mañjuśrī: »So ist es, so ist es. (Es wird sein), wie du sagst, Mañjuśrī. Wünscht ein guter Sohn oder eine gute Tochter reinen Glaubens, diese sieben Tathāgatas durch eine Pūjā zu verehren, so sollten sie zunächst die Bildnisse dieser sieben Buddhas herstellen. Sie sollten sie auf einem reinen, vollendeten und wunderbaren Thron aufstellen, ihnen Blumen darbringen und Räucherwerk vor ihnen verbrennen. Die Umgebung sollten sie mit Bannern und Fahnen wunderbar schmücken. Für sieben Tage und Nächte sollten sie die Acht Gelübde ablegen, reine Nahrung zu sich nehmen, in duftendem Wasser baden und neue, saubere Kleidung anlegen. In ihren Herzen sollte kein Makel sein, sie sollten frei sein von Gedanken des Zorns oder Übelwollens. Fortwährend sollten sie allen Geschöpfen Segen und Wohlergehen wünschen, ihnen gegenüber Gedanken der Liebe, der sich mitteilenden Freude und des Gleichmuts hegen. Sie sollten Musikinstrumente spielen und den Lobpreis der Verdienste (der sieben Tathāgatas) singen, während sie nach rechts sich wendend die Bildnisse der Buddhas umschreiten. Sie sollten sich der grundlegenden Gelübde dieser Tathāgatas erinnern und sodann dieses Sūtra lesen und rezitieren. Ihre Gedanken sollten sie einzig seinen Prinzipien zuwenden. Sie sollten das Sūtra lehren und seine Inhalte erklären.

Dann werden ihre Wünsche in Erfüllung gehen, ganz, wie sie sind. Wer sich ein langes Leben wünscht, dem wird Langlebigkeit zuteil. Wer nach Reichtum und Überfluß strebt, wird zu Wohlstand gelangen. Wenn man eine offizielle Stellung begehrt, wird man diese erhalten, und wünscht man sich einen Sohn oder eine Tochter, so wird ein solches Kind geboren. Alle Wünsche werden sich erfüllen.

Leidet ein Mensch plötzlich unter Alpträumen, sieht er zahlreiche unheilvolle Erscheinungen, sammeln sich schreckenerregende Scharen von Vögeln vor seinen Augen, ereignen sich hundert geheimnisvolle Vorzeichen in seinem Heim, so werden diese Alpträume, diese negativen Erscheinungen und alle unheilverheißenden Dinge verschwinden, wenn er wunderbare und wertvolle Gegenstände nimmt, um diesen Buddhas voller Ehrfurcht eine Pūjā darzubringen. Keine dieser Erscheinungen wird ihm schaden können.

Ist ein Mensch bedroht von Wasser oder Feuer, von Schwertern oder Gift, droht ihm der Sturz in einen Abgrund oder ein Angriff durch einen bösartigen Elefanten, einen Löwen, Tiger, Bären, eine Giftschlange, einen Skorpion, einen Hundert- oder Tausendfüßler, Moskitos oder ein anderes Tier, wird er von all diesen Schrecken befreit sein, wenn er fähig ist, sich dieser Buddhas zu erinnern und sie in vollkommener Aufrichtigkeit zu verehren. Wenn ein anderer Staat seine Armeen ins Land schickt und den Frieden bricht, wenn Räuber oder Diebe die Straßen unsicher machen, werden alle haßerfüllen Feinde vor demjenigen zurückweichen, der sich dieser Tathāgatas erinnert und sie hingebungsvoll verehrt. Ein solcher Mensch wird all diese Feinde vertreiben.

Weiter, Mañjuśrī, mag es Söhne und Töchter reinen Glaubens geben, die – am Ende ihres Lebens angelangt – niemals anderen Göttern gedient haben, die aus ganzem Herzen Zuflucht zum Buddha, zu den Lehren und zur Gemeinschaft genommen und die Verhaltensvorschriften beherzigt und befolgt haben. Hat ein solcher Mensch eines der Gelübde, die er abgelegt hat, gebrochen – seien es die Fünf, die Zehn oder die Vierhundert Gelübde der Bodhisattvas, die Zweihundertfünfzig Gelübde für Mönche oder die Fünfhundert Gelübde für Nonnen –, so mag er fürchten, in einen der kummervollen Wege des Daseins zu fallen. Ist er jedoch fähig, sich mit ungeteilter Aufmerksamkeit auf die Namen dieser Buddhas zu konzentrieren und sie ehrfürchtig zu verehren, wird er mit Sicherheit keine Wiedergeburt in einem der Drei kummervollen Wege des Daseins erleiden.

Leidet eine Frau, die in den Wehen liegt, große Schmerzen, so wird all ihr Leid beseitigt sein, wenn sie fähig ist, die Namen der sieben Buddhas in vollkommener Aufrichtigkeit zu rufen, die Tathāgatas zu verehren und zu preisen und ihnen voller Ehrfurcht eine Pūjā darzubringen. Die Gestalt des Kindes wird vollkommen sein, und alle, die es sehen, werden ihrer Freude Ausdruck verleihen. Das Kind wird selten krank sein; es wird scharfe Sinne besitzen, Intelligenz und Ruhe des Geistes. Kein nichtmenschliches Wesen wird ihm jemals die Lebenskraft rauben.«

Die Bedeutung des Glaubens

Der Herr sprach zu Ānanda: »Alle Vorzüge der Namen dieser sieben Tathāgatas sind, wie ich sie gepriesen habe, (Aspekte) im Feld der tiefen Buddha-Aktivität, und sie sind schwer zu verstehen. Du solltest keine Zweifel an ihnen hegen.«

Ānanda antwortete: »O Herr, an den *Vaipulya-Sūtras*, die der Buddha verkündet hat, habe ich keinen Zweifel. Warum ist dies so? Das Karma, das die Taten, Worte und Gedanken der Tathāgatas schaffen, trägt keinen Makel. O Herr, es mag Ursachen geben, die das Rund der Sonne und des Mondes vom Himmel stürzen, die den wunderbar hohen König der Berge (den Berg Sumeru) erschüttern, aber die Worte der Buddhas sind unwandelbar.

O Herr, die Wurzeln des Glaubens sind in den meisten Geschöpfen unvollständig. Obwohl sie die Beschreibung des Ausmaßes der tiefen Aktivität der Buddhas vernommen haben, denken diese Geschöpfe von unzureichendem Glauben oft nur: ›Wie kann man nur dadurch, daß man sich auf die Namen der sieben

Buddhas konzentriert, all diese Segnungen und ausgezeichneten Wohltaten erlangen?‹ Aus diesem Mangel an Glauben entstehen mit der Zeit Geringschätzung und Verleumdung. In der langen Nacht (die sie aufgrund dieser Haltung umgibt) gehen diese Wesen der Wohltaten der Freude verlustig und fallen in die kummervollen Wege des Daseins.«

Der Buddha sprach zu Ānanda: »Hören diese Geschöpfe die Vielzahl der Buddha-Namen, bleiben sie nicht länger in den kummervollen Wegen des Daseins. Die Beseitigung ihres Karma allein wird die Wesen nicht befähigen, eine Wiedergeburt zu erlangen (die sie aus kummervollen Wegen des Daseins befreit. Sie bedürfen dazu der Hilfe der Buddhas).

Ānanda, es ist schwer, an das tiefe Wirkungsfeld der Buddha-Aktivität zu glauben und diese zu verstehen. Du bist fähig, sie gläubig anzunehmen, und du solltest wissen, daß es die ehrfurchtgebietenden Kräfte dieser Tathāgatas sind, die dies bewirken. Ānanda, die Śrāvakas und Pratyekabuddhas können dies nicht verstehen. Nur ein Bodhisattva, der lediglich noch ein einziges Mal geboren werden muß (bis er Buddhaschaft erreicht), ist fähig, (die tiefe Buddha-Aktivität zu begreifen).

Ānanda, ein Dasein als Mensch ist schwer zu erlangen. Auch ist es schwer, den Glauben an die Drei Kostbarkeiten zu entwikkeln, sie zu achten, zu verehren und anzubeten. Noch schwerer aber ist es, die Möglichkeit zu erlangen, die Namen der sieben Buddhas, der sieben Tathāgatas zu hören. Ānanda, wollte ich die grenzenlose Bodhisattva-Aktivität dieser Tathāgatas beschreiben, ihre unzähligen wirkungsvollen Methoden, ihre unendlich weiten großen Gelübde – ich könnte diese Aktivität, diese Gelübde und diese ausgezeichneten und klugen Methoden ein Zeitalter hindurch oder sogar noch länger schildern und wäre dennoch unfähig, sie vollständig wiederzugeben.«

Rettung derer, die sich an der Schwelle des Todes oder des Verderbens befinden

Zu dieser Zeit befand sich in der Versammlung ein Bodhisattvamahāsattva namens »Erlösende Rettung«. Er erhob sich von seinem Sitz, entblößte seine rechte Schulter, ließ sich auf sein rechtes Knie vor dem Buddha nieder, faltete seine Hände und sprach: »O Herr, wenn die Zeit der nachgeahmten Lehren gekommen ist, wird es Geschöpfe geben, die dem Druck und der Qual zahlreicher Leiden und Krankheiten ausgesetzt sind. Ihre Körper werden ausgemergelt sein; sie werden unfähig sein, zu essen und zu trinken; ihre Kehlen werden ausgedörrt sein und ihre Lippen vertrocknet; wohin sie sich auch wenden, alles wird ihnen dunkel scheinen. Die Zeichen des Todes werden auftreten, und Eltern, Verwandte, Freunde und Bekannte werden sich unter Weinen und Klagen um den Kranken sammeln.

Während dann sein Körper liegenbleibt wie zuvor, werden ihn die Boten Yamas, des Königs des Gesetzes, ergreifen und ihn vor diesen Herrscher führen. Die allen Wesen innewohnenden Geister, die verzeichnen, ob das Verhalten eines Wesens gut ist oder schlecht, werden sodann Yama, dem König des Gesetzes, ihren vollständigen Bericht erstatten. Auf der Grundlage des Gesetzes wird der König den Menschen über sein Handeln befragen und entsprechend dem Positiven und Negativen sein Urteil über ihn fällen.

Sind die Verwandten, engen Freunde und Bekannten des Kranken zu dieser Zeit fähig, zu dessen Nutzen Zuflucht zu den Buddhas (des Heilens) zu nehmen, und verwenden sie die richtigen Methoden, um ihnen mit allen Arten von glorreichem Schmuck eine Pūjā darzubringen, wird das Bewußtsein des Kranken seine ursprüngliche Lebenskraft wiedergewinnen. Nach sieben, vierzehn oder gar neunundvierzig Tagen der Bewußtlosigkeit wird es sein, als erwache er aus einem Traum. Er wird sich daran erinnern, daß ihm die Früchte und Auswirkungen seines guten und schlechten Karma offenbar geworden sind. Aufgrund seiner eigenen Erfahrung wird er einsehen, daß die Vorstellung von Karma als Ursache und Frucht keine leere ist, und da er nur unter Schwierigkeiten ins Leben zurückgekehrt ist, wird er sich (in der Zukunft) kein negatives Karma (mehr) schaffen.

Aus diesem Grunde, ihr Söhne und Töchter reinen Glaubens, solltet ihr die Namen der sieben Buddhas annehmen und bewahren, sie verehren und anbeten, wie es eurer Fähigkeit entspricht.«

Da wandte sich der ehrwürdige Ānanda an den Bodhisattva »Erlösende Rettung« und fragte: »Mein guter Sohn, welche Methode soll man verwenden, um diese sieben Buddhas zu verehren?«

Der Bodhisattva »Erlösende Rettung« antwortete: »O Tugendhafter, wenn du einen Kranken von seinem Schmerz und Elend befreien möchtest, solltest du zu seinem Nutzen die Acht Gelübde für sieben Tage und Nächte ablegen und einhalten. Du solltest Nahrung, Getränke und anderen Besitz nehmen und, wie es deinen Mitteln entspricht, den Buddhas und der Gemeinschaft der Mönche eine Pūjā darbringen.

Sechsmal am Tage und in der Nacht solltest du die sieben Buddhas, die sieben Tathāgatas voll Hingabe mit einer Pūjā verehren. Lies und rezitiere dieses Sūtra neunundvierzigmal. Entzünde neunundvierzig Lampen. Fertige sieben Bildnisse dieser Tathāgatas an und stelle vor einem jeden von ihnen sieben Lampen auf. Diese Lampen sollten rund sein und die Größe eines Wagenrades besitzen. Ihr schimmerndes Licht sollte unablässig neunundvierzig Nächte hindurch leuchten. Fertige aus neunundvierzig Arten von Stoff, die du zusammensetzt, ein vielfarbiges Banner an. Schenke neunundvierzig Lebewesen die Freiheit. Wenn du dies tust, wirst du fähig sein, das Leid und den Schmerz zu vertreiben, und der Kranke wird befreit sein vom Zugriff negativer Einflüsse.

Ānanda, o Tugendhafter, dies ist die Methode zur Verehrung dieser Tathāgatas. Rufst du auch nur den Namen eines dieser sieben Buddhas aus und erweist ihm Verehrung, wirst du grenzenlose Segnungen erlangen, und alle deine Wünsche werden in Erfüllung gehen. Wieviel vollkommener noch ist dieser Segen, wenn du fähig bist, die vollständige Pūjā zu vollziehen!

Weiter, Ānanda, o Tugendhafter, mag es sein, daß Unglück und Schwierigkeiten im Land eines Kṣatriya-Königs entstehen, der durch den Abhiṣeka-Ritus in der richtigen Weise in die Herrschaft eingesetzt wurde. Kommt es zu Epidemien, zur Invasion durch einen anderen Staat, zu innerem Aufruhr, zu einer ungünstigen Sternenkonstellation, zu Sonnen- oder Mondfinsternis, treten Wind und Regen zur Unzeit auf oder Dürre während der Regenzeit, so sollten in diesem Kṣatriya-König, der in der richtigen Weise zur Herrschaft gelangt ist, Gedanken der Liebe und des Mitgefühls für alle Wesen entstehen. Voller Erbarmen sollte er alle Gefangenen begnadigen und diese bedauernswerten Menschen aus der Düsternis ihres Kerkers befreien. Er sollte sich der Methode für die Pūjā, die ich beschrieben habe, bedienen und den Buddhas Verehrung erweisen.

Aufgrund dieser guten Wurzeln und durch die Kraft der grundlegenden Gelübde dieser Tathāgatas wird in seinem Land Ruhe einkehren. Wind und Regen werden zur richtigen Jahreszeit kommen, und alle Früchte des Feldes werden reifen. Die Menschen seines Landes werden gesund, friedlich und glücklich sein. Es wird keine Tyrannei durch Yakṣas oder andere Wesen geben, die dem Geist eines Geschöpfes schaden könnten. Alle negativen Erscheinungen werden vollständig beseitigt sein, und der Kṣatriya-König, der in der richtigen Weise zur Herrschaft gelangt ist, wird ein langes Leben haben. Er wird Schönheit und Lebenskraft besitzen, frei sein von Krankheit und (seine) Herrschaft (bewahren).

Ānanda, o Tugendhafter, wenn der Herrscher, die Königin oder die geringer gestellten Gefährtinnen, der Thronfolger oder die anderen Prinzen, die großen Meister, die Mitglieder des Hofstaates, die Beamten in den Provinzen oder die Bevölkerung an einer Krankheit oder anderem Elend leiden, sollten sie ebenfalls die Bildnisse der sieben Buddhas herstellen. Sie sollten dieses

Sūtra lesen und rezitieren, Lampen anzünden, Banner anfertigen, verschiedenen Lebewesen die Freiheit geben und mit der Gabe von Blumen und brennendem Räucherwerk in vollkommener Ehrerbietung eine Pūjā darbringen. Auf diese Weise werden sie Krankheit und Leid beseitigen und Befreiung erlangen von allen Schwierigkeiten.«

Zu dieser Zeit fragte der ehrwürdige Ānanda den Bodhisattva »Erlösende Rettung«: »Mein guter Sohn, wie kann man das Leben eines Menschen verlängern, wenn dessen Lebensspanne bereits abgelaufen ist?«

Da antwortete der Bodhisattva »Erlösende Rettung«: »O Tugendhafter, wie ist es möglich, daß du den Tathāgata nicht über die Neun Arten des Todes zur Unzeit hast sprechen hören? Sie sind der Grund, daß der Herr die Dhāraṇī des Heilens verkündet und die sie begleitenden rituellen Handlungen gelehrt hat, wie das Entzünden der Lampen, die Herstellung der Banner und die Pflege nutzbringender Handlungen. Wenn man das pflegt, was nutzbringend ist, kann man dadurch seine Lebensspanne verlängern.«

Ānanda fragte: »Welche sind die neun Arten des Todes zur Unzeit?«

Der Bodhisattva »Erlösende Rettung« sagte: »Zunächst mag es Geschöpfe geben, die sich eine Krankheit zugezogen haben, welche sich – obwohl ursprünglich geringfügig – verschlimmert, weil kein Arzt und keine Heilmittel vorhanden sind, oder ein Mensch begegnet einem Arzt, der sich weigert, ihm seine Arzneien zu geben: Obwohl ein solcher Mensch an sich noch nicht sterben sollte, stirbt er auf diese Weise eines vorzeitigen Todes. Des weiteren mag ein Mensch Vertrauen in materialistische, dämonische Irrgläubige setzen, in Meister der schwarzen Magie. Ihre falschen Angaben über Unglücksfälle und Segnungen verleiten ihn zu schreckenerregenden Handlungen. Da dieser (irregeleitete) Mensch mit seinem eigenen Herzen nicht zutreffend unterscheiden kann, befragt er die Orakel, ob sein Schicksal gut sei oder schlecht. Zur Besänftigung von Geistern tötet er zahlreiche

Lebewesen. Er ruft die verschiedenen Geister der Gewässer an und bittet sie in seiner Sehnsucht nach einem längeren Leben um Erbarmen und Segen für sich. Und am Ende ist er doch unfähig, dies zu erlangen. Verwirrung und falsche Ansichten bewirken seinen vorzeitigen Tod. Ein solcher Mensch fällt in die Höllenbereiche, aus denen er für unbestimmte Zeit keine Erlösung findet.

Die zweite Art des Todes zur Unzeit ist die Hinrichtung nach den Gesetzen des Herrschers. Die dritte ereilt einen Menschen, der Jagdpartien und Vergnügungsfahrten unternimmt und sich den Ausschweifungen der Völlerei und der Trunkenheit ergibt, ohne Grenzen zu kennen. Ein nichtmenschliches Wesen (ein Dämon) raubt ihm die Lebenskraft und verursacht so seinen vorzeitigen Tod. Die vierte Art des Todes zur Unzeit ist der Tod durch Verbrennen, die fünfte der Tod durch Ertrinken.

Einige werden von wilden Tieren zerrissen; dies ist die sechste Art des Todes zur Unzeit. Die siebte verursacht der Sturz von einem Felsengrat. Die achte wird durch den Genuß giftiger Pflanzen, durch die haßerfüllten Flüche und Beschwörungen seitens anderer Menschen oder durch magische Anrufungen hervorgerufen, die Leichname, Dämonen usw. erwecken. Die neunte ist der Tod durch Verhungern oder Verdursten, durch Mangel an Nahrung und Trank.

Dies ist die zusammenfassende Erklärung der neun Arten des Todes zur Unzeit, wie sie der Tathāgata gegeben hat. Neben diesen gibt es noch unzählige andere, die man im einzelnen nur schwer darlegen kann.

Weiter, Ānanda, wacht der König Yama über die Aufnahme der Namen in das Verzeichnis aller Menschen der Welt. Hat ein Mensch es an der Sorge fehlen lassen, die ein Kind seinen Eltern schuldet, hat er die Fünf Verfehlungen begangen, hat er die Gelübde der Zuflucht zu den Drei Kostbarkeiten gebrochen oder verletzt, hat er sich gegen die Gesetze des Herrschers und seiner Untertanen vergangen oder gegen die Gelübde verstoßen, so wird Yama, der König des Gesetzes, ihn entsprechend der Schwere seiner Vergehen bestrafen. Daher ermahne ich nun die Geschöpfe, Lampen zu entzünden, Banner anzufertigen, Lebewesen die Freiheit zu geben und das zu pflegen, was nutzbringend ist. Sie werden dadurch die Fähigkeit erlangen, jenseits von Kummer und Leid zu gehen und die Begegnung mit allen Arten von Schwierigkeiten zu vermeiden.«

Die zwölf Generäle der Yakṣas und ihr Versprechen

Zu dieser Zeit befanden sich in der Versammlung zwölf große Generäle der Yakṣas. Ihre Namen waren: General Kumbhīra, General Vajra, General Mihira, General Anila, General Manila, General Sanila, General Indra, General Pajra, General Makura, General Kinnara, General Catura und General Vikarāla. Ein jeder von ihnen hatte ein Heer von 7000 Yakṣas in seinem Gefolge.

Sie erhoben gemeinsam ihre Stimme und sprachen zum Buddha: »O Herr, wir haben den ehrfurchtgebietenden Einfluß des Buddha empfangen. Deshalb wurde uns nun die Gnade zuteil, die Namen der sieben Buddhas, der sieben Tathāgatas zu hören. Nie wieder müssen wir fürchten, in einen der kummervollen Wege des Daseins zu fallen. Nun haben wir alle den gleichen Gedanken: Wir wollen unsere endgültige Zuflucht nehmen zum Buddha, zu den Lehren und zur Gemeinschaft. Wir haben den Wunsch, Verantwortung für unser Verhalten zu übernehmen, so daß all unser Handeln den Wesen zu Wohlergehen, Wohlstand, Frieden und Glück verhilft, wo sie auch weilen mögen, sei es in einer Stadt, in einem Dorf oder in der Abgeschiedenheit des Waldes.

Wir werden mit unseren Heeren diejenigen hüten und beschützen, die dieses Sūtra verbreiten, die es lesen und rezitieren, die die Namen der sieben Buddhas annehmen und bewahren und den Buddhas hingebungsvolle Verehrung erweisen. Wir werden ihnen zu Freiheit von allen Schwierigkeiten verhelfen.

All ihre Wünsche sollen in Erfüllung gehen. Sucht ein Mensch Erlösung vom Schmerz einer Krankheit, sollte er dieses Sūtra lesen und rezitieren. In ein fünffarbiges Band sollte er unsere Namen knüpfen und die Knoten erst lösen, wenn seine Wünsche sich erfüllt haben.«

Da pries der Herr die großen Generäle der Yakṣas und sagte: »Ausgezeichnet, ausgezeichnet, ihr großen Generäle der Yakṣas! Habt ihr den Wunsch, die barmherzigen Segnungen der sieben Buddhas, der sieben Tathāgatas zu erwidern, so solltet ihr immerdar allen Wesen in der Weise dienen, wie ihr es beschrieben habt. Ihr solltet ihnen Segnungen und Wohltaten erweisen, ihnen zu Frieden und Glück verhelfen.«

Die sieben heilenden Buddhas manifestieren sich, um Zweifel zu zerstreuen

Zu dieser Zeit befanden sich in der Versammlung zahlreiche Devas, die tiefe Einsicht besaßen. Dennoch dachten diese Devas: »Wie ist es möglich, nur dadurch, daß man für einen flüchtigen Augenblick die Namen der Tathāgatas vernimmt, die gegenwärtig in unvorstellbar[16] weit entfernten Buddha-Bereichen weilen, grenzenlosen Schutz und seltene Segnungen zu erlangen?«

Da ging der Tathāgata Śākyamuni, der den Geist und die Gedanken der Devas kannte, in den tiefen und vollendeten Samādhi namens »Herbeirufen aller Tathāgatas« ein. Während er in diesem Samādhi weilte, erbebten die dreitausend Myriaden von Weltsystemen in sechs Richtungen, und es fiel ein Regen von wunderbaren himmlischen Blumen und himmlischem Räucherwerk nieder. Als die sieben Tathāgatas diese Zeichen erblickten, verließ ein jeder seinen Bereich und begab sich in die Sahā-Welt[17].

Die sieben Tathāgatas und der Tathāgata Śākyamuni grüßten einander[18]. Durch die Kraft der grundlegenden Gelübde, die die Buddhas in vergangenen Leben abgelegt hatten, erschien sodann ein jeder von ihnen in unerschütterlicher Haltung auf einem Löwenthron, der glorreich geschmückt war mit himmlischen

Edelsteinen. Die Versammlung der Bodhisattvas, die Devas und Nāgas, die acht Arten der menschlichen und nichtmenschlichen Wesen, der König des Staates, die Prinzen, die Königin und ihre Hofdamen, die großen Minister, die Brahmanen, die Reichen des Landes, die gelehrten Laien, sie alle versammelten sich im Kreis um die Tathāgatas, und diese verkündeten ihnen die Lehre.

Als die Devas diese Tathāgatas sahen, drängten sie sich zusammen. Dieses höchst seltene Ereignis hatte ihre Zweifel besiegt. Unter Ausrufen der Freude über dieses niemals zuvor gesehene Ereignis erhoben sie gemeinsam ihre Stimme zum Lobpreis: »Ausgezeichnet, ausgezeichnet, o Śākyamuni! Du hast uns eine grenzenlose Wohltat erwiesen. Um unsere Zweifel zu zerstreuen, hast du die Tathāgatas veranlaßt, hierher zu kommen.«

Sodann brachte ein jeder der Devas, wie es seinen Fähigkeiten entsprach, den Tathāgatas mit wunderbar duftenden Blumen, mit Halsbändern und den Klängen himmlischer Musik eine Pūjā dar. Nach rechts sich wendend, umschritten sie die Buddhas siebenmal. Sie falteten ihre Hände, erwiesen ihnen Respekt und Verehrung, priesen sie und sagten: »Wahrhaft selten, wahrhaft selten sind diese Buddhas, diese Tathāgatas, deren tiefe Bereiche unvorstellbar sind. Durch die Kraft ihrer Gelübde in vergangenen Leben und mit Hilfe ihrer ausgezeichneten klugen Methoden sind sie hier auf diese Weise erschienen. Es ist ein seltenes und ungewöhnliches Zeichen.«

Sodann legten alle Mitglieder der großen Versammlung eigene Gelübde ab und äußerten den Wunsch, alle Wesen sollten einen ausgezeichneten Samādhi wie den des Tathāgata erlangen.

Die mystische Formel der sieben Buddhas

Zu dieser Zeit erhob sich Mañjuśrī von seinem Sitz und faltete voller Ehrfurcht seine Hände. Er umschritt die Buddhas siebenmal, verbeugte sich zu ihren Füßen und sagte: »Ausgezeichnet, ausgezeichnet! Der Samādhi des Tathāgata ist von unvorstellbarer Kraft. Durch die Kraft Eurer grundlegenden Gelübde könnt Ihr mit Euren ausgezeichneten und wirkungsvollen Methoden allen Wesen zur Vollendung verhelfen. Wir wünschen aus tiefstem Herzen, Ihr möget uns die spirituelle Formel enthüllen, deren große Kraft die unglücklichen Geschöpfe der künftigen Zeiten – alle, die der Schmerz einer Krankheit gefangenhält, denen astrologische Konstellationen Schwierigkeiten bereiten, die an Seuchen und Krankheiten leiden, an Kummer und Haß, die auf den Wegen der Not und der Armut wandern, die zahlreichen Schrecken begegnen – veranlaßt, Zuflucht zu nehmen und ihnen zu Frieden und Ruhe verhilft. Geschöpfe, die diese spirituelle Formel abschreiben oder andere veranlassen, dies zu tun, die sie annehmen, bewahren, lesen und rezitieren, die sie weithin unter anderen Menschen verbreiten, werden beständig im Schutz der Gedanken der Buddhas weilen. Die Buddhas werden sich vor ihnen manifestieren und diesen Geschöpfen zur Erfüllung ihrer Wünsche verhelfen. Keines dieser Geschöpfe wird in einen kummervollen Weg des Daseins fallen oder einen Tod zur Unzeit erleiden.«

Da priesen die Tathāgatas Mañjuśrī und sagten: »Ausgezeichnet, ausgezeichnet! Unser ehrfurchtgebietender spiritueller Einfluß hat dich zu deiner inständigen Bitte an uns veranlaßt, die spirituelle Formel zu enthüllen, die die Wesen, mit denen du Erbarmen hast, von ihren zahlreichen Leiden und Schwierigkeiten befreit. Höre nun aufmerksam zu und bewahre mit reiner Einstellung unsere Worte in deinem Herzen, denn wir werden sie dir offenbaren.

O Mañjuśrī, es gibt die große spirituelle Formel namens ›Im Lapislazuli-Glanz erstrahlende Kraft des Samādhi der Tathāgatas‹. Wenn ein guter Sohn oder eine gute Tochter diese niederschreiben, lesen und rezitieren, wenn sie ihr verehrungsvoll eine Pūjā darbringen und in sich die Geisteshaltung des Großen Mitgefühls für alle Geschöpfe erwecken, werden all ihre Wünsche in Erfüllung gehen. Die Vielzahl der Buddhas wird sich vor ihnen manifestieren und diese Menschen im Schutz ihrer Gedanken halten. Sie werden frei sein von allen Hindernissen und Leiden und Wiedergeburt in einem Buddha-Bereich erlangen.«

Darauf verkündeten die sieben Tathāgatas gemeinsam die folgende Dhāraṇī:

> Tan-chih-t'a chu-mi-chu-mi-ch'ing-ni-ni-shen mu-ti-mu-ti-chi-o-ta-t'a-ch'ih-to-san-mo-ti-o-ti-se-ch'ih-ti o-ti-mu-ti-p'o-li p'o-po-shu-tan-erh sa-p'o-p'o-po-na-shih-yeh tun-ti-tun-t'u ch'ang-ta-mi-wu-mi-tuan-mi fu-shih-ch'i-ta-lo po-li-shu-tan-erh-yun-mi-ni-yun-mi mi-lu-mi-lu mi-lu-hsi-chieh-lu-sa-p'o-ko-lo mi-yao-tu ni-p'o-lai-erh p'o-t'i-su-p'o-ti fu-t'o-t'o-o-t'i se-ch'a-ni-no-ho lo-yo-tu-mi sa-p'o-ti-p'o san-mi-o-san-mi-san-man-t'ien han-lan-tu-mi p'o-fu-t'o p'u-t'i-sa-ch'ui shan-mi-shan-mi po-la-ku-mi-man tu-mi sa-p'o-i-ti-wu-p'o-to-p'o-sa-p'o-pi-ho-ta-yeh sa-p'o-sa-ch'ui-nan-che-pu-ni-pu-lan-ni-pu-yeh-mi sa-p'o-a-she p'i-liu-li-yeh po-li-ty-p'o-hsi sa-p'o-po-chu-yang-chieh-lu-so-ha.

Während die sieben Buddhas diese Dhāraṇī verkündeten, erhob sich ein alldurchdringendes strahlendes Licht, die Erde erbebte und zahlreiche göttliche Manifestationen erschienen zugleich. Alle Mitglieder der großen Versammlung sahen dieses Ereignis, und ein jedes von ihnen brachte den Buddhas, wie es seinen Fähigkeiten entsprach, himmlisch duftende Blumen, parfümierte Salben und Duftpuder dar. Gemeinsam sangen sie Worte des Lobpreises, nach rechts sich wendend umschritten sie die Buddhas siebenmal.

Die erhabenen Buddhas sangen gemeinsam die folgenden Worte: »Wisset, all ihr Mitglieder der großen Versammlung: Wenn ein guter Sohn oder eine gute Tochter, ein König, ein Prinz, eine Königin oder Hofdame, ein großer Minister, ein Beamter oder ein einfacher Mann aus dem Volk diese Dhāraṇī annimmt und bewahrt, sie liest, rezitiert, anhört und verbreitet, wenn ein solcher Mensch dieses Sūtra mit Blumen von wunderbarem Duft verehrt, wenn er neue, reine Kleidung anlegt und in einer reinen Umgebung die Acht Gelübde einhält, wenn er fortwährend Liebe und Mitgefühl für alle Wesen in sich wachruft und auf diese Weise eine Pūjā darbringt, wird er grenzenlosen Segen erlangen.

Hat ein Mensch Wunschgebete ausgesprochen, sollte er die Bildnisse dieser sieben Buddhas anfertigen. In einer reinen Umgebung sollte er zahlreiche duftende Blüten darbringen, einen Baldachin aus seidenen Bannern aufhängen, ausgezeichnete wunderbare Nahrung und Getränke spenden, Musikinstrumente spielen und auf diese Weise eine Pūjā darbringen. Auch sollte er allen Bodhisattvas und der Vielzahl der Devas eine Pūjā darbringen. In aufrechter Meditationshaltung sollte er sich vor den Bildnissen der Buddhas niedersetzen und die Dhāraṇī rezitieren. Sieben Tage lang sollte er die Acht Gelübde einhalten. Hat er die Dhāraṇī 108mal rezitiert, werden ihn die Tathāgatas und Bodhisattvas im Schutz ihrer Gedanken halten. Der Bodhisattva Vajradhara (»Der den Donnerkeil hält«), Indra, Brahmā, die vier Könige der Devas und andere geistige Wesen werden sich um ihn scharen und ihn beschützen. Alle karmischen Hindernisse, die aus den fünf zu einer Wiedergeburt in der Avīci-Hölle[19] führenden grenzenlos negativen Handlungen entstanden sind, werden völlig beseitigt sein. Dieser Mensch wird frei sein von Krankheit, seine Lebensspanne wird sich verlängern, er wird keines Todes zur Unzeit sterben, sich weder die Pest noch andere Seuchen zuziehen.

Wenn kriegerische, bewaffnete Horden von Dieben und Räubern ins Land einfallen wollen, wenn sie streitsüchtig einen Vorwand zu Auseinandersetzungen suchen, wenn die Einwohner durch Überschwemmung oder Dürre an Hungersnot leiden, werden diese furchterregenden Situationen und alle ihnen gleichenden beseitigt sein. (Unter Feinden) werden Gedanken der Liebe entstehen, wie Eltern sie (ihren Kindern) entgegenbringen. Alle Wünsche werden, ganz wie sie sind, in Erfüllung gehen.«

Die von Vajradhara, Indra, Brahmā und den vier Königen der Devas verkündete mystische Formel

Da erhoben sich die Bodhisattvas Vajradhara, Indra, Brahmā und die vier Könige der Devas von ihren Sitzen; voller Ehrfurcht falteten sie ihre Hände, verbeugten sich zu Füßen Śākyamunis und sagten: »O Herr, wir und alle anderen in der großen Versammlung haben Deine Worte über die seltenen Früchte der grundlegenden Gelübde der Buddhas vernommen, wir haben diese Buddhas gesehen, die in ihrer Liebe und ihrem Mitgefühl hierhergekommen sind und uns und alle Geschöpfe inspiriert haben, eine Pūjā darzubringen. O Herr, wenn es Orte gibt, an denen dieses Sūtra sowie die Namen der Dhāraṇīs und die Lehren der sieben Buddhas verbreitet sind, an denen sie verehrt und abgeschrieben werden, wollen wir, die wir den ehrfurchtgebietenden Einfluß des Buddha empfangen haben, dorthin gehen und sie beschützen. Sei es der König des Staates, ein großer Minister, der Einwohner einer Stadt oder eines Dorfes, ein Mann oder eine Frau, wir werden nicht zulassen, daß ein solcher Mensch von Leiden oder Krankheiten gequält wird. Er wird für immer Frieden und Ruhe erlangen, Güter und Nahrung im Überfluß. So werden wir die Gnade der Buddhas erwidern.

O Herr, hier vor Dir hat ein jeder von uns aus freiem Willen diesen wichtigen Wunsch ausgesprochen. Wollen ein Sohn oder eine Tochter reinen Glaubens uns in ihrem Geist bewahren, sollten sie diese Dhāraṇī rezitieren.« Sodann verkündeten sie die folgende Dhāraṇī:

> Tan-chih-t'a wu-mo-chu tan-lo-chu ma-ma-chu-chu-lu hahu-hsi-mu-lo-mu-lo-mu-lo chin-shu-lu so-ha.

»Wenn ein guter Sohn oder eine gute Tochter reinen Glaubens, ein Herrscher, ein Prinz, ein großer Minister oder Ratgeber, eine Königin oder Hofdame die Namen der sieben Buddhas und diese Dhāraṇī rezitieren, wenn sie sie abschreiben und ihnen Verehrung erweisen, werden sie in ihrem gegenwärtigen Dasein ein langes Leben haben und frei sein von jeder Krankheit. Sie werden weit entfernt sein von Kummer und Schmerz und nicht in einen der kummervollen Wege des Daseins fallen. Sie werden den Zustand erreichen, von dem man nicht zurückfällt, sie werden Erleuchtung erlangen.

Sie werden, wie es ihrer Wahl entspricht, in einem Buddha-Land wiedergeboren werden und immer die Buddhas sehen. Sie werden Kenntnis ihrer früheren Leben erlangen, richtige Achtsamkeit, richtigen Samādhi und vollkommene Beherrschung der Leidenschaften. Sie werden in allen Eigenschaften vollkommen sein.

Hat sich ein Mensch eine von einem Dämon verursachte Fieberkrankheit zugezogen, sollte er diese Dhāraṇī abschreiben und hinter seinem Ellbogen befestigen. Hat die Krankheit (den Körper des Kranken) verlassen, sollte er die Dhāraṇī an einem reinen Platz aufbewahren.«

Die besondere Dhāraṇī des Vajradhara

Der Bodhisattva Vajradhara begab sich dahin, wo die sieben Buddhas saßen und umschritt sie dreimal, ihnen seine rechte Schulter zuwendend. Er erwies jedem von ihnen seine Verehrung und sagte: »O Herr, ich bitte Dich aus tiefstem Herzen, gewähre mir Deine Liebe, Dein Mitgefühl und den Schutz Deiner Gedanken. Ich möchte nun zum Nutzen der vielen Söhne und Töchter der künftigen Zeiten, die dieses Sūtra bewahren werden, eine weitere Dhāraṇī verkünden.«

Da priesen die sieben Buddhas den Bodhisattva Vajradhara und sagten: »Ausgezeichnet, ausgezeichnet, Vajradhara! Wir werden dir Schutz gewähren und erlauben dir, den Wesen der künftigen Zeiten zum Schutz eine Dhāraṇī zu verkünden. Diejenigen, die dieses Sūtra bewahren, werden von allen Schwierigkeiten befreit sein und im Überfluß erhalten, was auch immer sie ersehnen.«

Darauf verkündete der Bodhisattva Vajradhara die folgende Dhāraṇī:

Nan-ma-chi-to-nan san-miao-san-fu-t'o-nan nan-ma-sa-p'o-po-che-lo-to-lo-nan-tan-chih-t'a an-po-che-li po-che-li mo-ho-po-che-li po-che-lo-p'o-she t'o-lai-erh-san-ma-san-ma san-man-o-a-po-lai-ti-hsieh-to-po-che-li shan-ma-shan-ma po-lo-shan-man-tu-mi sa-p'o-pi-a-ta-yeh chu-lu-chu-lu sa-p'o-chieh-ma a-fa-lai-na-erh-yo-yeh san-ma-yeh-mu-nu-san-mu-lo-pu-chia-p'an-po-che-lo-p'o-erh-sa-p'o-she-mi-po-li fu-lai-yeh so-ha.

»O Herr, allen Menschen, die die Namen der sieben Buddhas bewahren, die sich der Früchte ihrer grundlegenden Gelübde erinnern, die diese Dhāraṇī achten, lesen, rezitieren und verbreiten, will ich zur Erfüllung all ihrer Wünsche verhelfen. Ich will darüber wachen, daß ihnen nichts mangelt. Wenn sie mich sehen und darüber befragen wollen, was gut sei oder schlecht, sollten sie dieses Sūtra abschreiben, die Bildnisse der sieben Buddhas anfertigen sowie ein Abbild meiner Gestalt, des Bodhisattva Vajradhara. Vor den Bildnissen sollten sie Buddha-Reliquien niederlegen und eine Pūjā mit zahlreichen Gaben darbringen, in der Weise, wie sie zuvor schon beschrieben wurde. Sie sollten (den Buddhas) ihre Verehrung erweisen und großzügige (Opfergaben) spenden.

Für alle Gegenden, in denen Wesen geboren werden, sollten sie Gedanken der Liebe und des Mitgefühls entwickeln. Sie sollten die Acht Gelübde ablegen. Sie sollten den Tag in drei Abschnitte unterteilen und sich zu Beginn jedes dieser Abschnitte durch ein Bad reinigen und jedesmal ihre Kleidung wechseln. Während des Zeitraums vom 8. bis zum 15. Tag der ersten Hälfte des Monats sollten sie diese Dhāraṇī jeden Tag 108mal rezitieren und dabei ihren Geist frei von Ablenkung bewahren.

Dann werde ich ihnen in ihren Träumen erscheinen und zu ihnen sprechen, und in der Folgezeit werden ihre Wünsche in Erfüllung gehen.«

Da erhoben die zahlreichen Bodhisattvas in der großen Versammlung gemeinsam ihre Stimme und sangen: »Ausgezeichnet, ausgezeichnet, Vajradhara! Diese Dhāraṇī ist unbegreiflich. Du hast wohl getan, sie zu verkünden.«

Die sieben Tathāgatas sagten sodann: »Zum Nutzen derer, die nach reichem Segen streben, werden wir die Dhāraṇī bewahren, die du verkündet hast. Alle Wesen werden Frieden und Glück erlangen, und ihre Wünsche werden in Erfüllung gehen. Wir werden darüber wachen, daß diese Dhāraṇī nicht verborgen wird oder der Welt verlorengeht.«

Zu dieser Zeit wandten sich die sieben Buddhas an die Vielzahl der Bodhisattvas, an Indra, Brahmā und die vier Könige der Devas und sagten: »Wir vertrauen euch nun diese Dhāraṇī und ebenso dieses Sūtra an. Wenn in fünfhundert Jahren der Dharma verlorengeht, sollt ihr dieses Sūtra hüten und beschützen. Vielfältig sind die Segnungen der ehrfurchtgebietenden Kraft dieses Sūtra. Sie kann Fehler beseitigen und allem heilsamen Streben zur Erfüllung verhelfen; jedoch ist sie wirkungslos für diejenigen unglücklichen Geschöpfe, die die wahren Lehren verfälschen und die Weisen und Edlen herabsetzen. Gewährt und übertragt ihr dieses Sūtra (solchen unwürdigen Wesen), verursacht ihr die schnelle Zerstörung der Lehren.«

Nachdem sie ihre Sendung in dieser großen Versammlung auf das Vollkommenste erfüllt hatten, kehrten die sieben erhabenen Buddhas des Ostens in ihre Bereiche zurück. Da es keine Zweifel mehr gab, begab sich ein jeder in sein Land. Plötzlich verschwanden sie von dem Thron, auf dem sie saßen.

Die Namen des Sūtra und abschließende Bemerkungen

Der ehrwürdige Ānanda erhob sich von seinem Sitz und verbeugte sich zu Füßen des Buddha. Er ließ sich auf sein rechtes Knie auf den Boden nieder, faltete ehrfürchtig die Hände und sagte: »Wie lautet der Name dieses Sūtra? Wie sollen wir es annehmen und bewahren?«

Der Buddha sprach zu Ānanda: »Dieses Sūtra heißt ›Der seltene und glorreiche Schmuck, die Früchte der grundlegenden Gelübde der sieben Buddhas, der sieben Tathāgatas, der sieben Arhats, der sieben Vollkommen Erleuchteten‹. Es trägt auch die Namen: ›Die Fragen Mañjuśrīs‹, ›Die Früchte der grundlegenden Gelübde des Meisters des Heilens, des Tathāgata im Lapislazuli-Glanz‹; ›Das Gelübde des Bodhisattva Vajradhara für das zukünftige Zeitalter‹; ›Reinigung und Beseitigung aller karmischen Schleier‹ und ›Die schützenden Gelübde der zwölf großen Generäle‹. Unter diesen Namen sollt ihr das Sūtra empfangen und bewahren.«

Als der Herr seine Belehrung beendet hatte, waren alle Mitglieder der großen Versammlung, die seine Worte vernommen hatten – all die großen Bodhisattvas, die Versammlung der Śrāvakas, die Devas, Nāgas, Yakṣas, Ghandarvas, Asuras, Garuḍas, Kiṃnaras, Mahorāgas und alle anderen menschlichen und nichtmenschlichen Geschöpfe – zutiefst erfreut. Gläubig nahmen sie seine Lehre an und beherzigten sie in ihrem Verhalten.

(Damit endet) der abschließende Abschnitt des *Sūtra über die Früchte der grundlegenden Gelübde der sieben Meister des Heilens, der Buddhas im Lapislazuli-Glanz.*

Anmerkungen

Erster Teil:

1. Vorstellungen vom Heilen im frühen Buddhismus

1 Übers. v. I. B. Horner: *The Book of the Discipline (Vinayapiṭaka)*, Bd. IV *(Mahāvagga)*, London 1951, S. 302; zit. *Vinaya: Mahāvagga*.

2 Übers. v. Caroline Rhys Davids: *The Book of the Kindred Sayings (Saṃyutta-nikāya)*, Bd. I, London 1971, Neudr. d. Ausg. v. 1917, S. 108; zit. *Saṃyutta-nikāya*.

3 *Vinaya: Mahāvagga*, S. 269–270.

4 Übers. v. I. B. Horner: *The Book of the Discipline (Vinayapiṭaka)*, Bd. II *(Suttavibhaṅga)*, London 1940, S. 131–132.

5 Guido Majno: *The Healing Hand*, Cambridge, Mass., 1975, S. 115–120. Nach Dr. Majno ist Honig »für das Gewebe praktisch unschädlich, er wirkt außerdem aseptisch, antiseptisch und antibiotisch« (S. 118). Er duldet aus mehreren Gründen kein bakterielles Wachstum: 1. wirkt er außerordentlich hypertonisch, er entzieht den bakteriellen Zellen das Wasser mit der Folge, daß diese schrumpfen und absterben; 2. bewirkt das von den Kehlkopfdrüsen der Biene abgesonderte Enzym Glukoseosydase die Bildung von Wasserstoffperoxyd (dem weitverbreiteten Desinfektionsmittel) und Glukosesäure, einem milden Antibiotikum. Dieser antibiotische Mechanismus behält seine Wirkung sogar in Verdünnungen bis zu 13 %. 3. vermischt sich eine klebrige Substanz namens *»propolis«*, die dazu dient, im Bienenstock auftretende Risse zu verkleben, mit dem Honig. Es handelt sich dabei um ein Antibiotikum, dessen vorrangiger Wirkstoff, *»galangine«*, erst kürzlich in den Vereinigten Staaten als Konservierungsstoff für Lebensmittel patentiert wurde.
Wie aus schriftlichen Berichten hervorgeht, hat Honig seit der Zeit der alten Ägypter bis in die Gegenwart als Hauptbestandteil von Wundauflagen Verwendung gefunden. Über seine aseptischen, antiseptischen und antibiotischen Qualitäten hinaus scheint »sein Vorzug in einer mechanischen Wirkungsweise zu liegen. Zwar selbst eine klebrige Substanz, verhindert er dennoch, daß die Auflage an der Wunde festklebt, denn er entzieht ihr eine große Menge Flüssigkeit. Es ist dies ein Vorgang, dem eine reinigende Wirkung nachgesagt wird, die insbesondere bei ver-

schmutzten oder infizierten Wunden nützlich ist« (S. 118).
Die Beimischung von Fett, Öl oder Butter verleiht dem Honig eine schmerzlindernde Konsistenz; er erweist sich in dieser Zusammensetzung als wirkungsvolle Wundsalbe. Diese Honig-Butter-Zubereitung fand im alten Indien häufig zur Behandlung von Wunden Verwendung (S. 273).

6 *Vinaya: Mahāvagga*, S. 295.

7 Übers. v. I. B. Horner: *The Book of the Discipline (Vinayapiṭaka)*, Bd. I *(Suttavibhaṅga)*, London 1938, S. 143.

8 Übers. v. T. W. Rhys Davids: *Dialogues of the Buddha (Dīgha-nikāya)*, Bd. I, London 1899, S. 25–26; zit. *Dīghanikāya*.

9 Übers. v. K. R. Norman: *The Elder's Verses*, Bd. I, London 1969, S. 86–88.

10 A. L. Basham: *The Wonder That Was India*, New York 1959, S. 449.

11 Vgl. Erik Zürcher: *The Buddhist Conquest of China*, Leiden 1972, Bd. I und II. Ebenso Arthur F. Wright: *»Fo-t'u-teng: a biography«*, Harvard Journal of Asiatic Studies, XI, 1948, S. 321–371.
Die Heilfähigkeiten mehrerer dieser Mönche trugen dazu bei, den Glauben an den Buddhismus als eine mächtige Religion zu festigen. Zwei der Zentralasiaten unter ihnen waren der Parther An Shih-Kao und Fo-t'u-teng, der wahrscheinlich aus Kucha stammte. Der Biographie Fo-t'u-tengs im *Kao-seng-chüan* zufolge herrschte, als er im Jahre 310 n. Chr. in Loyang eintrat, dort ». . . eine chronische Krankheit, die niemand heilen konnte. Als Teng diese Krankheit behandelte, trat augenblicklich Heilung ein. Unermeßlich war die Zahl derer, die er insgeheim behandelte und die in der Stille von seiner Tätigkeit profitierten«. (Wright, S. 340) Im Rahmen einer Aufzählung von Mitteln, mit deren Hilfe Teng den Buddhismus in China verbreitete, heißt es weiter im *Kao-seng-chüan*: »Mit Hilfe von geheimen Formeln rettete er diejenigen, die dem Tode nahe waren, und mit dem Duft von Räucherwerk erlöste er diejenigen, die am Rande des Verderbens standen.« (Wright, S. 370)
Auch mehrere andere bedeutende Mönche des vierten Jahrhunderts, die aus China gebürtig waren, widmeten sich der medizinischen Arbeit. So kannte z. B. Chu Fa-K'uang (327–402 n. Chr.) »eine große Zahl ›göttlicher Formeln‹, die große Heilkraft besaßen und mit deren Hilfe er viele Patienten von einer Seuche heilte, die in den östlichen Provinzen ausgebrochen war«. (Zürcher, S. 145)
Yü Fa-k'ai (310–370 n. Chr.) und sein Schüler Yü Tao-sui (305–335 n. Chr.) waren beide fähige Ärzte, Fa-k'ai sogar einer der berühmtesten seiner Zeit. Er rechtfertigte seine medizinische Tätigkeit als ein Mittel, den Dharma zu verbreiten und anderen von Nutzen zu sein. (Zürcher, S. 140–141)
Chih Tun (314–366), ein anderer großer Lehrer dieser Epoche, widmete

sich ebenfalls der Heiltätigkeit, ein Umstand, der möglicherweise auf seine große Rivalität mit Yü Fa-k'ai zurückging. (Zürcher, S. 145)

12 Übers. v. D. C. Sircar: *The Inscriptions of Aśoka*, Delhi 1967, S. 46–47.

13 Übers. v. Wilhelm Geiger: *The Mahāvaṃsa or The Great Chronicles of Ceylon*, London 1964, Neudr. d. Ausg. v. 1912, S. 223.

14 Diese Geschichte ist in einigen Fassungen (d. h. in der khotanesischen Version, die R. E. Emmerick im Rahmen seiner Übersetzung *The Sūtra of the Golden Light*, London 1970, verwendete) in zwei Kapiteln, dem 16. und 17., enthalten, während andere Versionen sie auf ein Kapitel beschränken.

15 *Saṃyutta-nikāya*, Bd. I, S. 191.

16 Übers. v. Caroline Rhys Davids: *Psalms of the Early Buddhists*, Bd. II *(Theragātha)*, London 1964, Neudr. d. Ausg. v. 1913, S. 79; zit. *Theragātha*. Obwohl der *Theragātha* ein nichtkanonischer Text ist, wurden ihm Zitate entnommen, soweit sie sich auf die Periode der Schaffenszeit des Buddha beziehen.

17 Übers. v. F. L. Woodward: *The Book of Kindred Sayings (Saṃyutta-nikāya)*, Bd. IV, London 1928, S. 23–25.

18 Ders.: a. a. O., Bd. III, London 1954, Nachdr. d. Ausg. v. 1925, S. 106–107.

19 Vgl. a. a. O., Bd. V, S. 51–118.

20 Vgl. a. a. O., Bd. III, S. 67.

21 Vgl. a. a. O.

22 Vgl. a. a. O.

23 Vgl. a. a. O.

24 *Vinaya: Mahāvagga*, S. 297–298.

25 Dialog zwischen dem buddhistischen Weisen Nāgasena und Menander, einem König griechischer Herkunft, der Baktrien, einen Teil Nordwestindiens, beherrschte (163–150 v. Chr.). Bezüglich weiterer Einzelheiten über Menander s. Etienne Lamotte: *Histoire du Bouddhisme Indien*, Louvain 1958, S. 461–469.

26 Übers. v. T. W. Rhys Davids: *The Questions of King Milinda*, Bd. I, New York 1963, Neudr. d. Ausg. v. 1898, S. 215.

27 a. a. O., S. 216.

28 a. a. O., S. 214–215.

29 a. a. O., S. 218.

30 Walpola Rahula: *History of Buddhism in Ceylon*, Colombo 1956, S. 107. Den buddhistischen Traditionen Ceylons nach ist die Parittā folgenden Ursprungs: Eines Tages reiste der Buddha auf Einladung der Fürsten aus dem Geschlecht der Licchāvi nach Oesāli (Skt. Vaibālī), zu einer Zeit, als dort Hungersnot und Krankheit herrschten. Um den dort vorhandenen negativen Einflüssen entgegenzuwirken, rezitierte der Buddha das *Rata-*

na-sutta (das sich im *Suttanipāta* und im *Kuddakapātha* findet). Er unterwies seinen Schüler Ānanda darin und veranlaßte diesen, in Begleitung der Fürsten in der Stadt umherzugehen, das Sutta zu rezitieren und Wasser aus der Almosenschale des Buddha zu versprengen. Dadurch wurden die negativen Einflüsse vertrieben.

31 Alle hier enthaltenen Auszüge aus dem *Vimalakīrti-Sūtra* habe ich auf der Grundlage der von Kumārajīva erstellten chinesischen Fassung (die im Jahre 406 n. Chr. ins Chinesische übertragen wurde) übersetzt. Der Titel dieser Version lautet *Wei-mo-chieh so-shuo ching*, T. XIV, 475. Die chinesische Textstelle für das o. g. Zitat findet sich auf S. 539B; zit. *Wei-mo-chieh so-shuo ching*.

32 *Wei-mo-chieh so-shuo ching*, S. 539C.

33 a. a. O., S. 544B.

34 a. a. O., S. 544C.

35 a. a. O.

36 *Dīgha-nikāya*, Bd. I, S. 83.

37 Der im vierten Jahrhundert n. Chr. lebende Weise Buddhaghosa hatte einen ähnlichen Bezug zu den vier Edlen Wahrheiten: »Die Wahrheit des Schmerzes (*duḥkha*, Leiden) gleicht einer Krankheit, die Wahrheit des Ursprunges gleicht der Ursache der Krankheit, die Wahrheit des Aufhörens entspricht der Heilung der Krankheit, und die Wahrheit des Weges gleicht der Arznei.« Vgl. *Buddhaghosa, Visuddhimagga*, übers. v. Pe Maung Tin: *The Path of Purity*, London 1971, Neudr. d. Ausg. v. 1923, S. 721.

38 Übers. v. I. B. Horner: *Middle Length Sayings (Majjhimanikāya)*, Bd. III, London 1959, S. 4–5, zit. *Majjhimanikāya*.

39 a. a. O., S. 44.

40 Übers. v. E. M. Hare: *Woven Cadences of the Early Buddhists (Suttanipāta)*, London 1944, S. 88.

41 *Theragātha*, S. 293.

42 a. a. O., S. 300–302.

43 Diese siebenunddreißig Faktoren sind: 1. die Vier Ebenen der Achtsamkeit (Körper, Gefühl, Geist, Dinge); 2. die Vier richtigen Arten des Strebens (Negativität am Entstehen hindern, bereits entstandene aufgeben oder beseitigen, Positives hervorbringen und das bereits entstandene stärken); 3. die Vier Grundlagen der Geisteskraft (Konzentration des Willens, des Geistes, des Strebens und der Fähigkeit zur Analyse); 4. die Fünf Geistesfähigkeiten (Glaube, Fleiß, Achtsamkeit, Meditation und Einsicht); 5. die Fünf Kräfte (die Entwicklung der fünf Geistesfähigkeiten); 6. die Sieben Glieder der Erleuchtung (Achtsamkeit, Untersuchung der Dinge, Fleiß, Freude, Ruhe des Geistes, Meditation und Gleichmut); 7. der Edle Achtfache Weg (richtige Sichtweise, richtige Motivation,

richtige Rede, richtiges Verhalten, richtige Lebensführung, richtiges Streben, richtige Achtsamkeit, richtige Meditation).

44 Rhys Davids: *The Questions of King Milinda*, S. 218–219.

45 Grundlage meiner Übersetzung aller Zitate aus dem *Lotus-Sūtra*, die auszugsweise hier wiedergegeben sind, ist die von Kumārajīva erstellte chinesische Version (die er im Jahre 406 n. Chr. fertigte) mit dem Titel *Miao-fa lien-hua ching*, T. IX. 262; zit. *Miao-fa lien-hua ching*. Das Gleichnis vom Arzt findet sich im chinesischen Text auf S. 43 A–B.

2. Die heilenden Bodhisattvas

1 Übers. v. Dharmarakṣa: *Hui-shang p'u-sa wen ta-shan-ch'uan ching ([Upāyakauśalya] jñānottarabodhisattvaparipṛcchā)*, T. XII, 345, S. 1598.

2 Übers. v. Bodhiruci: *Ta-ch'eng fang-pien hui*, T. XI, 310, S. 599 A. Ähnliche Beispiele finden sich auch an anderer Stelle, so z. B. im *Shou-leng-yen san-mei ching* oder *Śūraṃgama-samādhi-Sūtra*, übers. v. Kumārajīva, T. XV, 642, S. 623 B.

3 Übers. v. Hsüan-tsang: *P'u-sa-tsang (Bodhisattvapiṭaka)*, T. XI, 310, S. 284 A.

4 Die einzige Ausnahme stellt die gelegentliche Erwähnung eines Buddha namens »Der Höchste Heiler« dar. S. Teil I, Kapitel III, S. 83.

5 *Miao-fa lien-hua ching*, S. 31 B.

6 a. a. O., S. 31 A

7 a. a. O., S. 31 B

8 a. a. O., S. 31 C

9 a. a. O., S. 32 A

10 a. a. O., S. 32 B

11 a. a. O., S. 36 A

12 a. a. O., S. 58 C

13 Obwohl der Name aus dem Chinesischen wörtlich mit »Wunderbar anzusehen« zu übersetzen wäre, lautet er im Sanskrit-Text Sarvasattvapriyadarśana »Er, dessen Anblick alle Wesen erfreut«. S. den Sanskrit-Text in der Ausg. v. U. Wogihara und C. Tsuchida: *Saddharma-puṇḍarīka-Sūtram*, Tokio 1958, S. 340.

14 *Miao-fa lien-hua ching*, S. 53 B.

15 a. a. O., S. 53 C–54 A.

16 Wie zit. in Jean Filliozat: »La mort volontaire par le feu et la tradition bouddhique indienne«, in: *Journal Asiatique*, Nr. 251, 1963, S. 26. Die Übersetzung dieser Passage entstammt wahrscheinlich dem in Gilgit aufgefundenen Sanskrit-Manuskript des *Samādhi-rāja-Sūtra*.

17 Alex Wayman: »Aspects of meditation in the Theravāda and Malūśāsaka Buddhist sects«, in: *Studia Missionalia*, Nr. XXIV, 1975, S. 15.
18 Ders.: »Buddhism«, in: *Historia Religionum*, Bd. II, Leiden 1971, S. 440.
19 Aus dem *Madhyāmakāvatāra* wie zit. von Har Dayal, in: *The Bodhisattva Doctrine in Buddhist Sanskrit Literature*, London 1931, S. 286.
20 Nach dem *Mahāyāna-sūtrālaṃkāra*, wie erörtert von Har Dayal: a. a. O., S. 287.
21 Zit. in: a. a. O.
22 Erörtert in: a. a. O., S. 288.
23 Zu weiterer Information s. Jaques Gernet: »Les Suicides par le feu chez les bouddhistes chinois du Ve ou Xe siècle«, in: *Mélanges publiés par l'Institut des Hautes Etudes Chinoises*, II, Paris 1960, S. 527–558; Jan Yüan-hua: »Buddhist selfimmolation in medieval China«, in: *History of Religions IV*, 1965, S. 243–268. Hsü Yün, einer der früheren Vertreter des Chan im modernen China, verbrannte in seinem achtundfünfzigsten Lebensjahr einen seiner Finger als ein Opfer zum Wohl seiner verstorbenen Mutter. Diese Begebenheit ist Teil seiner Autobiographie, übers. v. Charles Luk: *Empty Cloud: The Autobiography of the Chinese Zen Master Hsü Yün*, Rochester, New York, 1974, S. 27–28.
24 *Miao-fa lien-hua ching*, S. 60B.
25 a. a. O., S. 60C.
26 Auszugsweise Übersetzung der von Paramiti erstellten chinesischen Fassung des *Śūraṃgama-Sūtra*, T. XIX, 945, S. 125C; zit. *Śūraṃgama-Sūtra*. Man nimmt an, daß dieses Sūtra, das sich deutlich von dem in Anm. 2 oben zitierten *Śūraṃgama-samādhi-Sūtra* (T. XV. 642) unterscheidet, von dem aus Nordindien stammenden Mönch Paramiti im Jahre 705 übersetzt wurde. Während der vergangenen Jahrzehnte hat eine lebhafte Diskussion um die Ursprünge dieses Textes stattgefunden, wobei zahlreiche Gelehrte, sowohl Angehörige der westlichen wie auch der asiatischen Traditionen, die Überzeugung vertreten, es handele sich um ein ursprünglich chinesisches Werk. Ich habe trotz dieser offenen Frage diesen kurzen Abschnitt wegen des überragenden Interesses der zitierten Passage übernommen, die sehr wohl die Wiedergabe einer Geschichte von weit zurückreichender Tradition sein mag.
27 *Śūraṃgama-Sūtra*, S. 126A.
28 Hui-chiao: *Kao-seng-chuan*, T. L, 2059, S. 343C.
29 Bezüglich der Schrift über die Bodhisattvas des Heilens hält man die von Kālayaśas erstellte Übersetzung für die zweite Übertragung des Textes in die chinesische Sprache. Vgl. Bunyiu Nanjio: *A Catalogue of the Chinese Translations of the Buddhist Tripiṭaka*, Oxford 1883, S. 79.
30 K. Fujitas Artikel »The problem of compilation of the *Kuan Wu-liang-*

shou ching« im *Indogaku Bukkyōgaku Kenkyū (Journal of Indian and Buddhist Studies)* 17, 1969, S. 465–472, stellt eine Zusammenfassung der jüngsten Erkenntnisse japanischer Gelehrter auf diesem Gebiet dar und liefert den Hinweis, daß die Meinungsverschiedenheiten darüber, ob der Text zentralasiatischen oder chinesischen Ursprungs sei, fortdauern.

31 Vgl. *Chung-ching mu-lu*, T. LV, 2416, S. 1116c.

32 Julian F. Pas; »The *Kuan Wu-liang-shou-fo ching:* Its Origin and Literary Criticism«, in: *Buddhist Thought and Civilization,* hrsg. v. Leslie Kawamura und Keith Scott, Emeryville, Calif., 1977, S. 203.

33 Alexander Doburn Soper: *Literary Evidence for Early Buddhist Art in China,* Ascona 1959, S. 185.

34 Zweiter Teil, Übers. I.

35 Für ausführlichere Erörterung, Zitate usw. s. Etienne Lamotte: *L'Enseignement de Vimalakīrti,* Louvain 1962, S. 103 Fn. 38.

36 Zweiter Teil, Übers. I.

37 a. a. O.

38 a. a. O.

39 Soper: *Literary Evidence for Early Buddhist Art in China,* S. 201.

40 Der einzige weitere mir bekannte Bezug auf die dreiundfünfzig Buddhas der Vergangenheit findet sich im *Sūtra über die Betrachtung des Bodhisattva »Schoß des Raumes« (Kuan Hsü-k'ung-tsang p'u-sa ching),* T. XIII, 409. Dieser Text wurde im zweiten Viertel des fünften Jahrhunderts von Dharmamitra, einem aus Kaschmir gebürtigen Mönch, ins Chinesische übersetzt. Die in diesem Text gegebenen Namen der dreiundfünfzig Buddhas sind, abgesehen von zwei Fällen unwesentlicher Hinzufügung von Schriftzeichen, mit den in T. 1161 aufgeführten identisch. Der Stil dieses Textes ist stockend und läßt eine gewisse Flüchtigkeit erkennen. Das Verzeichnis der Namen der Buddhas ist nur gefolgt von wenigen Sätzen, die auf den Nutzen hinweisen, den die Verehrung dieser Buddhas hervorbringt. Die Passage findet sich auf S. 678C–679A.
Das Verzeichnis dieser dreiundfünfzig Buddhas ist in einem in Tunhuang aufgefundenen chinesischen Manuskript aus dem sechsten Jahrhundert, das sich nunmehr im Britischen Museum befindet, ebenfalls enthalten. Bei diesem Text mit dem Titel *Hsien-tsai shih-fang ch'ien-wu-pai fo-ming ping-tsa fo t'ung-hao* handelt es sich um ein Buddhanāma-Werk, um eine Zusammenstellung von Verzeichnissen der Buddha-Namen. Die dort enthaltene Liste der Namen der dreiundfünfzig Buddhas scheint direkt aus dem T. 1161 übernommen zu sein, vgl. Lionel Giles: *Descriptive Catalog of the Chinese Manuscripts from Tun-huang in the British Museum,* London 1957, # 6411.

41 Zweiter Teil, Übers. I.

42 a. a. O.

43 a. a. O.

3. Der Buddha im Lapislazuli-Glanz, der Meister des Heilens, und seine Buddha-Brüder

1 T. XXV, 1509, S. 756B (wie erörtert in Etienne Lamotte: »Sur la formation du Mahāyāna«, in: *Asiatica*, Leipzig 1954, S. 383–384).

2 Zu derartigen Spekulationen s. z. B. die Erörterung v. Alexander Coburn Soper in: *Literary Evidence for Early Buddhist Art in China*, S. 174–178; 207–210.

3 T. IX, 263, Kap. 10, S. 99A–102B. Wegen eines Verzeichnisses der Bezüge zum Buddha des Heilens aus der T'ang-Periode und dem ihr vorangehenden Zeitraum, wie sie in der Taishō Shinshū Daizōkyō-Ausgabe des buddhistischen Kanons enthalten sind.

4 Weitere Informationen über das Leben Śrīmitras in: Erik Zürcher: *The Buddhist Conquest of China*, Leiden 1972, S. 103–104.

5 T. LIV, 2034, S. 69A.

6 T. LV, 2145, S. 10A.

7 a. a. O., S. 31A–B.

8 a. a. O., S. 39A.

9 Aus dem Vorwort des *Sūtra über die Früchte der grundlegenden Gelübde des Tathāgata »Der Meister des Heilens«* von Hui-chü, T. XIV, 449, S. 410A. Eine vollständige Wiedergabe dieses Vorworts liegt hier in Übersetzung II vor.

10 Paul Pelliot: »Le Bhaiṣajya-guru«, *B.E.F.E.O.* 3, 1903, S. 34. (Aus Gründen der Einheitlichkeit wurde die Romanisierung dem Wade-Giles-System angepaßt.)

11 Roy Andrew Miller: *»The Footprints of the Buddha«: An Eighth Century Old Japanese Poetic Sequence*, New Haven 1975, S. 27. In diesem Werk setzt Miller eine Serie von Gedichten, die in eine Abbildung der Fußabdrücke des Buddha eingemeißelt wurden, zu den zwölf Gelübden des Bhaiṣajya-guru in Beziehung. Das Abbild befindet sich im Yakushi-ji (dem Heiligtum des Heilenden Buddha) in Nara, Japan.

12 Nalinaksha Dutt: *Gilgit Manuscripts*, Bd. I, Srinagar, Kaschmir, 1939. Wegen photographischer Reproduktionen der Manuskripte s. Raghu Vira und Lokesh Chandra: *Gilgit Buddhist Manuscripts*, New Delhi 1974. Auf Seite 1 weist Lokesh Chandra kurz auf die Existenz gewisser Probleme in Dutts Ausgabe hin; einige dieser Probleme erörtert Gregory Schopen ausführlich in Anhang III seines Artikels »*Sukhāvatī* as a generalized religious goal« in *Indo-Iranian Journal* 19, 1977, S. 208–210. Schopen hat einige der in Gilgit aufgefundenen Manuskripte im Detail studiert, u. a. das *Bhaiṣajya-guru-Sūtra*, an dessen Neuausgabe in Sanskrit er auf der Basis der Gilgit-Manuskripte sowie der tibetischen Fassungen gegenwärtig arbeitet.

13 Nalinaksha Dutt: *Gilgit Manuscripts*, Bd. I, Srinagar, Kaschmir, 1939, S. ii-iii. Anm: Von mir vorgenommen ist die Betonung des letzten Satzes.

14 a. a. O., S. 42. Die Fürsten der Sāhi waren Türken ursprünglich tibetischer Herkunft, die den Buddhismus außerordentlich förderten. Zu weiterer Information über die Geschichte der Sāhis in Kaschmir s. S. 34–36.

15 a. a. O., S. 42–43. Man nimmt an, daß sich Hsüan-tsang zwei Jahre lang im Palast des Königs von Kaschmir aufhielt, wo Schreiber im Dienst des Herrschers für ihn buddhistische Texte abschrieben. (Vgl. Thomas Watters: *On Yuan Chwang's Travels in India*, Bd. I, London 1904, S. 258–259).

16 E. Benveniste: *Textes Sogdiens: Mission Pelliot en Asie Centrale*, Bd. III, Paris 1940, S. 82–92; E. Leumann: *Buddhistische Literatur*, Bd. I, Leipzig 1920, S. 104–110.

17 *Śāntideva Śikṣā Samuccaya*, übers. v. Cecil Bendall und W.H.D. Rouse, Delhi 1971, S. 14, 170–171.

18 Siebzig Manuskriptrollen der Hsüan-tsang-Version, die aus dem siebten und achten Jahrhundert stammen, wurden in Tun-huang aufgefunden, Giles # 3572–3640 (Britisches Museum); Indian Office Library, Manuskripte C51 und C52. Es besteht kein Zweifel daran, daß sich weitere alte Manuskriptkopien dieses Sūtra in Leningrad, Paris, Peking und anderen Archiven der Tun-huang-Rollen wie auch in privaten Sammlungen befinden. Erst kürzlich hatte ich eine höchstwahrscheinlich aus Tun-huang stammende Manuskript-Rolle in Händen, die die vollständige Hsüan-tsang-Fassung des Sūtra enthielt. Diese Rolle, die Teil der Sammlung im Besitz von Dr. Paul Singer ist, scheint auf die Mitte oder das Ende des achten Jahrhunderts zurückzugehen und verrät eher die Handschrift eines Anhängers, denn eines professionellen Sūtra-Kopierers.

19 *»Phags pa bcom ldan 'das sman gyi bla baiḍurya'i 'od kyi sňon gyi smon lam gyi khyad par rgyas pa źes bya ba theg pa chen po'i mdo, Tōhoku-Derge-Kanon, Bd. 87, #504; Peking Tibetan Tripiṭaka*, Bd. 6, #136; *Narthang Tripiṭaka*, Bd. 89, # 477.

20 Siehe: Alexander Coburn Soper: »Aspects of light symbolism in Gandhāran sculpture«, *Artibus Asiae* Nr. XII, 1949, S. 252–283, 341–330; XIII, 1950, S. 63–85.

21 Zu Illustrationen des Reliquienschreins s. John M. Rosenfield: *The Dynastic Art of the Kushans*, Berkeley und Los Angeles 1967, Abb. 60 und 60A; zur Übersetzung und Erörterung der Inschrift s. B.N. Mukherjee, »Shāh-jī-kī-ḍherī Casket Inscription«, *British Museum Quarterly*, Nr. 28, 1969, S. 39–46; weitere Erörterung in Bd. 29, 1965, V.V. Mirashi, S. 109–110 und Mukherjee, S. 110–111.

22 Übers. v. Edward Conze: *The Perfection of Wisdom in Eight Thousand Lines*, Bolinas, California, 1973, S. 254. Wegen weiterer Erörterung von

Praṇidhāna (Grundlegende oder ursprüngliche Gelübde) s. Har Dayal: *The Bodhisattva Doctrine in Buddhist Sanskrit Literature*, London 1932, S. 64–67.

23 Vgl. die ausführliche Studie über diese Rolle von Helen B. Chapin und Alexander C. Soper: *A Long Roll of Buddhist Images*, Ascona 1972, Abb. 28–31.

24 a. a. O., S. 124.

25 a. a. O.

26 a. a. O., S. 123.

27 a. a. O. Übersetzung des Textes auf Abb. 30, wobei meine Wiedergabe geringfügig von Frau Chapins Formulierung abweicht.

28 Zwar liegen mir selbst zur Zeit keinerlei Angaben über den Status von Frauen im alten Yünnan vor, jedoch zeichnet Peter Goullart in seinen Erinnerungen an die Jahre, die er unter den Volksstämmen von Likiang und Ta Li verbrachte (ca. 1939–1949), ein lebendiges Bild der dominierenden Rolle, die Frauen in jüngerer Zeit im Geschäftsleben, im Handel und im allgemeinen Umgang mit materiellen Dingen in dieser Gegend einnahmen. Vgl. Goullart: *Forgotten Kingdom*, London 1957.
Das achte Gelübde, wie es sich in den gängigen Versionen des *Bhaiṣajya-guru-Sūtra* findet, weist eine große Ähnlichkeit mit einem der Gelübde auf, die Buddha Amitābha ablegte, als er sich als Neuling auf den Bodhisattva-Weg begab (# 34 in der Sanskrit-Version des *Sukhāvatī-vyūha-sūtra*, # 36 in den chinesischen Fassungen). Es ist dies einer von zahlreichen Hinweisen auf den Einfluß, den die Verehrung des Amitābha auf den keimenden Kult des Bhaiṣajya-guru ausübte. Wegen einer Übersetzung dieses Textes s. F. Max Muller: »The Larger *Sukhāvatī-vyūha-Sūtra*«, in: *Buddhist Mahāyāna Texts*, hrsg. v. E. B. Cowell, New York 1969, Originalausg. 1894.

29 Arthur Waley: *A Catalogue of Paintings Recovered from Tun-huang by Sir Aurel Stein*, London 1931, S. 67.

30 Yoshito Harada: »Ancient glass in the history of Cultural exchange between east and west«, in: *Acta Asiatica*, Nr. 3, 1962, S. 57–69.

31 Edward H. Schafer: *Pacing the Void: T'ang Approaches to the Stars*, Berkeley 1978, S. 255, 318; s. auch S. 39–40.

32 Giuseppe Tucci: *Tibetan Painted Scrolls*, Rom 1949, Bd. I, S. 213.

33 Wie in Denys Sutton: »The great game«, *Apollo*, Nr. 192, 1978, S. 85.

34 Hui-lin: *I-ch'ieh-ching yin-i*, T. LIV, 2128, S. 317B.

35 Hsüan-ying: *I-ch'ieh-ching yin-i*, neugedr. d. Academia Sinica, Institute of History and Philology, Taipei 1963, Kap. 23, chüan 10, Abschn. # 1073.

36 S. z. B. Giuseppe Tucci: *Tibetan Painted Scrolls*, Rom 1949, Bd. II, S. 360.

37 Śrīmitra übersetzt diese mit »Glanz der Sonne« und »Reinheit des Mondes« *(jih-yao; yüeh-ching)*; Dharmagupta nennt sie »Sonnenlicht« und »Mondlicht« *(jih-kuang; yüeh-kuang)*, Namen, die in Japan bevorzugt verwendet werden; I-ching dagegen bedient sich der gleichen Schriftzeichen wie Hsüan-tsang *(jih-kuang pien-chao; yüeh-kuang pien-chao)*.

38 Tara, die Gefährtin des Avalokiteśvara, besitzt die Fähigkeit, ihre Anhänger aus acht Gefahren, sowohl inneren wie äußeren, zu erretten. Zwar ist es mir nicht gelungen, einen Kommentar aufzufinden, der sich speziell mit den »inneren« Aspekten der Gefahren befaßt, deren sich der Buddha des Heilens annimmt, jedoch finden sich mehrere von diesen auf der der Tara zugehörigen Liste (wie sie in Heather Karmay: *Early Sino-Tibetan Art*, Warminster 1975, S. 104, enthalten ist):

Äußere Gefahren:	*Innere Gefahren:*
1. Löwe	1. Stolz
2. Elefant	2. Unwissenheit und Dummheit
3. Feuer	3. Aggression
4. Schlange	4. Eifersucht
5. Räuber und Diebe	5. Falsche Ansichten
6. Gefängnis	6. Geiz
7. Wasser	7. Begierde
8. Dämonen	8. Zweifel

Zu weiterer Information s. Giuseppe Tucci: *Indo-Tibetica*, Bd. III, T. II, Rom 1936, S. 156–163.

39 »Historische Anmerkungen im *Fa-yün-chih-lüeh* oder *Record of the Vicissitudes of the Buddha-Dharma*«, in d. Übers. v. Jan Yün-hua (*A Chronicle of Buddhism in China*, 581–960 n. Chr., Santiniketan, 1966, S. 48–49). Wegen einer vollständigen englischen Übersetzung der Übertragung dieses Sūtra durch I-ching s. Übersetzung IV.

40 *»Phags pa de bshin gśegs pa bdun gyi sṅon gyi smon lam gyi khyad par rgyas pa źes bya ba theg pa chen po'i mdo«, Tōhoku Derge Canon*, Bd. 87, # 503; *Peking Tibetan Tripiṭaka*, Bd. 6, # 135; *Narthang Tripiṭaka*, Bd. 89, # 476.

41 Tucci: *Tibetan Painted Scrolls*, Bd. II, S. 361; s. auch *L'Abhidharmakośa de Vasubandhu*, Bd. III, übers. v. Louis de La Vallée Poussin, Paris 1926, S. 49; W.Y. Evans-Wentz, *The Tibetan Book of the Dead*, Oxford 1927, S. 51. Nach Mkhas grub rje ging Śākyamuni durch einen einzigartigen »Zwischenzustand«, währenddessen er das Rad des Gesetzes drehte (seine erste Lehrrede hielt), nachdem er neunundvierzig Tage zuvor Erleuchtung erlangt hatte. Vgl. die Übers. v. F. D. Lessing und Alex Wayman: *Fundamentals of the Buddhist Tantras*, Den Haag 1968, S. 19.

4. *Bildnisse, Meditationen und rituelle Verehrung*

1 *Kūkai: Major Works*, übers. v. Yoshito S. Hakeda, New York 1972, S. 145–146. Die Sätze in Klammern sind Ergänzungen des Übersetzers.

2 Zweiter Teil, Übersetzung I.

3 Der Lapis besitzt eine Härte von 5 bis 6 auf der Mohs-Skala. Seine Masse besteht aus einer Art Granulat mit einem spezifischen Gewicht von 2,50 bis 3,00 (je nach Menge der Pyrit-Einschließungen). Vgl. Gemological Institute of America: *Colored Stones*, Bd. I, Los Angeles 1975, Kap. 16, S. 7. Mein technisches Wissen hinsichtlich des Lapislazuli-Steins selbst und seiner Fundorte entstammt zum größten Teil diesem umfangreichen Loseblatt-Kompedium.

4 Zusätzlich zu babylonischen Amuletten und Siegeln aus Lapislazuli wurden zahlreiche ägyptische Perlen aus der prädynastischen Periode aufgefunden. Vgl. Cyril Aldred: *Jewels of the Pharaohs*, New York 1971, S. 33–34.

5 Es gibt eine Reihe von Büchern, unglücklicherweise von unterschiedlicher wissenschaftlicher Zuverlässigkeit, die diese Aspekte behandeln, darunter: G. F. Kunz: *The Curious Lore of Precious Stones*, New York 1971, Originalausg. 1913, der sich mit den asiatischen und den alten nahöstlichen Traditionen ebenso auseinandersetzt wie mit den europäischen; B. Bhattacharyya: *Gem Therapy*, Calcutta 1958, der die traditionellen Hindu-Heilverfahren, die Edelsteine verwenden, untersucht (er ist gleichzeitig der bekannte Verfasser von *The Indian Buddhist Iconography)*; W. T. Fernie: *The Occult and Curative Powers of Precious Stones*, Blauvelt, New York, 1973, Originalausg. 1907, der sich im wesentlichen auf griechische und römische Quellen sowie auf die späteren europäischen Traditionen stützt.

6 Vgl. die Tabellen bei M. W. de Visser: *Ancient Buddhism in Japan*, Bd. II, Leiden 1935, S. 551–553, der die zwölf Yakṣas mit den Tierkreiszeichen in Verbindung bringt. Japanische ikonographische Darstellungen, die den Einfluß der chinesischen T'ang-Traditionen widerspiegeln, zeigen die zwölf Yakṣas häufig mit einem astrologischen Tiersymbol im Kopfschmuck eines jeden Generals.

7 Alex Wayman: »Notes on the three myrobalans«, in: *Phi Theta* Annual, Nr. 5, 1954–55, S. 67.

8 a. a. O., S. 64–65.

9 *The Lion's Roar of Queen Śrīmālā*, übers. v. Alex und Hideko Wayman, New York 1974, S. 52.

10 Wegen weiterer Einzelheiten über Asklepios vgl. C. Kerenyi: *Asklepios*, New York 1959, sowie W. A. Jayne: *The Healing Gods of Ancient Civilizations*, New York 1962, Neuaufl. d. Ausg. v. 1925. Zu den Tun-huang

Gemälden s. Nicole Nicolas-Vandier, et al.: *Bannières et Peintures de Touen-houang Conservées au Musée Guimet*, Bd. I u. II, Paris 1974–1976.

11 S. Abb. sechs. Auf diesem tibetischen Thangka hat der Künstler Mönche dargestellt, die eine Gaben-Pūjā darbringen, offensichtlich zum Nutzen eines reichen Wohltäters und seiner Familie. Die Szene befindet sich unmittelbar unterhalb des Thrones des Bhaiṣajya-guru und der beiden ihn begleitenden Bodhisattvas.

12 Zweiter Teil, Übersetzung II. Die Aufnahme dieses Rituals in den Text zeigt, daß die Verfasser des Sūtra von dem aufkommenden Mahāyāna-Kult der Verehrung der Schriften beeinflußt waren, in dem das geschriebene Werk als Sammelpunkt und Hort von Kraft, Schutz und Segen des Buddha gilt. Diese »Verehrung des Buches« wird besonders deutlich im *Lotus-Sūtra* und in anderen Werken dieser Tradition. Zu weiteren Informationen über diesen Aspekt der frühen Mahāyāna-Rituale s. Gregory Schopen: »The phrase ›sa pṛthivīgradeśaś caityabhūto bhavet‹ in the Vajracchedikā: notes on the cult of the book in Mahāyāna«, in: *Indo-Iranian Journal*, Nr. 17, 1975, S. 147–182.

13 Zweiter Teil, Übersetzung III.

14 a. a. O.

15 Sūtras, die die zahlreichen Segnungen besonders hervorheben, die man durch die Herstellung von Bildnissen und ihre Verehrung erfährt, gehörten zu den ersten Texten, die ins Chinesische übersetzt wurden, so z. B. *Das vom Buddha verkündete Sūtra über die Herstellung von Bildnissen der Buddhas (Fu-shuo tso fo-hsing-hsiang ching)*, T. XVI, 692, das wahrscheinlich gegen Ende der Han-Periode, im 2. Jahrhundert n. Chr. nach China gelangte.

16 Diese werden in einer Reihe anderer buddhistischer Texte genannt, so z. B. im *Hua-yen ching*, T. IX, 278, S. 680 C. Man nennt sie häufig die »Jünglinge von Gut und Böse«. Eine Untersuchung zu diesem Thema, insbesondere über ihre Verbindung mit dem Bodhisattva Kṣitigarbha, findet sich bei Michel Soymié: »Notes d'iconographie chinoise: Les acolytes de Ti-tsang«, in: *Arts Asiatiques*, Nr. 14, 1966, S. 45–78; 16, 1967, S. 141–170.

17 Diese innere Umwandlung und Neuerung ist natürlich kein ausschließlich buddhistischer Zug. Vergleicht man diese traditionelle buddhistische Wiedergabe des Sterbevorgangs, der anschließenden Beurteilung des Karma und der Rückkehr des Bewußtseins mit den zeitgenössischen Berichten über die persönlichen Erfahrungen von Menschen mit verschiedenstem Hintergrund, die klinisch »tot« waren und sodann ihr Bewußtsein wiedererlangten, so stellt man überraschende Ähnlichkeiten fest. S. Raymond A. Moody, Jr.: *Life After Life*, New York 1976.

18 Zweiter Teil, Übersetzung III.

19 a. a. O.

20 *Yao-shih liu-li-kuang ju-lai hsiao-tsai ch'u-nan nien-sung i-kuei*, Übers. unbekannt, T. XIX, 922, S. 208.

21 *Yao-shih ju-lai nien-sung i-kuei*, übers. v. Amoghavajra, T. XIX, 924A, S. 29B–30B; vgl. auch T. XIX, 922–928, S. 20B–67B. Die meisten dieser Texte empfehlen ähnliche Rituale und geben Varianten des Bhaiṣajyaguru-Mantra: *Namo bhagavate bhaiṣajya-guru-vaiḍūrya-prabhā-rājāya tathāgatāyārhate samyak-saṃbuddhāya tad yathā. Oṃ bhaiṣajye bhaiṣajye bhaiṣajya-symudgate svāhā;* s. auch meine Übersetzung III, S. 216.

22 Nach Dale Saunders trägt diese Mudrā ihren Namen, »weil diese Geste die Geschöpfe bindet und auf diese Weise verhindert, daß sie in Furcht oder Unglück fallen«; vgl. Saunders: *Mudrā*, New York 1960, S. 220.

23 T. XIX, 924A, S. 29B–C.

24 a. a. O., S. 29C–30.

25 Die drei Gifte sind Begierde, Haß und Unwissenheit. Der Kommentar zu dem Text identifiziert die Pflanze als *A-ru-ru* (Myrobalane) und bezeichnet sie als den »König unter den Arzneien«.

26 *Yao-shih ju-lai hsien-kuan chien-lüeh i-kuei* (»Zusammengefaßte Rituale zur Meditation über den Tathāgata ›Der Meister des Heilens‹«), hrsg. u. übers. v. Sun Ching-feng, Shanghai 1940, S. 2A–B. Es handelt sich wahrscheinlich um die chinesische Übersetzung eines rein tibetischen Sādhana.

27 *Shingon Buddhist Service Book*, Übers. unbekannt, Kōyasan, Japan 1975, S. 29; ebenso Yoritomi Motohiro: *Jōyō Shingon no Kaisetsu*, Tokio 1975, S. 358–359. John Blofeld erinnert sich, dieses Mantra während seiner frühen Studien des Shingon in Hongkong erlernt zu haben. Seiner Erinnerung nach lautet die sino-japanische Aussprache des Sanskrit: *Ong kalo kalo sendari matongi sawaka*. Nach Blofelds Aussage erweist sich dieses Mantra »als besonders wirkungsvoll zur Besänftigung von Furcht oder Hysterie anderer Menschen«; vgl. *Mantras: Sacred Words of Power*, New York 1977, S. 12.

28 Johannes Prip-Møller: *Chinese Buddhist Monasteries*, Hongkong 1968, S. 26.

29 Holmes Welch: *The Practice of Chinese Buddhism, 1900–1950*, Cambridge, Mass. 1967, S. 195–197.

30 a. a. O., S. 197.

31 a. a. O., S. 203.

32 Aus dem *Rin Lhan*, Bd. *Ga*, Folios 121a–2 bis 127a–6. Als Original für die Rohübersetzung diente eine Kopie dieses Textes, die sich in der Bibliothek der Universität von Kalifornien in Berkeley befindet.

33 Alex Wayman, Rohübersetzung, *Bhaiṣajya-guru, the Seven Brothers,* S. 3.

34 Die Sanskrit-Namen entsprechen den tibetischen Namen, wie sie in der Blockdruck-Serie der *Three Hundred Icons,* veröffentl. v. Lokesh Chandra, Neu-Delhi, enthalten sind. Ein Vergleich ergibt, daß die in dem Sādhana-Text beschriebenen Mudrās nicht völlig mit den in diesen Blockdrucken dargestellten übereinstimmen, wie es überhaupt geringfügige Abweichungen in der Darstellung dieser Gesten bei verschiedenen Kunstwerken gibt. Auch finden sich Unterschiede in der Farbgebung. L. A. Waddell: *The Buddhism of Tibet, or Lamaism,* Cambridge 1967, 2. Ausg., S. 354, gibt eine Liste der sieben heilenden Buddhas, die in jeder Hinsicht mit der Beschreibung des Sādhana-Textes übereinstimmt. Die einzige Ausnahme bildet die Körperfarbe des Buddha Suvarṇa-bhadra-vimala-ratna-prabhāsa, die er mit gelblich-weiß anstatt gelb-rot angibt.

35 Wayman, Rohübersetzung, *Bhaiṣajya-guru, the Seven Brothers,* S. 5.

36 a. a. O.

37 Es war mir nicht möglich, dieses Wesen zu identifizieren; Professor Wayman vertrat mir gegenüber die Ansicht, es könne sich um den Guru handeln, vor dem der Bhaiṣajya-guru ursprünglich die Bodhisattva-Gelübde ablegte.

38 Wayman, a. a. O., S. 6.

39 Zu weiteren Informationen über den Yung-ho-kung, darunter insbesondere zu Abhandlungen über die Gottheiten in den Eingangshallen sowie in Halle I und II, vgl. F. D. Lessing: *Yung-ho-kung,* Stockholm 1942.

40 F. D. Lessing, Rohmanuskripte, Bhaiṣajya-guru IV, 47a–b. Bei Lessing findet sich eine Liste von sieben der acht Opfergaben. Darüber hinaus liefert Mkhas grub rjes Kommentar zu den Opfergaben für verschiedene Riten den Hinweis, daß » . . . für Besänftigungsriten *(śāntika)* und ihre höhere Siddhi Gerste und Milch notwendig sind«. Vgl. *The Fundamentals of the Buddhist Tantras,* übers. v. F. D. Lessing und Alex Wayman, Den Haag 1968, S. 177: »Mit einiger Sicherheit ist Gerste die achte Opfergabe.« Alex Wayman bemerkt zu den Riten um den Altar des Bhaiṣajya-guru: »Der Kult des Bhaiṣajya-guru ist wahrscheinlich der bedeutendste unter allen Riten, die speziell der ›Besänftigung‹ dienen.« Vgl. Wayman: *The Buddhist Tantras,* New York 1973, S. 77.

41 Zitat aus Mkhas grub rje: *Fundamentals of the Buddhist Tantras,* übers. v. F. D. Lessing und Alex Wayman, a. a. O., S. 270, Fn. 1.

42 Lessing bemerkt (auf der Grundlage eines von ihm nicht benannten Manuskripttextes): »Der Bereich der Yum-chen-mo ist die Prajñā-pāramitā« (die Vollendung der unterscheidenden Weisheit); vgl. seine Rohmanuskripte, Bhaiṣajya-guru: Beschreibung des Maṇḍalas (B) S. 5. Auch Giuseppe Tucci identifiziert die Yum-chen-mo mit der weiblichen

Gottheit Prajñā-pāramitā, die gewöhnlich als ein Bodhisattva dargestellt wird; s. *Tibetan Painted Scrolls*, Bd. II, Rom 1949, S. 700, Fn. 620.

43 Lessing, a. a. O., S. 6.

44 An dieser Stelle möchte ich Professor Alexander C. Soper vom Institute of Fine Arts der Universität von New York danken, daß er mir Gelegenheit gab, die in seiner Sammlung befindlichen reproduzierten Rollbilder dieser Serie zu studieren.

45 Lessing, a. a. O., S. 2.

46 a. a. O., S. 4.

47 Vgl. B. C. Olschak und Thubten Wangyal: *Mystic Art of Ancient Tibet*, New York 1973, S. 38. Die Abbildungen sind jedoch auch hier so klein, daß sie nicht mehr als eine versuchsweise Identifikation zulassen.

48 Lessing, Rohmanuskripte, Bhaiṣajya-guru: Beschreibungen des Maṇḍalas (A), S. 2.

49 a. a. O., 2. Aufl., S. 3.

50 Zu weiteren Einzelheiten über die vier Hüter und ihre Heilfunktion, s. Lessing, *Yung-ho-kung*, S. 38–51.

51 Näheres über die Symbolik des Maṇḍala bei Alex Wayman: *The Buddhist Tantras*, S. 82–109, Kap.: »Symbolism of the Maṇḍala-Palace«. Dieses Kapitel gibt auf der Grundlage der Kommentarliteratur eine Einführung in die komplexe Symbolik, die der Konstruktion des Maṇḍala-Palastes zugrunde liegt. S. auch Giuseppe Tucci: *Tibetan Painted Scrolls*, Bd. I, S. 318–320, und ders., *Theory and Practice of the Mandala*, London 1969.

52 Lessings Aufzeichnungen basieren auf seinen Beobachtungen bei der Zeremonie im Yung-ho-Kung und seinem Studium des entsprechenden tibetischen Textes *A-ru-ra stom-mchod kyi 'don bsgrigs (Die Reihenfolge, in der man die Darbringung der Myrobalane in tausend Aspekten lesen soll)*. Sie finden sich in zwei Abschnitten seiner Rohmanuskripte: »Bhaiṣajya-guru Cult: Various Texts Analyzed and Annotated« (25 Seiten) und »Bhaiṣajya-guru Cult: Thousandfold Myrobalan Oblations – Analysis and Notes« (4 Seiten).

53 *A-ru-ra stom mchod kyi 'don bsgrigs*, Folio I, wie zitiert in Lessing, Rohmanuskripte, Bhaiṣajya-guru Cult: Thousandfold Myrobalan Oblation – Analysis and Notes, S. 1.

54 Ders., a. a. O., Folio 2 b, S. 3.

55 a. a. O.

56 a. a. O., Folios 2 b–3 b, S. 4.

57 Darunter sein ›Bhaiṣajya-guru Cult: *Mdun bskyed abhiṣeka*‹ (2 Seiten); ›Bhaiṣajya-guru Ritual: Summary of Observations‹ (2 Seiten); ›Bhaiṣajya-guru Cult: Consecration Text A‹ (2 Seiten); ›Bhaiṣajya-guru Cult: Various Texts Analyzed and Annotated‹ (25 Seiten) und ›Bhaiṣajya-guru

Cult: *Abhiṣeka* Text C, Observations and Analysis (7 Seiten).

58 Lessing, Rohmanuskripte, Bhaiṣajya-guru Cult: *Abhiṣeka* Text C, Observations and Analysis, S. 5.

59 Vgl. Beschreibung in Lessings Rohmanuskripten, Bhaiṣajya-guru: Destruction of the Maṇḍala (3 Seiten).

60 a. a. O., S. 2. Lessing durfte dieser Zeremonie nicht beiwohnen.

Zweiter Teil

Übersetzung I

1 Ein Bodhisattva ist ein Wesen, das auf dem Weg zur Buddhaschaft fortgeschritten ist und nach Erleuchtung strebt, um den anderen zu helfen. Eine mögliche Übersetzung des Wortes ist »Einer, dessen Wesen Erleuchtung *(bodhi)* ist« (vgl. Christopher George: *The Caṇḍamahāroṣaṇa Tantra*, New Haven 1974, S. 44, Fn. 1). Mahāsattva, »Großes Wesen«, ist ein Beiname für einen Bodhisattva (der das Wesen des Geistes unmittelbar erkannt hat; Anm. d. Übers.). Soweit allgemein bekannt, werden die Sanskrit-Formen der Namen der Bodhisattvas in Klammern angegeben.

2 Die Zehn Richtungen sind die vier Haupthimmelsrichtungen (Norden, Süden, Osten, Westen), die vier Nebenhimmelsrichtungen (Nord-West usw.), der Zenit und der Nadir.

3 Die Licchāvis waren *Kṣatriyas* (Krieger), die den Stadtstaat um Vaiśālī gründeten.

4 Das chinesische Wort lautet *ch'ang-che* und findet gemeinhin als Übersetzung von zwei Sanskrit-Begriffen Verwendung: *gṛhapati* »Familienvater« und *śreṣṭhin* »ein hochgestellter oder einflußreicher Mensch, ein reicher Mensch«. Ich habe es hier als »Ältester« übersetzt, jedoch schien im späteren Abschnitt des Sūtra, der das vergangene Leben der Bodhisattvas wiedergibt, »reicher Mann« oder »reicher Wohltäter« eine angemessene Übersetzung zu sein.

5 Die Sieben Kostbarkeiten sind Gold, Silber, Lapislazuli, Quarzkristall, Achat, Rubine oder Perlen mit rosafarbenem Schimmer, und Karneol. Diese Liste weist innerhalb der verschiedenen Traditionen geringfügige Unterschiede auf.

6 Lamotte übersetzt *Śūraṃgama-samādhi* als »Konzentration des heroischen Weges« und erklärt, jemand, der diesen Samādhi aufrecht erhalten könne, gehe überallhin wie ein Held *(śūra)*, dem kein Widerstand entgegengesetzt werde. Eine andere mögliche Erklärung für diesen Namen

besteht darin, daß dieser Samādhi die Erfahrung eines Helden, eines Buddha oder Bodhisattva, ist. Vgl. E. Lamotte: »La Concentration de la marche héroique« *(Śuraṃgamasamādhisūtra), Mélanges Chinois et Bouddhiques,* Nr. XIII, Brüssel 1965, S. 1. Das Sūtra selbst liefert den Hinweis, daß Bodhisattvas auf der zehnten Stufe (der höchsten in der Entwicklung eines Bodhisattva) diesen Samādhi erlangen. Vgl. R. E. Emmerick: *The Khotanese Śūraṃgama samādhi-sūtra,* London 1970, S. XV.

7 *Hua-fo* ist das chinesische Äquivalent des Sanskrit-Begriffes *nirmāṇa buddha,* der die sichtbare Manifestation eines Buddha bezeichnet. Buddhas sowie Bodhisattvas, die die höchsten Stufen ihrer geistigen Entwicklung erreicht haben, besitzen die Fähigkeit, sich in jedem Bereich des Universums nach ihrem Wunsch zu manifestieren.

8 Der wunderbare wunscherfüllende Edelstein.

9 Abhiṣeka ist eine esoterische Methode der Einweihung, in deren Verlauf geweihtes Wasser auf die Stirn des Einzuweihenden gesprengt wird. »Süßer Tau« ist die wörtliche Übersetzung des chinesischen Begriffes für *amṛta,* den göttlichen Nektar.

10 Die Zehn heilsamen Vorschriften beinhalten das Verbot, die zehn negativen Handlungen zu begehen. Diese erstrecken sich auf Fehlverhalten des Körpers, der Rede und des Geistes: Töten, Stehlen, sexuelles Fehlverhalten; Lügen, Verleumdung, grobe, verletzende Worte, eitles Geschwätz; Habgier, Bosheit und falsche Ansichten.

11 Dieser Begriff bezeichnet eine Anzahl, die so groß ist, daß sie ihrem Wesen nach unzählbar ist.

12 Eine *Dhāraṇī* (wörtl. »voll erfassend«) besteht aus einem Satz oder einer Reihe von Sätzen, denen eine große Kraft innewohnt. Sie dient insbesondere zur Anrufung spiritueller Kräfte. Auch verkörpert sie in verbaler Form das Wesentliche eines spirituellen Prinzips oder Wesens, so daß die Übermittlung einer Dhāraṇī an einen Schüler die Übertragung des wesentlichen Inhalts einer Belehrung in esoterischer Form sein kann.

13 Auf diese tausend Buddhas wird im *Bhadra-kalpa-Sūtra* näher eingegangen, das zu Anfang des vierten Jahrhunderts von Charmarakṣa ins Chinesische übersetzt wurde (T. XIV, 425).

14 Ānanda, ein enger Schüler Śākyamunis, konnte lange nach dessen Parinirvāṇa alle mündlichen Belehrungen des Buddha, die er gehört hatte, aus dem Gedächtnis rezitieren.

15 Brahmā ist der Schöpfer und Herrscher des Universums; einen solchen König Brahmā gibt es in jedem der zahlreichen Universa.

16 Zwar würde die wörtliche Übersetzung »Glanz des Sandelholz-Edelsteines« lauten, jedoch ähnelt die Aussprache stark Cintāmaṇi, so daß wahrscheinlich der wunscherfüllende Edelstein gemeint ist.

17 Ein Yojana entspricht der Länge von mehreren Kilometern.

18 Die drei Zeitalter der Lehren sind das Zeitalter der unverfälschten Lehren, das der nachgeahmten Lehren (während dessen die Lehren nicht mehr vollständig sind und eher die Form denn der Inhalt erhalten bleibt) und das Zeitalter des Niedergangs der Lehren, während dessen ihre tiefe Bedeutung verlorengeht. Zu diesem Zeitpunkt, in dem die Lehren verschwunden sind, erscheint ein neuer Buddha, der wiederum den Weg zur Befreiung aufzeigt.

19 Der Sanskritbegriff *gartha* erstreckt sich in seiner Bedeutung sowohl auf den Schoß wie auch auf den Embryo, der in diesem heranwächst. In übertragenem Sinne bezieht er sich auf das Wesen oder die Natur eines Gegenstandes.

20 *Anutpattikadharmakṣanti.* Wer diese Art von Geduld erreicht hat, wird nicht länger verwirrt durch den Strom der traumgleichen Erscheinungen *(dharmas).* Freier ließe sich dieser Begriff auch übersetzen als die Geduld, die aus der Erkenntnis erwächst, daß die Dinge *(dharmas)* ungeboren sind. Edward Conze übersetzt auf der Grundlage seiner Kenntnisse der Prajñā-pāramitā-Literatur *anutpattikadharmakṣānti* mit »dem geduldigen Annehmen aller Dharmas als nicht geschaffen«. Vgl. Conze: *Materials for a Dictionary of the Prajñā-Pāramitā Literature,* Tokio 1967, S. 31–32; weitere Hinweise s. Alex und Hideko Wayman: *The Lion's Roar of Queen Śrīmālā,* New York 1974, S. 75, Fn. 39, und D. T. Suzuki: *Studies in the Laṅkāvatāra-Sūtra,* London 1930, S. 125–126; 380–381.

21 Die letzte Zeile dieses Verses ist eine freie Übersetzung in Anlehnung an die Bedeutung, wie sie im *Ting Fu-pao, Fo-hsüeh ta-tz'u-tien,* Taipei, Neudr. 1977, Bd. I, S. 309 A–B gegeben wird.

22 Der Text scheint an dieser Stelle lückenhaft zu sein, diese Wiedergabe stellt deshalb einen Versuch dar. *Liu-li* habe ich hier mit »Glas« übersetzt, eine Verwendung des Begriffes, die in einer Reihe von chinesischen Texten gebräuchlich ist, und nicht mit Lapislazuli, wie sonst in den buddhistischen Texten üblich, da seine Farbe als weiß angegeben wird.

23 D. h. zweimal die Größe eines gewöhnlichen Menschen.

24 Die »Ursachen und Bedingungen des grundlegenden Verhaltens« beziehen sich auf das durch das Verhalten während vergangener Leben hervorgerufene Karma sowohl in seiner offenkundigen Manifestation wie auch in seinen subtileren Aspekten.

25 Die Sechs Vollendungen (oder *pāramitās*) des Bodhisattva-Weges beinhalten die Vollendung des Gebens, des ethischen Verhaltens, der Geduld, des Fleißes, der Meditation und der Einsicht.

26 Die Zwölf Dhūtas umfassen die asketischen Übungen, die zu einer Haltung des Nicht-Haftens an Kleidung, Nahrung und Wohnung führen.

Die Wortbedeutung ist »Abschütteln« weltlichen Haftens. Die Übungen sind die folgenden: 1. im Wald leben; 2. jeden Platz annehmen, den man zugewiesen erhält; 3. von Almosen leben; 4. nur einen Sitzplatz haben für das Einnehmen der Mahlzeiten und für die Meditation; 5. bescheidene Kleidung tragen; 6. nur zu bestimmten Zeiten essen (nicht nach Mittag); 7. Kleidung aus abgelegten Lumpen tragen; 8. höchstens drei Gewänder sein eigen nennen; 9. in oder in der Nähe einer Begräbnisstätte leben; 10. unter einem Baum leben; 11. unter freiem Himmel leben; 12. im Sitzen schlafen.

27 Ein »Tod zur Unzeit« ist ein gewaltsamer Tod oder ein plötzlicher aufgrund »unnatürlicher Ursachen«. Vgl. Übersetzung III, die nähere Informationen über die Neun Arten des Todes zur Unzeit enthält.

28 Ein *Śrāvaka* (wörtl.: Hörer) ist ein Schüler des Buddha, der dadurch, daß er dessen Belehrungen hört, nach Erleuchtung nur für sich selbst strebt. Ein Pratyekabuddha erlangt auf sich selbst gestellt, ohne sich auf einen Lehrer zu stützen, Erleuchtung und verwirklicht dieses Ziel ebenfalls ausschließlich um seiner selbst willen.

29 Eine Art Edelstein oder schimmernde Perle. Es mag sich ursprünglich um ein glückverheißendes Schmuckstück der Gottes Indra handeln. Hui-liu vertritt die Ansicht, daß dieses den Kopf zierende Schmuckstück aus Lapislazuli bestehe. Vgl. *I-ch'ieh-ching yin-i,* T. LIV, 2128, S. 317 C.

30 Töten, Stehlen, sexuelles Fehlverhalten und Lügen.

31 Mord am eigenen Vater, an der eigenen Mutter, an einem Arhat, das Blut eines Buddha vergießen und Zerstörung der Harmonie des Saṃgha.

32 Die wörtliche Übersetzung lautet: »Dasjenige, was schlicht ist, was keine prachtvollen Verzierungen besitzt«, ein Hinweis darauf, daß in diesem Samādhi ein ungeschaffener Zustand erreicht wird.

33 Die Vier Arten der Achtsamkeit sind Achtsamkeit demgegenüber, daß: 1. der Körper unrein ist; 2. alle Gefühle und Bewußtseinsregungen Leid sind; 3. der Geist vergänglich ist; 4. alle Dinge kein Eigenwesen besitzen.

34 1. Negativität am Entstehen hindern; 2. bereits vorhandene Negativität beseitigen; 3. Heilsames hervorbringen; 4. bereits vorhandenes Heilsames fördern und stärken.

35 Har Dayal beschreibt diese in *The Bodhisattva Doctrine in Sanskrit Buddhist Literature,* London 1931, S. 106 wie folgt: »Ein Bodhisattva entwickelt (oder pflegt) den ersten *ṛddhi-pada* durch die Vereinigung eines starken Willens oder Verlangens *(chanda)* mit den formenden Kräften der Konzentration und des Bemühens.

Er entwickelt den zweiten *ṛddhi-pada* durch die Vereinigung des Denkens *(citta)* mit den formenden Kräften der Konzentration und des Bemühens.

Er entwickelt den dritten *ṛddhi-pada* durch die Vereinigung von Fleiß *(vīrya)* mit den formenden Kräften der Konzentration und des Bemühens.

Er entwickelt den vierten *ṛddhi-pada* durch die Vereinigung der Untersuchung der Dinge *(mimaṃsa)* mit den formenden Kräften der Konzentration und des Bemühens.«

36 Die Fünf Geistesfähigkeiten sind Vertrauen, Streben, Achtsamkeit, Samādhi und Einsicht. Die fünf Kräfte sind die entwickelten Aspekte dieser Geistesfähigkeiten.

37 Die Sieben Glieder der Erleuchtung sind Achtsamkeit, Untersuchung der Dharmas, Streben, Freude, Ruhe, Samādhi und Gleichmut.

38 Richtige Sicht, richtiges Streben, richtige Rede, richtiges Handeln, richtige Lebensführung, richtiges Bemühen, richtige Achtsamkeit und richtige Meditation.

39 Harmonie des Verhaltens während der rituellen Handlungen; Harmonie der Stimme während des Gesangs; Harmonie des Gedankens in gemeinsamem Glauben; Harmonie der Sicht hinsichtlich des Verständnisses der Lehren; wirtschaftliche Harmonie hinsichtlich des Umgangs mit materiellen Gütern.

40 Die Sechs Gedanken, die man pflegen soll, sind: Buddha, Dharma, Saṃgha, Ethik, Großzügigkeit und die Gottheiten.

41 Die Zwölf Phasen des Zustandekommens von Saṃsara sind: Unwissenheit, karmische Impulse, Wahrnehmung, Name und Form (die fünf *skandhas*), die sechs Sinnesorgane, Kontakt, Gefühl, Begierde, Haften, Werden, Geburt, Alter und Tod.

42 Die Drei Fesseln, Schranken oder Hindernisse sind: 1. die »Gifte« der Begierde, der Abneigung und der Unwissenheit; 2. begangene Taten und 3. die karmischen Auswirkungen dieser Taten.

43 Die Zehn reinen Kräfte bestehen in dem vollkommenen und zutreffenden (»Ganz wie es ist«) Wissen um: 1. den Zustand der Dinge und die Art, wie sie erscheinen; 2. die karmischen Auswirkungen vergangenen, zukünftigen und gegenwärtigen Verhaltens und um die Art des Verhaltens selbst; 3. die Elemente der Welt; 4. die Vielzahl der Anlagen und Wünsche der Wesen; 5. den Grad der Fähigkeiten der Wesen; 6. den überallhin führenden Weg; 7. die Vielzahl der meditativen Zustände, deren Hindernisse, Reinigung und die Bedingungen, mit deren Hilfe man sie in ihrer reinen Form erlangt; 8. die eigenen vergangenen Leben. 9. Mit Hilfe des göttlichen Auges kennt man Tod und Wiedergeburt der Wesen, wie diese wirklich sind. 10. Dadurch, daß man das »Ausfließen« verhinden kann, weilt man im Zustand der Erkenntnis der Soheit, der Emanzipation von Herz und Geist. Vgl. Edward Conze: »List of Buddhist terms«, in: *The Tibet Journal*, Nr. I, 1975, S. 47–48.

1 Diese einleitenden Sätze finden sich in den Versionen der Sanskrit-Manuskripte des *Bhaiṣajya-guru vaiḍūrya-prabha-rāja-sūtram*, hrsg. v. Nalinaksha Dutt: *Gilgit Manuscripts*, Bd. I, Srinagar, Kaschmir, 1939, S. 1 (soweit nicht anders angegeben, entsprechen die Seitenzahlen denen des Sanskrit-Textes). Der chinesische Text, der im wesentlichen Grundlage dieser Übersetzung ist, wurde im Jahre 765 n. Chr. abgeschrieben. Er wurde zu Anfang dieses Jahrhunderts von Sir Mark Aurel Stein in Tun-huang aufgefunden und befindet sich nun in der Sammlung des Britischen Museums (Stein ms. 2616, Giles catalog 3574).

2 Während der Sanskrit-Text (S. 2) die Bezeichnung *arhat* enthält, findet sich im chinesischen Text (S. 405 A) nur die Hälfte der Zeichenkombination, die diesen Begriff wiedergibt (*Ying* statt *Ying-kung*). Diese besondere Auslassung taucht in zahlreichen Schriften über den Heilenden Buddha auf, darunter auch in dem *Sūtra über die Früchte der grundlegenden Gelübde der sieben Meister des Heilens, der Buddhas im Lapislazuli-Glanz* (T. 451).

3 Es gibt eine Reihe von – nur geringfügig unterschiedlichen – Listen dieser 32 Zeichen und 80 Schönheitsmale. Alex Waymans Artikel »Contributions regarding the thirty-two characteristics of the great person«, *Sino-Indian Studies*, Nr. V, 1957, Liebenthal-Festschr., S. 243–260, enthält den Hinweis, daß die Analyse der Merkmale oder Zeichen *(lakṣana)* des Körpers, um das Schicksal eines Kindes vorherzusagen, eine schon in vorbuddhistischer Zeit in Indien gebräuchliche Methode war. Die 32 Zeichen eines Mahāsattva, wie sie in der buddhistischen Kunst häufig dargestellt werden, sind u. a. der Uṣṇīṣa, eine Erhebung auf dem Scheitelpunkt des Kopfes, das Zeichen für Autorität; die Ūrṇā, eine silbrige Haarlocke zwischen den Augenbrauen (auf Bildnissen oft dargestellt als eine leichte Wölbung an der Stelle, wo sich das »dritte Auge« befindet); Dharma-Räder auf den Handflächen und Fußsohlen und ein Netz aus Licht zwischen den Fingern und Zehen.

4 Keine Fehler begehen, sich in nutzbringender Weise verhalten und danach streben, allen Wesen zu helfen und ihnen Gutes zu tun.

5 Dieses Gelübde bezieht sich auf zwei Aspekte: zum einen auf die körperlichen Schwierigkeiten und Leiden, denen Frauen in einer Zeit ausgesetzt waren, in der es nur primitive Methoden der Heilbehandlung gab; zum anderen auf den offensichtlich niedrigen sozialen Status der Frau in der Gegend, in der dieser Text verfaßt wurde, näheres s. S. 97.

6 Wörtl.: »Es gab keine Frauen dort«. Meine übertragene Wiedergabe dieses Satzes beruht auf der Ermutigung aller »guten Söhne und Töchter«, zu versprechen, in diesem reinen Land wiedergeboren zu werden,

wie sie nur zwei Abschnitte später im gleichen Text auftaucht.

7 Gold, Silber, Lapislazuli, Quarzkristall, Achat und Rubin oder Amethyst.

8 Die Acht Gelübde erstrecken sich auf: nicht töten, nicht stehlen, kein sexuelles Fehlverhalten, nicht lügen, keinen Alkohol trinken, Verzicht auf Schmuck und Schminken, auf einer Matte auf dem Boden schlafen und nach 12.00 Uhr keine Nahrung mehr zu sich nehmen.

9 Die Namen der acht Bodhisattvas sind: Mañjuśrī, Avalokiteśvara, Mahāsthāmaprāpta, Akṣayamati, »Kostbare Sandelholz-Blüte« (dieser Bodhisattva ist relativ unbekannt, für seinen Namen existiert kein Sanskrit-Äquivalent), Bhaiṣajya-rāja, Bhaiṣajya-samudgata und Maitreya. Zwar werden diese Bodhisattvas in der chinesischen Fassung und in der Sanskrit-Version dieses Sūtra nicht namentlich aufgeführt; ihre Namen finden sich jedoch im zwölften Kapitel des *Abhiṣeka-Sūtra*, T. XXI, 1131, S. 534A.

10 Dieser Abschnitt ist weder in der in Tun-huang aufgefundenen Übersetzung von Hsüan-tsang enthalten, noch in den Sanskrit-Manuskript-Fragmenten. Er findet sich jedoch in geringfügig abweichender Form in der späteren, erweiterten Version dieses Sūtra, in der Schrift über die sieben heilenden Buddhas (Übersetzung IV). Auch taucht er in einer beträchtlichen Anzahl moderner Fassungen dieses Sūtra auf, wie sie unter den chinesischen Buddhisten verbreitet sind, u. a. in einer Version, die sich in meinem Besitz befindet und kürzlich in Hongkong veröffentlicht wurde; in Walter Liebenthals Übersetzung *The Sūtra of the Lord of Healing*, Peking 1936, und in einer chinesischen Version des Sūtra, die um 1930 in Peking verbreitet war und Teil der Sammlung des verstorbenen Professors F. D. Lessing ist.

11 Dies läßt sich annähernd wie folgt wiedergeben: »Ich verehre den Tathāgata, den Arhat, den Vollkommen Erleuchteten, den erhabenen Meister des Heilens, den König im Lapislazuli-Glanz: Ehre sei dem Heilen, dem Heilen, dem höchsten Heilen!«

12 *Hsing-chu* ist die Entsprechung des Sanskrit-Begriffes *gocara* (Bereich, Ort, Wirkungsfeld, vgl. den Sanskrit-Text, S. 21).

13 *Chiu-t'o* ist das Äquivalent des Sanskrit-Begriffes *trāṇamukta*, vgl. Sanskrit-Text, S. 23.

14 Der Begriff »zur Unzeit« hat auch die Bedeutung »gewaltsam«.

15 *Pañcāntarya:* Mord am Vater, an der Mutter, das Töten eines Arhat, das Blut eines Buddha vergießen, Zerstörung der Eintracht des Saṃgha.

16 Diese sind eine versuchsweise Wiedergabe auf der Grundlage des traditionellen sino-japanischen Verständnisses dieses Textes. Zu Varianten vgl. die Sanskrit-Ausgabe Dutts sowie seine Anmerkungen, S. 29–30.

Übersetzung IV

1 Soweit identifizierbar, wurden die Sanskrit-Formen der Bodhisattva-Namen in Klammern angegeben.

2 Wie in Übersetzung III, ist auch hier der Begriff »Arhat« mit dem Zeichen *ying*, statt des üblicheren *ying-kung* wiedergegeben.

3 Da andere Abschnitte den klaren Hinweis enthalten, daß Nonnen und Laien weiblichen Geschlechts ebenso wie Mönche und Laien männlichen Geschlechts geloben sollten, in diesen Bereichen wiedergeboren zu werden, wurde der Satz: »Es gibt keine Frauen dort« durchgängig übersetzt als »Er ist frei von Versuchung«.

4 Wörtl.: »zerbrochene Ziegel«.

5 Wörtl.: »durch diese Kraft«; genauer gesagt bedeutet dies: »durch die Kraft des Glaubens, den die Menschen entwickeln und durch den spirituellen Einfluß oder Segen, mit dem der Buddha diesen Glauben erwidert«. Um der Klarheit willen und mit Rücksicht auf die knappe Ausdrucksweise des chinesischen Satzes wurde dies durchgängig übersetzt als »durch meinen spirituellen Einfluß«.

6 Die *Pāramitās* des Bodhisattva-Weges sind die Vollendung des Gebens *(dāna)*, die Vollendung der Moral *(śīla)*, die Vollendung der Geduld *(kṣānti)*, die Vollendung des Fleißes *(vīrya)*, die Vollendung der Meditation *(dhyāna)* und die Vollendung der Einsicht *(prajñā)*.

7 Dies bezieht sich auf den *Cintāmaṇi*-Edelstein, der bekannt ist als das »wunscherfüllende Juwel«.

8 Mönche und Nonnen, die die Sechs Gelübde einhalten; männliche und weibliche Novizen, die die geringeren Gelübde einhalten und männliche und weibliche Laien, die die Fünf Gelübde einhalten.

9 Der Bereich der Buddhas Amitābha und Amitāyus.

10 Diese beziehen sich auf menschliche Daseinsformen, in denen man die folgenden »Zehn Arten der Muße« nicht hat: die intakten Organe eines Mannes oder einer Frau; eine Geburt in einem Land der Mitte (wo es Menschen gibt, die den Dharma lehren); vollständige und intakte Sinnesorgane; richtigen Glauben; nicht in diesem Leben eine der Fünf unermeßlich negativen Handlungen begangen zu haben (vgl. Fn. 19); ein Buddha ist in der Welt erschienen; er lehrt den Dharma; die Lehren sind noch vollständig in der Welt erhalten; es gibt Anhänger dieser Lehren; es gibt Mitmenschen, die diesen aus Liebe und Mitgefühl ihre Unterstützung gewähren.

11 Madhyadeśa, im Zentrum Nordindiens.

12 Die eisernen Berge bilden die äußere Begrenzung des Universums, das sie wie ein Ring umschließen. Zu einer Darstellung des Universums, wie es der buddhistischen Vorstellung entspricht, s. Jamgon Kongtrul, *Das*

Licht der Gewißheit, Freiburg i. Brsg. 1979.

13 Der Text enthält hier eine beträchtliche Abweichung von Übersetzung III, wo es heißt, die Frau werde in ihrem nächsten Dasein als Mann wiedergeboren.

14 S. 311 Übersetzung III, Fn. 8.

15 Übers. als: »Ich verehre den erhabenen Meister des Heilens, den König im Lapislazuli-Glanz, den Tathāgata, den Arhat, den Vollkommen Erleuchteten: Ehre sei dem Heilen, dem Heilen, dem Höchsten Heilen!«

16 An dieser Stelle scheinen im Text einige Schriftzeichen zu fehlen. Wörtlich heißt es: »jenseits dieser Sandkörner im Strom des Ganges«. Wahrscheinlich lautete es ursprünglich: »jenseits von Buddha-Bereichen, die so zahlreich sind wie die Sandkörner im Strom des Ganges«; T. XIV, 451, S. 416C.

17 *Sahāloka,* die Welt des Ertragens, d. h. diese Welt; vgl. Suzuki, *Studies in the Laṅkāvatāra Sūtra,* London 1930, S. 452.

18 Wörtl.: »sie befragten sich gegenseitig«, S. 416 C.

19 *Pañcātarya:* Mord am Vater, an der Mutter, an einem Arhat, das Blut eines Buddha vergießen und die Harmonie des Saṃgha zerstören.

Literaturverzeichnis

A. Buddhistische Texte in asiatischen Sprachen

1. Texte über die heilenden Buddhas und Bodhisattvas:

Amoghavajra, Übers.: *Yao-shih ju-lai nien-sung i-kuei*, T. XIX, 924A.

–: *Yao-shih ju-lai nien-sung i-kuei*, T. XIX, 924B.

Dharmagupta, Übers.: *Yao-shih ju-lai pen-yüan ching*, mit einem Vorwort von Hui-chü, T. XIV, 449.

Dharmarakṣa, Übers.: *Cheng-fa lien-hua ching*, T. IX, Kap. zehn.

Dutt, Nalinaksha, Hrsg.: *Gilgit Manuscripts*, Bd. I. Srinagar, Kaschmir 1939 (Sanskrit-Ausgabe des *Bhaiṣajya-guru-Sūtra*).

Hsüan-tsang, Übers.: *Yao-shih liu-li kuang ju-lai pen-yüan kung-te ching*, T. XIV, 450.

I-ching, Übers.: *Yao-shih liu-li-kuang ch'i-fo pen-yüan kung-te ching*, T. XIV, 451.

Kālayaśas, Übers.: *Fo-shuo kuan yao-wang yao-shang liang-p'u-sa ching*, T. XXI, 1161.

Sha-lo-pa, Übers.: *Yao-shih liu-li-kuang-wang ch'i-fo'pen-yüan kung-te ching nien-sung i-kuei*, T. XIX, 925.

–: *Yao-shih liu-li-kuang-wang ch'i-fo pen-yüan kung-te ching nien-sung i-kuei kung-yang fa*, T. XIX, 926.

Śrīmitra, Übers.: *Fo-shuo kuan-t'ing ching*, T. XXI, Kap. zwölf.

Sun Ching-feng, Hrsg. u. Übers.: *Yao-shih ju-lai hsien-kuan chien-lüeh i-kuei*, Shanghai 1940.

Übers. unbekannt: *Yao-shih i-kuei i-chu*, T. XIX, 924C.

Übers. unbekannt: *Yao-shih liu-li-kuang ju-lai hsiao-tsai ch'u-nan nien-sung i-kuei*, T. XIX, 922.

Vajrabodhi, Übers.: *Yao-shih ju-lai kuan hsing i-kuei fa*, T. XIX, 923.

Vira, Raghu und Chandra, Lokesh, Hrsg.: *Gilgit Buddhist Manuscripts (Facsimile Editions)*, T. 8, Neu-Delhi 1974, *Śata-piṭaka series*, Bd. 10:8.

2. Verwandte Texte

Kumārajīva, Übers.: *Miao-fa lien-hua ching*, T. IX, 262.

–, Übers.: *Wei-mo-chieh so-shuo ching*, T. XIV, 475.

Wogihara, U. und Tsuchida, C., Hrsg.: *Saddharmapuṇḍarīka-sūtram*, Tokio 1933–1935.

B. Buddhistische Texte in westlichen Sprachen

Bendall, Cecil und Rouse, W. H. D., Übers.: *Śāntideva's Śiksāsamuccaya,* Delhi 1971.

Benveniste, E.: *Textes Sogdiens: Mission Peeliot en Asie Centrale,* Bd. III, Paris 1940.

Conze, Edward, Übers.: *The Perfection of Wisdom in Eight Thousand Lines,* Blinas, Calif., 1973.

Cowell, E. B., Hrsg.: *Buddhist Mahāyāna Texts,* Oxford 1894.

Emmerick. R. E., Übers.: *The Sūtra of the Golden Light,* London 1970.

Evans-Wentz, W. Y., Übers.: *The Tibetan Book of the Dead,* Oxford 1927.

George, Christopher S., Übers.: *The Caṇḍamāhāroṣaṇa Tantra,* New Haven 1974.

Hakeda, Yoshito S., Übers.: *The Awakening of Faith, Attributes to Asvaghosha,* New York 1967.

–: *Kūkai: Major Works,* New York 1973.

Hare, E. M., Übers.: *Woven Cadences of the Early Buddhists,* London 1944.

Horner, I. B., Übers.: *The Book of the Discipline,* Bd. I–IV, London 1938–1951.

–, Übers.: *The Middle Length Sayings,* Bd. I–II, London 1954–1959.

Hurvitz, Leon, Übers.: *Scripture of the Lotus Blossom of the Fine Dharma,* New York 1976.

Katō, Bunnō, et al., Übers.: *The Threefold Lotus Sūtra,* New York und Tokio 1975.

Lamotte, Etienne, Übers.: *L'Enseignement de Vimalakīrti,* Louvain 1962.

Lessing, Ferdinand D. und Wayman, Alex, Übers.: *Mkhas grub rje's Fundamentals of the Buddhist Tantras,* Den Haag 1968.

Liebenthal, Walter, Übers.: *The Sūtra of the Lord of Healing,* Peking 1936.

Norman, K. R., Übers.: *The Elder's Verses,* Bd. I–II, London 1968, 1971.

Pe Maung Tin, Übers.: *Buddhaghosa's Bisuddhimagga, The Path of Purity,* London 1971.

Rhys Davids, Caroline, Übers.: *Kuddaka-Patha, The Minor Anthologies of the Pāli Canon,* Bd. I, London 1938.

–: *Psalms of the Early Buddhists,* London 1964.

–: u. Rhys Davids, T. W., Übers.: *Dialogues of the Buddha,* Bd. II u. III, London 1910, 1921.

–: u. Suriyagoda Sumangala Thera, Übers.: *The Book of Kindred Sayings,* Bd. I, London 1917.

–: u. Woodward, F. H., Übers.: *The Book of Kindred Sayings,* Bd. II, London 1922.

Rhys Davids, T. W., Übers.: *Dialogues of the Buddha,* Bd. I, London 1889.

–: *The Questions of King Milinda,* Bd. I u. II, New York 1903.

Thurman, Robert A. F., Übers.: *The Holy Teachings of Vimalakīrti*, University Park, Penn., 1976.
Übers. unbekannt: *Shingon Buddhist Service Book*, Koyasan 1975.
Wayman, Alex und Hideko, Übers.: *The Lion's Roar of Queen Śrīmāla*, New York 1974.
Wayman, Alex, Übers.: *Bhaiṣajya-guru – The Seven Brothers*, Manuskript einer Rohübersetzung des *Rin Lhan*, Bd. Ga, Folios 121a–2 bis 127 a–6.

Register

Abhidharmakośa 108
Abhiṣeka 155–158, Erläuterung s. 304, Anm. 9
Abhiṣeka-Sūtra 84, 85
Achtsamkeit, die vier Ebenen der 188, Erläuterung s. 306, Anm. 33
Adhimutta 39
Adhiṣṭhāna 143
Amṛta 123, 159
Ānanda 45, 75, 80, 164 ff.; s. auch 304, Anm. 14
Anstrengung, die Vier richtigen Arten der 188, Erläuterung s. 306, Anm. 34
Antarabhāva (Tib: *bar-do*) s. Zwischenzustand
An-yang, Fürst von 63
Arciṣmati (die Lodernde) 57
Arhat 59, 201
Asaṃkhyeya 54, 167, 173 ff., Erläuterung s. 304, Anm. 11
Asaṅga 56
Asavas 24
Aśoka (Felsenedikt) 26
Assaji 29–30
Aṣṭasāhasrikā-prajñāpāramitā-sūtra 93
Asura 65
Avīci-Hölle 281

Bcom ldan 'das sman bla dbe gdegs brgyad kyi sgrub dkhyil yongs rdsogs bsgrigs pa gśhan phan 'od źer 147
Benveniste, E. 90
Besson Zakki 126
Bhagavan (Buddha) 142
Bhaiṣajya-guru (Buddha) 79 ff.; Bereich (Reiner Lapislazuli) 98, 206, 210; Bildnisse 117 ff.; Dhāraṇī 216; Gefolge 100–101, 121–127, 124 (kosmische Symbolik), 141–142, 147; Maṇḍala 143–159; Mantra 136–137, 138; Mudrā 125; seinen Namen vernehmen 210–216; Symbole 124; Visualisierung 135–136
Bhaiṣajya-guru-Sūtra, Hsüan-tsang-Version 93 ff., 127, übers. 205–230; Hui-chien-Version 86 f., 97; I-ching-Version 105 ff., 139–143, übers. 231–286; Quellen 79–92
Bhaiṣajya-rāja 44 ff.; als zukünftiger Buddha »Reines Auge« 69, 77, 173, 197; Betrachtung des 69–71, 175–180; Dhāraṇī 168; frühere Leben 52–54, 57–59, 75–77, 190–199; seinen Namen vernehmen 167
Bhaiṣajya-rāja (Begriff) 44–45
Bhaiṣajya-samudgata 44 ff.; als zukünftiger Buddha Vimalagarbha 69, 77, 174, 199; Betrachtung des 71–75, 180–190; Dhāraṇī 169; frühere Leben 75–77, 190–199; seinen Namen vernehmen 167
Bodhicitta 105
Bodhipakkhiya dhammas (*Bodhipakṣya dharmas*; die 37 Faktoren, die zur Erleuchtung führen) 39, 74, 239; Erläuterung s. 290, Anm. 43
Bodhiruci 83
Bodhisattva 35, Erläuterung s. 303 Anm. 1
Bodhisattva-mahāsattva 66, 69, 163, Erläuterung s. 303, Anm. 1
Bodhisattva-piṭaka 45
Bodhisattvas: Avalokiteśvara 48, 103; Candravairocana (oder Candraprabha) s. Bhaiṣajya-guru: Gefolge; Der Höchste Heiler s. Bhaiṣajya-samudgata; Der König des Heilens s. Bhaiṣajya-rāja; Erlösende Rettung 130, 131, 223–228, 271–277; Große Beredsamkeit 51; Kṣemadatta 55–

57; Mañjuśrī 48, 128 ff.; Maitreya 69; Reines Auge 57–58; Sarasvatī 149; Sarvasattvapriyadarśana 52, 57; Suryavairocana (oder Suryaprabha) s. Bhaiṣajya-guru: Gefolge; Vajradhāra 105; s. auch Buddhas, die Sieben Meister des Heilens: Bodhisattvas ihres Gefolges.
Bodhisattva-Weg 35–36
Bodhyangas s. Erleuchtungsglieder
Brahma 171, Erläuterung s. 304, Anm. 15
Brahma-Öffnung 157
Buddha-Aktivität 221
Buddhabhadra 62
Buddhanāma-Sūtra 83
Buddhas: Akṣobhya 100; Amitābha 101, 137; Amitāyus 61; der Zehn Richtungen 66, 69, 71, 164, Namen 171–172; die dreiundfünfzig der Vergangenheit 72–74, Namen 183–184; die sieben der (unmittelbaren) Vergangenheit 72, 185, Namen 185; die tausend des gegenwärtigen Zeitalters 73, 168, 186; die tausend des vergangenen Zeitalters 73, 186; die tausend des zukünftigen Zeitalters 73, 186
Buddhas, die Sieben Meister des Heilens 105 ff.; Bereiche 107, 233–234, 237, 240–242, 244, 246–247, 249–250, 252, 255, 258–259; Bildnisse 140; Bodhisattvas ihres Gefolges (deren Farbe, Himmelsrichtung und Symbole): Avalokiteśvara, Bsam-pa legs-par bsam-pa, Candraprabha, Darśanīya, Mahāmati, Maitreya, Mañjuśrī, Merukūṭa, Meruśikhara, Mun-pa thams-cad nges-par 'jomspa'i blos-gros, Nagavṛkṣa, Pratibhānakūṭa, Rnams-par gnon-po (u. U. Vikramin), Viṣṭaṃbhanam, Sangsang-pa'i dbyangs, Suryaprabha, Vajrapāṇi 147–150; Dhāraṇīs 139, 245, 265, 280; Gelübde 107, 234–236, 237–240, 243, 247–248, 250–251, 253–254, 255–258; Himmelsrichtung 147; Körperfarbe 141–142; Manifestation der 141–142; Meditation über 141–143; Mudrās 141–142; Namen: Abijñā-rāja, Aśokottamaśrī, Bhaiṣajya-guru Dharmakīrti-sagaraghoṣa, Ratnaśikhin (bzw. Svaraghoṣaraja), Suparikīrtita-nāmaśrī 141–142, 147, Yum-chen-mo, 147, s. auch Zitate unter individuellen Namen (übers.); rituelle Verehrung 266–269, 272–274; Vernehmen ihrer Namen 259–264
Buddhasena 63

Candrakīrti 56–57
Caraka 24
Chandra, Lokesh 88
Chang Seng-wen (Ta-Li-Rolle) 95–96
Ch'ang shun 87, 202
Chung-tsung, T'ang-Kaiser 105
Ch'u san-tsang chi chi 85
Cintāmaṇi-Edelstein 166, 171, 176 ff.
Cunda 30

Dāna (Geben) 54, 56, s. auch Pāramitās
Dānaśila 90, 105
Daśabhūmikasūtra 56
Daseinsformen, die zehn unzuträglichen 254, Erläuterung s. 310, Anm. 10
Der Ausgezeichnete und Glückverheißende, der frei ist von Betrübnis (Buddha) 246–249; Bereich (Frei von Betrübnis) 246–247; Gelübde 247–248
Der Bhaiṣajya-guru, die Sieben Brüder 141–143
Der Glückverheißende König (Buddha) 233–237; Bereich (Strahlender Sieg) 233–234; Gelübde 234–236
Der Meister des Heilens im Lapislazuli-Glanz (Buddha) 255–258; Bereich (Reiner Lapislazuli) 255, 258–259; Gelübde 255–258; Dhāraṇī 265
Deva 65, 72; die vier großen Könige der Devas *(lokapālas)* 128
Dhāraṇī 51, 68, Erläuterung s. 304, Anm. 12; der sieben Buddhas 106, 139, 280; des Bhaiṣajya-guru 216,

265, Übers. s. 309, Anm. 11; des Bhaiṣajya-rāja 68, 72, (Wortl.) 169; des Bhaiṣajya-samudgata 68, 72, (Wortl.) 169; des Bodhisattva Vajradhara 106, 139, 283–284; des Buddha Śākyamuni 139; des Buddha »Strahlender Edelstein von goldener Färbung, vollendet in den höchsten Übungen« 139, 245; des Vajradhāra, Indra, Brahma und der Vier Könige der Devas 139, 282–283; Tor der 50 Billionen kreisenden Dharanis 177
Dharma s. Kostbarkeiten, die Drei
Dharmadhātu 154
Dharmagupta 87, 203
Dharmamitra 62
Dharmarakṣa 82
Dharmas (die Dinge, Phänomene) 30
Dhūtas, die zwölf 179, Erläuterung s. 305, Anm. 26
Dhyāna (Meditation) 61, s. auch Pāramitās
Dīgha-Nikāya 22
Dikpālas (die Hüter der Zehn Richtungen) 150
Donnerklang des Dharma-Meeres (Buddha) 249–252; Bereich (Banner des Dharma) 249–250; Gelübde 250–251
Dutt, Nalinaksha 88–89

Edelsteine, die sieben buddhistischen (oder die sieben kostbaren Substanzen) 98, 164, 197, 210, Erläuterung s. 303, Anm. 5
Entstehen in Abhängigkeit (12 Glieder) 74, 189, Erläuterung s. 307, Anm. 41
Erleuchtungsglieder, sieben 29, 30–31, 188, Erläuterung s. 307, Anm. 37

Fa-hsing 87, 203
Fesseln, die Drei 193, Erläuterung s. 307, Anm. 42
Fo-shuo kuan-fo san-mei-hai ching 62, 63
Fo-shuo kuan Mi-lo p'u-sa shang sheng Fu-shi-t'ien ching 63
Fo-shuo kuan P'u-hsien p'u-sa hsing-fa ching 62
Fo-shuo kuan yao-wang yao-shang erh-p'u-sa ching, erörtert 61 ff.; übersetzt 163–201

Gaṇḍa-vyūha-sūtra 74
Gandharva 65, 72 ff.
Garuḍa 65
Gedanken, die Sechs 188, Erläuterung s. 307, Anm. 40
Geduld, die aus der Erkenntnis des ungeschaffenen Wesens aller Erscheinungen entsteht 201, Erläuterung s. 305, Anm. 20
Geistesfähigkeiten, die Fünf 188, Erläuterung s. 307, Anm. 36
Gelübde, die Acht Erläuterung s. 309, Anm. 8
Gifte, innere 31, 40, Erläuterung s. 300, Anm. 25; s. auch Kleśas
Gilgit (Manuskripte) 88, 89

Hai-yü 87, 203
Handlungen, die Fünf unermeßlich negativen (Pancantarya) 185, Erläuterung s. 306, Anm. 31
Handlungen, die Zehn negativen 187
Harada, Yoshito 98
Haritaki s. Myrobalane
Harmonie, würdevolle 188, Erläuterung s. 307, Anm. 39
Himmlische Versammlung des Heilenden Buddha s. Bhaisajya-guru: Gefolge
Honig (als Heilmittel) 20, 21, Anm. 5
Hsüan-tsang 84, 205 ff.
Hsüan-ying 99–100
Hui-chien 86 f., 202
Hui-chü 86, 87, 202–204
Hui-kuo 117–118
Hui-lin 99

I-Ch'ieh-ching yin-i 99
I-ching 87–88, 231 ff.

Jambudvīpa 193
Jhāna (meditative Versenkung) 29

Jinamitra 90, 105
Jñeyāvaraṇa (der Schleier des Wissens) 155

Kālayaśas 60–61
Kao-seng-shuan 60
Kassapa, der Ältere (Kasyapa) 30
Kiṃnara 65, 72
Kleśas (die Plagen des Geistes) 119
Kleśāvaraṇa (der Schleier der Plagen des Geistes) 155
Kostbarkeiten, die Drei (Buddha, Dharma, Sangha) 103, 178
Kräfte, die Fünf 188, Erläuterung s. 307, Anm. 36
Kräfte, die Zehn reinen 198, Erläuterung s. 307, Anm. 43
Kräfte, Erlangen übernatürlicher 188, Erläuterung s. 306, Anm. 35
Krankheiten, die drei Arten von 76, 193
Kṛtyas 169
Kṣānti (Geduld) 56, s. auch Pāramitās
Kuan Hsü-K'ung-tsang p'u-sa ching 62
Kuan-shih-yin kuan ching 63
Kuan Wu-liang shou-fo-ching 61
Kūkai 117
Kumārajīva 50
Kumbhaṇḍa 152, 169
Kummervolle Wege des Daseins (als Höllenwesen, hungriger Geist oder Tier) 101, 193 ff.

Lalitavistara 88
Laṅkāvatāra-Sūtra 149
Lapislazuli 98–100; Beschaffenheit 122–123, 298, Anm. 3; Körper des Bhaiṣajya-guru 98; Symbolik 123; Vorkommen 100
Lessing, F. D. 91, 143 f.
Leumann, E. 90
Li-tai san-pao chi 85
Liu-li *(pi-liu-li)* s. Lapislazuli
Lokapālas (die vier Hüter der Tore): Dhṛtarāṣtra, Vaiśravaṇa, Virudhaka, Virūpākṣa 152
Luk, Charles 61

Mahābhūta (die vier Elemente) 152
Mahāprajñā-pāramitā-Śāstra 80
Mahāsukha (die Große Glückseligkeit) 157
Mahāvagga 22, 25
Mahāvastu 88
Mahāyāna-Lehren 27
Mahorāga 65
Majjhima-Nikāya 23, 37–38
Maṇḍala 118, 143, Erläuterung s. 145; s. auch Bhaisajya-guru: Maṇḍala
Maṇi-Edelstein s. Cintāmaṇi
Mantra 68, 136, 137; *Oṃ māṇi padme hūṃ* 153
Māra 141
Mātaṅgī (die Caṇḍālī) 137
Mātṛka 31
Milindapañha 32–33
Miller, Roy Andrew 87
Mogallāna (Maudgalyāyana) 30
Mudrā 118; der Lehre des Gesetzes 142; des Bannens aller Furcht 125; der Erfüllung aller Wünsche 136; des Verleihens von Segen 125, 141; *(Dhyāna-Mudrā)* der tiefen Meditation 125, 136, 141; die die drei Weltenbereiche bindet 134
Myrobalane 76, (Wirkung) 125–126; Darbringung der Myrobalane in tausend Aspekten 154–155

Nāga 50, 65 ff.
Nāgarahāra 64
Nāgārjuna 80, 149
Nāgasena 32–33, 39–40
Nakṣatras (die Gottheiten der 28 Mondhäuser) 153
Nārāyana 189
Ngo-bo'i nor-bu rin-po-che dbang-gi rgyal-po, Guru 142

Opfergaben, die acht glorreichen 144

Padmavajra 145
Pao-chih 61
Pāramitās (Vollendungen), die Sechs: *Dāna, Śīla, Kṣānti, Vīrya, Dhyāna, Prajñā* 74, 178, 235, Erläuterung s. 305, Anm. 25, 310, Anm. 6

Pārapariyā 23
Parinirvāṇa 24, 49
Parittā (Pirit) 32–34, Ursprung s. 289, Anm. 30
Pas, Julian F. 63, 64
Pelliot, Paul 87
Phur-bu 158
Piśaca 169
Prajñā (Einsicht, unterscheidende Weisheit) 72, s. auch Pāramitās
Pratyekabuddha 94, 180, Erläuterung s. 306, Anm. 28
Pretas (hungrige Geister) 156, 169; s. auch kummervolle Wege des Daseins
Pūjā 128
Pūjāmegha 154

Rajomaṇḍala s. Bhaiṣajya-Guru: Maṇḍala
Rākṣasa 169
Ratnakūṭa 67
Ratnakūṭa-Sūtras 45
Ratnarāśi 67
Rin Lhan 158
Ritual für die Verehrung des Meisters des Heilens, des Tathagata im Lapislazuli-Glanz, der das Unglück vertreibt und die Not beseitigt 132–133
Ritual für die Verehrung des Tathagata »Der Meister des Heilens« 133

Saddharma-puṇḍarīka-Sūtra 41–43; Gleichnis vom Arzt, 67, 88
Śakrābhilagna 181; Erkl. 306, Anm. 29
Śākyamuni (der historische Buddha dieses Zeitalters) 20, 22
Samādhi 30; »Blüte des Gesetzes« 58; »der die Leiden aller Wesen vertreibt« 216; »des allumfassenden Lichtes« 65, 66, 164; »Freiheit von kummervollen Wegen« 58; »Herbeirufen aller Tathagatas« 277; »Jenseits allen Schmuckes« 188, 197, Erläuterung s. 306 Anm. 32; Ozean von Samādhi der tiefen Betrachtung des Buddha 188; »Schau aller Form« 52, 54 f.; »Schmuck aller Verdienste« 58; Śūraṃgama 66, 164, Erläuterung s. 303 Anm. 6; der allvorhandenen Manifestation der Form 187
Samādhirāja-Sūtra 55
Samāhitabhūmi 56
Samitigutta 28–29
Saṃsāra (der Kreislauf der Existenzen) 172
Samyutta-Nikāya 23
Saṅgha (die Gemeinschaft) 28, s. auch unter Kostbarkeiten, die Drei
Śāntideva 90
Saraha 145
Sāriputta (Śāriputra) 30, 45
Schafer, Edward 98
Schopen, Gregory 88
Seng-han 61
Siddhi 53
Siegreiche Weisheit des Dharma-Meeres, Er, der frei umherschweift aufgrund seiner spirituellen Kräfte (Buddha) 252–254; Bereich (Heilsames Verweilen im Meer der Juwelen) 252; Gelübde 253 f.
Śikṣāsamuccaya 90
Śīlendrabodhi 105
Soper, Alexander 64, 73
Śrāvaka 94, 180; Erläuterung s. 306 Anm. 28
Śrāvakaschaft (Ziel eines der Wege innerhalb des Hīnayāna) 54; s. auch unter Arhat
Śrī-Buddhakapāla-tantrapañjika-jñānavatī 145
Śrīmitra 84
Strahlender Edelstein von goldener Färbung, vollendet in den höchsten Übungen (Buddha) 242–246; Bereich (Vollkommene Fülle von Wohlgeruch) 242, 244; Dhāraṇī 244; Gelübde 242–243
Stūpa 54
Sudhāna 74
Sugata (Buddha) 57
Sukhāvatī-vyūha-Sūtra 101
Sumeru 99, 171
Suppiya 31
Śūraṃgama-Sūtra 59

Suśruta 24
Suttavibhanga 21
Suvarnaprabhāsa-Sūtra (Goldglanz-Sūtra) 27, 88
Symbole *(ciḥna)* s. unter Buddhas, die sieben Meister des Heilens: Bodhisattvas ihres Gefolges

Takakusu, J. 61
Tantrārthāvatāravyākhyāna 145
Tathāgata (Buddha) 34
Telakām 39
Tod zur Unzeit (neun Arten) 125, 202; Erläuterung s. 226–227, 274–275, 306 Anm. 27
Tucci, Giuseppe 98, 108
Tun-huang, Manuskripte 84 f.; Rollbilder 98

Universaler Herrscher, Majestät von Licht und Klang der Mondjuwel-Einsicht (Buddha) 237–242; Bereich (Wunderbarer Edelstein) 237, 240–242; Gelübde 237–240
Ūrṇa 176; Erläuterung s. 308 Anm. 3
Uṣṇīṣa 181; Erläuterung s. 308 Anm. 3

Vāgbhaṭa 125
Vaiḍūrya s. unter Lapislazuli
Verfehlungen, die Vier ernsten 185, 228; Erläuterung s. 306 Anm. 30
Vimalakīrti 34–36
Vimalakīrti-nirdeśa-Sūtra 34–36, 124, 149
Virudhaka 144
Vīrya (Fleiß) 45, 96, s. auch unter Pāramitās
Viśva-padma 151
Vollendungen, die Sechs s. Pāramitās
Vorschriften, die Zehn heilsamen 167, Erläuterung s. 304, Anm. 10

Wahrheiten, die Vier Edlen 176, 188, Erläuterung s. 290, Anm. 37
Waley, Arthur 98
Wayman, Alex 141
Weg, der Edle Achtfache 151, 188, Erläuterung s. 307, Anm. 38
Welch, Holmes 137
Westliches Paradies (Bereich des Buddha Amithaba) 102
Wu, Kaiserin 105

Yakṣa 50, 65, 168; die zwölf Generäle der Yakṣas 103, 132, 228–229, 276–277
Yakushi-ji (Heiligtum des Meisters des Heilens) 118
Yama 130, 223, 228
Yao-shih fo s. Bhaiṣajya-guru
Yao-shih ju-lai hsien-kuan chien-lüeh i-kuei 158
Yao-shih liu-li-kuang ju-lai pen-yüan kung-te ching s. *Bhaiṣajya-guru-Sūtra:* Hsüan-tsang-Version
Yao-shih liu-li kuang ch'i-fo pen-yüan kung-te ching s. *Bhaiṣajya-guru-Sūtra:* I-ching-Version
Yao-shih ju-lai pen-yüan kung-te ching hsü, übers. 202–204
Ye-ses-sde 90, 105
Yojana 70, Erläuterung s. 305, Anm. 17
Yung-ho-Kung (Bhaiṣajya-guru-Riten) 143–159

Zahlen, Symbolik von 108
Zuzo-sho 126
Zwischenzustand 108